THEY CHANGED THE WOR

PHILOSOPHERS

改变世界的
哲学家们

［英］妮古拉·查尔顿（Nicola Chalton）————编

唐 渠————译

重庆大学出版社

前言

为了生存，人们必须有所行动；为了行动，人们必须做出抉择；为了做出抉择，人们必须要确定价值准则；为了确定价值准则，人们必须要清楚自己是谁以及自己在哪里。具体来说，人们需要清楚自身的本性，了解获取知识的途径，也要弄明白这个世界的本质。换言之，人们需要一些形而上学、认识论以及伦理学方面的知识储备。从这个意义上讲，人们需要哲学，并且无法回避这种需求。对于个体的人来说，唯一可选择的是获取哲学知识的方法：是依靠心智呢，还是依靠机会呢？

——选自艾茵·兰德《哲学：谁需要它》

（作者去世后，由伦纳德·佩科夫编辑，1982）

伊曼努尔·康德是18世纪最有影响力的思想家之一，他曾经说过哲学主要探讨三个问题："我能知道什么？""我应该做什么？""我可以期待什么？"这三个问题合并为一个大问题："人是什么？"诸如此类的基本问题人人都会有所困惑，哲学家的任务就是努力解答这些问题。

尽管"哲学"一词源于西方知识传统（在希腊语中，它的意思是"对智慧的热爱"），但许多东方的哲学家也都思考过这些看似无解的相同问题，甚至会给出迥异的答案。来自中国、印度和日本等地的远东哲学家，他们的著作构成了东方哲学，而北非和近东的哲学家因与欧洲哲学交流密切，属于西方哲学的范畴，为西方哲学的发展做出了贡献。

大约公元前600年，当希腊哲学家泰勒斯开始运用理性的眼光来解释周围世界的自然力量时，人类哲学思想便诞生了。泰勒斯不同于其他用超自然原因来解释这些现象的人，也不同于那些宗教思想家，他们用启示和教条来回答对与错和生与死等基本问题。泰勒斯的最终结论可能是错误的，他声称一切都是由水组成的。但他的思维方法是有哲学意义的。同样地，东方的孔子，大约在泰勒斯之后的100年，也开始寻找理性的答案，但他探究的是关于人们应该如何生活和君主应该如何治理国家的问题。数百年来，他的思想不仅为中国文化和社会提供了基本架构，也为亚洲其他国家的治理提供了理论支撑。

在欧洲文艺复兴之前，哲学和科学属于同一门学科范畴。亚里士多德和其他古希腊哲学家的著作对自然科学以及后来的社会科学的形成起到了重要作用。尽管科学像哲学一样都是解决难题，但哲学和科学在本质上是不同的，因为它们使用的方法不同。哲学家通过理性论证、逻辑思维和语言分析来寻找答案，而科学家主要从现实世界收集实验数据来解决问题。

启蒙时期的哲学家约翰·洛克有句名言，哲学为科学提供了思想基础。然而，很多人认为哲学对其他学科没有用，只把它当成一门启发思想可能性的学科，其作用在于让人们以新的方式去理解人性和人类经验。毋庸置疑，千百年来的历代哲学家们曾影响过无数的人，影响了人们的行为，促使人们制订出了新的计划。举个负面的例子：尼采的哲学就曾被纳粹所误用，作为一种信仰来支撑像大屠杀那样恐怖的事件。

本书对哲学家的挑选难免有些武断，还有许多有影响力的哲学家没有放进来。但书中提到的哲学家都是得到广泛认可的，是相关领域的引领者，是某类思想运动的代表人物。毫无疑问，他们所有人都给世界留下了不可磨灭的印记。

关于如何使用这本书

◎ 正文中哲学家的先后顺序按照他们出生时间的顺序排列。

◎ 每位哲学家都从以下几个方面进行介绍：生平概述、基本哲学思想、大事记、遗产与贡献等。

◎ 一般来说，本书使用的是哲学家的常用名，但也提供了他们的全名和别称。

◎ 如某个阿拉伯哲学家的拉丁语姓名在西方鲜为人知，则使用该哲学家的阿拉伯语姓名。

◎ 中国哲学家的姓名（开头是姓氏）使用的是现代拼音的音译，但威妥玛式拼音在书中也有提到。

本书是一部世界哲学家的历史书，主要介绍哲学家们改变世界的思想和作为。本书用时间轴和颜色对这些哲学家进行了简单的划分，便于读者在历史的时空中定位这些伟大的哲学家。

世界地图

用颜色将世界地图划分为四大区域。紫色区域：美洲、澳大利亚和大洋洲；蓝色区域：亚洲；绿色区域：欧洲；棕色区域：中东和非洲。用颜色来区分主要是方便读者大致了解每位哲学家的出生地及其影响范围。书的正文部分也采用了相应的颜色。不过，划定哲学家的影响区域有一定的随意性，因为文化影响往往不囿于地域限制。值得注意的是，还有一些重叠的区域，代表着它们受到了不同思想文化的影响。例如，靠近北非的伊比利亚半岛（今西班牙和葡萄牙，以及欧洲的一部分），在伊斯兰黄金时代阿拉伯文化曾在该半岛上进行传播。同样，今天的土耳其属于中东地区，历史上与欧洲有着共同的渊源，曾在古希腊文化影响范围内，一些古希腊哲学家出生地在土耳其。

时间轴

时间轴显示了历史上哲学活动密集的时期。哲学家们分布在从公元前7世纪到现代的轴线中，按照出生日期先后排列。轴线中每个彩色圆点代表一位哲学家，圆点中数字代表一位哲学家的姓名，如下所示。

美洲、澳大利亚和大洋洲

亚洲

欧洲

目　录

米利都的泰勒斯

泰勒斯被认为是西方社会第一个真正进行哲学思考的圣人。他没有用超自然的说法来解释自然现象，而是尝试运用理性来揭示自然力量的作用。有时他被称为"科学之父"。他广为传诵的哲学观点是：万物的本原是水。

我们对泰勒斯的生平知之甚少，其作品一部也没有留下来，我们只能通过后来的一些作品描述而间接地了解他。泰勒斯是爱奥尼亚（今属土耳其）米利都贸易港的公民。米利都是东方、埃及以及希腊思想交会之地。据希腊历史学家希罗多德的记载（约公元前 484—约前 425），泰勒斯成功地预测了公元前 585 年的一场日食，这一技能大约是从埃及人那里学会的。亚里士多德讲了这样一个故事：泰勒斯通过观测星象，预见了橄榄将会丰收，于是他买下了米利都所有的橄榄榨油机，然后通过出租榨油机赚得盆满钵满。这个故事体现出泰勒斯学问的实用价值。柏拉图说，泰勒斯在仰望天空时掉进了井里。一位年轻的女士听到了他的大声呼救，跑来质问他：你连自己脚下是什么都不知道，还怎么去仰望星空了解星象呢？

> 时间是最明智的，它能发现一切。
>
> ——泰勒斯
> 引自第欧根尼·拉尔修的《名哲言行录》（3 世纪）

基本哲学思想

水本原说

泰勒斯声称一切都是由水组成的，这是关于物质世界终极本质的第一个假说。泰勒斯指出，在物理变化的所有过程中，某一基本物质（水）是恒定的。大约是水的不同状态（固态、液态和气态）的改变激发了这一猜想。他还指出，所有生物都消耗水。泰勒斯由于受到海洋文化的影响，才顺理成章地将水视为物质和生命的源泉。

宇宙观

泰勒斯的水本原说与他的宇宙观息息相关。他认为，陆地漂浮在浩瀚的海洋中，是通过凝固过程从海洋中产生的。据此，泰勒斯解释了地震的起因：地震是海浪摇动陆地而产生的。泰勒斯的宇宙观在科学史上具有特殊意义，它解释了宇宙起源和一些自然现象，摆脱了寓言式、神话式或宗教式的猜想。

科学

除宇宙观以外，泰勒斯的天文学和几何学知识也使他闻名于世。据说他能够计算出海上船只离海岸的距离，也能测量出金字塔离地面的高度。

遗产、真理、影响

◎ 泰勒斯在米利都三大哲学家中居于首位，另外两个是阿那克西曼德（活跃于公元前 550 年左右，可能是泰勒斯的学生）和安西敏勒斯（活跃于公元前 550 年左右）。他们三人一起构成了米利都学派。

◎ 米利都学派的重要性在于孜孜以求各种现象的自然解释，寻找构成万物的终极物质。这些思想仍然启迪着现代物理学，物理学家们不断探寻统一的理论来解释万事万物。

大事记

约公元前 640 年	根据希腊哲学家第欧根尼·拉尔修传记作者的记录，泰勒斯出生于该时期。年轻时，他可能去过埃及和巴比伦，并在那里学习了几何学和天文学。有资料显示，他写过两部天文学著作《冬至和夏至》和《春分和秋分》，但这两部著作均未见流传。
公元前 585 年	他成功预测了一次日食。关于他的家庭生活，第欧根尼·拉尔修提到了两种传言：一是结过婚，并育有一子；二是他从未做过父亲。
约公元前 561/549 年	泰勒斯可能是逝世于这一时期。他在观看一场奥林匹克体育比赛时溘然长逝，享年 78 岁或 90 岁。

老子

（约前 605—约前 530）

老子是一位半传奇式的神秘人物，他是道教主要典籍的作者。道教为中国人提供了一种与自然和谐相处的方式。老子的思想影响了中国的艺术、宗教和其他哲学，并与民间传统相融合成为中国传统文化的重要组成部分。

我们对这位中国古代圣人的所有了解都来自传说和故事。这既反常，又很正常，因为他开创的哲学学派道教，正是通过故事和象征、寓言和悖论，或者诗歌和艺术来讲道理的。

老子的"子"是一种尊称，意为"大师"，因此老子的名字按照字面意义就是"年长的大师"的意思。根据几个世纪后的历史学家司马迁（约公元前145—前90）的记载，老子生活在周朝的楚国某地（今河南省），是一名国家档案管理员，因智慧而闻名于世。他厌恶当时的社会现状，年纪大时就决定隐居于世以度余生。他一路往西，走向中原以外的"莽荒"之地。在经过西行道路上一个关卡时，关卡的守卫要求老子把他的智慧与领悟记录下来，这便有了经典的传世之作《道德经》。这部著作记录了老子对道的观察。虽然有些学者认为这部著作实际上是经过几百年才编纂而成的，但它仍然是最重要的道教文献，阐述了生活和政治的哲学本质。

道通常被简单地解释为"方法"，但它不仅包括生活方法，还包含宇宙运行的法则。道如同季节交替、时间流逝、地球转动以及生死循环一样，神秘而不可见，它是"生命力"或"自然之流"，是一切存在的基础，它的核心是运动。当大部分自然世界自发地遵循道的方式运行时，人类却追求掌控他们生活的方方面面来与自然抗争，包括与自然循环抗争。

老子运用寓言和比喻，提出了普通人和统治者要与道和谐相处，领悟道的美德，以此过上更幸福的生活，构建出更幸福的社会。

《庄子》写于公元前4世纪，庄子本人是公认的老子精神和智慧的继承者。

天下之至柔，驰骋天下之至坚。

——《道德经》（公元前 6 世纪）

基本哲学思想

定义

老子不愿为他的道家哲学描绘出任何清晰和合乎逻辑的轮廓，一是因为道家思想在当时总被拿来与儒家思想两两相比（儒家思想是中国另一个主要思想流派，高度善于分析），二是因为道的概念本身是无形的，也不容易被解析，所以老子用隐喻和诗意的意象进行描述，剩下的留给读者自己思悟。他不会用直白的语言进行教导："视之不见，名曰微……不可致诘……"

和谐

《道德经》中的一个主要观点是："修之于身，其德乃真。"老子认为，如果人们遵循道，他们就会与自然秩序一致，从而感受到和谐对他们生活的积极益处。他写道："水善利万物而不争，处众人之所恶，故几于道。"

无为而治

大自然不会试图控制事物，它只会自然地运行。因此，人类不应该试图强迫外物或自然顺应他们的欲望，而应该简单地"顺其自然"，让事物顺应其发展轨道，也不要为世俗的欲望而苦恼。老子的政治观尤其体现了无为的思想：统治者要无为而治，不制定法律或禁忌，而是让人们自然地和谐相处。"治大国若烹小鲜"，即治理国家要尽可能地减少干扰。优秀的统治者几乎不为其臣民所知。他建议人们不要贪婪或专制，并指出，"民不畏威，则大威至"。

◎ 道家忠于自己的原则，"顺应自然"，也能够接受其他哲学思想。后来它吸收了一些佛教的思想。道家也将一些概念传给了其他流派，如儒家思想和传统民间宗教。

◎ 中国传统艺术，包括绘画、雕塑和书法等，都尝试着表达老子的与自然和谐相处的理想。

◎ 老子的顺应自然、无为而治以及培养内力的思想，对中国武术的发展产生了重大影响。此外，著名的军事家孙子于公元前6世纪所著的军事著作《孙子兵法》，就深受老子思想的影响。

◎ 老子和他的弟子们为后来道教宗教传统的发展提供了哲学基础，后世将他的思想与民间宗教、辟邪法和道法以及神仙崇拜相融合。算命体系《易经》和风水等之所以能够流传下来，部分原因就是老子思想为其提供了哲学支撑。

◎ 440年，道教被尊为国教，老子被尊为圣人，被赋予了极高的称号，比如"太上老君""道德天尊"，这些称号彰显了人们对老子的尊敬。

◎ 老子开创了高人隐居的传统，圣贤或智者选择进入深山野林，成为独居隐士。据记载，在唐朝（618—907）成为隐士是除科举考试以外，步入收入可观的仕途的唯一捷径。隐士们久居深山，以此获得智者的声望，然后通过举荐，欣然接受充当达官显贵智囊的工作。

◎ 20世纪量子力学的发现表明，老子对潜在现实的描述与现代科学关于物质波粒二象性的观点有很多相似之处。这又让人们对老子的思想产生了极大的兴趣。

◎《道德经》是除《圣经》以外被译成外国文字销量最多的文化名著。

> 有物混成，先天地生，寂兮寥兮，独立而不改，周行而不殆，可以为天地母。吾不知其名，强字之曰：道，强为之名曰：大。
>
> ——《道德经》（公元前6世纪）

阴阳概念体现了一种现象中对立且互补的两个方面。

他告诉人们循道有很大的现实意义。

非暴力

老子指出，如果有权势的人诉诸暴力，暴力会习惯性地回归到他们身上，他还说智者不会参军，因为智者的目的是创造，而不是毁灭。

阴／阳

虽然老子没有详述，但他的作品暗示了阴阳的概念。这两种相反但互补的力量，它们在相互流动时不断运动，寻求平衡与和谐，这是道发挥作用的方式之一。阴是宇宙中被动的、接受的力量，而阳是动态的、主动的力量，当它们在不断的平衡中运动时，它们就会在宇宙中产生运动：生与死，季节的循环，生长和萎缩。

大事记

约前605年	老子出生于中国河南省。
约前580—前540年	传说老子在此期间形成了他的哲学观。
约前530年	老子在中国西部辞世。

毕达哥拉斯

（约前 570—约前 500）

毕达哥拉斯发现了数学演绎法和以他名字命名的几何定理。他是第一位认识到数学在解开宇宙奥秘方面具有潜力的哲学家。此外，他还是一位致力于研究数字象征性意义的神秘宗教的信徒。

毕达哥拉斯出生在希腊的萨摩斯岛，离古代的米利都港（今属土耳其）不远。开始时他可能师从泰勒斯，之后去了埃及，继续发挥他的数学天分。他对数字的热情最初是由泰勒斯或是其他老师点燃的，他一生都痴迷于数学。后来，毕达哥拉斯定居在意大利南部的克罗顿，他在那里建立了一个宗教团体，并且欢迎女性以平等的身份加入，一起从事数学研究。宗教团体成员需要保护集体的共同财产，遵循生食少肉的饮食习惯以及严格的行为准则，并且发誓保持沉默。毕达哥拉斯本人似乎也塑造了一个简朴的形象。他赢得了追随者的虔诚拥戴，被当地人视为半神。据说他从不酗酒或暴饮暴食，总是穿着白色衣服，不苟言笑。

毕达哥拉斯学派的人探索深奥的知识，他们的行为受一系列神秘戒律的约束，包括避免用剑搅动灰烬、避免在国外旅行时回头看。后者看似迷信的禁忌，第欧根尼·拉尔修把它解释为：临死时不应该留恋今生的欢愉。这种说法符合毕达哥拉斯对轮回的信仰，也解释了他经常回忆逝去生命的行为。根据色诺芬尼的说法，他还能从动物的叫声中听出朋友灵魂的声音，这也可能是他奉行素食主义的原因。然而，他对动物生命的关爱似乎并不是始终如一的。第欧根尼·拉尔修说，当毕达哥拉斯发现他著名的定理时，他用 100 头牛进行祭祀，来纪念这一时刻。

基本哲学思想

灵魂的不朽

把毕达哥拉斯的学说和他的追随者（毕达哥拉斯学派）的学说区分开来是不可能的，追随者们在毕达哥拉斯死后仍继续传道授业；在现代，人们对他的各种哲学观点和数学成就存有质疑。尽管如此，人们认为可他关于人类来源的观点。他认为肉体死亡不是终结，灵魂在一个连续的循环中重生。灵魂转世可以进入另一个人的身体内，或动物体内，甚至是植物体内。人们通过坚守思辨性研究的生活方式，灵魂就可能被净化，从而逃离重生的循环，进一步升华为"宇宙的魂灵"。毕达哥拉斯的信徒们践行了这些信条。

科学和几何发现

毕达哥拉斯有很多重要的发现，其中最著名的是以他的名字命名的定理：直角三角形斜边的平方等于其他两边的平方之和。人们普遍认为，埃及人早在毕达哥拉斯之前就明白这个事实，但毕达哥拉斯很可能是第一个提出数学证明的人，并将其确立为永恒的真理。他也被认为是发现晨星和昏星是同一颗行星，即金星的第一人。毕达哥拉斯对音乐很感兴趣，据说他曾经将演奏七弦琴作为治疗疾病的一种方法。他观察到产生和谐音程可以通过数字关系表达：乐器的弦缩短一半，人们就听到八度音；如果以 2∶3 的比例缩短，就产生五度音；而以 3∶4 的比例缩短则产生四度音。声音的高度取决于弦的长度，并且它们之间呈现出一种精确的数学比例关系。这一发现似乎激发了他的猜测，即整个宇宙的运作可能也是以类似的方式简化为算术关系。因此，他开始把世界的结构看作可以用数字表达的调和音阶，并认为数学研究不仅仅是一门科学，还具有一种深刻的宗教和神秘意义。毕达哥拉斯学派也认为数字是道德和社会概念的等价物，例如，正义等同于数字 4。

> 理性是不朽的，其他则相反。
>
> ——毕达哥拉斯
> 引自第欧根尼·拉尔修的《名哲言行录》（3 世纪）

遗产、真理、影响

◎ 毕达哥拉斯是苏格拉底之前最重要的哲学家。伯特兰·罗素明确肯定了他对哲学、数学和科学的重要性，他声明：不知道还有谁能像毕达哥拉斯那样对现代思想有这么大的影响。

◎ 他对柏拉图的影响尤其显著。柏拉图从他那里获知了头脑所构想的世界和感官所感知的世界之间的关键区别。

◎ 毕达哥拉斯还认为，思辨的哲学生活是灵魂救赎的途径。

◎ 从根本上来说，他存在的首要意义在于他是第一个将数学应用到科学和哲学中的人，这种应用的丰硕成果是难以估量的。

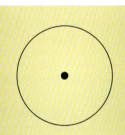

根据毕达哥拉斯学派的观点，单子（不可分割的实体）的表征，就是指上帝，或第一个生命，或所有生命的总和。

大事记

公元前 570 年	毕达哥拉斯出生于希腊的萨摩斯岛。
公元前 550 年	他可能在米利都学习，师从于泰勒斯和阿那克西曼德（活跃于约公元前 550 年）。不久后，就前往埃及和巴比伦旅行。
公元前 520 年	公元前 520 年，毕达哥拉斯返回萨摩斯，一段时间后，为了躲避波利克拉特斯的暴政又离开了。
公元前 515 年	他在意大利南部的克罗顿定居，建立了毕达哥拉斯学派。
公元前 500 年	毕达哥拉斯死亡的原委和他一生中其他的事迹一样，充满了传奇。大多数人都认为他离开了克罗顿前往梅塔庞蒂亚姆（意大利北部），或是因为他在克罗顿的房子被叛逆者付之一炬才落荒而逃。他在梅塔庞蒂亚姆去世了。还有一种说法，他回到了克罗顿，在那里至少活到了 90 岁，并且培养了恩培多克勒。

毕达哥拉斯也被认为是认识到晨星和昏星是同一颗行星，即金星的第一人。

毕达哥拉斯对数学的崇敬源于数学发现的永恒性和普遍性。在几何学中创建了一个定理之后，该定理就可以被认为对任何时间、任何地点和任何人都必然是正确的，因此这就赋予了数学家对永恒的憧憬。而对于我们周围物质世界的普通信念而言，它们缺乏确定性，容易出错，并且容易变化，因此它们对数学知识来说相形见绌。数字和几何形状等数学对象似乎也超越了普通感官体验的世俗世界。头脑所设想的圆是完美的和不朽的，而所有出现在物质现实中的实际的圆仅仅近似于达到这个理想值，而且不可避免地会衰退和消失。由此可见，智力理解的数学领域比感官感知的不断变化的表象世界更加真实。

毕达哥拉斯学派……在数学研究中成长，认为世界的本原就是数……整个宇宙就是一个比例和一个数字。

——亚里士多德在《形而上学》（公元前 4 世纪）中对毕达哥拉斯学派的探讨

科洛封的色诺芬尼

（前570—前475）

我们所了解的色诺芬尼的思想都来自他的诗歌片段，这些诗歌后来被希腊作家所引用。诗歌中包含对希腊多神宗教信仰的讽刺，也包含有首个关于一神论的哲学论点。色诺芬尼作为一个质疑真知可能性的怀疑论者，认为科学假设也可以任由反驳。

虽然后来有些作家说色诺芬尼是巴门尼德的老师，但柏拉图则认为他是埃利亚学派的创始人，但今天这两个说法都被认为是不太可能的。显然，米利都的思想家（来自米利都，今属土耳其）启发了他对自然现象的认识。色诺芬尼出生在爱奥尼亚的小镇科洛封（今属土耳其）。当他的故乡被波斯人入侵时，他却逃离了。他在西西里定居了一段时间，以朗诵自己的哲学诗为生。后来又在希腊各地旅行，创作了一系列主题诗歌：讽刺当时流行的宗教信仰，叙述了真正的神性，探索人类获得知识的程度和可能性，也提出了自己的宇宙观和自然哲学。有人说他曾一度被贩卖为奴，除此之外，我们对他的生平知之甚少。

基本哲学思想

对传统宗教的批判

色诺芬尼批判了当时流行的宗教，倡导从人的角度看待神。他提醒我们注意，不同的种族都以他们各自形象来描绘神，如果马有手可以绘画的话，它们会用蹄子和鬃毛来描绘神。我们善于投射我们自己的本性和缺陷，这不仅曲解了神的本性，而且还误入了不虔诚的歧途。出于这个原因，他还批评了传统的神话。在这些神话中，神都被描绘成具有种种不道德行为的形象，展现出太多的人类情感。神话故事并没有表现出对神真正的崇敬，而是一种道德败坏。他认为只有一个永恒的精神上的上帝，而不是多神，他首次为这种论点提供论据进行辩护。这种一神论的观点在后世的基督教时代中主导了欧洲的宗教和哲学思想。

云

色诺芬尼反对将神拟人化，这与他拒绝用超自然力量来解释一些现象密切相关。他认为云是由海水在太阳的热量作用下产生的蒸汽形成的，他尝试用云的变化来解释所有的天体。例如，太阳是一个巨大的发热云，月亮是一个浓缩云。他似乎相信一切都是由土或水，或这两者的混合物构成的。他提出了一个假设，即在一个巨大的宇宙循环中有交替的干旱和洪水周期，并以此来解释为什么内陆存在海洋生物化石。然而，他似乎不支持通过推测获取的知识，认为感知是不可靠的知识基础，所有的理论都只是猜测。

遗产、真理、影响

◎卡尔·波普尔将色诺芬尼视为"批判理性主义"的先驱。持这种观点的人认为，我们不能期望对世界的假设是真实的，但只要它们未被推翻，支持它们就是合理的。

◎他对宗教信仰的批判与路德维希·安德烈斯·费尔巴哈（1804—1872）、卡尔·马克思和西格蒙德·弗洛伊德（1856—1939）的观点都有相似之处，他们都认为宗教就是人类的构想。

大事记

约前570年	色诺芬尼出生于爱奥尼亚的科洛封（今土耳其的一部分）。
约前546年	25岁的他由于波斯的入侵逃到了西西里。随后，他在大希腊（意大利南部和西西里的一个地区）四处旅行，朗诵他的诗歌并教授哲学。
约前475年	年迈去世，享年至少90岁。

> 然而，人们认为，神也是生出来的，会说话、有形体，穿戴和人相同。
>
> ——色诺芬尼
> 引自赫·迪尔斯和瓦尔特·克兰兹的《前苏格拉底著作残篇》（1952）

以弗所的赫拉克利特

（前535—前475）

赫拉克利特有时被称为"哭泣的哲学家"，因其忧郁的性格和晦涩的作品在古时就闻名于世。他认为现实处于不断变化或冲突的状态，受对立事物之间的张力法则支配，张力法则等同于火。他认为，智慧来自对逻各斯的理解，逻各斯是指控制一切事物的规律。

赫拉克利特来自以弗所的一个贵族家庭，离米利都（在今天的土耳其）不远，但除此之外，我们对他的生平具体细节还不了解。他似乎是一个不合群的人，经常贬低他的同胞和其他哲学家。他拒绝为以弗所起草宪法，他说那里的人很堕落。他对毕达哥拉斯和色诺芬尼等人的学问不屑一提，认为他们缺乏真正的洞见。

他的思想通过他的《论自然》一书得以传播，该书在当时很受欢迎，但现在已经失传。我们只能通过他人著作中留存的片段来了解他的思想。

根据3世纪希腊传记作家第欧根尼·拉尔修的说法，赫拉克利特晚年变得越来越愤世嫉俗，于是他归隐山林，靠吃草和植物生存。生病后他又回到了镇上，不久就去世了。

> 我们既能踏进又不能踏进同一条河流。我们存在，我们又不存在。
>
> ——赫拉克利特
> 引自巴恩斯的《前苏格拉底哲学家》（1982）基本哲学思想

基本哲学思想

万物皆是火

赫拉克利特是首位具有统一而系统哲学视野的前苏格拉底时期的哲学家。通过他流传下来的作品片段，我们能够对他的哲学体系重构一个合理而连贯的框架。他的核心观点是，一切事物都处于不断变化的状态，而这种状态是由对立双方之间的张力所驱动的。斗争或冲突被认为是支配宇宙的动态法则。柏拉图引用他的话说，你不能两次踏入同一条河流，这意味着没有什么是一成不变的，宇宙是不断变化的：真正的现实是"变化"，而不是"存在"。对于赫拉克利特来说，火是最根本的元素，换言之稳定是虚幻的。所有的事物永远都在不断变化，并处于不断转化的过程中。

遗产、真理、影响

◎ 各种显著变化的背后存在着宇宙的秩序，这一观点对柏拉图产生了影响。

◎ 在希腊哲学中，宇宙受运行规律所支配的观点变得很重要。这对基督教也产生了重大的影响。在基督教中，逻各斯等同于上帝，例如，在《约翰福音》的开篇中这样写道："太初有道（逻各斯），道与神同在，道就是神。"[《圣经·约翰福音》（1:1）]

◎ 19世纪的思想家再次对赫拉克利特产生了兴趣：黑格尔宣称对立和谐的学说是其历史辩证观的前身。弗里德里希·尼采称赞赫拉克利特，认为他是少数接纳"变化"而非"存在"观点的思想家之一。

大事记

约前535年	赫拉克利特出生于安纳托利亚的以弗所（今属土耳其）。他写的《论自然》，现在已经失传了。对赫拉克利特的生平，人们知之甚少。
约前475年	赫拉克利特在以弗所去世，葬于一个集市里。

对立的和谐

显然，对立之间的任何冲突都受制于一个更基本的宇宙原则，即逻各斯，其作用是调和冲突双方。"逻各斯"是希腊单词，表示"法律"或"基本原理"之义。赫拉克利特说，对立面之间存在着一种统一和相互依赖的关系，通过这种统一和相互依赖，它们彼此协调。他似乎觉得普通人无法真正理解逻各斯，对立的和谐这一概念也许本身就是矛盾的，所以不难理解他的言论中经常存在自相矛盾的语言表达。

孔子

（约公元前 551—前 479）

孔子的思想主要关乎道德和社会秩序问题，成为历朝历代中国文化和社会的基本思想。

孔子的拉丁文译名为 Confucius（孔夫子），他生活在百家争鸣的春秋时期。当时，各国一片混乱，战争不断。在此背景下，涌现了许多重要的思想流派。如大多数学者一样，孔子看到了百姓生活的困苦，认真思考要如何恢复法律和秩序，从而创建一个和谐社会。

孔子把社会动荡的原因归结于，人们失去了远古时期的美德。这些美德在更早期的中国古代社会里普遍存在。孔子认为那是一个和平繁荣的"黄金时代"，君主统治仁慈公正，百姓行为合法得体。

孔子系统地阐述了如何提高个人和社会道德水平的理论，并认为道德标准必须由统治者来制定，国家应该由受过道德培训的官员来管理。他周游列国，提出他的政见，但未能说服任何一个统治者采用他的治国良策，于是他便开始教书。据说，他在晚年编撰了五本经典书籍。这些书籍，加上他和他弟子的语录，成了官方的儒家经典。除了关于历史、诗歌和礼教的著作，他还编撰了《易经·系辞》，这是一本在西方广为人知的占卜手册。

孔子生前没有带来什么重大的社会影响，但他培养了众多忠实的弟子。他的思想被后面朝代的统治者采纳，这使他成为中国历史上最有影响力的人物。由于儒家思想在中华人民共和国成立之前一直统治着中国的个人、家庭、社会和官僚生活，许多外国人将孔子的哲学误解为一种宗教。

基本哲学思想

善

在某种程度上，孔子的一些观点与道家很接近：人类本应该与自然秩序和谐相处，但人类却肆意沉溺于自私的行为，破坏了他们与同伴和社会的自然和谐关系。孔子把人类对和谐的天然渴求视为善或仁，即对他人的爱、善良和尊重。一个人如用适当且慈悲的行为来表达善良或者仁爱，他就是一个道德高尚的人。

社会责任

孔子提出的"名正"原则指出，每一个社会职位本身就带有其固有的职责。统治者要严格管理，实施仁政，被统治者要服从统治。"君君臣臣，父父子子"（《论语》，公元前 479）。

社会

如果每个人行为得体，要么服从统治，要么遵守严格又仁慈的规则，社会就会良性运转，并符合自然的道德原则。孔子认为，制定一个强有力的法律框架来治理社会是不可行的，因为拥有正确道德观的个体完全可以实现自我约束。

统治者

统治者负有特殊的责任，他必须为其他社会阶层树立正确的道德榜样。"子为政，焉用杀"（《论语》，前 479）。

礼制和宗教

除顺从之外，正确的道德行为还包括良好的举止礼仪和对仪式的遵守。对孔子来说，礼制是社会凝聚力和天地自然秩序的一种表现。他承认上天具有非凡的力量，但他反对迷信和空洞的仪式。他认

子张问仁于孔子。孔子曰："能行五者于天下为仁矣。""请问之。"曰："恭、宽、信、敏、惠。恭则不侮，宽则得众，信则人任焉，敏则有功，惠则足以使人。"

——《论语》（公元前 479）

遗产、真理、影响

◎孔子的学说被他的弟子传播，后来成为个人道德观和社会结构的重要指南。

◎汉武帝将儒家思想设为官方意识形态。此后，儒家思想一直统治中国的官僚体制，长达上千年。

◎孔子的理论在亚洲的其他地方也成了政府和社会文化的基础，包括日本、韩国、越南。

◎孔子主张通过礼制和礼节来维护严格的社会等级，为中国后来社会阶层的严格固化奠定了基础。中国的科技发展因此停滞不前，在工业方面远远落后于欧洲。帝王统治直到20世纪才走向终结。

◎在20世纪70年代，儒家思想曾一度受到批判，在中国改革开放以后又重新回到大众的视野。现在人们认为，这一思想对伦理学研究具有非常重要的意义。

孔子做官时的景象

大事记

约前551年	孔子出生于鲁国陬邑（今山东省曲阜市）的一个贫穷没落的贵族家庭。
前520年	像他那个时代的许多哲学家一样，孔子周游列国，曾临时担任过政府职务，并且赢得了人们的尊重。
约前501年	孔子虽然是公认的智者，但他最终放弃寻找能采纳自己政治主张的统治者，返回到鲁国教书。
前479年	孔子去世。他的弟子将他的主要语录整理成《论语》。
前202年	汉武帝采用儒家思想作为国家意识形态，成为管理政府官员的最佳教条。
约1180年	宋朝学者朱熹发展了新儒学，把文化纳入正统的儒家经典中。

为传统的祖先崇拜或祭天仪式仅仅是一种对家庭或宇宙表达尊重的方式。

教育

孔子认为，通过教育和树立正确的榜样，可以培养引导人和社会回到自然的道德秩序中，从而使每个人做到道德端正。因此，每个人都必须接受正确的生活习俗教育。

圣人

一个行为端正的人可以成为孔子所说的"君子"或"圣人"。圣人在生活的各个方面都能表现出他的优势，从艺术品位到尊重祖先，并且能以身作则，用自己的美德感染他人。

家庭

理想的家庭作为最重要的社会单位和所有道德行为的基础，对于孔子及其所有中国人来说都至关重要。例如，一个男孩可能会爱上一个特别的女孩，但他可能会听他父亲的话，和最能提升家庭地位的人结婚。孔子认为，如果孩子们在家庭中学会善良，他们就能够把这种品行带到更广泛的人际关系中。

妇女的作用

像当时大多数思想流派一样，女性被视为二等公民，没有个人权利。她们只有严格地服从父亲、丈夫或主人才能赢得尊重。

黄金法则

孔子提出了一个几乎普遍适用的"黄金法则"："己所不欲，勿施于人"（此句出自《论语·颜渊篇》）。

新儒家

尽管孔子的观点是建立在同情和机会平等的基础上的，但崇尚过去和尊重上级逐渐演化成一种僵硬死板的文化，切实地压制了艺术、科学或哲学等方面的新思想。儒学经典，或代表正统儒家思想的书籍，成为当时获取知识和接受教育的途径。

埃利亚的巴门尼德

（约前 510—前 450）

巴门尼德是首个利用抽象推理得出形而上学结论的哲学家，他的探索具有重要意义，指引了希腊哲学的未来走向。在他之后的哲学家有的不得不接受他非常矛盾的结论，即所有的多样性和变化都是虚幻的，有的则努力去论证他观点的严谨性。

人们对巴门尼德的生平知之不多。巴门尼德出生于意大利南部海岸的希腊殖民地埃利亚。他在那里建立了埃利亚学院。他的主要弟子是埃利亚的芝诺。巴门尼德为埃利亚撰写了一部卓有成效且广受欢迎的宪法。据说他道德高尚。有人说他是色诺芬尼的学生。有一点是肯定的，巴门尼德熟知与他同时代的赫拉克利特的思想。面对赫拉克利特的充满多样性和变化的哲学思想，巴门尼德似乎总是针锋相对。柏拉图在其对话《巴门尼德篇》中提及，巴门尼德在 65 岁时访问了雅典，遇见了青年时期的苏格拉底。有人称巴门尼德与毕达哥拉斯派也有交往，导致了他作品中的神秘基调。巴门尼德不认可毕达哥拉斯学派虚幻的宇宙观。

约公元前 480，年轻的巴门尼德完成了史诗《论自然》的写作。史诗的片段可以在塞克斯图斯·恩丕里柯（前 2 世纪）和辛普里丘（约 490—560）以及其他人的作品中找到。《论自然》是前苏格拉底时代留存至今的最伟大的一部作品。导言部分详细描述了巴门尼德从黑暗走向光明的旅程。在旅途中，他遇到了一位不知道姓名的女神。女神请巴门尼德思考人类的真理和谬论。在第一部分"真理之路"中，女神提供了一系列演绎论证，证明巴门尼德关于现实最终本质的结论。在第二部分"意见之路"中，他叙述了普通人眼里的世界是怎样的，并提出了受毕达哥拉斯思想的启发的宇宙观。这种宇宙观在巴门尼德心目中处于什么样的地位，人们颇有争议，但他本人认为这是最适合人类的宇宙观，尽管缺乏事实依据。

基本哲学思想

"真理之路"

"真理之路"的论证首先将"是什么"或"存在"与"不是什么"或"不存在"进行对比。只有"是什么"才是可以思考的，我们不能思考"不是什么"，因为它什么也不是。巴门尼德得出结论，只有"是什么"才有现实性，因为既然"不存在"是不可能的，那么对世界本质的真实描述就不能丝毫提及它。首先，"是什么"不能被创造或摧毁，它不可能是由"不是什么"转变而来，或成为"不是什么"，因为"不是什么"是不存在的。因此，"是什么"一直存在，并将永远存在。此外，"存在"不会发生任何改变，因为发生变化意味着它不再是原来的样子，并且会呈现出原本没有的特征，而这两者都涉及"不存在"。他将这些临时的结论进一步运用到空间上，他认为除"是什么"之外什么也没有，这意味着"存在"必须无处不在。

此外，"是什么"不能有任何程度上的差别，即必须在一个地方要和在任何其他地方一样，所以"存在"必须是单一的、无差别的。"存在"内部是不可能运动的，因为它的运动必须发生在真空或虚空中，但是真空，正如我们已经看到的，什么都不是的真空是不可能存在的。最后，因为"是什么"在某个地方不可能比在任何其他地方存在得更多，它必须在所有方向上均匀延伸，所以宇宙是一个完美的球体。

"意见之路"

到目前为止，巴门尼德已经用理性证明，所有

> 事物何以灭亡？事物何以生成？若事物是生成的，事物则并非自身。若事物正在生成中，事物也并非自身。因此，生成即灭亡，毁灭是未知的。
>
> ——《论自然》（约前 480）

埃利亚的考古遗迹，埃利亚学派的所在地。
该背景下的中世纪塔楼建在希腊神庙的废墟上。

> 无助的人们任由思想飘荡；他们既聋又哑，头昏眼花 —— 他们如兽类一样没有判断力。他们相信存在和不存在是一样的，也是不一样的，万物之路都是反向之路。
>
> ——《论自然》（约前480）

遗产、真理、影响

◎巴门尼德的抽象逻辑方法与他之前的哲学家不同，他对哲学发展的道路有着深远的影响，因此他被称为"形而上学之父"，尽管这个术语在其著作之后才出现。

◎原子论哲学家留基伯（约前500—约前440）和德谟克利特根据巴门尼德不变的"一"来构想他们的原子论，但他们重新讨论了真空问题和多重性问题，与巴门尼德观点不一致。时至今日，是否会存在真空或虚空仍然是一个重要的哲学和科学命题。

◎柏拉图记录了巴门尼德对年轻的苏格拉底所产生的影响。柏拉图本身也将理性认识现实的途径和感觉导致错觉的途径进行了对比，这是柏拉图哲学的一个重要主题。

大事记

约前510年	巴门尼德出生于意大利南部海岸的埃利亚。
约前490年	巴门尼德在色诺芬尼那里学习，熟知毕达哥拉斯和赫拉克利特的哲学思想。
约前445年	游历雅典，遇见了年轻的苏格拉底。
约前480年	创作了《论自然》。
约前450年	不明原因离世。

真正存在的东西都是静止的、没有变化的、不变的"一"。那么他是怎样解释我们平常所经历的运动、变化和多元化的呢？史诗的第二部分似乎给出了答案，尽管这一部分留存下来的不多。巴门尼德简单描述了人类所能感知到的具有欺骗性的世界表象，并提出了一个系统的宇宙论，这个宇宙论似乎是受到了毕达哥拉斯学派的启发。这个世界主要存在两种元素：火和黑暗，地球和天体就是从这两种元素中产生的，最终它们将再次衰变回归到原状。这些元素的混合物构成了不同的同心圆，从而形成了宇宙。"意见之路"也叙述了动物的起源，提到了心理学，但是保存下来的部分很少。

现实和表象

通过对比"真理之路"和"意见之路"，巴门尼德对现实和表象做出了区分：事物究竟是人们通过理性发现的，还是在日常生活经历中发现的。因

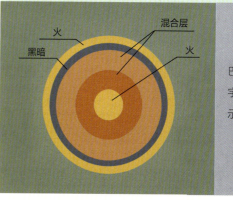

巴门尼德宇宙结构示意图。

为理性揭示了现实是"一"，不会变化，那么世界暂时的变化和多样性在本质上是具有误导性的。这并不是说它毫无价值；他似乎觉得我们对表面世界的理解有可能对日常生活有用，但它们并不是真正的知识。

阿那克萨戈拉

（前 500—前 428）

阿那克萨戈拉是第一位用精神来解释自然世界的哲学家，他认为宇宙智力创造出了漩涡式的天体运动。天体是燃烧的巨石，不具有神圣性。雅典人认为他对天不敬，对他提出了诉讼。

阿那克萨戈拉来自爱奥尼亚（今属土耳其）的克拉佐梅纳伊港。据说他没有在家乡施展其政治抱负，而是一心一意追求知识。他前往雅典，此时的雅典在伯里克利民主政治领导下，步入了富足的黄金时代。阿那克萨戈拉大约在公元前 462 年来到雅典，他把哲学引入充满创造力和自信的雅典文化中。他在雅典一待就是 30 年，成了强势领导者伯里克利的老师和盟友。他因为亵渎神明而被伯里克利的敌人判处死刑，但他最终逃到了小亚细亚的兰普萨库斯。在那里，他写了一部自然哲学著作，如今仅有一些片段存留下来。

> 除了意识以外，万物之中有万物。
>
> ——阿那克萨戈拉
> 引自柯克、雷文和施菲尔德的《前苏格拉底哲学家》（1957）

基本哲学思想

无限多的物质

阿那克萨戈拉很熟悉他的前辈巴门尼德的论点，巴门尼德认为没有什么可以进入或离开存在的状态，因此宇宙是一个静态的和无差别的"一"体。然而，阿那克萨戈拉在接受"存在"不能被创造或毁灭这一观点的同时，他希望找到一种方法去解释现实中的运动和变化。为此，他否认了巴门尼德的主张，即只有一种"存在"。确切地说，有无限多种不同的元素或物质，每一种都是无限可分的，每一种都占据了整个空间，但浓度不同。在任何一个地方占主导地位的物质决定了占据该空间物质的性质。例如，我们称之为水的物质，其中的水元素比空气和火等其他全部元素都占优势。通过这种方式，阿那克萨戈拉断言没有什么能被创造或毁灭，所有的变化都源于物质的分解和结合。例如，水在蒸发时不会变成新的物质，而是混合在水中的空气从水中分离出来。类似地，植物可以通过吸收已经稀释在土壤中的物质，将土壤变成树叶和木头。

遗产、真理、影响

◎阿那克萨戈拉的重要之处在于，他将巴门尼德关于创造或者毁灭的不可能性与变化的可能性结合起来。

◎他采用唯物主义观来解释彩虹、日食和陨石等现象，进一步增强了米利都和安纳托利亚（今属土耳其）哲学家们的科学精神。他还有一些重要的发现而受到称赞，比如月亮通过反射光线而发光，以及月亮上有山等。

◎他的宇宙意识论思想深得苏格拉底、柏拉图和亚里士多德的青睐，但对他的自然现象机械论（而不是目的驱动）却感到失望，不能用于解释宇宙为什么会产生。

大事记

约前 500 年	阿那克萨戈拉出生于希腊古城克拉索梅纳的爱奥尼亚（今属土耳其）。
约前 462—前 432 年	阿那克萨戈拉定居雅典，在那里他写了一部哲学著作。
约前 434 年	他回到爱奥尼亚，在兰普萨库斯建立了一所学校。
约前 432 年	他被指控亵渎神明，被判处死刑。伯里克利可能帮助他这位朋友逃跑了。
前 428 年	在兰普萨库斯去世。

宇宙学

阿那克萨戈拉认为，起初物质存在于杂乱混沌当中，宇宙智力控制着物质的运动。宇宙智力促使物质进行旋转，导致重的东西受引力作用被吸引到中心，轻的东西上升到边缘，这样就分离出了元素，产生了地球和天体。宇宙智力也是人类和动物意识的来源，也是它们充满活力的原因。

恩培多克勒

（约公元前493—前433）

恩培多克勒是一个奇迹创造者、宗教神秘主义者、政治家、诗人以及科学家，他是第一位假定自然力独立存在的科学家。他的四元素理论最终成为中世纪化学的基本观点。他还提出过自然选择导致了物种起源的理论，从而成为查尔斯·达尔文思想的源头，名垂青史。

恩培多克勒是西西里岛阿克拉噶斯的公民。尽管他是民主的捍卫者，但是大家认为他有帝王般的形象：穿着紫色长袍、金色腰带和青铜凉鞋。他因具有魔力而闻名，可以控制风、结束瘟疫和使人起死回生。像巴门尼德一样，他用韵文写作，但所著两部作品却只保留了一些片段，《论自然》概述了他的哲学体系，《净化》则神话般地描述了宇宙的起源。

根据第欧根尼·拉尔修的说法，他是跳进埃特纳火山口而死的，他的身体被火山所吞噬，他的弟子们相信他会永生。当火山把他的一只青铜凉鞋喷射回来时，人们发现永生之说的欺骗性。

基本哲学思想

四个主要元素

恩培多克勒接受巴门尼德的观点，即任何事物都不能被创造或毁灭。他通过四元素假说（土、水、火和空气）来解释变化和多样化存在的可能性。这些元素以不同的比例混合在一起。从这些坚不可摧的"根"中，生长出我们周围所看到的一切，包括生物。排斥力或"冲突"，还有吸引力或"爱"的力量，控制着元素的结合和分离过程，他还说明了当最终物质保持单一状态和不变时，变化是如何发生的。普遍认为，恩培多克勒是第一个用事实证明空气在现实中存在的人。他观察到，只要封住管道的一端，将另一端浸入水中，管道中仍有东西阻止水进入。当另一端被揭开时，空气会逸出，水就会冲进去。

物种的起源和进化

恩培多克勒为了解释为什么动物能够很好地适应生存环境，提出了一个假设。动物的四肢和器官是从土地里生长出来的，通过随机组合，造就了各种各样的生物。大部分的组合都不利于生物的生存

遗产、真理、影响

◎ 恩培多克勒的主要贡献在于他经典的四元素理论。他认为我们观察到的所有物质都是不变元素的化合物，这个观点也成为现代化学的基础。

◎ 他认为，现存的生物都是幸存下来的，而且最能适应它们的生长环境。这一理论是达尔文的自然选择理论的雏形（《物种起源》，1859）。

大事记

约前493年　恩培多克勒出生于一个富裕的家庭。巴门尼德、阿那克萨戈拉、色诺芬尼和毕达哥拉斯都是他的老师。他在阿克拉噶斯从政，并帮助该地建立了民主制度。根据某些说法，他曾被流放到西西里岛，成为岛上的常驻圣人和治疗师。

约前433年　关于他的死亡，有几个矛盾的说法。有人说他死
去世　于埃特纳的大火，有人说他是从船上掉下来淹死的，还有人说他驾驶马车因车祸而死。根据萨马索塔的卢西恩（约前180—前125）的描述，他是火山喷发时跳进了埃特纳火山口，被活活地烤死的。

> 许多生物出现时就拥有双面和双乳，一些公牛的后代拥有人类的面孔，而一些人类的孩子却拥有牛的脑袋……
>
> ——恩培多克勒
> 引自阿瑟·费尔班克斯的《希腊第一批哲学家》（1898）

或繁殖，因此许多物种灭绝了，只留下了适应能力最强的物种。

再生

他赞同毕达哥拉斯关于轮回的观点（见毕达哥拉斯），提倡素食主义，认为对哲学的追求是灵魂逃离无尽轮回的必经之路，这样灵魂在永恒的神圣秩序中才能占据一席之地。

埃利亚的芝诺

（约前490—前425）

芝诺是巴门尼德的弟子，因提出许多悖论而闻名。芝诺悖论试图证明运动、变化和多元化的不可能性，从而进一步证实他老师大胆且违反直觉的主张，即宇宙是静止的、不变的和无差别的。亚里士多德认为是芝诺提出了辩证的推理方法，这种方法能够把反对者的论点反驳得体无完肤。

芝诺来自意大利南部的埃利亚，他是巴门尼德的学生，也是埃利亚学派首屈一指的捍卫者。据说芝诺在一本书里提出了40多个悖论，如今均已失传，每个悖论都涉及现实的本质，并证明常识性观点的矛盾性。亚里士多德的重要著作《物理学》是了解一些芝诺悖论的最佳资料来源。

我们对芝诺的了解大部分来自《柏拉图对话录·巴曼尼德斯篇》。根据该书的描述，芝诺"近四十岁"时遇到了年轻的苏格拉底，并采用了苏格拉底的辩证方法进行问答。柏拉图说，芝诺在年轻时写了一部有关自己悖论的作品，不幸被盗，但他的思想得以广为流传。当他访问雅典时，他的论点就已经为人所知……

> ……跑得最快的人永远追不上跑得最慢的人，因为追赶者必须先到达被追赶者出发的地方，所以跑得较慢的人一定会始终领先。
>
> ——芝诺的论点
> 摘自亚里士多德的《物理学》（约前330）

基本哲学思想

现实是一体

芝诺认可他的老师巴门尼德的观点，即现实是简单不变的，因此出现多元化和变化是感觉带来的幻觉。他的悖论旨在证明把感官经验看作真正理解现实的基础是不可靠的。

没有多元性

芝诺声称，存在多种事物的观点是错误的，因为会导致矛盾的结论。如果有许多事物，那么，一方面它们必须是一个确定的总数，是一个有限数；但是另一方面，如果你拿取任何两个相邻事物，它们之间肯定有一定的空间。意味着它们之间肯定还有其他的事物。在这三者之间，必然还有另外两者，以此类推，直到无穷尽。这就可以推论出：既有有限数量的事物，也有无限数量的事物，这个观点是荒谬的。芝诺得出结论，宇宙必须是一个无差别的整体。

没有运动

芝诺最著名的悖论试图证明运动的不可能性。想象一下，阿喀琉斯与一只乌龟赛跑，并让乌龟领先10米。当他跑完10米的时候，乌龟已经开始前进了。当他第二次追上乌龟爬的10米时，乌龟又会继续前进，如此循环往复。阿喀琉斯永远赶不上乌龟。因此芝诺得出结论，我们感觉到的运动现象其实是一种幻觉。

遗产、真理、影响

◎芝诺的悖论自提出之后的几个世纪就一直困扰着哲学家们。直到19世纪和20世纪一些处理无穷大的数学工具的出现，这些问题才迎刃而解。

◎芝诺关于无限可分的不可能性的论点似乎影响了原子论者德谟克利特和留基伯（公元前440年），他们提出了关于物质单位不可分割的假设。

大事记

约前490年	芝诺出生于意大利南部的希腊殖民地埃里亚（今韦利亚）。他年轻时成了巴门尼德的学生（根据柏拉图的说法）和情人/拥戴者，撰写了有关悖论的书籍。
约前450年	芝诺和巴门尼德一同访问雅典，遇见了年轻的苏格拉底。芝诺可能在雅典待了几年，然后又回到埃里亚。在那里，他卷入了与埃里亚君主尼尔修斯的政治斗争中。
约前425年	据第欧根尼·拉尔修记载，芝诺死于尼尔修斯之手。

普罗泰戈拉

（约前 490—前 420）

普罗泰戈拉是流动哲学教师（智者）群体中一位主要人物。这些智者通常有偿教授修辞法。普罗泰戈拉因其怀疑论调闻名于世，他认为"人是万物的尺度"。换言之，知识都是相对于创造知识的人而言的，因此没有客观有效性。

普罗泰戈拉来自色雷斯的阿夫季拉。他曾周游希腊，靠给富有的年轻人当老师谋生。貌似他创作过至少两部作品，《论真理》和《论神》，但留存下来的只是被其他作家引用的片段。如今我们所了解的普罗泰戈拉的生平和思想大部分都出自柏拉图。约公元前432年，柏拉图在《普罗泰戈拉篇》中记载了普罗泰戈拉对雅典的一次访问，而在《泰阿泰德篇》中则详细讨论了他的哲学理论。曾经有一件著名的轶事发生在普罗泰戈拉身上。普罗泰戈拉曾教一个年轻人欧提勒士在法庭上使用辩论术。学生开始学习时付一半学费，毕业后第一次出庭胜诉再付另一半学费。毕业后，欧提勒士迟迟未开展律师业务。普罗泰戈拉于是对学生提起了诉讼，以收回他的费用。这种情况被称为普罗泰戈拉悖论。一方面，为了收回他的费用，普罗泰戈拉必须赢；但另一方面，欧提勒士第一个案件败诉的话，他的学费应该被免除。

基本哲学思想

没有客观的真理

普罗泰戈拉主张"人是万物的尺度"，可以解读为：个人的判断是主观的，我们不能指望得到客观的知识。如果人性可以决定一切的话，那么在任何事物上都不存在真理。这种怀疑立场似乎是源于感知所具有的主观性特征。例如，一个人可能觉得房间太热，而另一个人可能觉得太冷。因为每个人的判断似乎都同样有道理，所以事情不可能有客观的真相。普罗泰戈拉从中得出的一条推论是：在任何争议中，双方都可以表现得同样有理有据。此外，由于某些知识是不可能企及的，我们应该在所有的事情上保持不可知论，包括上帝是否存在的问题。

道德怀疑主义

普罗泰戈拉的怀疑论也扩展到了道德判断上。在我看来道德上值得称赞的东西，在他人眼中却应受到谴责。因此，所有的道德判断都是惯例问题或者

遗产、真理、影响

◎ 柏拉图努力击败了普罗泰戈拉的怀疑论，他提出意念（"形式"）是真实存在的，意念中的真正知识是可以获得的。

◎ 他认识到人类对事物的主观感知决定了它们的外观，这是一个重要的见解。时至今日，尚有人对此展开讨论。

大事记

约前490年　普罗泰戈拉出生于色雷斯的阿夫季拉（今希腊）。曾和他的同胞德谟克利特一起学习。

前444年　伯里克利要求普罗泰戈拉为雅典殖民地图利起草《宪法》。

前432年　普罗泰戈拉离开阿卜杜拉，以当老师谋生。之后他至少去过两次雅典。曾与民主统治者伯里克利和智者派产生过交集。同年，他遇见了年轻的苏格拉底。

前420年　普罗泰戈拉去世（地点不详）。

> 关于神，我无法知道它们是否存在……因为有许多障碍使我们得不到这种知识，一则这个问题暧昧不明，再则人生是短暂的。
>
> ——普罗泰戈拉
> 引自阿瑟·费尔班克斯的《希腊第一批哲学家》（1898）

立场问题。许多人察觉到了这种论调的危险性，会致使道德陷入混乱状态中，对此柏拉图主张进行抵制。人类理性不能发现真理的观点，在某些人看来，这就意味着辩论是唯一值得学习的艺术，道德上的顾虑是多余的。这种观点让人联想到了名噪一时的"诡辩家"。他们以口头欺骗和操纵修辞来达到寡廉鲜耻的目的。传说普罗泰戈拉被控亵渎神明，他的书籍被付之一炬，他本人不得不逃离雅典。不过这种说法也值得怀疑。

苏格拉底

（约公元前 470—前 399）

苏格拉底对公认的观点往往持批评态度。苏格拉底声称自己无知，他通过与年轻雅典贵族的对话，揭露了他们关于基本道德的无知。苏格拉底积极的信条里有这么一条：没有人自愿犯错误，趋善避恶是人的本性。

苏格拉底的母亲是助产士，父亲是雕刻家，可能是受到家庭的影响，他以石匠作为谋生职业。有资料证实，苏格拉底毫不在意自己的外表，去哪儿都光着脚；他虽然长相难看，但身体却非常强壮。有时思考入神的时候，他会浑然忘却周围的环境，一动不动地站上几个小时。除年轻时服兵役外出参加过伯罗奔尼撒战争之外，苏格拉底一生其他时间都待在他的故乡雅典。据说，他喜欢留在城市的原因是想要向更多人学习，因为城市里的人口比乡村要多。

苏格拉底最初对自然哲学产生了兴趣，被阿那克萨戈拉的著作所吸引。然而，他很快就醒悟了，因为阿那克萨戈拉没有解释清楚宇宙为何存在。他把注意力又转向了伦理问题。跟同时代的诡辩家一样，苏格拉底会邀请雅典的年轻人讨论道德问题。但不同的是，苏格拉底否认他有专门的知识传授，

而且他分文不取。可能是受埃利亚的芝诺的影响，苏格拉底会展开辩证式的问答，通过问答来摸清对方的知识底细。遗憾的是，他发现对话者和他一样知之甚少。苏格拉底认为人们应为自己无知的暴露而感到高兴，但是，许多雅典人并不这样想。在苏格拉底职业生涯中，树敌良多。德尔菲的圣人宣称苏格拉底是最具智慧的人，苏格拉底对此表示错愕。他说，"我只知道我什么也不知道"。

公元前 404 年，斯巴达击败了雅典。苏格拉底经历了短暂的三十僭主政权时期。在这个时期，很多人都以强制服毒的方式被处决。苏格拉底不顾个人危险，仍然坚守原则，藐视当权，拒绝参与逮捕一名无辜之人的行动。他侥幸得以逃脱惩罚。但后来他却成了民主政权的眼中钉，在几年后被审判并处决。他坦然面对死亡，坚信自己正直的人格完美无缺。他坚信自己的灵魂是不朽的。

基本哲学思想

苏格拉底与牛虻

苏格拉底自己着墨不多，所以我们获悉他的哲学思想是通过其追随者的作品，其中最著名的是柏拉图。柏拉图笔下的苏格拉底是否就是真实的苏格拉底，也还有待商榷。然而，有一点似乎可以肯定，在关乎人类生活的重大问题方面，苏格拉底把揭露同时代人的混乱思想当作自己神圣的使命。苏格拉底把自己比作牛虻：牛虻是一种刺激物，它不允许人们自我满足，它不停地提醒人们去质疑、批判和反思自己的假设。苏格拉底使用辩证法首先是为了暴露人们思想中隐藏的困惑。他通常会提出这样的问题，例如，"什么是正义"或者"什么是勇气"，并鼓励对话者对这些美德的本质下定义。当定义表

现出缺陷的时候，比如没有涵盖所有个体或所有勇敢行为，苏格拉底就会得出结论：自己和同伴显然不了解该美德。

苏格拉底与助产士

苏格拉底并不怀疑知识存在的可能，也不把承认自己无知看作结果，而是看作推动个人继续探索的动力。苏格拉底希望通过不断问和答的辩证过程，来揭示隐藏在他人思想中的知识。他将这个辩证或反诘的过程比作接生，并把自己比作助产士，以此帮助别人获得对知识的理解。

苏格拉底悖论

虽然苏格拉底从未声称自己有学识，但他的确

遗产、真理、影响

◎苏格拉底和与他同时代的诡辩家见证了哲学焦点从自然界转向人类行为的过程，这深刻影响了哲学探究的未来路径。

◎苏格拉底矢志不渝地追求真理，他宁死也不牺牲自己的道德操守或哲学原则，这为未来的哲学家树立了典范。

◎苏格拉底的哲学思想对柏拉图的影响尤其重大，也是整个西方哲学发展的基础。柏拉图似乎继承了苏格拉底的观点，认为美德比物质和社会上的成功要重要得多。柏拉图在哲学方面所做的大部分努力都致力于证实：行为道德的人获益最大。

大事记

约前470年	生于希腊雅典。毕生居于雅典，与粘西比结婚，并育有几个孩子。根据第欧根尼的说法，苏格拉底帮忙雕刻了雅典卫城上的美惠女神雕像。他避免自己参与公共事务，认为这对于热爱真理的人来说风险太大。
约前450年	埃利亚的巴门尼德和芝诺前往雅典，与苏格拉底会面。
约前432年	最杰出的智者普罗泰哥拉来到雅典。
前399年	就在雅典恢复民主的几年之后，苏格拉底被判处死刑，罪名含糊不清，说是蛊惑和腐化年轻人。根据柏拉图的说法，苏格拉底有机会逃脱，但他拒绝了，他选择接受惩罚，服毒而亡。

通过作恶多端、以牙还牙、打击报复来保护自己，都绝不可能是正确的。

——苏格拉底
引自柏拉图的《克里托篇》
（约前360）

《苏格拉底之死》雅克·路易·大卫，1787年。

持有一些积极的信条。其中最主要的一条是苏格拉底悖论，即没有人愿意选择不道德的行为。从表面上看，这显然是错误的。毕竟，即使人们知道有很多事情是错的，但如果这样做能为自己带来利益的话，他还是会选择去做。例如，如果有人觉得自己能免除惩罚并得到好处，那么他会选择撒谎、欺骗或者偷窃。然而，苏格拉底认为这暴露了一些混乱的思想。因为不道德的行为对他们自己德行的损害远比对受害者的伤害要严重。这些人可能成功地剥夺了他人的物质财产或其他世俗成就的东西，但人类真正的快乐就是内心和谐和自我控制，而不是物质上的成功。然而，要意识到这一点，需要认真地反思美德的真正本质。苏格拉底认为，通过反思我们会意识到，一个人成功的正确途径就是行为上合乎道德。苏格拉底的另一个悖论就是，美德即知识。换句话说，如果一个人真的知道什么是善，自然而然就会去做。

不管苏格拉底对道德的具体看法是什么，其哲学方法和处事原则都是他留下来的重要遗产。他认为浑浑噩噩的生活是毫无意义的，只有将我们的共同信仰置于批判性的审视之下，我们才有希望发现最佳的生活方式。因此，苏格拉底始终坚定地将批判理性置于哲学事业的核心，并将其置于美好生活的核心。

德谟克利特

（约前 460—前 370）

德谟克利特被称为"微笑的哲学家"，他的道德体系把快乐看成至善。他认为，所有存在的物质都是在虚空中运动的不可分割的微粒，即"原子"。原子论使德谟克利特相信灵魂也是纯粹物质的，因此没有来世。

原子论的观点与德谟克利特这一名字联系最为紧密，但似乎最早源于神秘人物留基伯（约前440）。人们对留基伯知之甚少，伊壁鸠鲁（公元前341—前270）甚至认为他可能纯粹是虚构人物。然而，留基伯似乎有可能真的存在，来自古希腊城市米利都（今属土耳其）。留基伯延续了对现象进行自然解释的传统，该传统始于泰利斯（约公元前580）。德谟克利特非常详细地提炼和阐述了原子论基本理论，但是究竟哪些思想是从他老师那里继承的，而哪些思想又是他自己的，这就无从考证了。

相比留基伯，我们对德谟克利特要了解得多。德谟克利特出生于色雷斯（今希腊）阿夫季拉一个富有的贵族家庭，可能师从留基伯或者阿那克萨戈拉。据说，因为德谟克利特的父亲在希波战争期间招待过行军路过的赛瑟斯军队，所以德谟克利特得以受教于波斯宫廷的马吉。父亲去世后，德谟克利特继承了一笔可观的遗产，离开了家乡去求学。他去了埃及和波斯，学习了数学和自然哲学。几年之后，他耗尽了钱财，不得不返回阿夫季拉，靠公开演讲为生。公元三世纪的传记作家第欧根尼说，德谟克利特写了72部主题广泛的著作，包括生物学、伦理学、数学、音乐和感知，从不同方面阐述了原子论。但这些著作都没能完整保存下来。所以要了解他的思想，我们不得不依靠300多份留存下来的著作片段，以及后人的著作，尤其是亚里士多德的著作。

德谟克利特与苏格拉底，还有那些擅长雄辩和道德高尚的雅典智者属于同一个时代。有资料记载，德谟克利特的确曾访问过雅典。但柏拉图著作中只记录了苏格拉底与其他游学先贤的会面，比如巴门尼德，但从没有提及德谟克利特，这点让人颇感意外。有一种解释说，柏拉图对德谟克利特一无所知。按照第欧根尼的说法，柏拉图讨厌德谟克利特的机械哲学，甚至希望把他的书籍烧毁。

伟大的罗马思想家和政治家塞内加（公元前4—65）说，德谟克利特一直在嘲笑人类的愚蠢，因此许多人说他是疯子。有人请医生希波克拉底（约公元前460—前370）为德谟克利特看病。医生说他神智完全正常，只是头脑太清醒了。德谟克利特晚年为了避免被感性欺骗，为了更理性地看清这个世界，不惜把自己弄瞎。

基本哲学思想

埃利亚学派

原子论在埃利亚学派论点的基础上得以发展。留基伯和德谟克利特对埃利亚学派的许多观点均表示认同。例如，他们一致认为，除非让物体进入虚空，否则运动是不可能的。还认为虚空既不能创造，也不能毁灭。然而，就像阿那克萨戈拉和恩培多克勒一样，原子论者力图否认"存在"是唯一、不变和无差别的观点，另一方面他们也接纳运动与多元化的现实并进行论辩。

虚空

原子论者假定了"虚空"的存在，从而否定巴门尼德的逻辑。巴门尼德认为，非有之物不可能存在，这也就意味着真空或虚空是不可能存在的，这也是当时人们普遍认可的观点。至于原子论者基于什么来论证虚空的存在，我们不得而知。不管怎样，有了虚空的存在，宇宙中的运动才又被认可，因为虚空允许一个物体进入其中运动。

原子

空间的尽头是不可思议的，德谟克利特据此认为空间必定是向四面八方无限延伸的。正如我们所感知的那样，在这个无限的空间里，有各种各样的存在。德谟克利特认为，尽管所有这些存在物都可分，但将它们无限分割是不可能的。因此，一定会存在这样一个点，到了这个点就不能再分了，于是我们就获得了可能最小的物质微粒。这些粒子太微小了，

遗产、真理、影响

◎ 一切的存在都是运动中的物质，这一论断暗含了对宇宙精神维度的否定。在整个基督时代，欧洲人都不认可这一观点，甚至相当敌视。直到 18 世纪，唯物主义复兴才有所改观。如今它已是哲学家们的正统观点。

◎ 拒绝对自然现象进行目的论的解释，这与现代科学的方法相一致。但是从柏拉图和亚里士多德的时代起，人们一直在质疑这种方法。

◎ 在所有古希腊的自然哲学中，原子论最接近现代物理学家对现实的看法。

◎ 德谟克利特的唯物主义和伦理学对伊壁鸠鲁有着重要的影响。伊壁鸠鲁学派的社会和政治哲学成为继斯多葛学派之后最具影响力和最持久的希腊哲学。

◎ 德谟克利特是约翰·洛克第一性和第二性思想的先驱。他认为冷热、味道、颜色和其他感觉是不同类型的原子与我们的感官和灵魂的撞击而引起的，因此对这些现象的感知取决于观察者，而现实世界只是由运动中的物质组成。

> 日常感知的苦甜、冷热和颜色本质上都是原子和虚空……事实上，我们对任何事物都没有确切的理解。只有当它随着我们的身体状况和随着抵抗它的事物状况改变时，我们才会理解。
>
> ——德谟克利特
> 引自柯克、雷文和施菲尔德的《前苏格拉底哲学家》（1957）

大事记

约前 460 年	出生于色雷斯的阿夫季拉（今希腊）。
约前 400 年	与在赛瑟斯军队服役的马吉相识，向他学习占星学和神学。后游历东方，继续学习，回到阿夫季拉后，以教书和写作为生。
约前 370 年	在阿夫季拉逝世，享年 90 岁。

银河系中心的红外图像。德谟克利特首次推断出银河系是由大量远距离恒星组成的。

感官是觉察不到的。由于这些粒子不能再分割，德谟克利特称之为"原子"。"原子"的字面意思是"不可分割的"。"原子"是不可分割的，因为它们没有空隙或孔洞，也就没有可再分割的空间。换句话说，它们非常坚硬，破坏不了。因此，它们一直存在，也将永远存在。

原子数量无穷，且运动不息，一切物质都是由原子组成的。各种原子只是形状、大小和重量（如果存在的话）不同，它们的运动受到严格而确定的规律支配，导致它们相互碰撞，形成漩涡，最终合并成物理实体，构成了世界。宇宙曾经拥有无穷多的世界，现在也拥有无穷多的世界，这些世界都是由无意识的机械力量创造和毁灭的。这种观点与上帝的观念或任何智慧控制的观念形成了鲜明的对照。德谟克利特并没有解释宇宙最初是如何形成的以及为什么会形成，他也回避了可以解释自然界一切的目的论。

对于德谟克利特来说，生命也是通过纯粹的机械手段演化的。知觉和思维是物理过程，只不过是物质的运动而已，这也意味着人类的灵魂也是由原子组成的，是一种非常精细的球状原子，类似于组成火的原子。原子在死亡时消散，我们人便也消失了。按照同样的逻辑，神也一定是纯粹的物理存在，像其他一切事物一样，都要经受自然的衰变过程，所以也终有一死。

柏拉图

柏拉图和他的学生亚里士多德均对西方哲学思想产生了深刻的影响。柏拉图是第一位有大量著作留存下来的哲学家，他对大量哲学话题进行了系统、细致、深入的探索，其作品极富文采，如今依然散发着智慧的魅力。

柏拉图出生在雅典的一个贵族家庭，年轻时就拥有自己的政治抱负，但是在老师苏格拉底的影响下，似乎很早便放弃了自己的政治理想。公元前399年，苏格拉底受到审判被判处死刑，雅典民主政治牵涉其中，这也导致柏拉图对雅典民主幻想的破灭。那一年，柏拉图30岁，他离开了雅典，开始在希腊到处游历，最远可能到达过埃及。在西西里，柏拉图曾当过狄翁的老师。狄翁是叙拉古暴君狄奥尼索斯一世的妹夫。回到雅典后，柏拉图建立了第一所高等学校——柏拉图学园（也称阿卡德米学园）。学园一直存在，直至529年罗马皇帝查士丁尼将它关闭。

狄奥尼索斯一世去世后，柏拉图又回到了西西里，当了小王子的家庭教师（小王子即狄奥尼索斯二世）。柏拉图希望把暴君改变成具有哲学觉悟的统治者。然而，狄奥尼索斯二世似乎并不具备贤明的品质，他甚至想把柏拉图关进监狱。柏拉图最终逃回雅典，余生都在学园讲学。

苏格拉底对柏拉图的影响最大，使其毕生都致力于哲学研究。苏格拉底之死促使柏拉图把哲学讨论记录下来，得以保存。柏拉图早期的对话录并不是逐字记录，但非常准确地记载了苏格拉底及其哲学方法，涉及苏格拉底对伦理观念的探索，为这些观念找到合适的定义，当然大部分都缺乏明确的结论。到对话录的中段，柏拉图才开始探讨自己的学说。苏格拉底仍然是主要发言人，但此时他却成了柏拉图观点的代言人。在后面的对话录中，柏拉图又对中期详述的一些思想质疑，致使读者无法弄清楚柏拉图的真正立场是什么。

> 如果纯粹的知识不可能与肉体相伴，那么要么完全不可能获得知识，要么只有在死后才可能获得知识……
>
> ——《斐多篇》（公元前4世纪）

基本哲学思想

理念论

柏拉图整个哲学体系的中心理论就是"理念论"。"理念"，即各种具体事物的一般形式。要想理解"理念论"，我们需要回到早期对话中。柏拉图称，苏格拉底努力为诸如勇气或美德等道德品质下定义是不可取的。苏格拉底关注的问题是，没有具体的勇敢行为是绝对的勇敢行为，也没有百分之百勇敢的人。仅仅是从某种程度或某些方面看，行为或人可以认为是勇敢的。换句话说，勇气本身并不等同于任何一种具体的勇敢行为，而是泛指所有勇敢行为的共通之处和成因。勇气不是物质世界存在的任何具体事物，而是当今哲学家所说的"普遍性"。考虑到"普遍性"不能通过具体的行为或者感知到的物体辨识，所以柏拉图认为，"普遍性"独立于具体行为或对象之外，它只能为理性所理解。换句话说，"普遍性"就是"理念"（希腊语中的eidos）。柏拉图的"理念论"认为，具体事物构成的现实世界是理念世界的完美或理想"摹本"。因此，勇敢行为类似于模仿，也可以说靠近勇气这一理念。

同样地，柏拉图认为几何和数学对象存在一个理想的境界，这个理想境界我们只能用理性来认识，而不能用感官。正圆和笔直的直线是我们在做几何时凭大脑直觉掌握的概念，但我们在物质世界中从未遇到过这样的事物。所有的圆形物体都只是近似圆形——它们没有达到正圆的标准。目前，尚不清楚柏拉图准备将理念论扩展到何种程度，但他似乎认为，所有普遍存在的事物都有与之相对应的概念。这意味着，例如，有一个关于"床"的概念，它是

遗产、真理、影响

◎ 柏拉图与亚里士多德一样是西方思想史上最具影响力的哲学家。柏拉图有极其重要的地位，数学家和哲学家阿尔弗雷德·诺斯·怀特海德（1861—1947）称，整个西方哲学都是对柏拉图理论的一系列脚注。

◎ 基督教的发展间接受到了柏拉图的影响——普罗提诺（204/205—270）是新柏拉图主义的奠基人，其思想为基督教神学赋予了基本原则，极大地影响了基督教。难怪19世纪弗里德里希·尼采称基督教为"大众的柏拉图主义"。《理想国》是柏拉图的代表作之一，是西方思想传统对理想国家或乌托邦的首次描述。其他相关的作品有奥古斯丁的《上帝之城》（413—426）和托马斯·莫尔的《乌托邦》（1516）。

大事记

约前 428 年	柏拉图生于希腊雅典。
前 399 年	苏格拉底被处死，柏拉图离开雅典。他去了哪里并不为人所知，但传说他去过埃及。
前 387 年	柏拉图到达西西里岛，在那里他偶然得知了毕达哥拉斯学派（见毕达哥拉斯章节），并结交了锡拉库扎的统治者。
约前 385 年	柏拉图回到雅典，他和数学家泰阿泰德（约公元前 417—前 369）共同建立了柏拉图学园，该学园是公认的欧洲第一所大学。
前 367 年	柏拉图访问西西里，公元前 361 年又故地重游。其余时间一直待在雅典。
前 347 年	柏拉图在雅典辞世。

柏拉图的《亚西比德篇》写在莎草纸上的片段，约 131 年。

我们所描述的社会永远不能成为现实，或者永远不能见到天日。而且国家会有没完没了的麻烦，甚至……人类本身会有无穷无尽的麻烦，直到哲学家成为这个世界的国王，或者直到所谓的国王和统治者真正成为哲学家，这样哲学和政治权力才能掌握在一人手中。

——《理想国》（公元前 4 世纪）

木匠脑海中感知到的完美范例，在制作一张真正的床时可以以此为模型。

善

哲学家可以通过辩证方法开展合作研究，分析概念，最终获得对理念的认识。获取了终极理念的知识，即达到了至善的状态，这个研究过程也就达到了顶峰。掌握了善的知识，就掌握了所有的事物，因为这样，所有事物的最终目的和成因都能迎刃而解。真知必须是永恒不变的，这样的真知叫作理念；相比之下，因为物质世界是会变化的，所以柏拉图认为物质世界只能是信仰的对象。依此，柏拉图区分了由理念构成的真实世界和为感官所感受的表象世界。

灵魂

因为心智领悟了不变的理念，那么心智就必定像理念一样是不朽的。换句话说，灵魂是不朽的，在出生之前就存在。今生的学习其实就是重拾我们出生之前所知晓的东西。而我们死后，灵魂会重生到一个新的身体里。哲学家们在追求永恒的理念时，也在为他们的灵魂回到永恒的境界做准备，这样他们就可以逃脱重生，永远生活在理念之中。

政治观

柏拉图的哲学不是纯粹的思辨，他从未停止对世界政治的关注，写了大量关于理想国如何可以实现的文章。柏拉图反对民主，主要是因为他认为执政是一项需要专业知识和广泛训练的技能。《理想国》（约公元前 360）记载了一份理想政治机构的详细蓝图，该政治机构由哲学家组成的精英阶层实施统治。

犬儒学派的第欧根尼 (约前 404—约前 323)

"犬儒学派"名字来源于希腊语"kynikos"，意思是"像狗一样的"。犬儒主义的奠基人第欧根尼和他的追随者鄙弃俗世的荣华富贵，信奉自力更生、清心寡欲的生活哲学。真正的幸福就是厚着脸皮，过着动物般的简单生活。

据说，苏格拉底被处死的那一天，第欧根尼在锡诺普（今属土耳其）出生。其父亲是一名银行家，因为铸造伪币而被起诉，第欧根尼不得不逃往雅典。在那里，他遇到了苏格拉底的学生安提西尼（约公元前 445—约前 360）。第欧根尼缠着安提西尼要做他的门徒，但安提西尼却拿起棍子驱赶他。第欧根尼非常敬重这位哲学家，并表示只要安提西尼还能说话，再坚硬的棍子也不能把他赶走。安提西尼最终妥协，教授他禁欲主义和与社会习俗价值相关的怀疑论。第欧根尼对这些思想的痴迷程度很快就超越了他的老师。当他看到一个男孩用手捧着东西吃时，他便放弃了自己的财产，甚至放弃了自己吃饭的碗。他效仿老鼠找洞的方式，在一个木桶里安家。他要以本性对抗习俗，他公然在集市上自慰的故事就充分说明了这点。面对别人的指责，他为自己辩护道："看来通过揉肚子来缓解饥饿并没有那么容易。"

第欧根尼跟柏拉图是同时代的人，柏拉图称他是"发疯的苏格拉底"。很多轶事都用柏拉图来衬托第欧根尼的智慧。第欧根尼·拉尔修曾讲述过其中一件。柏拉图把人类定义为一种没有羽毛的两足动物（记载于柏拉图的对话录《政治家篇》），言下之意是人类不应该认为自己在动物界是与众不同的。第欧根尼以夸张的方式驳斥了这个定义。他把一只拔了毛的鸡带到柏拉图学园讲课的地方，宣称它就是柏拉图定义的人类。此后，第欧根尼·拉尔修便认为这个定义必须进行修改，加上一条：人类还应有宽而平的指甲。

有一次，第欧根尼会在大白天打着灯笼在中央广场和集市广场上走来走去。当有人问他在做什么时，他说他在寻找一个诚实的人。对于他来说，在世界文明的中心，诚实是少有的品质。

亚历山大大帝只访问过雅典一次，遇见了这位著名的住在木桶中的哲学家。当亚历山大问："我是否能为您做些什么？"第欧根尼回答："请别挡住我的阳光。"这句话可能不只包括字面含义，也有隐喻意义。第欧根尼并不需要这个世界上最有权势的人给他提供物质帮助，亚历山大在俗世的成功只会暗淡了哲学家用理性之光照亮的美好生活。这件事给亚历山大留下了深刻的印象，据说他回应道："如果我不是亚历山大，我会想成为第欧根尼。"

基本哲学思想

虽然第欧根尼的作品没有流传下来（假设他确实写过的话），但是人们普遍认为他的生活方式便是他哲学体系最有力的表达。第欧根尼的中心思想是反对社会传统，他也因此生活在社会的边缘。但为了成为人人可见的批评者，第欧根尼没有离开大众视野。因此，第欧根尼在许多奇闻轶事中，都以自身为例来揭露文明生活中道德沦丧的现象。

第欧根尼教导说，传统的道德和习俗是人为制订的，具有误导性，而理性揭示了通向真正美德的道路，这要求人们回归简单和更自然的生活方式。

幸福可以通过抛弃一切传统的责任和社会关系来获得，也可以通过放弃对社会地位和物质成功的虚伪追求来获得。所以他拒绝追求对社会评判价值的依赖，如荣誉和名声，转而追求塑造个人性格的自我满足和节俭生活。他认为只有这样才能掌握真正重要的领域，即自己的灵魂。第欧根尼过着流浪汉般的生活，靠乞讨获得最低的生活需求，维持生计。他拒绝遵守一切公认的行为规范，从衣着打扮到吃饭睡觉均是如此。他百无禁忌，坚持认为任何私下做的行为通常也可以在公开场合做，无须感到羞耻。

◎第欧根尼是永不妥协的榜样，拥有尖刻的智慧，这也正是他与传统力量作斗争的武器，同时也为他赢得了许多追随者。在接下来的几个世纪里，出现了一批又一批的追随者，这些前赴后继的犬儒主义者，有意识地效仿第欧根尼的生活方式，直至罗马帝国的衰亡。

◎第欧根尼的追随者克拉底后来成了基提翁的芝诺的老师。基提翁的芝诺创立了斯多葛学派，与犬儒学派一起并称为罗马帝国最具影响力的哲学学派。芝诺沿袭了第欧根尼对社会传统对抗的观念。

> 他声称，追求财富就会失去勇气；遵循习俗就会违背自然；追求激情就会丢掉理性。
> ——引自第欧根尼·拉尔修《名哲言行录》（3 世纪）

◎如今"犬儒主义"一词的含义是：蔑视一切看似无私和善良的行为。其实这是对犬儒学派核心信条的误解。他们并不是怀疑道德，而是致力于揭露社会生活中肤浅的道德观念，以支持真正的或不做作的德行。

恺撒·万·埃弗丁恩 1652 年的画作，第欧根尼在寻找一个真正诚实的人。

> 一切都属于神；智者是众神的朋友。朋友之间的一切都是共用的；因此，一切都属于智者。
> ——引自第欧根尼·拉尔修《名哲言行录》（3 世纪）

大事记

约前 404 年	生于锡诺普（今属土耳其），但被迫流亡到雅典。虽然第欧根尼在雅典生活时发生了很多轶事，但是除了第欧根尼与亚历山大（后来的"亚历山大大帝"）的会面可能发生在公元前 338 年，其他轶事都没有确切的日期。
约前 323 年	在希腊的科林斯去世。据说，第欧根尼因生吃章鱼而死，起因是他想证明烹调食物是违反常规的。

还有一则广为流传的轶事。第欧根尼曾被海盗抓住，当成奴隶贩卖。在奴隶市场上，他把自己当主人出售，声称他可以出售给需要主人的人。一个哥林多教会的信徒买下第欧根尼，让他用哲学信条来培养和教导自己的孩子。这样一来，第欧根尼证明了自己虽然是一个奴隶，但却是自由的，因为他的主人也要接受他的教育。

不出所料，许多人都认为他是疯子。但是对于第欧根尼来说，传统的观念和对它的奴性依附才是真正没有理性基础的；某些社会规则和习俗是局部的和不必要的。由此而知，第欧根尼认为自己不属于任何特定的城市或文化，宣称自己是世界公民。

第欧根尼的观点与大家普遍认同的相反，他认为通往幸福的道路不是满足自己的欲望，因为欲望本身才是不满足的根源。一个人越是努力满足自己的欲望，在奴役自己的过程中欲望就会变得更加强大。因此，追求财富和享受只会增加欲望，由此导致更多的挫折。唯一的解决办法是控制自己的欲望。把我们的需要控制到绝对最小的限度，把那些做作的东西都清除，把我们从虚伪习俗的束缚中解放出来，这样一来，我们就可以像动物一样，找到真正的幸福。

亚里士多德

（前384—前322）

亚里士多德研究的深度和广度是惊人的，迄今为止，人们研究的许多学科都是由他第一个进行定义的，包括逻辑学、物理学、形而上学、生物学、心理学和伦理学等。他的著作对欧洲思想产生了深远的影响，也曾一度阻碍了欧洲思想的发展。直到启蒙运动，思想家们才开始意识到要从他的思想轨道中挣脱出来。

亚里士多德的父亲是马其顿皇室的最后一名宫廷医生。父亲去世后，亚里士多德离开了位于希腊北部斯塔吉拉的家。年仅17岁的亚里士多德来到了雅典，进入了柏拉图学园学习，很快成了一名优秀学子。后来，亚里士多德在柏拉图学园做了几年教师，直至公元前347年柏拉图逝世，他便离开了学园。人们并不清楚他为什么要急于离开，也许是因为柏拉图学园园长一职传给了柏拉图的侄子斯珀西波斯，他为此愤愤离走。年轻的亚里士多德和老师柏拉图之间在思想上存在分歧，这也许是他没有得到园长一职的原因。还有一种可能是，亚里士多德急于开拓新的思想，这一行为表现出对柏拉图的不忠。无论他离开的原因是什么，后来他还是受到了他的同学赫梅厄斯的资助，赫梅厄斯是当时的阿塔内斯国王。亚里士多德移居到了阿索斯（今属土耳其），开始对自然历史，尤其是附近莱斯博斯岛上的自然历史进行了广泛的研究。在此期间，他与赫梅厄斯的女儿毕提亚斯结为夫妻。三年后，随着波斯人的入侵，亚里士多德逃到了莱斯博斯岛的米蒂利尼市。不久后，成为马其顿国王腓力二世之子，即后来的亚历山大大帝的家庭教师。据说马其顿宫廷为亚里士多德提供了研究经费，帮助他完成了第一批大规模的生物标本收藏。

亚历山大大帝在父亲去世后接任了王位，之后亚里士多德离开了马其顿回到雅典，并在那里建立了自己的学校——吕克昂，亦称"逍遥派学校"。逍遥派的名称或许源于亚里士多德讲课时的一个习惯，他会边讲课边带着学生漫步于走廊或者花园。据说，亚里士多德在此期间创作了两种类型的作品：一是为高级学员准备的内部讲义；二是为普通受众准备的对话录类型的通俗作品。通俗作品是用优雅的散文写成的，西塞罗把它们描述为"淌金之河"，但不幸的是这些著作已经失传了。幸存下来的著作，虽然比较晦涩难懂，但其丰富的哲理弥足珍贵，包括《物理学》《形而上学》《尼各马可伦理学》《政治学》《论灵魂》《诗学》。

当亚里士多德忙于建立吕克昂学校时，亚历山大正忙于征服世界。他把马其顿王国建设成为一个军事和政治强国。但随着亚历山大于公元前323年的早逝，一股反马其顿的情绪甚嚣尘上。人们把矛头也指向了亚里士多德，指控其不敬神。为了不让雅典人对哲学再犯第二次罪（第一次罪是处决苏格拉底），亚里士多德逃到了希腊优卑亚岛（今埃维亚岛）的卡尔西斯。一年后，他在那里去世。

基本哲学思想

逻辑学和形而上学

亚里士多德著作的主题涉及非常广泛，在很多研究领域都做了开创性的工作，历经2500多年，这些领域已经发展成为当今的主要学科。他是第一个提出形式逻辑的人，该逻辑验证了正确推理背后的原理，并确定了不同形式的演绎推理。19世纪以前，他所确立的逻辑规则都被奉为金科玉律。他的《形而上学》关注的是"存在"，即所有存在事物的范畴。与柏拉图的思想不同，亚里士多德认为诸如"床"或"山羊"之类的一般性术语，意即当今哲学家们所说的"共性"，不存在任何独立于实际的床和山羊之外的真实存在。因此，"柏拉图的理念论"下的山羊不存在，只存在现实世界中的许多山羊。山羊之所以是山羊，是因为组成它的物质是以某种方式有序排列的。也可以说，山羊具有某种形式，这种形式与物质本质上没有区别。重要的是，这意味着我们的灵魂，在亚里士多德看来是肉体的形式，不能在肉体死亡后继续存在。显然，这意味着我们不能指望有来生。

在这些问题上，亚里士多德与柏拉图意见相左。

亚里士多德的学生，亚历山大大帝（亚历山大马赛克画像，约前200年的庞贝古城）。

> 显而易见的是，如果每个人，无论他是谁，都能行为得体，都能幸福地生活，那么这样的政府形式就是最佳的。
>
> ——引自亚里士多德的《政治学》

遗产、真理、影响

◎一直以来，人们都在猜测亚里士多德的教导对马其顿王国年轻的亚历山大有怎样的影响。1 世纪，普鲁塔克提到亚历山大学习过伦理学和政治学等重要课程，也领悟到了亚里士多德从未写出来的深奥思想。然而，伯特兰·罗素认为，亚历山大更有可能把亚里士多德当成一个"令人乏味的老学究"。但有一点是显而易见的，亚历山大为他

> 终其一生，人之善在于其灵魂与美德相一致。一燕不成夏；短暂的欢愉不能代表一个人是幸福的。
>
> ——引自亚里士多德的《尼各马可伦理学》

的老师提供了收集大量科学观测数据的渠道，还通过对外征战以及在亚历山大港的图书馆，促进了老师思想的传播和传承。

◎5 世纪前后，罗马帝国的衰落导致研究亚里士多德的欧洲学者越来越少，但是在伊斯兰世界，仍有很多人继续学习他的著作。直到中世纪，亚里士多德的著作才又重新被发现，人们试图将他的思想和基督教教义统一起来。由此，一个新的哲学时代又开启了。在这个时期，他被尊称为"哲学家"，他的思想开始主宰中世纪哲学。

他更加讲求现实，关注观察这个世界，把它作为科学和哲学研究的正确起点。在亚里士多德看来，知识始于感官经验，而非抽象推理。他的许多著作，尤其是生物学领域的著作，都来自对物质世界中各种现象的细致观察。

伦理学

亚里士多德认为人是社会性动物，政府的作用是帮助人们创造条件，让他们可以兴旺发达。亚里士多德相信民主是最适合增进人类幸福的形式，而不是像柏拉图所说的开明的精英统治。美好的生活在于人们各司其职。基于我们人类的理性本性，我们应在选择生活方式方面发挥理性的核心作用。基于这一推理，亚里士多德认为冥想是美好生活的重要组成部分。理性告诉我们应该避免极端，美德式的生活就是要遵循"中庸之道"。比如，勇敢就是避免懦弱和鲁莽这两种极端；慷慨就是避免奢侈和吝啬这两种极端。这样，和谐的生活才能给人类带来幸福。亚里士多德在他的专著《尼各马可伦理学》中对这一学说论点进行了概述，该学说现在被称为"美德伦理学"。

孟子

（约前372—前289）

孟子，又称亚圣，是仅次于孔子的儒家学派重要代表人物。孟子促进了孔子哲学思想的形成和流传，并使其成为中国文化和社会的重要思想，作用重大。

孟子生于战国时期，家境殷实，生活奢华，但他却钦佩孔子简朴的生活方式和对真理的探索。比起孔子，孟子更加信奉教条主义。他非常迷恋孔子的思想，将其当作真理来宣扬，促进其代代流传下去。

孟子周游列国，也想要寻找一位支持自己道德主张的君主。但是和孔子一样，他最终也不得不放弃这个理想，转向了教书育人。孟子比孔子更具有理想主义，也更豁达，他发展并详细阐述了《论语》（公元前479）的主题，用机智、幽默和故事来说明其中的观点。

> 人无有不善，水无有不下。
>
> ——出自《孟子》

基本哲学思想

人性

孟子认为，人本质上是善良、有道德的，所以每个人都有能力成为儒家圣贤或出类拔萃的人才。人生来有四种美德：仁、义（正义感）、礼、智。如果不被私欲刻意压制，这些美德会自发产生，因此每个人只要加以教育和训练，都能养成这些美德。

同情

孟子认为人类的美德是通过同情来表达的。他以一个即将掉入井里的孩子为例：人们会很自然地同情这个孩子和他的父母，所以会着急想办法救这个孩子。

社会

孟子说，儒家圣贤的目标是让人们过上好生活，而不仅仅是像孔子所认为的那样治理得好。如果有很多人都过着理想的生活，那么社会自然会得到改善。如果很多人的行为是消极的，那么推及社会上便是美德的缺失。

治理

统治者的主要目标是保证人民的福祉。必要时人们可以通过武力把非正义、暴虐的统治者赶下台。这一观点也强化了传统观念，即统治者拥有"天命"，统治者一旦失去美德，天命就会被收回。

神秘主义

与孔子不同的是，孟子的哲学倾向于神秘主义。他认为，自身美德的培养最终会带来天人合一的幸福。

遗产、真理、影响

◎ 孟子确保了孔子的学说得以延续和流传。

◎ 孟子将道德心理引入儒家政治学中，使其更加完善。

◎ 他对孔子思想的阐释成为人们普遍接受的正统观点，《孟子》（公元前289年）一书成为儒家经典之一。

◎ 尽管中国古代的帝王推崇孟子的观点，但他们都未能实现孟子的德行理想。

◎ 孟子有过土地合作共有的变革思想，类似思想直到多年以后的共产主义理论产生才开始流行开来。

大事记

约前372年	生于邹国（今山东省），离孔子的出生地只有29公里。师从孔子的嫡孙子思，后来成了一个游历诸国的哲学家。
前319—前312年	在齐为官。后来成为一名教师。
前289年	孟子逝世，他的弟子把他的思想言论整理成册，汇编成一部影响深远的著作《孟子》。

庄子

庄子是道家经典著作《庄子》的作者，他以诙谐、有趣的方式阐述了道家的许多核心概念，并确保了道家哲学在中国文化中的流传。《庄子》一书以庄子的名字命名，塑造了一个拒绝紧张而高压的政治生涯，享受简单快乐生活的人物形象。

很难确定庄子生平的确切日期和细节。据说，他生于宋国蒙（今河南省商丘市），曾做过漆园吏，后厌恶仕途，隐居著述。他宁愿过贫穷而快乐的生活，也不愿担任公职。根据后来的传说，他成了一位神仙，神仙是得道之人，不仅可以上九重天，还可以回到人间帮助别人。

庄子是仅次于老子的第二位最重要的道家学派哲学家。他在乡村隐居，与自然和谐相处，这正是道教隐士的缩影。但是，与大多数道家学者不同，他的作品中流露出一种遵循本心和放荡不羁的个性。

基本哲学思想

和谐

庄子的故事强调自然的终极和谐：尤其不要惧怕死亡，那只是自然转变过程的一部分。

尊重他人

虽然他的很多故事都是对儒家官员的调侃，但有些故事却是用儒家学者揭示道家的智慧。庄子展现了中国人对不同学说的学习借鉴能力。

平等

他认为，从道的角度来看，人既不高贵也不卑微。

社会

在理想的社会中，每个人都可以通过除欲、冥想和顿悟来达到道的境界。这些观念与佛教禅宗的观念极为相似。庄子并不谈论政治，这一点与老子迥异。

遗产、真理、影响

◎《庄子》被奉为圣书，不仅仅因为其阐述了老子的道家思想，更是因为其本身的价值。

◎唐玄宗（712—756 年在位）称庄子为"南华真人"，宋徽宗（1100—1125 年在位）称庄子为"微妙元通真君"。

◎唐朝时期，他的作品成为官方研究学习的经典。

大事记

约前 370 年	生于宋国蒙（今河南省商丘市）。
约前 350—前 301 年	庄子大致在此期间形成了自己的哲学思想。
约前 301 年	庄子逝世。

昔者庄周梦为蝴蝶，栩栩然蝴蝶也，自喻适志与，不知周也。俄然觉，则蘧蘧然周也。不知周之梦为蝴蝶与，蝴蝶之梦为周与？

——《庄子》（前 4 世纪）

简单充实的生活

楚王派使臣去请庄子当丞相。此时，庄子正在河边钓鱼。庄子问他们："我听说楚国的寺庙里供奉着一只巨大的乌龟。这只乌龟活了很久，在它 3000 岁的时候，人们把它杀掉用来祭拜。老乌龟更愿意死后被膜拜，还是活着在泥里爬来爬去？"使臣们立刻回答说："活着在泥里爬来爬去。"庄子回答说："我也要做在泥里爬来爬去的乌龟。"

爱里斯的皮浪

（约前360—约前270）

皮浪以"怀疑论者"著称，他认为我们应该悬置对事物真相的判断，仅仅停留于表象即可。拒绝断言任何事情，我们就能从忧虑中解脱出来，从而获得心灵的完全平静。皮浪式的怀疑主义迅速发展成为罗马帝国的主要思想流派之一。

皮浪年轻时便离开了位于希腊南部的家乡爱里斯，和阿夫季拉的老师阿那克萨图斯一道，加入了亚历山大大帝的军队，参加了从中东到印度北部的漫长征战。皮浪在印度遇到了裸体的苦行僧，也就是"裸体主义者"，从他们那里学会了超脱世俗和独居的生活方式。

从印度回来后，皮浪在爱里斯度过了余生。他似乎没有记录下自己的任何思想，只是让来自夫利阿斯的门徒泰门（约公元前320—前230）传播他的思想。塞克斯都·恩披里柯（约140—225）编著的《皮浪学说概要》概述了皮浪哲学思想。然而，这里有一个存在争议的学术问题：后来的怀疑论者写的这本书能在多大程度上准确地反映皮浪的观点？

> 最高的善莫过于不作任何判断，灵魂的安宁就会随之而来，如影随形。
>
> ——皮浪
>
> 引自第欧根尼·拉尔修的《名哲言行录》（3世纪）

基本哲学思想

靠表象生活

像普罗塔哥拉等前辈诡辩家一样，皮浪认为每种观点总有同样强有力的论据来支持或反驳，因此无法作出决定性的判断。皮浪认为，与其认可任何确定的看法，还不如持保留的态度更加明智。换言之，行动或不行动都同样具有理性。如何行动这一问题并没有统一认可的答案，必须放弃徒劳无益的追寻努力。因此，根据美好的表象生活下去就行，遵循安身之地的习俗即可。他声称，通过这种方法，我们可以抵达心灵的平静港湾。

感官怀疑主义

皮浪坚持对一切事物都不作判断，因此冒出了

遗产、真理、影响

◎ 雅典的柏拉图学园曾经深受怀疑论者的影响，始于阿那克萨库（约前316—前241），一直贯穿整个中期（至少到前155年）。皮浪在世期间和他去世后的短期内，再也没有出现过怀疑主义哲学家群体了。

◎ 皮浪去世之后的大约200年，一个思想学派出现了。该学派宣告皮浪为其始祖，在公元前1世纪由埃奈西德穆建立。

◎ 近现代以来，怀疑主义再次产生了重要的影响，最著名的是勒内·笛卡尔和大卫·休谟的哲学。

大事记

约前360年	生于希腊南部的爱里斯。
前336—前325年	随同亚历山大大帝的军队远征至印度，之后返回了爱里斯。
约前270年	在爱里斯去世。雅典竖立了一尊雕像以纪念他。

许多他拒绝接受感官证据的奇闻轶事。无疑都是伪造的。例如，当皮浪看到自己的老师阿那克萨图斯被困在泥沼中时，他没有给予任何帮助，因为他不能确认那就是阿那克萨图斯。同样，皮浪本人也感受不到危险的信号。有一次，如果不是朋友阻止他，他会快乐地走向悬崖而摔下去。有一次在海上遇上风暴，同行皆惊恐，他却泰然自若，模仿一只在船上的猪，平静地享用美食。尽管皮浪如此笃信自己的哲学观，但有人发现他在一只狂吠的狗面前畏缩不前，表明他坚信锋利的犬牙的确存在。面对这种情况，皮浪承认我们的本能是难以克服的。

伊壁鸠鲁

伊壁鸠鲁是德谟克利特的门徒，他信奉唯物主义，认为神对人类事务没有兴趣，肉体的死亡是我们的终结。他得出了快乐主义的结论，指导人们应该如何生活。该理论对罗马的哲学领域产生了巨大的影响，时至今日还散发着魅力。

伊壁鸠鲁来自雅典的殖民地之一萨摩斯岛。其家庭收入不高。他的老师瑙西芬尼在哲学上对他产生了最重要的影响，让他了解了德谟克利特的自然哲学，这也构成了伊壁鸠鲁哲学思想的基础。伊壁鸠鲁离开了萨摩斯后，先后在兰帕斯库斯（今属土耳其）和雅典建立了自己的学校，传播哲学思想。学校就设在伊壁鸠鲁家的花园，以与男性公民平等的方式招收奴隶和妇女，也招致咒骂和诽谤。因在花园授课，学校因此得名"花园"。"花园"学校在希腊和之后的罗马世界遍地开花。

我们主要是通过第欧根尼·拉尔修了解伊壁鸠鲁的思想，第欧根尼保存了他的各种作品，包括关于自然哲学的《致希罗多德的信》和关于伦理学的《致美诺西斯的信》。同时，我们还通过卢克莱修（约前99—约前52）的著作，以及罗马政治家和演说家西塞罗的著作了解伊壁鸠鲁。

> 死亡对我们而言啥也不是，正确理解死亡可以让我们凡人的生活快乐逍遥……
> ——《致美诺西斯的信》

基本哲学思想

伊壁鸠鲁相信德谟克利特的原子论。他认可这样的观点：宇宙完全是由无数的微观粒子组成的，这些粒子根据自然规律在无限空间中运动。伊壁鸠鲁并不否认神的存在，但是他认为神对人类事务没有兴趣，所以可以完全忽略。伊壁鸠鲁原子论的伦理意义是其哲学的核心。灵魂，像其他一切事物一样，是由原子组成的。死亡意味着原子的散失，也意味着自我的终止。但我们不应对此感到忧虑。相反，作为纯粹的物质生物，我们唯一能渴望的至善是今生的快乐，因为死亡将意味着所有体验的结束，所以死亡对于我们来说没有任何意义。

因此，最好的生活方式是避免对神和死亡的非理

遗产、真理、影响

◎ 伊壁鸠鲁死后的几个世纪里，伊壁鸠鲁哲学团体在希腊世界出现并得到了蓬勃发展。

◎ 诗人卢克莱修在《物性论》中将伊壁鸠鲁的思想介绍给了罗马世界。伊壁鸠鲁学说（享乐主义）的影响仅次于斯多葛学派。

◎ 西塞罗不喜欢伊壁鸠鲁的哲学思想，说其享乐主义提倡人们追求食物、酒和性等低俗的乐趣。这也在很大程度上玷污了伊壁鸠鲁思想在大众心目中的声誉。

◎ 基督教会强烈反对享乐主义，强烈反对其抗拒宗教活动。随着罗马的基督教化，伊壁鸠鲁主义开始衰落。

大事记

前341年	生于希腊的萨摩斯岛。
前327—前324年	在提奥斯的爱奥尼亚城（今土耳其）师从瑙西芬尼，学习了三年。
前322—前321年	在雅典服兵役两年。
前306年	在雅典创立了"花园"学校。
前270年	在雅典因肾结石病逝。

性恐惧，将快乐最大化，将痛苦最小化。伊壁鸠鲁的快乐主义伦理学并非如诋毁者所言，允许人们不受限制地追求低级的肉体快乐。相反，伊壁鸠鲁认为，放纵的生活方式实际上会适得其反，因为它往往会导致心灵的烦恼和欲望的升级。要想过好生活，就必须减少欲望，简单地生活，达到一种宁静的状态，心平气和。真正的幸福不是通过肉体的快乐得到的，而是通过更高层次的快乐得到的，如友好关系、惬意的交谈和哲学的思维。伊壁鸠鲁建议不要参与政治事务和家庭生活，因为它们只会干扰人的心灵。

基提翁的芝诺

（前335—前263）

芝诺是斯多葛学派创始人，该学派在古希腊和古罗马占主导地位。皇帝马可·奥勒留也是该学派的倡导者。斯多葛学派学者认为，美德和心灵的平静是通过控制情感、顺应自然和接受命运来实现的。

芝诺来自塞浦路斯基提翁（今拉尔纳卡）的一处雅典殖民地，据说他年轻的时候当过商人。大约30岁的时候，芝诺的生活发生了根本性的改变，他遭遇了海难。之后便前往雅典，开始接触到哲学，渴望学习更多。师从犬儒学派哲学家克拉底。克拉底告诉芝诺，社会习俗是毫无价值的。他努力促使芝诺摆脱对礼仪的依恋。有这样一则故事：克拉底让芝诺端一碗汤，然后用自己的手杖把汤碗砸碎，汤中的扁豆撒到了这个倒霉徒弟的身上。芝诺在雅典生活简朴，与他的哲学思想相吻合。据说芝诺很喜欢喝酒。他曾说，脚打滑总比舌头打滑好。芝诺晚年才开始教学，在市场里装饰一新的拱廊中授课，因此他和他的追随者被称为"斯多葛学派"。斯多葛的字面意思表示"拱廊"。根据第欧根尼·拉尔修的说法，芝诺在上了年纪的时候跌了一跤，他便以为自己正在受到死神的召唤，于是就勒死了自己。芝诺所有的作品都已失传，包括政治乌托邦著作《理想国》。

遗产、真理、影响

◎斯多葛学派成为古希腊和古罗马时代的主导哲学，并极大地影响了早期基督教的发展，也影响了神圣宇宙论。

◎斯多葛（stoical 在英文中现在表示"坚忍的"的意思）这个词一直流传到现代，它的意思是面对困难或不幸时无动于衷，听从命运的安排。

大事记

前335年	生于塞浦路斯的基提翁。早期是一名成功的商人。
约前312年	遇上海难，之后去了雅典。接触到了哲学，成为犬儒主义者克拉底的门徒。晚年开始授课，创立了斯多葛学派。
前263年	在雅典去世。

驾驭你的情感，让生活尽可能少地伤害你。

——芝诺

基本哲学思想

自然哲学

芝诺反对柏拉图的二元论，他认为宇宙只有一个，因此理念和物质之间没有区分。因为只有一种，所以神和人的灵魂都必须是可简化的物质。尽管他有唯物主义的思想，仍认为宇宙是由一种创造性的力量控制的，就像火一样。所有的物理过程都是根据严格的理性原则展开的。人类的灵魂也由火组成。就像宇宙的火控制和渗透所有事物一样，人类的灵魂也注入了人的身体，支配身体。

伦理学

美德在于使人服从于理性的控制，从而与自然秩序相一致。这一点具有实用意义。对激情的控制意味着漠视快乐和痛苦，需要通过冥想和坦然接受现实来实现。抱怨个人的不幸不会有任何益处。只有那些有智慧去拥抱天意的人，才有可能获得内心的平静。

政治哲学

芝诺的《理想国》描述了一个基于理性原则的国家，强调法治的重要性。因为国家的公民是完全理性的，所以就不需要私有财产、金钱、法庭、婚姻或宗教寺庙。他提倡两性平等，反对诸如自慰、卖淫和同性恋等性行为。

李斯

法家思想在中国哲学史上曾经风靡一时，李斯作为这一思想的重要代表人物，对中国历史的发展产生了重大影响。李斯是暴君秦王（后来的秦始皇）重用的丞相，其集权主义理论在全国得以施行，产生了持久深远的影响。

李斯生于社会动荡的战国时期，师从荀子。荀子虽是一位儒学大师，却提出了性本恶的观点，而不是性本善。李斯及其同门韩非子深受新兴法家思想的影响，主张严格立法，建立有秩序的国家。

李斯为秦王效力，致力于建立一个强大的中央集权政府。但秦王的暴政引起了老百姓的不满。

> 李斯以闾阎历诸侯，入事秦，因以瑕衅，以辅始皇，卒成帝业，斯为三公，可谓尊用矣。
>
> ——李斯
> 引自司马迁的《史记》（公元前 91）

基本哲学思想

人性

与中国大多数哲学家一样，李斯和韩非子运用他们的理论来解决社会问题。他们得出的结论是，人皆有私欲，所以必须严格管控，这样国家才能运转，国力才能增强。

国家

儒家或道家认为有序的社会应该建立在道德之上，但法家则不赞同，他们认为，健全的政府只需制定严格的法律，并要求人们遵守法律即可。任何增强国家力量的行为本身就是道德的。

统治者

统治者有绝对的权力执行法律，而法律适用于所有人。

教育

老百姓必须受到调教才能服从统治者，他们除了法律法规之外，不需要其他教育。

遗产、真理、影响

◎李斯支持秦始皇把人民当成统治国家的工具，征召数百万人力入伍参战或修建工程，如秦长城和秦始皇陵的兵马俑。

◎李斯促成了中国历史上的中央集权制。

◎李斯的许多政见导致中国许多古籍的毁灭。

◎李斯的主张对儒家产生了影响，儒家学派依此也推行严格的社会等级制度。

大事记

约前 280 年	生于中国长江流域的周国。
前 247 年	在当时的大国秦国任官吏，其集权制哲学深得好战和暴虐的秦王嬴政的青睐。
前 221 年	相当于司法部长的李斯设计害死了同僚韩非子。
前 221 年	秦王嬴政完成了征服中国的大业，成为"始皇帝"。他听从李斯的建议，结束分封建国制度，建立了皇帝直接统治全中国的中央集权制。
前 219—前 213 年	在与一位儒家学者争论之后，李斯劝说秦始皇焚烧历史和哲学文献，并活埋因循守旧的儒家学者。
前 208 年	李斯被控叛国罪，腰斩而亡。

惩罚

如果消除了小罪，就不会出现大罪。这一立场证明了严刑酷罚的正当性。

传统印度哲学

（约前300—约1200）

印度哲学一直都具有多面性，错综复杂、千变万化。印度教、佛教和耆那教都源自《吠陀经》——后面两大宗教多借用印度教的思想，同时也反哺印度教，二者之间相互借鉴。约前300—约1200年被称为古印度时期，六大古典哲学体系竞相绽放。

我们对大多数古典印度哲学家的生平知之甚少，但他们一般都延续了一个古老的传统，在户外围坐一圈，向听众阐释自己的主张。

乔达摩（与佛陀同名，但没有关系）选择用一系列非常简短的格言写《正理经》。他可能与佛教思想家龙树菩萨是同时代的人。

吠檀多哲学家商羯罗（约788—820）去世时只有32岁，但他年轻时就被公认为是一位伟大的导师。当一只鳄鱼袭击他时，商羯罗便决定出家为僧，放弃尘世，以便在死时保持纯洁。鳄鱼放走了他。他成了一位流浪的苦行僧，传道、辩论，建立了四座寺庙。商羯罗年仅16岁时，便在辩论中战胜了一位著名的哲学家。这位哲学家的妻子接着来挑战他，要他证明：如果他掌握了一切，那他也是一位性技巧的大师。商羯罗要求给予他一个月的时间，保持一种出神状态，灵魂离开自己的身体，进入其情人的身体中。商羯罗从情人那里学到了关于"性科学"的一切知识。

基本哲学思想

大约公元前1200年，印度教的前身吠陀教建立起来。"吠陀"的本义是"知识"，吠陀教的圣书《吠陀经》记载了如何召唤吠陀诸神，吠陀神被认为是宇宙的本源。几个世纪后，有人创作了《吠陀经》的注释经书《奥义书》，该书对一些吠陀仪式和献祭提出了质疑，并引入了冥想等新的概念。冥想是一种认识自我的手段，也是直接接近宇宙本质或婆罗门的方法。

大多数哲学家认为，内在自我（或称阿特曼）就是婆罗门的一种表现。通过理解自我或意识的本质，人类可以达到纯粹的幸福状态或者得到心灵的开悟，并从重生和物质世界的痛苦中得以解脱。

大约公元前600年，哲学上怀疑主义的倾向促进了耆那教和佛教的发展。耆那教由苦行者筏陀摩那摩诃毗罗（即"大雄"，公元前559—前527）加以整合发展而成。耆那教教导人们，正确的信仰、真正的知识和标准的行为是认识宇宙的方式。约公元前566年，一位年轻的王子乔达摩·悉达多诞生了。他在禁欲主义和享乐主义之间寻找了一条折中的道路，通过冥想成佛，或者开悟。佛陀还向人们轮流传授自己如何摆脱生存的枷锁。

佛教和耆那教被认为是异端学派或体系（意即它们提倡非正统的信仰）。以下六种古典印度哲学体系（看待神的不同立场）都是正统的，因为他们都承认《吠陀经》的权威地位，只是理解各不相同。六大古典哲学体系分别如下：

数论学派

数论意为"计数"或"枚举"，可能是六派中最古老的学派。它提出了与精神或个体意识（神我）和原始物质（原质）有关的二元论，对人性做出了解释。根据精神和物质之间的相互作用，世界以枚举的秩序存在，如智力、自我、思想、感觉、行动力、物质元素。物质有三种性质或属性——活跃性、纯洁性或稳定性、迟钝性，该说法后来得到了其他哲学流派的认可。用数论的方式得到启发或解脱是通过认识宇宙二元论的本质实现的。

瑜伽学派

瑜伽本义为"结合"或"轭"。

该学派也被认为是"自律学派"，意思是通过自律达到解脱。瑜伽学派很少进行思想上的讨论，因为其目标是与纯意识的结合。纯意识是宇宙精神的反映，而纯意识或精神无法通过思维来获取。相反，自我训练可以分离物质和精神。虽然瑜伽学派发端很早，圣人帕坦伽利把瑜伽哲学分为八支体系，包

◎印度哲学的六个经典学派共同形成了现代印度教哲学的基础，它既是一种宗教，也是一种生活方式。

◎印度哲学的一些行为，特别是精神冥想和身体瑜伽，已经在世界各地流行开来。

◎总的来说，哲学学派是为哲学家而设的。大多数老百姓则更热衷于参与虔诚的宗教活动。

一尊站立的湿婆雕像，年代不详。在某些印度教传统中，商羯罗被视为湿婆的化身。

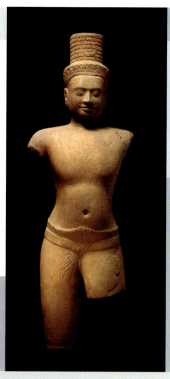

大事记

前200—前100年	乔达摩著《正理经》，创立了正理学派。
公前300年	帕坦伽利著《瑜伽经》。
约788—820年	吠檀多哲学家商羯罗的一生。

当获得真实的知识时，错误的认识就消失。当错误的认识消失时，过失就消失。当过失消失时，行为就停止。当没有行为时，生就不能存在。无生时，苦就终结。随着苦的终结，就将获得解脱，这就是至善。

——乔达摩《正理经》（前200—前100）

括克制、专注、姿态和调息等，还包括诵经、性行为，甚至药物训练。总的来说，瑜伽的意义远远超过西方最常见的哈他瑜伽训练。帕坦伽利关于瑜伽的著作《瑜伽经》可以追溯到约公元前300年。

正理学派

《正理经》大约于公元前2世纪由目足·乔达摩著述。这一学派是逻辑学派，"正理"本义为"分析"。人们用理性的判断来揭示现实的真实本质，从而达到开悟的境界。乔达摩证明了知识是如何习得的，如何识别知识的有效性，创造出一套逻辑体系和方法论，后来被很多其他学派采用。

正理逻辑分为五个部分：假设、原因、实例、应用、结论。获取知识的方法有感知或直觉、推理（含逻辑）、比较、证实。

胜论学派

胜论学派属于原子论学派，也被称为多元形而上学学派。"胜论"意为"特殊"。胜论学派提出，物质世界中的一切都可以简化为单独的原子，包括心灵、空间、自我，同时也可简化为水、土、火和空气这四种元素。宇宙的精神实质是一种力量，给予这些原子意识或灵魂。胜论学派与正理学派非常接近，最终这两个哲学派别融为一体。

弥曼差学派

"弥曼差"意为"解释"。弥曼差学派相信只有《吠陀经》才是知识的唯一真正来源，而且正确执行吠陀仪式——献祭、圣歌、祈祷才是获得解脱的途径。弥曼差哲学家最初认为其他学派也是有用的逻辑思想，但都过于关注个人对自由的渴望。正确的方法是把个人欲望放在一边，只关注吠陀。

该学派实际上有着重大的影响，因为它为解释《吠陀经》制订了广为认可的规则。

吠檀多学派

"吠檀多"本义为"《吠陀》之终极"。吠檀多学派侧重于解释《吠陀经》后半部分的精神和哲学思想等知识，尤其是《奥义书》部分和史诗《薄伽梵歌》。该学派几乎没有时间举行仪式和祈祷，而是强调神秘的解读方法，如冥想和自律。大多数吠檀多哲学家主张一元论，即宇宙中的一切都是一体的，个体因无知和错觉而存在。一旦错觉消失了，你就会看到真相，个体意识和宇宙精神就成为一体了。

尽管出现了不同的子学派，但由商羯罗整合发展成的吠檀多不二论成了印度教思想的中心主题。吠檀多不二论坚信同一不二。

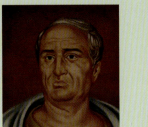

西塞罗

（前106—前43）

西塞罗是罗马政治家、演说家和作家。他写的许多哲学著作是我们了解古代希腊哲学传统的一个重要来源。他在政治哲学中采纳了斯多葛学派的思想。他认为基于人类共同的本性，所有人都是平等的，都应享有基本权利。

西塞罗青年时就学习了哲学，后在法律行业谋生。他是一位出色的演说家，并迅速成长为一位有影响力的政治人物。43岁时，他获得了罗马政府最高执政官一职。公元前60年，尤利乌斯·恺撒、庞培和克拉苏（被称为"三头统治"）掌权。作为元老院中有影响力的成员和共和国的支持者，西塞罗拒绝成为他们中的一员。由此他树敌不断，最终于公元前58年遭受短期流放。流放给了他撰写哲学著作的机会。一年半后，西塞罗获准返回罗马。公元前55—前51年，西塞罗对罗马宪法进行了论述，写了《论共和国》和《论法律》。公元前49年，恺撒和庞培之间爆发了内战。作为胜利者的恺撒，在公元前44年遭到暗杀，其统治被迫中断。在与马克·安东尼的权力斗争中，西塞罗在元老院发表了一系列演讲，拥护恺撒的继承人和养子屋大维。但后来，安东尼和屋大维又联合起来了。安东尼坚持要处死西塞罗。西塞罗在逃离罗马时被杀害。他的头和手被钉在元老院的演讲台上，以警示那些反对新政权的人。

> 一个不懂自己出生前的历史的人，永远是个孩子。
> ——《论演说家》（前55）

基本哲学思想

西塞罗哲学对后世产生最大影响的是他的学园派怀疑论，这也是对柏拉图学园派思想的继承。学园派怀疑论者后来证明了，争论的任何一方都可以得到同样有力的辩护，这样既削弱了人们对任何积极信念的信心，又可以以此找到更有力的论据。西塞罗的许多哲学著作都是对话式的，这样就可以灵活地展开讨论，无须得出明确的结论。与伊壁鸠鲁学派相反，西塞罗认为人是社会性动物，因此有义务参与政治生活。对于西塞罗来说，学术的技巧是

遗产、真理、影响

◎西塞罗对希腊思想在罗马的传播发挥了重要作用。他有关希腊哲学的译著创造了许多沿用至今的拉丁哲学术语。

◎西塞罗对文艺复兴和启蒙运动有着重大的影响，尤其是对大卫·休谟产生了重要的影响。休谟曾在《自然宗教对话录》（著于1750—1776年，去世后出版于1779年）中反驳西塞罗对"论证"的表述。

大事记

前106年	生于阿尔皮努姆（今阿尔皮诺），意大利罗马南部的一个城镇。西塞罗是一个才华横溢的学生，热爱希腊文化和哲学，在罗马学习法律。
前87年	雅典学园院长斐洛（来自拉里萨）访问罗马，年轻的西塞罗参加了他的公开演讲，了解到柏拉图的哲学和学院怀疑主义。
前79年	西塞罗与特伦提亚结婚，并育有一儿一女，分别是马库斯和图利亚。同年，西塞罗访问了雅典学园。
前58年	被流放到希腊；次年返回罗马，逐步擢升为国家的重要官员：财务官（前75年）、营造官（前69年）、裁判官（前66年）、执政官（前63年）。
前45年	与特伦提亚离婚，同年他们的女儿图利亚产后死亡。西塞罗陷入了深深的沮丧之中。
前43年	试图逃离罗马时被斩首。

他追求政治抱负的重要武器。他致力于将哲学探究与修辞艺术结合起来，希望说服罗马的政治精英把普遍的推论作为正确执政的基础。西塞罗认为，神圣的自然法则决定了特定社会的法则。既然人都有理性，就有办法发现正义的普遍原则。所有国家都应该建立在这个原则之上。因此，任何不以自然正义为基础的暴虐法律都不是真正的法律。

亚历山大城的斐洛

（约前20—约50）

斐洛，埃及亚历山大城的犹太哲学家。他的作品往往以寓言式地诠释经文为发端，蕴含了深刻的希腊哲学思想，特别是柏拉图的哲学思想，对犹太教产生了很大的影响。斐洛是古希腊思想影响早期基督教神学思想最杰出的代表之一。

有关斐洛生平的可靠资料不多。可以确定的是，在公元40年，斐洛60岁时，他出使了罗马，面见了罗马皇帝盖乌斯·卡利古拉。亚历山大城的希腊人和犹太人之间曾发生过内乱，战斗升级后，各派代表被派去面呈皇帝。斐洛成功当选为犹太人的代表。这个大部分时间忙于哲学写作的人得到了犹太群体的认可和尊重。出使罗马的任务并没有以失败告终。斐洛后来记载了犹太人在罗马总督弗拉库斯的统治下是如何遭受虐待的。

> （上帝）是唯一……可以合法地统治和规范一切的人。
>
> ——《论世界的永恒》（1世纪）

基本哲学思想

斐洛的哲学著作侧重于对犹太经文进行详细的寓意解读。但对他的思想影响最大的是希腊思想家，尤其是苏格拉底（通过柏拉图的著作）、毕达哥拉斯和斯多葛学派。斐洛将《圣经》中的上帝与柏拉图的"至善的形象"等同起来，认为上帝是一切存在和知识的根源。我们无法直接知道上帝这个"理念"或"形象"，所以我们用理性进行检验，用理性来了解我们自己的灵魂。

寓言思维

斐洛倾向于反对那些与他宗教思想不相容的思想。通过寓言解读的方法，他可以比较灵活地利用早期的哲学思想。

从毕达哥拉斯及其追随者那里，斐洛学会了利用数字象征符号。譬如，他以数字1代表神，以数字3代表身体，以数字10代表完美。

斐洛区分了圣经的字面意义和寓言意义，通常他会忽略字面意义。

最后，斐洛用一套规则向读者表明，圣经段落需要寓言式地解读。例如，段落中重复的内容或有文字游戏的内容必须经过分析，才能找到一个特殊的寓意。

遗产、真理、影响

◎ 斐洛对早期拉丁基督教产生了很大的影响。与斯多葛学派不同的是，斐洛认为，人不可能仅仅通过对上帝的默祷就获得美德。

◎ 尽管奥古斯丁发现斐洛寓言的缺陷，但其他基督教思想家却采用了斐洛寓言式的解读方法。

◎ 在他的著作《论〈创世记〉》中，斐洛描述了宗教生活中必学的五种教义，分别是：上帝存在；上帝是一；上帝创造了宇宙；宇宙是独一无二的；上帝授予天意。斐洛还把上帝描述为只有他自己知晓的崇高存在。正是这种形式的柏拉图主义才会对早期基督教思想家产生巨大的影响。

大事记

约前20年	生于埃及的亚历山大城。斐洛的主要著作（日期不详）包括《论〈创世记〉》《摩西传》《特别法》《论美德》《论世界的永恒》。
40年	出使罗马，面见了罗马皇帝盖乌斯·卡利古拉。
约50年	在亚历山大城去世。

人与神

斐洛把上帝看作世界的缔造者，上帝用物质塑造了我们的宇宙。斐洛认为，物质从本质上来说是邪恶的，所以上帝与物质世界的联系是间接的。上帝根据一种理想的模式，以逻各斯（"圣语"）作为中介，创造了我们的世界。人是由物质构成的，本质上是不完美的。作为物质存在，我们永远无法完全克服这种不完美，但我们可以努力向善。当肉欲和世俗的欲望占了上风，我们就会陷入无知，失去寻求真理的能力。在这种情况下，人试图篡夺上帝的权力，成为自身的控制者（而不是人类的领袖），以满足自己的欲望。

龙树大师

（150—250）

龙树大师是中观学说或中道传统的创始人，是佛陀之后最重要的佛教思想家，通常被称为"第二佛陀"。他发展的"空性"概念影响了许多其他亚洲哲学，也影响了佛教的发展。

如许多早期的亚洲哲学家一样，龙树大师的生平事迹也充满传奇色彩。据说他出生在一个上等的婆罗门印度教家庭，位于印度南部的安得拉邦。年轻时经历了一次不幸事件之后，他便皈依佛教。当时他和一些朋友潜入国王后宫引诱女人，被发现后，龙树大师是唯一一个逃脱并存活下来的人。他从这段经历中体会到肉体上的欲望毫无意义，自此他与世隔绝，走向了皈依佛教的道路。

相传他在印度东北部著名的佛教寺院纳兰达大学出家。此后，他的故事更加扑朔迷离。人们称他龙树大师，部分含义是"高贵的蛇"。因为他受邀参观在海底龙宫神奇且充满智慧的蛇，并获赠佛陀的智慧著作《智慧的完美》。他将此书带回与人们共享。

我们只能通过龙树大师写给他出生地一位国王的信件，粗略地估计他生活的时代。信件据说是写给戈达米普特拉·萨塔卡尼国王的，他于166—196年在位。他是一位颇为好战的国王，对龙树大师的建议不屑一顾。龙树大师提出和平的佛教生活，但国王并未采纳。龙树大师在其信件中讨论到自我与痛苦、因果与条件的本质、个体性、形而上学和伦理学。这些话题从侧面证实他生活在2世纪。那个时期的印度哲学家，无论是传统的婆罗门主义还是新兴的佛教流派，已经开始对这些话题进行激烈的辩论。

龙树大师最伟大的著作是《中论》，或名为《中道的基本诗歌》，他也写有许多其他重要著作，均无法判定其准确写作时间。他认为自己的理论牢固地植根于佛陀的原始教义，并不激进。佛陀自身开悟后，便为人们展示通过开悟摆脱生存之苦的途径。另外，尽管龙树大师逻辑敏锐、思想深邃，但他依旧认为推理不是生活中最重要的事情，只有佛教实践才能揭示最终的真理。

基本哲学思想

中道

龙树大师根据佛陀的思想，将"中道"带入当时二元性的哲学辩论中，例如主观与客观、观察者与观察的世界。他出于冲动开辟出一条概念化和推理化的道路，声称这些冲动本身是空的，并产生了二元性的幻想。他的《中道》高于并超越所有立场，避免了极端主义，并解构了当时所有的哲学假设，例如稳定物质的存在，直接因果关系和线性因果关系，固有身份和道德。

空性

龙树大师的空性概念也被称为空性主义（字面含义为"零"），是一种相对论。他称，没有任何东西能够独自存在或具有自我存在的性质，而是与其他事物关联存在，因此一切事物都是空的，都没有独立的自我存在。没有事物有固定本质，因此事物的物理形式和经验形式并非建立在绝对的存在之上，而是建立在事物相互联系的空性之上，从而引起宇宙中的各种变化。龙树大师说当人们意识到宇宙本为空时，就会意识到所有事物都是相互关联的。因此，这不是虚无主义哲学，相反是一种终极解脱的哲学。

依附原则

龙树大师认为，事物的空性意味着事物之间的相互依赖关系，可以称之为依附原则。他认为任何事物与其他事物是分离的，与其存在的条件也是分离的，这是幻觉。比如一杯咖啡。咖啡植物依靠土地深深扎根，依靠阳光和雨露成长，依靠人们采摘和加工，依靠杯子盛放。它依赖着许多其他事物。因为依赖所以存在。这个概念可应用于自我：由于自我是空的，因此它会随着依赖的其他事物而发生改变。

遗产、真理、影响

◎龙树大师的《中论》成为新兴大乘佛教的重要教义之一，并由此引起大乘佛教和更保守的小乘佛教的分野。它们与藏传佛教一起，并称当今三大佛教传统。

◎大多数佛教徒认为龙树大师的教义拓展了佛陀的原始教义，他更新了佛教的哲学思想和宗教实践。人们经常将他的思想比作转折点，佛陀是第一个转折点，而龙树大师是第二个转折点。

◎一些传统的佛教徒认为龙树大师是佛陀的真实化身，而信仰其他教义的佛教徒也认为他是最伟大的佛教智者。

◎空性的概念成为许多流派和佛教教派的核心概念。他的理论对其他亚洲哲学也产生了重要影响，特别是印度教和道教。传统印度的哲学模式，如生存、伦理、认识论、救赎、因果和实质等均受到了影响。

◎龙树大师的影响力也扩展到了他曾辩论过的其他思想流派中。由于空性的概念在思想上具有革命性，所以后来被某些传统学派误用了，龙树大师本人也并不一定会赞成这些误用。比如，以形而上学和固有知识主义为哲学基础的学派。

事物通过相互依赖获得存在和本质，事物本身什么都没有。

——《中论》（2世纪）

大事记

约150年	出生于印度南部。
约150—200年	人们认为他在这期间发展了自己的哲学体系。
166—196年	给安得拉邦地区的一位国王写劝诫信。
约250年	于安得拉邦的纳加尔朱纳康达附近逝世。传说他特别长寿。

大乘佛教传统的中国佛陀。

两个真理

龙树大师运用并发展了两个真理学说，该学说认为真理有两个不同层次：一个从传统意义上或经验上是真理，另一个才是终极的真理。镜子的反射就是一个例子：有了反射，化妆和梳发就很便利。但反射没有独立的自我存在，反射靠感官体验，并非真实存在。龙树大师说，整个世界如同反射一样，认识到这一点就领悟了终极真理。

逻辑

西方哲学家经常使用亚里士多德的二值逻辑系统，其中的命题要么对要么错，根据二元性来讨论问题。例如"苦难是不是自我造成的"。龙树大师运用佛陀率先用过的四值逻辑系统，命题可为真、假、真和假、非真非假。这造成的不是两难境地，而是

四难境地。例如他的例子：

> 没有痛苦是自己导致的，
> 没有事物能造就自己，
> 若另一物也非自我造就，
> 痛苦岂是另一物所致。
> 若痛苦由一方所引起，
> 痛苦就是双方导致的，
> 痛苦却不由我，也不由它所引起，
> 痛苦岂不是没有产生吗？

（《中论》，2世纪）

实现涅槃

龙树大师革命性地将空性拓展至佛教的一对基础性概念，即轮回涅槃和开悟。他认为二者皆空，因此无法区分。最终导致觉悟的这些变化也是由因果关系引起的。

普罗提诺

（205—270）

普罗提诺是用希腊语写作的最后一位古代哲人，是新柏拉图主义的创始人。新柏拉图主义是带有神秘或宗教标签的柏拉图主义。250—529 年，柏拉图学园关闭期间，这一主义一直是该学院的主流思想，并对早期基督教神学产生了巨大影响。

据说，普罗提诺对物质领域持有柏拉图式的怀疑态度，这份怀疑使他拒绝讨论他本身的经历和事件。幸亏他的徒弟波菲利（约 232—305）撰写了关于他的传记，放进普罗提诺的《九章集》的序言当中，我们才得以了解他一生经历的重大事件。普罗提诺生活在罗马帝国的艰难时期，战乱和疾病夺去了全国三分之一人口的生命。他的哲学被认为是一种远离俗世沧桑和不幸的哲学。普罗提诺在亚历山大城研究希腊哲学长达 11 年之久，当时的亚历山大城是贤达聚集之地。

柏拉图的哲学指引着普罗提诺，也影响着他，他才有了后来的发展。他的老师安莫尼乌斯·萨卡斯（约 185—250）建立了新柏拉图主义的基本理论，普罗提诺在此基础上发展了新柏拉图主义。

罗马皇帝戈尔迪安三世出征，与波斯人作战，普罗提诺随军而行，期望学习更多的东方哲学。然而，戈尔迪安于 244 年在美索不达米亚遇刺身亡，之后普罗提诺回到罗马。他计划在罗马附近建造一座以柏拉图《理想国》为基础的城池，称为柏拉图诺波利斯。然而，加里恩努斯皇帝中断了支持，这个项目就此夭折。普罗提诺的学生波菲利鼓励他将自己的想法记录下来。普罗提诺死后，波菲利负责收集并系统整理了《九章集》。《九章集》之所以这样命名，是因为六本书都由九个部分组成。第一部《九章集》关注道德；第二部和第三部《九章集》与自然哲学和宇宙学有关；第四部关于"灵魂"；第五部包含普罗提诺的知识理论；最后的第六部将重点转向现实的最终本质，并讨论了他理论体系的第一原理，即"太一"。

基本哲学思想

根据普罗提诺自己的说法，他经历过的一些宗教活动对他的哲学观产生了深远影响。普罗提诺远离世俗，厌恶世俗和希望通过与上帝通灵获得救赎的思想促使他在哲学上不断努力钻研。尽管毕达哥拉斯神秘主义和巴门尼德的思想也对普罗提诺产生了明显的影响，但普罗提诺的哲学从本质上是将柏拉图的形而上学系统化。

"太一"

柏拉图的"至善理念"，普罗提诺称其为"太一"或"上帝"。就如同巴门尼德"一"理论一样，普罗提诺的"他"（上帝）是永恒不变的。"他"（上帝）是最终的现实和崇拜的对象。有关其他事物与一切知识都来源于不可能和不可言的"他"（上帝）。"太一"是完全自由且至善的。"他"不会变化，"他"超越了物质，具有非物质性；尽管他具有自立性和自因性，但"他"也是其他一切存在的来源。这正是普罗提诺理论体系的一个难题。尽管"太一"完美且独立，但"太一"也必须是其他一切存在的源头。为解决这一难题，普罗提诺明确指出，"太一"并未创造这个世界，如果说这个世界是"太一"创造的，就贬低了"太一"的完美。相反，宇宙的存在是由"太一"通过"显灵"这一过程投射出来的。就像柏拉图那个比喻，太阳光照亮了生命，阳光供养了万物。"太一"成为现实或虚假的三个层次中的最高层次，这三个层次由高到低依次是生产和维持，头脑或心智，灵魂。

头脑或心智

心智范畴就是柏拉图的理念范畴；柏拉图的理念范畴存在于"太一"的头脑中。所以心智是哲学思辨的当然对象。通过哲学我们更加靠近"太一"。人类灵魂被束缚在物质领域，具体表现为对性愉悦和食物等的争取和渴望。但是灵魂是不朽的，灵魂

遗产、真理、影响

◎ 普罗提诺的著作掀起了人们对柏拉图哲学的兴趣热潮长达三个世纪。到5世纪中叶，还有两所新柏拉图学校，一所位于亚历山大市，另一所是雅典学园。在最有名的新柏拉图主义哲学家中，波菲利之后便要数希腊的普罗克洛斯（410—485）和亚历山大城的希帕提娅（370—415）。

◎ 尽管普罗提诺和波菲利都否认基督教的人格上帝，但新柏拉图主义对早期基督教神学产生了深远的影响。在亚历山大城，柏拉图学园皈依了基督教。通过他们作品的流传，新柏拉图主义成了基督教的信仰基础。

◎ 直到中世纪，新柏拉图主义仍然是西方的主流哲学，它对文艺复兴时期的思想家也产生了重要影响。

> 多次经历了奇妙之旅。脱离肉身，进入真正自我之中，自我得以聚集。可观一起外物。无比坚信踏进了最高之神境，观赏绝美之景致。与神性融为一体，感受最高尚的生活。
>
> ——《九章集》（253—270）

罗马竞技场，罗马帝国的象征。普罗提诺在罗马帝国艰难时期生活于此。

从身体中解放出来时通常会转世。一个人下辈子重生的条件取决于这辈子的道德品格。

物质和灵魂

物质是系统中的最低层次，是现实的幻象，从"太一"中移除的。物质是邪恶之源，然而，大脑却能够从物质中瞥见柏拉图的理念。这样，思想便从现实层面上升到对"太一"的神秘推测。个人"灵魂"分为高端部分和低端部分，高端部分关注永恒，低端部分构成人的个性。通过哲学灵魂的注意力从物质领域和个人细节上挪开，以实现与"太一"的神秘结合，并最终摆脱重生的循环。普罗提诺声称自己已经经历了灵魂与肉体的短暂分离，正是这种神秘的经历以及哲学论证支撑了他的理论体系。

大事记

205 年	生于莱科波利斯，位于埃及尼罗河三角洲东部的一个古镇。
自 232 年	在亚历山大城安莫尼乌斯的指导下学习。
243 年	跟随罗马皇帝戈尔迪安向东进行军事远征。
244 年	戈尔迪安遇刺后逃往安提阿，前往罗马。
245—268 年	在罗马建立学校并在此任教。
253—270 年	著有《九章集》。
270 年	于意大利南部城市坎帕尼亚逝世。

希波的奥古斯丁 （354—430）

奥古斯丁是西方四大教会圣师之一，其他三位是安布罗斯、哲罗姆和教皇格里高利一世。奥古斯丁也是第一位伟大的基督教哲学家，他认为理性应服从于圣经揭示的真理。照此来看，哲学探究的价值在于帮助我们理解我们的信仰，这一立场可概括为"我相信，所以我理解"。

奥古斯丁的父亲是一位非基督教徒，出生于北非罗马帝国城市塔迦斯特。他的母亲莫妮卡却是一位虔诚的基督徒，从小就向年幼的奥古斯丁灌输基督教信仰。然而，奥古斯丁在阅读了西塞罗现已失传的对话作品《荷尔顿西乌斯》之后，对哲学和怀疑主义产生了兴趣。他决心全力以赴寻求真理。他发现《圣经》无法在思想上满足他，因此转向摩尼教。摩尼教在当时是很盛行的宗教，它的创始人摩尼于277年在波斯被钉死在十字架。他曾教导说，上帝有两个，一个是善的源头，另一个是恶的源头。17岁时，奥古斯丁移居迦太基，开始研究修辞学，后来又讲授修辞学。他说，他过着十分奢侈和享乐的生活，罪恶被欲望所束缚。在此期间，他与一个女人成家并育有一子，但他们并未结婚。有一种说法是，她曾是一名奴隶，罗马法律禁止她与公民结婚。

当时在罗马生活和教学的奥古斯丁对雅典学园（由柏拉图成立于公元前387年）后期的怀疑主义哲学思想产生了浓厚的兴趣，他因此放弃了摩尼教。在他刚满30岁时，他在米兰获得了声望极高的修辞学教授一职。在那里他受到了新柏拉图主义基督教和米兰主教安布罗斯的影响（约338—397）。他的生活也发生了重大改变。他恢复了基督教信仰，离开了教学职位返回非洲入了神职，过着独身生活，为上帝服务。他最终成为希波皇室（现阿尔及利亚安纳巴）的主教，并在东日耳曼部落的汪达尔人围困希波时逝世。455年，汪达尔人将罗马城洗劫一空。

奥古斯丁采用向记录员口述的方式，著有230部著作，许多都流传下来了。多数著作都与当时的神学问题有关，最著名的要数《忏悔录》，据称是他的第一本自传。《忏悔录》记录了奥古斯丁拥抱基督教信仰的思想和精神之旅。另一本著作是《上帝之城》，描述了以爱为基础的理想精神家园，与当时衰败的罗马帝国形成了鲜明对比。

基本哲学思想

邪恶问题

奥古斯丁的母亲是一名基督徒，奥古斯丁放弃孩童时代信仰的主要原因是基督教义无法解释世界上存在的邪恶。如果上帝是博爱和全能的，那为什么他在创世的过程中会允许痛苦的存在？陷于一场大战的摩尼教坚信两股原始的力量，其一善良，其二邪恶，比基督教更符合事实。然而，受到新柏拉图主义的影响，奥古斯丁开始为解决相关难题寻找与众不同的办法。这个办法转变了他的宗教信仰。他认为，邪恶本身并不是真实存在的，而是因为缺乏了善良；就像黑暗只不过是没有光一样。因此，造物主仅仅创造至善的世界，这与至善的造物主才相符合。人类及其行动只有在达不到上帝的要求和远离上帝的情况下才会变得邪恶。正是拥有了自由意识这样神圣的天赋，才使得具有限生命的我们犯下恶行。我们将邪恶引入了世间，而不是上帝。亚当和夏娃的原罪有特别的含义，是滥用自由的典型例证，也是地震、洪水和疾病等罪恶的根源。人类继承了亚当的原罪。因此，上帝必须用自然灾害来惩罚我们。

与异端邪说的斗争

奥古斯丁把智慧和精力多用于捍卫天主教的正统思想，抵御各类异端邪说，包括摩尼教。另一争议也很有代表性，即他对白拉奇主义的反对。此教宣称在没有圣灵的帮助下，我们也可以自由选择正义之路，实现与上帝的交流。奥古斯丁坚持引入原罪，坚持人类从善入恶的思想，认为人类需要上帝帮助才能实现救赎。他宣称，上帝的全能意味着他预知

遗产、真理、影响

◎ 奥古斯丁从非基督教徒转向基督教哲学，他的著作因为融合了对新柏拉图主义和基督教而具有重要性。奥古斯丁奠定了中世纪基督教思想的基础，这一点在托马斯·阿奎纳的作品中有所体现。

◎ 后来的加尔文主义认为原罪意味着我们通过自由意志无法被救赎。

◎ 奥古斯丁也是这一思想的先驱。奥古斯丁就怀疑主义进行了辩护。他指出如果某人怀疑，那么至少可以肯定这人是存在的。"我错故我在"（《上帝之城》），人们经常引用奥古斯丁这句话，也是勒内·笛卡尔名句"我思故我在"的"前辈"。

◎ 路德维希·维特根斯坦在《哲学研究》（1953年出版）中，向主流哲学学派再次介绍了奥古斯丁关于语言和时间的思考。

大事记

354 年	出生于北非塔加斯特。
371—373 年	在迦太基研究修辞学。
373—374 年	在塔加斯特教书。
374 年	返回迦太基，并在此建立了一所学校教修辞学。
383 年	移居罗马，随后在米兰担任教授。
386 年	转而信仰基督教，放弃教学岗位，返回非洲成为牧师（391），后来成为希波主教（396）。
397—400 年	撰写《忏悔录》。
412—427 年	撰写《上帝之城》。
430 年	在希波（今阿尔及利亚安纳巴）被围困期间逝世。

奥古斯丁的胜利，正统教反对异端邪说（这里以龙的形态表示）

此画作由克劳迪奥·柯埃洛于 1664 年创作。

因此，对于所有存在的事物而言，由于其造物主都是极其善良的，所以他们本身也很善良……但是他们的善良可能会减少。

——《忏悔录》（420）

即将得到救赎的人，意味着上帝的选民注定被救赎。奥古斯丁对这个问题的思索和对人类自由的理解引起人们长久的兴趣。

时间

奥古斯丁对时间本质的理解也很有趣。他认为时间不是无限的，而是上帝用宇宙创造的，因此询问什么时候创造以及创造之前发生了什么都是没有意义的。上帝不受时间约束，在他看来，时间一直是"永恒的现在"。因此，我们对时间连续性的主观认知一定是我们对事物狭隘的思考活动。换句话讲，时间是我们感知的产物，而不是现实的一部分。

灵魂

奥古斯丁不认为灵魂可能是物质的，相反，他认为人类是精神和物质的结合。人死时，灵魂与肉体分离，只有等到复活时才会与肉体再次结合。

禅宗大师

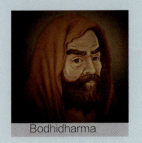

Bodhidharma

沉思冥想的佛教流派即禅宗，兴起于中国。塑造禅宗传统最重要的三位人物分别是来自印度的菩提达摩，以及两位日本哲学家卫材和道元。他们共同建立的体系在全世界不断发展壮大。

6 世纪初，佛教僧侣菩提达摩（中文称为达摩）到中国传播佛教教义。有许多关于他的传说。有传言称他来自印度南部的一个皇室家庭，但是一些历史学家认为他实际上是个沿着丝绸之路旅行的伊朗人。在画像中他经常被描绘成长相野蛮的外国人，有时候还会有蓝眼睛。他应该与中国的梁朝皇帝见过面，在此期间，他向朝廷提出了一个难题。之后，他去了河南省少林寺。

菩提达摩（约 440 /460—528）将某些佛教思想与中国道教思想相结合，并钻研出实现佛教目标的新方法，即通过开悟来远离世俗痛苦。他认为人们不需要理性、逻辑、符号、仪式或哲学论据，但可以通过冥想和直接经验自觉地大彻大悟。

日语单词 "Zen" 来自中文词汇 "禅"，而 "禅" 是印度单词 "Dhyana" 的错误读音，意为冥想。菩提达摩的禅宗佛教既简单又实用，任何人都可以领会，很快在中国流行起来，经过发展，形成了不同派别。

菩提达摩倡导 "健康的体魄和健康的头脑" 的

理念。传统上人们认为他创立的锻炼身体的方法为功夫和太极等格斗技巧奠定了基础。他所在的少林寺成为中国武术的发源地。

几个世纪后，佛教在日本变得孤立且没落。年轻和尚卫材（1141—1215）决定复兴这一古老宗教，于是前往中国寻求新的智慧。他于 1168 年开始了第一次短暂的中国之旅，途中听说了冥想这一行为，感到很是好奇。1187 年，他在临济宗的一所寺院里学习禅，并成为日本第一位公认的禅师。回到日本后，他遭到保守佛教团体的反对，但他发现军阀更易接受他的新教义。卫材在镰仓建立了日本第一座临济禅寺。

道元（1200—1253）是卫材的学生，出生于一个贵族家庭，自幼父母去世，学习了佛教有关 "无常" 的课程。道元是日本哲学界的伟人，曾亲自到中国学习禅宗，研究曹洞宗，并在日本弘扬。在一次冥想时，他受到启发，大喊道 "无心，亦无身"。

道元在京都建立了第一个曹洞禅寺，继续在精神层面和实践层面进行传教，并大量写作。

基本哲学思想

冥想

菩提达摩强调佛陀不是通过经文或讨论哲学获得证悟，而是通过冥想受到启发。他称唤醒人们的 "佛性" 是很简单的，不需要仪式或哲学思考，只需在当下这刻沉思，在呼吸中沉思，在虚无中沉思。菩提达摩最初设想冥想或 "正念" 可以随时进行，以便实践者在除草或洗衣服这样的日常活动中依旧可以获得启发。但是随着时间的流逝，静坐成为冥想的主要形式。日语 "Zazen" 一词，意为 "坐禅"，它是指禅修时，冥想者静静地坐着，什么都不想。道元和曹洞宗特别强调冥想时要用合适的姿势，采用盘腿或莲花坐姿，

双手轻轻相触，双眼始终睁开。

禅师菩提达摩相信个人经验，但他也承认需要师父来引导徒弟，并直接传达他们的思想。正因为如此，禅师和宗派的传承非常重要。所有现代宗派的传承都可以追溯到中国的祖师，再追溯到菩提达摩，最后再到佛陀本人。

禅宗以 "公案" 而著名。"公案" 包括笑话、故事、对话和谜语等，具有荒诞、有趣或怪异等特点。汉语的 "公案" 字面意思为 "法律案件"，日语译为 "koans"。

遗产、真理、影响

◎ 禅宗成为中国最大的佛教流派，强调简单、自发、自然的生活方式，影响了中国的艺术和书法。从传统意义上讲，其创始人菩提达摩促进了中国武术的发展。

◎ 菩提达摩强调身体和精神的发展，这吸引了日本武士阶层（前工业化日本的贵族武士阶层），他们将禅宗融入武士道（日本武士的行为准则）哲学中。

◎ 禅宗最终渗透到日本文化的方方面面，包括茶道和园艺，尽管禅宗是和平主义哲学，但也被运用到第二次世界大战时日本的军国主义中。

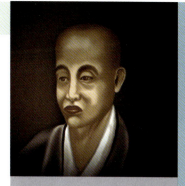

教外别传，不立文字，直指人心，见性成佛。

——致菩提达摩
（6世纪初）

卫材

大事记

约 440/460 年	相传菩提达摩在印度南部出生。
约 517 年	菩提达摩来到中国。
约 528 年	菩提达摩逝世。
1141 年	卫材出生于今天的日本冈山。
1168 年	卫材第一次来到中国。
1187—1191 年	卫材第二次到达中国。在此期间，深入学习禅宗。
1200 年	道元出生于日本京都。
1215 年	卫材去世。
1223—1227 年	道元到中国学习。
1231 年	道元开始编写反映其思想的巨著《正法眼藏》。
1253 年	道元于京都病逝。

圆是禅宗的象征，也是日本书法最常见的书写对象。

"单手鼓掌，声音怎样？"就是一个著名的公案。类似这样的谜题并没有明确的答案，其目的在于使学生跳出传统的逻辑思维，进入顿悟状态，最终进入精神的觉悟。

公案在卫材引进的临济宗中很常见。禅宗认为阅读经文或钻研复杂的哲学理论并不能传播真理，禅宗悖论的开悟才可以传播真理，因此禅宗的经文极少。但是中国禅师倒是写了不少书籍。日本也有不少文献，道元本人便是一位机敏的写作高手。

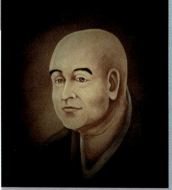

不要每时每刻都盼着明天，只想到今天和此刻……你必须专注于禅修……想着此时此刻。之后，一切都变得非常容易了。

——道元禅师（又名希玄道元，1200－1253）《正法眼藏》

道元

空海

（774—835）

空海是一位诗人、艺术家、书法家和学者，也是一位日本佛教僧侣，他学识渊博，在日本创办了真言宗或真言佛教学派，对日本文化产生了巨大影响。

空海出身于一个贵族家庭，自幼学习儒学，之后又学习了政治学。他在学习印度咒语（一种重复性的神圣圣歌）时，皈依了佛教。804 年，他成为日本出使中国的政府官方代表团的一员。僧侣最澄（767—822）也是代表团的一员，他后来创立了日本天台宗派。

空海学过梵语，能够阅读印度原文，师从精通玄奥佛教知识的慧国法师。慧国法师不仅带空海入门，还将教义精华传授给空海，使得他成为该学派的继任宗师。空海将梵文"mantra"（咒语）翻译成日语的"Shingon"（真言）。

在佐贺天皇的支持和赞助下，"真言"传入日本皇宫。空海享有极高的民族威望，因为他不仅擅长写作、绘画，书写过大量精美的书法，而且平时为人乐善好施。

> 在真实存在中觉醒。
> ——空海

基本哲学思想

密宗佛教

密宗佛教有时被称为坦陀罗佛教。通过咒语、形象化的陀罗、特有符号、服装形象和正式的仪式让人们对教义有切身的感受。空海亲自为皇帝祈福，为保护国家作法，为祈雨举行仪式。

他所属的教派认为佛教的伟大奥秘（身、口、意）必须得通过老师言传身教才行，不用记载流传。空海特别不喜欢其他开放式教派枯燥抽象的文字，因为人人都可企及。

声音

空海教导说，所有的声音和文字都是神圣的，而咒语尤其能够表达真知。他认为，表音的梵文比用中国的表意文字能更好地传达词语的含义。所以他努力促进日语语音书写系统的使用。

遗产、真理、影响

◎据传，空海并没有去世，而是陷入了深度冥想状态。某一天，他将再次复活。1921年，天皇封空海为"弘法大师"（传授佛法的伟大师者）。这个封号甚至比他的名字更广为人知。

◎在空海的努力下，佛教取代儒教成为日本国教。几个世纪以来，真言宗成为佛教的主流。

◎空海为日本的表音书写法"假名"开辟了道路。

大事记

774 年	生于日本四国岛。
804—806 年	访华，研究密宗佛教。
812 年	开始建立真言宗这一全新的密宗佛教分支。
816 年	在高野山（今京都附近）的金刚峰建立第一个真言寺。
817 年	撰写真言宗的主要著作。
823 年	接管京都的东寺。
830 年	编写伟大的著作《十住心论》。
835 年	在高野山逝世。

他补充道，"真言"胜过"言语"，佛陀的真知在一切现象中得到体现，因此他鼓励所有创造性的艺术表达形式，恰巧也为日本艺术发展做出了贡献。

综合

虽然空海强调直接经验比抽象理论更有价值，但他还是写了一本重要的理论著作《十住心论》，对所有的佛教哲学和其他几类伦理体系进行了描述和分类。自然而然，他得出了结论："真言"是获取"真知"的最好途径。

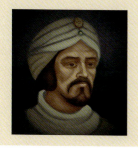

肯迪

（约801—约873）

肯迪是一位真正博学的人。他不仅是哲学家，还是音乐家、气象学家、化学家、密码学家、医师、心理学家、天文学家和占星家。肯迪是第一位发展亚里士多德思想的伟大阿拉伯哲学家。肯迪将古希腊哲学介绍给阿拉伯学者，使得这些知识在几个世纪里仍生生不息。

肯迪在西方被称为"阿尔·铿迭"，他的拉丁名字叫艾布·优素福·叶尔孤白·本·伊斯哈格·本·萨巴赫·肯迪。他生活在伊斯兰教的黄金时代，即8世纪中期以后的几百年，学习知识和研究学术之风盛行。特别在800年左右，阿拔斯王朝在巴格达建立了图书馆和知识中心，即"智慧殿堂"，保存伊斯兰教的智慧，并将古希腊和罗马的科学和哲学著作翻译成阿拉伯语。

机智聪明的肯迪出生恰逢其时。他是库法市（今伊拉克南部古城）市长的儿子，从小受到良好的教育，颇具潜力，因此被送到巴格达继续深造。很快，"智慧殿堂"吸纳了他。他带领着一个翻译小组，沉迷于亚里士多德的思想。

在哈里发阿里·马蒙和阿里·穆塔西姆的统治下，肯迪自由地探索知识。但后来的哈里发迫害偏离狭隘正统思想的人，肯迪也深受其害。尽管他们无比信仰宗教，但仍会对教条质疑。有一次，肯迪的图书馆被暂时没收，这可能是竞争对手为赢得哈里发的信任而采取的行动。

对于所见所闻，肯迪都有兴趣，写了很多主题的论文，包括天气预报，开创了现代密码学的先河。他的书法造诣也很深厚，闻名于世。

基本哲学思想

肯迪在亚里士多德和新柏拉图思想的基础上提出了自己的见解。他的中心思想是，哲学和其他"科学"完全可以与伊斯兰神学兼容，因此不管是无宗教信仰的哲学家还是宗教长老，都可以无所顾忌地讨论诸如灵魂或上帝本质这样的话题。

他最著名的作品《论第一哲学》呼吁读者包容国外哲学思想或古代哲学思想。他的基本思想是宇宙万物不是永恒的，只有"上帝"是独一无二的，它是万物存在的根源。他认为万物皆为上帝所创造，一切真

遗产、真理、影响

◎肯迪和他的同事翻译的希腊著作成为伊斯兰世界的权威书籍。书籍后来又传回了欧洲。正是因为肯迪，亚里士多德和普罗提诺的著作才得以保存。

◎他在阿拉伯世界开创了将伊斯兰神学和其他学科的哲学思想相结合的先例。此外，他还引介了许多阿拉伯哲学的标准概念。

◎肯迪个人的哲学思想对其他阿拉伯思想家的影响很小，或许他对犹太教和基督教作家的影响更大。但总的来说，他为古代著作在阿拉伯世界和基督教世界得以保存下来铺平了道路。在他去世后不久，人们赞颂他为"阿拉伯哲学家"。

大事记

约801年	生于库法（今伊拉克）。
约820年	在巴格达学习，后来成为"智慧殿堂"的重要人物。
833—842年	任教于哈里发阿里·穆塔西姆宫廷，教哈里发的儿子艾哈迈德。
约873年	在巴格达去世。

没有什么比真理更重要……真理并不会因为讲解或传播它的人而被贬低或折损……

——《论第一哲学》（9世纪）

理也是上帝创造的。这也是《论第一哲学》的主题。肯迪所说的"上帝"只具有统一属性。肯迪写过多种类型的文章，也写了第一部阿拉伯知识专著。他把该书视为一种潜能的开端，只有当其具有知识的形式时，潜能才能变成能力。

阿维森纳（伊本·西那）

在中世纪伊斯兰国家的哲学家和科学家中，来自波斯（今伊朗）的博学之才阿维森纳也许是最著名的。他的《医典》成为数百年来标准的医学教科书，他的思想影响了欧洲基督教和伊斯兰教后来的哲学发展。

阿布·阿里·侯赛因·本·阿卜杜拉·本·哈桑·本·阿里·伊本·西那以其拉丁名阿维森纳闻名于欧洲。他是一名自然学者，10岁以前已经记住《古兰经》和其他伊斯兰教经典。之后，阿维森纳开始自学伊斯兰法律、哲学和医学。他很谦逊，他说自己14岁开始阅读亚里士多德的《形而上学》（写于公元前4世纪），努力去理解其中的含义。

999年，整个中亚地区动荡不安，阿维森纳平坦的学术之路也遇到了阻碍。接下来的25年里，他四处颠簸流浪，即使如此，他仍旧对自己的哲学观点进行归纳阐述，并撰写了许多有关医学和科学的著作。最终于1024年定居在伊斯法罕，自此他一直担任当地统治者阿拉·阿尔·道拉的医生和顾问，直到逝世。

> 那些拒绝第一原则的人应该……被烧死，直到他们承认被烧死和不被烧死不是一回事……
> ——11世纪阿维森纳评论亚里士多德的《形而上学》

基本哲学思想

存在

阿维森纳对上帝存在的专业解释源自亚里士多德和阿拉伯哲学家法拉比（约872—950 / 951）。事物是存在的，但我们明白有些事物产生了就会消逝，因此存在本身并不是绝对必要的，一定有存在的起因。亚里士多德指出，原因不可能无限地回归，因果链一定会归于一处中止，那就是上帝。阿维森纳对本质和存在进行了区分，认为事物的存在并不取决于它是什么。这种区分适用于上帝之外的所有事物，因为上帝集本质和存在于一体。

阿维森纳逻辑

阿维森纳首次明确了归纳逻辑的两个方法，即求同法和共变法。阿维森纳认为逻辑是一切科学的

遗产、真理、影响

◎阿维森纳的某些想法遭到传统神学家的强烈反对，尤其是神秘主义哲学家安萨里（1058—1111）。安萨里认为，阿维森纳把哲学方法置于传统神学之上的观点是误入歧途。阿维森纳还遭到阿威罗伊（伊本·路世德）的攻击，他并不认同阿维森纳对亚里士多德的解读。

◎阿维森纳的灵魂理论和形而上学理论对托马斯·阿奎那等学者产生了重大影响，他的知识理论也被后来的大阿尔伯特（艾尔伯图斯·麦格努斯）所研究。

◎阿维森纳的主要作品《医典》产生了广泛影响，在中东和信仰基督教的欧洲国家都有学者进行研究。

大事记

约980年	出生于布哈拉附近，当时属于波斯，现属于乌兹别克斯坦。
约1001年	撰写其主要医学著作《医典》。
1027年	完成了他的主要哲学著作《治疗论》。
约1037年	于伊朗北部哈马丹逝世。

重要基础，他说："科学是这两种方法的钥匙。不经过逻辑的天平检验的科学是不严谨的，也不令人信服。"阿维森纳特别关注定义，经常借助假设三段论进行定义的制订。

显灵

阿维森纳站在新柏拉图主义学家的立场，认为宇宙源于上帝，上帝是宇宙持续之缘起。上帝是完美且恒久不变的。所以上帝不可能创造宇宙，因为这意味着他的本质会发生改变。这种观点与神学创世论互相矛盾。

所罗门·伊本·加比罗尔（阿维斯布隆）

(约1022—约1058)

伊本·加比罗尔是中世纪西班牙犹太人中主要的宗教诗人，也是一位哲学家，他将新柏拉图主义融入其作品，对物质和存在的形式进行了讨论，物质直接源于上帝的观点贯穿他整个作品。伊本·加比罗尔对欧洲经院哲学的发展产生了重大影响。

在信仰基督教的欧洲国家中，伊本·加比罗尔以其拉丁名阿维斯布隆而闻名。他生活在阿拉伯统治西班牙时期的安达卢斯，是最早使用希伯来语进行写作的犹太人之一。当时的希伯来语仅仅用于宗教活动。伊本·加比罗尔幼时丧父，23岁丧母，之后他曾悲情地写道："我无父无母，年幼孤独受尽压迫……"16岁之前，他已经很有名了。他曾写道："虽然我只有16岁，但我有80岁男人的智慧。"17岁那年，他在犹太政治家耶库蒂尔·伊本·哈桑的萨戈萨法院里找到了一位赞助人，耶库蒂尔·伊本·哈桑后来死于一场政治阴谋。伊本·加比罗尔在周游西班牙之前为他写了一首200节的挽歌。

诗人伊本·加比罗尔、学术哲学家阿维斯布洛、阿维斯布隆以及阿旺斯布洛的作品仅存于拉丁语译本中，直到19世纪中叶才被认为是同一个人。在此之前，大多数哲学家都认为阿维斯布隆是基督教经院哲学家。

基本哲学思想

物质与形式

伊本·加比罗尔的主要作品《生命泉》，采用当时在阿拉伯很常见的形式写成，即哲学家与学生对话的形式。其副标题为《物质与形式》。拉丁文译本使得该著作名声大噪。伊本·加比罗尔的主要论点是，所有存在均由物质和形式两部分组成。物质直接从上帝那里"产生"，上帝是支撑所有物质的主要物质。因此，所有生物或物质，无论是物质（如人类），还是崇高的精神（如天使的"聪明才智"和球体移动的力量），都含有相同的物质。

在伊本·加比罗尔的体系中，所有存在都可归为以下三类的某一类：上帝，第一物质；世界，即物质和形式；或者意志，即上帝本性的一方面，也是一种媒介物。神的意志或智慧，是神创造性的表现。生命的形式从神的意志中获得。虽然《生命泉》多为新柏拉图主义的观点，它也包含亚里士多德的逻辑学和形而上学的内容。

伦理

伊本·加比罗尔在他的著作《提升道德品质》中阐释的方法在当时看来是绝无仅有的，他提到道德行为取决于身体和心理之间的关系。他认为灵魂特性由五种感官表现出来，美德和恶习与不同的感官相联系。比如，骄傲、无礼、谦逊和温顺都与视觉有关。他提出灵魂可由自我意识培养。如果人们审视自己的习惯和性格，他们就会意识到自己的坏习惯，并学着改掉它们。

遗产、真理、影响

◎ 伊本·加比罗尔的哲学思想对主流犹太人的影响不大。但是，他的思想影响了中世纪卡巴拉的发展，卡巴拉是犹太教中一个不可思议的神秘组织。

◎ 然而他确实影响了基督教的学者，尤其是方济各会的学者，例如约翰·邓斯·司各脱。他对托马斯·阿奎那也产生了深刻影响，因为这位基督教圣徒认为需要对伊本·加比罗尔的观点，即精神也是物质发起挑战。

大事记

约1022年	生于马拉加（今西班牙）。
1045年	撰写关于道德的专著《提升道德品质》。
约1058年	于西班牙瓦伦西亚去世。
1150年	他的著作《生命泉》被翻译成拉丁语，并在欧洲广泛流传。

> 坐在所有扭曲和愚蠢的人中间，只有他的（诗人的）心是明智的。
>
> ——《争斗之歌》（11世纪）

坎特伯雷的圣安塞姆

（1033—1109）

圣安塞姆是中世纪基督教思想家，在哲学界因其有关上帝存在的本体论而被深刻铭记。本体论认为上帝的概念本身就隐含了上帝的存在。与同时代的人不同，他的著作体现出了不同于基督教教义和《圣经》的相对独立性。他运用推理和分析来解读基督教信仰，助推了经院哲学的发展。

圣安塞姆生于意大利北部。年轻时圣安塞姆立志当修道士，但被当地的修道院拒之门外。为了远离暴虐的父亲，他逃到法国的诺曼底。他在贝克本笃会修道院里学习，师从著名的兰弗朗克神父。在贝克本笃会修道院，圣安塞姆重新喜欢上了修道院的生活，并于1060年开始修道。

他以自己有关人性、道德和宗教生活的教义和思考而闻名，并于1070年开始撰写哲学专著。先写了《独白》，之后是《宣讲》（意为"话语"），其中包含上帝存在的先验论证。在兰弗朗克被任命为卡昂修道院院长之后，他在贝克本笃会修道院从见习教士晋升为副院长。1078年，他完成《宣讲》，被选为修道院院长。

贝克本笃会修道院逐渐成为令人羡慕的欧洲著名的学问中心。修道院因诺曼征服英格兰（1066）而获益，在英格兰获得了大量有形资产而变得富足起来。圣安塞姆作为院长的职责之一就是管理这些钱财。他在英格兰也声名鹊起，最终顺理成章地成为兰弗朗克的继任者。兰弗朗克当时已经是坎特伯雷大主教。然而，兰弗朗克逝世后，英国国王威廉二世鲁弗斯在位期间坚持让主教位置空着，这样他便可将财产收益据为己有。1093年，迫于压力，鲁弗斯被迫任命圣安塞姆为主教，却故意刁难他，使其生活艰辛，最后被流放。教皇拒绝了圣安塞姆的请辞，但圣安塞姆还是选择离开英格兰这个是非之地，在空闲的时候写了几部宗教专著。鲁弗斯国王去世后，他又官复原职，但与英国的新国王亨利一世依然存在矛盾。尽管双方关系得到了调解，但圣安塞姆不得不回到罗马。圣安塞姆的著作对社会的影响尚不完全清楚。毫无疑问，当时盛行的还是奥古斯丁的思想传统。

圣安塞姆的贡献虽然具有奥古斯丁式或新柏拉图主义的特点，但也是有开创性的，为之后的经院哲学发展开辟了道路。他的著作旨在用一种全新的方式使本笃会的修道士更好地理解基督教信仰。他没有依赖引用或解读《圣经》，而是通过推理论证来阐释基督教信仰的方方面面。12世纪的经院哲学家试图将亚里士多德和柏拉图的著作与中世纪神学相结合。

圣安塞姆尝试为上帝存在论提供理性的证据，这是经院哲学开创性的工作。直至今天，这些话题仍然吸引着无数批判家和拥护者。

> 因此，上帝，我们相信您是我们想象中最伟大的。
> ——《宣讲》（1078）

基本哲学思想

圣安塞姆的两本主要哲学著作中，《独白》（1077）是最长的，《宣讲》（1078）主要是对早期作品中联系密切的论据进行再次验证和重新阐释，以产生"单一论据"。他的目的在于用推理解释基督教信仰的主要方面，正如他在《宣讲》的序言中所说："上帝真正存在，是独立存在的至善。所有一切都需要他才能存在，才能变得美好，才能成为神圣。"

圣安塞姆的本体论论据

在《序言》的第二章中，圣安塞姆指出，人们认为上帝是"最伟大的存在，没有比上帝更伟大的存在"。他问道：更伟大的事物是否存在，基督教《圣经·诗篇》第14章中的愚人说，"上帝是不存在的"。

但是，真的，还有一种不可设想的无与伦比的伟大的东西，它就不能仅仅在心中存在，因为，即使它仅仅在心中存在，但是它还可能被设想为也在现实中存在，那就更伟大了。所以，如果说那种不可设想的无与伦比的伟大的东西只在心中存在，那么，凡不可设想的无与伦比的伟大的东西和可设想的无与伦比

遗产、真理、影响

◎圣安塞姆的著作，特别是他的本体论论据，多年来影响了众多哲学家和神学家。笛卡尔、莱布尼茨和哥德尔等人的哲学著作中也出现了他的论据。

◎圣安塞姆对基督教信仰的基础理论进行了理性研究，这影响了后来的经院哲学家，包括托马斯·阿奎那、约翰·邓斯·司各脱和奥卡姆的威廉。

◎高尼洛是一位本笃会修士，与圣安塞姆是同时代人，他率先提出圣安塞姆的论点一定有错。高尼洛公开提出，将圣安塞姆的论点应用于除上帝之外的其他事物，例如用于证明一个想象中完美的岛屿存在于现实中，显然是荒谬的，因此圣安塞姆的论点一定是无效的。圣安塞姆回答说，他的论点仅适用于上帝，因为只有上帝满足"想象中最伟大的事物"而没有前后矛盾，因此它不可能用于证明想象中完美岛屿的存在。

◎本体论论点受到康德的批判，康德认为存在不是物体的属性，因此，上帝存在的概念与上帝不存在的概念在性质上是相同的：两者都是完美的存在。因此，圣安塞姆声称存在的上帝比不存在的上帝更伟大的观点是错误的。其中一个并不会比另一个更伟大。结果便是本体论论证失败。人们普遍认可康德的批判，但仍有一些人支持圣安塞姆的变体观点。

> 我不要求先理解然后相信，我宁愿先相信然后理解。
>
> ——引自圣安塞姆

的伟大的东西，就是相同了。但是，这明显是不可能的。所以，毫无疑问，某一个不可设想的无与伦比的伟大的东西，是既存在于心中，也存在于现实中。

总而言之，圣安塞姆论点如下：

（1）上帝是最伟大的；

（2）如果上帝是最伟大的，那么人类能想到的事物中就没有什么比上帝更伟大的了。因此可以得出以下结论：

（3）人类能想到的事物中，上帝是最伟大的；

坎特伯雷大教堂，11世纪末圣安塞姆就职地。

（4）如果现实中不存在上帝，那么人类能想到的事物中就一定有比上帝更伟大的事物，即现存的上帝。圣安塞姆认为因为现存的上帝比不存在的上帝更伟大，而且如果上帝不存在，那么我们就能想象出比上帝更伟大的事物，即现存的上帝；

但是，（4）是一个逻辑谬论，因此：

（5）上帝既存在于想象中，也存在于现实中。

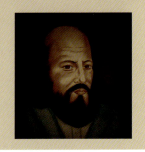

阿尔加泽尔（安萨里）

（1058—1111）

艾布·哈米德·安萨里，在西方世界以其拉丁名阿尔加泽尔闻名，他是中世纪最伟大的伊斯兰教哲学家之一。阿尔加泽尔是一位神秘主义者，他深入探讨了自己的精神之旅，还研究了古希腊哲学家，并探索了理性和宗教之间的关系。他促使正统穆斯林接受了苏菲派，苏菲派是伊斯兰教的神秘派。

阿尔加泽尔的父亲是一名苏菲派教徒。父亲去世时他正值幼年，好在家族的一位朋友收留了他和弟弟，让他们接受了良好的教育。阿尔加泽尔专心学习伊斯兰法律和法学，很快便赢得了学识渊博的声誉，接着他受邀加入了伊朗一位大臣的门下，在首都生活。当时的首都是一个四处迁移的城市，只有帐篷和临时建筑，跟普通城市一样大。

这位大臣成为阿尔加泽尔的保护人，后来安排他在巴格达尼扎米耶大学担任教授。这所大学在当时是首屈一指的学府。

经过几年教学后，阿尔加泽尔经历了一场心理危机，于是他放弃了学术追求和世俗兴趣。把自己的钱财留给了家人，保证他们不会忍饥挨饿。此时的阿尔加泽尔成了一名流浪的苦行者，在中东地区游荡，去了每个虔诚的穆斯林一生中至少要去一次的麦加朝圣。他到访过巴勒斯坦的耶路撒冷（今属以色列）和叙利亚的大马士革，之后回到图斯，过着苏菲派的修道生活，与世隔绝，思考着自己的哲学思想并将其记录下来。

在别人的劝说下，他又回归到学术界，在尼沙布尔教了几年书，接着又回到了遁世的神秘主义当中，并开始与迷信和魔法混在一起了。他探索了宗教符号的图案，用圣书《古兰经》第19和23节经文开头字母代表的数字创造了一个神奇的正方形。在这个神奇的正方形中，每条横线或竖线加起来所得数字相同，比如15。阿尔加泽尔压根就没有想到，这个魔法正方形会以他的名字命名，并被用作辟邪和护身符。

阿尔加泽尔是一位很受欢迎的老师，每场讲课都能吸引300多名学生。他还著有至少70部关于哲学、科学、宗教、神秘主义、心理学的书籍，甚至还包括礼仪的书籍。这一切给集学者和魔法师于一身的阿尔加泽尔带来了巨大的声誉。

基本哲学思想

苏菲主义

阿尔加泽尔还未成为学者时，神秘的苏菲主义运动已经非常极端了，其信奉者完全忽视伊斯兰教基本习俗。阿尔加泽尔一方面使该运动回归其宗教正源，制订了严格的纪律；另一方面，他还向所有穆斯林展示了苏菲派虔诚宗教生活的至高境界。

在自传体著作《错误的拯救》中，阿尔加泽尔阐释了自己的精神旅途，从宗教理性主义到神秘主义。这本书还体现了他坚定的信念，即人可以在心中接近上帝。

反对哲学

阿尔加泽尔坚决反对过于理性的哲学家，因为他们的推断与公认的伊斯兰神学背道而驰。阿维森纳是阿尔加泽尔专门批判的哲学家之一。他认为阿维森纳的结论是错误的，比如，仅仅因为上帝是永恒的，就认为宇宙也是永恒的。阿尔加泽尔还否定上帝只具备抽象共相性质，而不具备具象物理性质的观点。

对古希腊人，他尤其持怀疑态度。他在著作中抨击了那些盲目因循守旧的人，在《哲学家的矛盾》一书中，他不认同只有圣人能接收到预言，而上帝挑选的先知却接收不到。因此，他提出了怀疑观点，这个观点在几世纪之后没有重现过，但同时，他对理性主义者的反对使他坚信：上帝的旨意是在人际交往中体现出来的。讽刺的是，阿尔加泽尔的许多著作都使用了他以前否定的哲学方法。

《宗教科学的复兴》

《宗教科学的复兴》这部书涉及的主题广泛，从伊斯兰法律到人类独一无二的反思能力，均有涉及。在后来的文章中，他指出，人类自身包含两种

遗产、真理、影响

◎ 阿尔加泽尔影响了伊斯兰哲学的发展。他批判那些经常利用古希腊思想而不利用伊斯兰思想的思想家，谴责其为腐败的非信徒。他在《哲学家的矛盾》中提出的论据铿锵有力，成为伊斯兰教发展的转折点。他帮助伊斯兰思想家摆脱非宗教哲学体系。使其偏向上帝的因果决定论。

◎ 他对苏菲主义的神秘和精神元素进行了系统的解释，使主流穆斯林理解并接受其为正统教派的一部分。

◎ 几位犹太教和基督教经院哲学思想家沿用了阿尔加泽尔的神学论，例如托马斯·阿奎那运用他的某些观点来维护正统基督教在欧洲的权威。

阿尔加泽尔在中东游历期间访问了叙利亚的大马士革。

不要相信你看到的这具身体是我自己。我以上帝的名义告诉你，那不是我，我是一种精神，身体没有任何意义，只是一堆肉而已……

——《死亡诗》（11世纪）

品质将人类与动物区分开来，即智力和意志。他还区分了由动物本能驱动的动物意志与由理性认知驱动的人类意志。他说，总体而言，内心控制一切。

《从错误中解脱》

《从错误中解脱》是一部重要的自传体学术著作，其中描述了阿尔加泽尔的个人精神情感。在这种情感支配下，他赞美自己在苏菲派神秘主义的路上所悟出的道理。他认为，这类经历实际上优于对宗教系统性和逻辑性的描述。在该书中，他记录了自己作为一个非基督教徒对灵性的认识。当时，这类书在亚洲以外为数不多。

感觉

阿尔加泽尔是最早对五种外在感觉（视觉、听觉、

大事记

1058 年	生于伊朗东部霍拉桑省的图斯。
1085 年	受邀供职于伊朗一位大臣的门下。
1091 年	在巴格达的尼扎米耶大学担任高级教师。
1095 年	经历心理危机后，开始了苦行僧流浪之旅。
1106 年	返回伊朗东北部尼沙布尔镇的尼扎米耶大学任教。
1111 年	在图斯逝世。

幸福之道在于知道什么是正确的事情，并且去做正确的事情。

——《十篇》（11世纪）

嗅觉、触觉和味觉）进行分类的哲学家之一。他还对想象思考和记忆进行了区分，将想象定义为对已发生事情的心理意象与回忆，将思考定义为汇聚各种想法的能力，将记忆定义为对事物意义和外在形式的留存。

彼得·阿伯拉尔 （1079—1142）

彼得·阿伯拉尔是 12 世纪杰出的哲学家和神学家。在当代最著名的要数他与爱洛伊丝的悲情爱情故事。他作为老师和逻辑学家影响力巨大，但也饱受争议。除此以外，他也是引领经院哲学中理性要素发展的重要力量。当彼得·阿伯拉尔对神学问题的理性态度和过于夸张的言论与既定的宗教秩序不相符时，他的言论就被认定为异教邪说，并因此受到谴责。

彼得·阿伯拉尔出生于一个不够显贵的家庭，住在法国布列塔尼南特附近，阿伯拉尔很早就精通辩证法之术，辩证法是哲学的一个分支，通过逻辑论证的讨论来发现真理。在阿伯拉尔时代，逻辑论证包括将亚里士多德的逻辑学应用于一系列基督教神学问题和当时其他问题。阿伯拉尔放弃遗产后成为流浪学者，游历法国各地，遍访名师，寻求诸如贡皮埃涅市修道士罗塞林（1050—1125）的指导。在巴黎，他走进了巴黎圣母院的教堂学校，聆听了尚佩克斯的威廉（1070—1122）的演讲。威廉非常支持当时占据主导地位的哲学理论——形而上学现实主义，但年少的阿伯拉尔反对这一理论，并与威廉展开辩论。最终阿伯拉尔获胜了，这为他赢得了辩证学家的声誉。

阿伯拉尔渐渐变得自信了，后来创办了自己的学校。1113 年左右，他开始研究神学，并成为坎特伯雷的圣安塞姆（1117）的学生。机智的阿伯拉尔再次在辩论中抢了他导师的风头，由此引来争议。回到巴黎后，他的个性魅力和精彩演讲开始吸引来自欧洲各国的学生。正是在这里，他开始了与爱洛伊丝的爱情。爱洛伊丝是那个时代最有文化素养的女性之一，她成为阿伯拉尔的学生时，还受到其牧师叔叔福尔·伯特的监护和照顾。恋情曝光后，他俩便秘密结婚了。爱洛伊丝怀孕的事情使得他们与叔叔福尔·伯特的关系进一步恶化：为了报复，福尔·伯特阉割了阿伯拉尔。爱洛伊丝当上了修女，阿伯拉尔过上本笃会修士的生活。

尽管悲痛欲绝，阿伯拉尔仍然鼓起勇气从事教学，他的讲座再次吸引众多追随者。他运用的哲学分析方法威胁到了正统基督教，因此，有人密谋陷害他。1121 年，阿伯拉尔出版了《论圣三一》一书，理性讨论了基督教的三位一体论。同年，阿伯拉尔被传唤到苏瓦松议会并被指控，他被迫烧毁了有关三位一体的书籍，并公开宣布自己的信仰。这件事之后，他去沙漠寻求慰藉，当了几年隐士，但即使在沙漠也有学生来找他。也许是为了避免再次被迫害，他接受布列塔尼圣吉尔达斯·德·罗伊斯修道院的邀请，成为这里的院长。

基本哲学思想

辩证法和逻辑学

阿伯拉尔将辩证法定义为通过讨论矛盾的论点和权威的观点来辨别真假的艺术。他将辩证法应用于逻辑学、形而上学、语言哲学和精神哲学等方面，写成了《辩证法》一书（写于 1125 年以前）。在这本著作中，他阐释了从古代遗留下来的亚里士多德逻辑问题以及有关波菲利（约 232—305）和波伊提乌（约 480—526）的评注。阿伯拉尔研究哲学和宗教思想的理性方法颇具影响力，有助于树立亚里士多德在中世纪欧洲的权威。

唯名论

阿伯拉尔是西方传统中早期的唯名主义者，他认为共相（诸如"蓝色"或"粗糙的"这类描述性术语）是语言或心理术语，并不是世界上独立存在的事物。在他看来，现实世界的事物是具体且独立的物体，仅此而已。最终，阿伯拉尔对当时流行的形而上学现实主义观点进行了评论，认为其不合逻辑。形而上学现实主义是以柏拉图学说为基础的，认为共相是"理念"或"形式"，是存在于世上的语录实体。他认为，共相之所以具有普遍性是因为许多物体同时具备这一特征或状态，以构成其实质（构成个体事物本身）。因此，共相不可能存在于世间，相反只是一种语言特征。"离开个体事物，共相便不存在了。"[引自《辩证法》(1125 年以前)]

伦理学

在道德哲学领域，阿伯拉尔的主要著作有《伦

遗产、真理、影响

◎ 尽管阿伯拉尔学术成就卓著，但在现代，他与爱洛伊丝的爱情故事更为有名。

◎ 他对13世纪的哲学家和神学家所产生的重大影响，主要是通过他的学生彼得·伦巴德（1100—1160）。他对唯名论和现实主义争议的解决之道，影响了托马斯·阿奎那的观点。

◎ 他是当时最重要的辩证学家之一，他的反思方法成为西方文化的标志，使其与其他世界文化区别开来，例如伊斯兰教文化和儒家文化。

◎ 他坚定地认为经院哲学是理性主义形式，这有利于重新树立亚里士多德的权威。他在伦理学方面的成就比大多数经院哲学家更高。

1136年，他到巴黎讲座，令克莱尔沃的伯纳德（1090—1153）惊恐万分，他发现阿伯拉尔的理性主义方法是谋反行为。森斯议会（1140）审查阿伯拉尔的作品，在他的作品中发现19条违规主张并予以谴责。他们允许阿伯拉尔继续留在克卢尼市修道院，最后在尊者彼德（1092—1156）的庇护下，他度过了他生命的最后两年。他的遗体曾多次被挪动，据说现在和爱洛伊丝的遗体一起埋在了游客很多的巴黎拉雪兹神父公墓里。

经常质疑、不断质疑是通往智慧的第一把钥匙。

——《是与否》（12世纪）

安吉莉卡·考夫曼于1803年绘画：《阿伯拉尔和爱洛伊丝之别》。

大事记

1079年	生于法国布列塔尼南特附近。
1097年	进入巴黎圣母院教堂学校，受教于尚佩克斯的威廉。
1120—1140年	撰写哲学和神学方面的主要著作《论圣三一》和《神学导论》。
1121年	被传唤到苏瓦松议会，控以异端罪名。接着以隐士的身份生活了几年。
1125年之前	撰写《辩证法》。
1126年	接受布列塔尼圣吉尔达斯·德·罗伊斯修道院邀请，成为修道院院长。
1136—1139年	撰写《哲学家与犹太人、基督徒的对话》。
1140年之前	撰写《伦理学》《了解自己》以及自传《劫余录》，这是一部极其真实、坦白的自传。
1140年	被森斯议会批判。
1142年	在克卢尼市修道院度过了生命中的最后两年。

理学》《了解自己》（1140年以前）和《哲学家与犹太人、基督徒的对话》（1136—1139）。《了解自己》对道德价值进行了分析，《哲学家与犹太人、基督徒的对话》讲述了阿伯拉尔在梦里关于善良的本质和幸福的定义进行的两场辩论。

在判断某行为的道德价值时，阿伯拉尔极其强调行事意图的道德性：身体行为本身在道德上并无区别，而主观意图（比如犯罪意图）决定了行为的道德价值，无论出于善还是出于恶。"上帝关注意图而非行为，上帝惩罚的不是行为而是意图。"[引自《伦理学》或《了解自己》（1140年以前）]

哲学神学

在系统神学方面，阿伯拉尔的主要著作有《亲吻神学》和《学院神学》，前者遭到森斯议会的批判，后者遭到苏瓦松议会的批判。阿伯拉尔强调理性是信仰的基础，信仰偏向于消除哲学和神学之间的区别。他激进的理性主义方法，特别把神圣的三位一体比喻为三段论（一种演绎推理形式），激怒了宗教思想家，遭到教会的谴责。

阿威罗伊（伊本·路世德）

（1126—1198）

伊本·路世德是中世纪西班牙阿拉伯时期的法官、医生和哲学家。在接下来的几百年里，他在传承亚里士多德的思想方面发挥了重要作用。阿威罗伊对亚里士多德的作品进行了多层次的论述，因此被称为"评论员"。他调和了理性和宗教信仰之间的矛盾，对基督教经院哲学的发展产生了很大的影响。

穆罕默德·本·艾哈迈德·本·穆罕默德·伊本·路世德，在西方以拉丁名阿威罗伊之名闻名，出生在西班牙一个著名的伊斯兰教法官世家，祖父和父亲都是科尔多瓦的首席法官，阿威罗伊也继承衣钵，成为法官和学者。

作为一名全能专家，他接受了全方位的传统教育，学习伊斯兰教法、数学、语言学、哲学和医学。他还写了一部重要的医学著作，以及许多医学和法律方面的论文。他曾做过医生、教师，还做过法官，也撰写了许多有影响力的哲学著作。后来，他在西班牙法律行业工作，但经常被哈里发召回马拉喀什朝廷，为其提供法律服务或医疗服务。

在哈里发·阿布·雅库布·优素福的资助下，阿威罗伊成为研究亚里士多德的专家。当时的伊斯兰教普遍抵触外来影响和世俗哲学。然而，阿布·雅库布·优素福对希腊哲学很感兴趣，并逐渐放开了管理权。他便委托阿威罗伊撰写有关亚里士多德的评论性书籍，用以阐释其伟大的思想。

宗教保守派强烈反对阿威罗伊的理性主义方法。即使到了他生命的尽头，这种矛盾依旧在不断加深。许多自由主义思想家被保守派清除，阿威罗伊只是遭遇了短暂的流放，但其哲学思想在伊斯兰世界永远失去了往日的风光。然而，犹太人和基督徒很快对他的思想产生了极大的兴趣。

基本哲学思想

尽管他对亚里士多德详尽的评论最有名，但他个人对哲学也做出了较大贡献。作为律师和法官，他对逻辑论证和理性思维尤其感兴趣。

为哲学辩护

阿威罗伊出生前不久，苏菲神秘主义者艾布·哈米德·安萨里（又名阿尔加泽尔）撰写了《哲学家的矛盾》，这是一部抨击哲学家的著作。作者安萨里认为哲学家被古希腊作家带偏了，偏离了伊斯兰教教义。反过来，阿威罗伊在他的著作《矛盾的矛盾》中进行了回击，试图证明哲学探究方法对宗教理解

> 阿布·巴克尔·伊本·图法伊尔告诉我，他曾听到首领抱怨亚里士多德思想表达方式不连贯，或者是译者表达不连贯，导致了亚里士多德思想意图含混不清。他说，如果有人能够首先彻底理解它们，能够清清楚楚地进行概述和阐述，那么人们理解起来就会更容易。
>
> ——阿威罗伊
>
> 引用自赛义德·侯赛因·纳塞尔和奥利弗·利曼合著的
> 《伊斯兰哲学史》（1996）

有真正的价值，不应被摒弃。他还指出，安萨里主要批评了阿维森纳对亚里士多德主义的解读，认为阿维森纳扭曲了希腊思想，因此安萨里并未表明亚里士多德的推理是非伊斯兰教性质的。阿威罗伊着实不喜欢阿维森纳的大部分作品。他轻蔑地评价那些用波斯语写成的书，说那些只是废纸。

宗教与哲学

阿威罗伊称，宗教和哲学的区别在于接近上帝的不同方式。所有人都在努力了解上帝，但认识上帝的方式有两种：宗教启示或纯粹理性。启示是宗教教义的来源，但只有理性才能真正解释启示。他认为这是一种真正意义上的穆斯林观点，因为《古兰经》含有一些明显有固定含义的经文，但也含有开放性的经文，允许有不同的阐释。

阿威罗伊确信伊斯兰教是终极真理，而哲学是对真理的追求，二者明显可以共存。如果宗教教义与公认真理相矛盾，那么将经文视为寓言就可以轻松解决这个明显的冲突了。阿威罗伊认为传统上也是这样的，早期的穆斯林社会认可的某些《古兰经》经文既有寓意深奥的，又有含义浅显的。

遗产、真理、影响

◎ 阿威罗伊的评论使得亚里士多德的作品能够重新引入欧洲。12世纪初期，亚里士多德的作品被翻译成拉丁文。在这之前，仅有少量且零散的亚里士多德作品及其阐释可供人们阅读，例如阿维森纳对亚里士多德作品的阐释。阿威罗伊版本很快成为标准文本，被修道院和新建的大学集中研究。经院哲学家简称他为"评论员"。

◎ 他区分宗教和理性（至高无上的理性）的个人哲学激怒了很多宗教思想家。随着伊斯兰世界更多地偏向神学思想体系，阿威罗伊的思想在中东地区逐渐失去了影响力。

◎ 在法国巴黎大学，一群以西格·德·布拉班特为首、颇具争议的基督教哲学家受到其作品的激发，发展了"双重真理"学说。该学说认为存在两种不同的真理，一种是宗教的，一种是哲学的。许多犹太思想家也认为阿威罗伊的思想是他们灵感的来源。

◎ 然而，阿威罗伊之后的一个世纪，基督教经院哲学家托马斯·阿奎那花费巨大力气去销毁阿威罗伊有关亚里士多德的作品，因为他和其他哲学家认为这些是异端作品。

◎ 阿威罗伊对理性和宗教进行了区分，这也成为国家世俗政权和宗教信仰分离的正当理由，因此他被冠以世俗主义之父的美名。

大事记

1126年	出生于科尔多瓦（今西班牙）。
12世纪60年代	对亚里士多德的部分书籍进行简短评论。
1169年前	受哈里发·阿布·雅各布·优素福委任，对亚里士多德的作品进行更详细的评论。
1171年	在科尔多瓦担任法官。在此期间，为亚里士多德的《形而上学》撰写书评（公元前4世纪）。
1179—1180年	写了三本原创哲学著作，包括他对哲学的辩护，即《矛盾的矛盾》。
约1184年	回到科尔多瓦担任首席法官。
1195年	在官方反对自由主义期间，从科尔多瓦流放到卢塞纳村。其著作被禁，作品被焚毁。
1197年	返回科尔多瓦。
1198年	在摩洛哥的马拉喀什去世。

他在《关键的论文》中写道，对《古兰经》的完整阐释依赖于分析思维。但他的主要观点是，宗教与真理的某个层次相关，而哲学与真理本身相关。宗教通过符号和故事揭示知识，这是未受教育的人接近真理的唯一途径，但哲学推理是探究真理的高级方法，只有受过教育的人才会使用。因此，他认为，信仰和理性不需要调和：二者不存在冲突，只是它们接触真理的层次不同。

在阿威罗伊看来，宗教信仰的作用在于为普通民众提供规则。

其他思想

阿威罗伊认为人类有两个灵魂，一个在人死后便消失了，另一个共有的、单一的、普遍的灵魂是不朽而神圣的。他沿用了亚里士多德的论点，即宇宙不是通过创造产生的。虽然他认为可以把这些思想与宗教正统思想统一起来，但保守的穆斯林仍然排斥这些思想。

评论

阿威罗伊还为其他伟大的希腊书籍写书评，例如柏拉图的《理想国》和托勒密的《天文学大成》。

1471年，《托马斯·阿奎那战胜阿威罗伊》。
从绘画的细节中可以看出，后来阿威罗伊的哲学遭到许多基督教思想家的反对。

他经常会为能力不同的读者撰写三类不同层次的评论：一类是简短和简单的概述，一类是具有批判性且篇幅适中的评论，最后一类是全面、细致、长篇的研究。总而言之，阿威罗伊希望为亚里士多德的思想的传播提供一个纯粹的可读版本，因为他觉得主流阐释与原文意思大相径庭。

摩西·迈蒙尼德

（1135—1204）

法师迈蒙尼德是西班牙犹太教的领军人物，其《迷途指津》是中世纪伟大的著作之一。他非常虔诚，后来他的宗教思想和信条都被纳入正统犹太教教义中。与此同时，他用亚里士多德的方法对宗教真理的探究也对伊斯兰教哲学界和基督教哲学家产生了深远的影响。

迈蒙尼德通常被叫作兰巴姆，是"拉比"（法师）和其姓名的首字母缩写。其全名为摩西·本·迈蒙（意思是摩西的儿子迈蒙）。他的阿拉伯名字是阿布·伊姆兰·穆萨·伊本·穆恩·伊本·乌拜德·阿拉·古特比·以色列，希腊名字是摩西·迈蒙尼德斯。托马斯·阿奎那称他为"拉比摩西"。他出生在西班牙穆斯林的一个犹太人家庭中，这个家庭认可所有的宗教，几个世纪以来，像这样的家庭氛围一直是学术庇护所。然而，在他出生后几年里，狂热的穆瓦希德王朝夺取了政权，并要求非穆斯林要么皈依要么离开。

11年来，他的家人一直暗自信仰他们的宗教，而迈蒙尼德则研究世俗的学科，诸如希腊哲学以及传统的犹太学等。最终，因担心信仰犹太教会被揭发，他们迁到了摩洛哥。迈蒙尼德也开始在卡鲁因大学学习医学。从医对于他而言是不错的选择。此时他们又不得不再次搬家，直至定居于埃及，一个能接纳不同信仰的国家。在那里，他得到一份工作，成为苏丹萨拉丁和他儿子的医生。有一种说法，他曾在十字军东征期间为英国狮心王理查一世治过病。

业余时间，迈蒙尼德在开罗一家公立医院任教，担任犹太社区的负责人，并开始认真写作。33岁时，他完成了为期十年的项目，为米什（犹太口头法律）撰写索引，并进行重要评论。该著作是用希伯来语撰写的。他还用希伯来语和阿拉伯语撰写了许多医学、宗教和哲学论文。他的代表作《迷途指津》是用阿拉伯语写的，花费了15年的时间。该书的雏形是他当学生时的个人记录。

随着迈蒙尼德的名声越来越大，其他犹太团体或学者经常向他咨询犹太法律的相关问题。这样一来，他的许多书信和著作得以保存下来。他的时间安排得非常紧凑，他在一封信中抱怨道，在劳累的一天又一天结束后，他是多么疲惫。

基本哲学思想

迈蒙尼德是一个智慧而精明的理性主义者，也是一个全心全意的虔诚教徒。他试图展示亚里士多德的科学或哲学是如何证实宗教教义的，并证明上帝的存在。

《迷途指津》

迈蒙尼德写了数篇关于犹太法的文章，但是他的主要哲学著作为《迷途指津》。该书将亚里士多德的哲学思想与传统犹太教信仰调和起来，其原则和方法也适用于其他的宗教信仰。他写这本书是为了顺应时代的需要。当时亚里士多德哲学在整个中东的伊斯兰和犹太社会中变得越来越有影响力，威胁到传统神学家的势力。与他几乎处于同时代的阿维森纳和阿威罗伊一样，他急于在伊斯兰世界证明哲学的研究逻辑可以用来证实宗教真理。

寓言

从某种程度上来说，迈蒙尼德是一个精英主义者。他认为一个人获得的知识越多，他们就越接近上帝。《迷途指津》并不适用于所有人，而是为其他知识分子所著："本书的目的是启发……在哲学研究方面取得成功的宗教人士。"

他还认为，宗教作品有时会以寓言的形式出现，方便大多数未受过教育的人理解。所以，不一定要把《圣经》看作字面意义上的真理。例如，当《圣经》中的先知"看见"上帝时，意味着先知意识到了关于上帝的真理。迈蒙尼德声称，字面上的理解有时会将上帝简化为有形的物质概念。

上帝的本性

值得一提的是，迈蒙尼德核心的观点之一是支持否定神学。他认为人类无法从字面上描述上帝的本质，因此任何这样的尝试都是不充分和错误的，会将上帝拉低到人类的水平。上帝只能用他不是什么来描述，或者用否定的陈述来描述。可以说"上帝不可分"

遗产、真理、影响

◎在犹太教社区中，起初迈蒙尼德的思想存在争议。保守主义者拒绝接受他的形而上学和理性的结论，以及他的《迈蒙尼德十三信条》。法国南部一个犹太教堂甚至烧毁了他的《迷途指津》。现在，他被认为是最伟大的犹太思想家之一。他的教义和十三信条已成为正统犹太教的一部分。当然，咬文嚼字的人反对他的寓言手法。

◎他调和了理性与信仰，成功解决了悖论。他的这种能力激励了欧洲经院哲学家，甚至是像巴鲁赫·斯宾诺莎这样的后起之秀。

◎迈蒙尼德研究过穆斯林学者以及希腊哲学家，对犹太教和基督教思想家产生了巨大影响。他是为数不多的接触过四种不同思想体系的人。

大事记

1135 年	生于科尔多瓦（今西班牙）。
约 1151 年	年仅 16 岁，写了他的第一篇逻辑探讨论文。
1159 年	为了避免宗教迫害，和家人搬到了非斯（今摩洛哥）。
1165 年	被迫迁往巴勒斯坦，最后到了埃及。
1168 年	出版了《密释纳律法书评述》（口头犹太法律），包括十三信条。
1177 年	成为埃及犹太社区领袖。
约 1178 年	出版了一部有影响力的法典或密释纳索引《密释纳律法书》（第二律法）和一些重要的评注。
1190 年	历时约 15 年，完成了主要哲学著作《迷途指津》。
1204 年	在埃及古老的城市开罗的一个小镇福斯塔特去世。被安葬于巴勒斯坦的提比里亚（今以色列）。

当一个人对事物思考时，对一切创造的生命研究时，上及天使和星球，下至人类自身，凡此种种，他会意识到所有一切展现出的神圣智慧。他对上帝的爱便会加深。他的灵魂和肉体都会渴望挚爱上帝。

——米什妮·托拉（第二律法，12 世纪）

迈蒙尼德手稿的细节。

或"上帝不邪恶"，但说"上帝是一"或"上帝是好的"是不正确的。这一论点在迈蒙尼德的时代尤其重要，因为当时出现了一种人格化上帝的趋势。

迈蒙尼德指出，只要人们认可上帝本质的不可知论以及对上帝赞美并非恰如其分时，用肯定的话赞美上帝还是可以的。他写道："要知道，当你因一物而肯定地赞美上帝时，你离上帝更远了，表现在两个方面。一方面，你所言的赞美只是相对于人类来说是完美的；另一方面，上帝不拥有任何之物，除他自身的本质以外。"

创造

在大多数领域中，迈蒙尼德与亚里士多德观点一致，但在物质创造方面却有所不同。亚里士多德认为物质是永恒的和"必要的"。这一观点的提出基于两条标准论据：一是上帝是完全的、绝对的、

永不改变的；二是世界的本质就是这样的，新事物不能是无中生有的。迈蒙尼德提出的这两条论据并不能完全说明创造不能发生。首先，上帝可能总是有意把创造作为他本性的一部分。其次，我们无法将我们对现在世界的经验投射到创世时的世界上。为了证明造物主的存在，迈蒙尼德声称恒星和行星的不规则运行没有"必要"的原因。因此也就没有理由认为宇宙的存在是必然的和永恒的。唯一的可能性是上帝以他自己选择的方式创造了宇宙。

大阿尔伯特

（约 1206—1280）

大阿尔伯特，又名艾尔伯图斯·麦格努斯，是一位多明我会修士。因其广博的学识被尊称为"全能博士"：在从逻辑学、形而上学到心理学和自然等学科方面都做出了贡献。当时亚里士多德的著作在西方基督教再次盛行，他意识到使亚里士多德思想与基督教教义相融合的重要性，这一事业后来由他著名的学生托马斯·阿奎那传承发展。

他出生在德国的劳因根，是博尔斯特伯爵的长子，早年对文科表现出兴趣，并被送到帕多瓦大学继续深造。约 1223 年，他不顾家人的反对，加入了多明我会，并在完成学业后，在科隆等几个德国城市教授神学。1245 年被派往巴黎，在此获得博士学位并又继续讲授神学。大约在这段时间里，他结识了他最富有天赋的学生之一托马斯·阿奎那，自此与他保持了长达一生的友谊。

1254 年，他成为阿尔伯特为多明我会的教省大主教，以极大的努力和毅力履行职责，以自己独有的方式完成了各种教会任务。

1270 年，他送了一份报告给托马斯·阿奎那，帮助他与巴黎哲学家发动的阿威罗伊主义（阿弗鲁斯特）运动进行斗争，该运动由布拉邦的西格尔（约 1240—1280）领导。继穆斯林哲学家阿威罗伊之后，

阿威罗伊主义者对亚里士多德作品的解读被认为与基督教的教义背道而驰。

1256 年，大阿尔伯特在《论独一理智：驳阿维洛伊[1]主义者》一书中对阿威罗伊心理学进行驳斥，阿奎那也借此反对他们的思想路线。该书提出了一个既维护亚里士多德逻辑权威又被教会认可的解决方案。

1274 年，托马斯·阿奎那突然去世，大阿尔伯特对此深感悲痛。以后几年，他竭力捍卫自己的学说，但却遭到了巴黎知识界的攻击。传说大阿尔伯特炼制成功了魔法石（一种传说中的物质，据说它能点石成金，另一种说法是人喝了用它熬的汤可以长生不老），他曾把它传给了托马斯·阿奎那，但在他的著作中没有证实这一点。

---

[1] 在这本书里就是阿维洛伊，本书也称其为阿威罗伊。——译者注

基本哲学思想

大阿尔伯特深受亚里士多德著作的影响。但亚里士多德的著作是由当时几个杰出的阿拉伯哲学家通过评注的方式再次引入西方的。11 世纪，波斯学者阿维森纳的评论影响了阿尔伯特的哲学学说。

大阿尔伯特面临一项艰巨的任务，即在不违背自己基督教信仰的前提下，劝说众人接受亚里士多德极具说服力的论点。这是他哲学著作的主要目标，主要内容包括对亚里士多德作品的评论和释义。绝大多数情况下，大阿尔伯特是亚里士多德的忠实拥护者，但偶尔也会根据自己的观察和研究提出一些质疑。

此外，大阿尔伯特还为其他思想家的作品写了评论，如波菲利（约 234—305）、波伊修斯（约 480—524）和彼得·伦巴德（约 1100—1160）。其著作总共有 40 多卷，像一部哲学百科全书，题材涉及非常广泛。归根结底，这些著作最大的特点是对

> 自然科学不在于认可别人所说的，而在于寻找产生现象的原因。
>
> ——大阿尔伯特

科学的准确认识，理性主义的方法以及"哲学—科学—神学"的视野。

自然哲学与神学

大阿尔伯特对亚里士多德的系统研究，使他积累了丰富的自然哲学知识，并在《神学大全》（1245 年）等著作中提出了自己对哲学、自然和神学的见解。大阿尔伯特发现亚里士多德在自然哲学中的方法是基于经验，通过归纳和演绎推理得出结论。当时的基督教神学是建立在启示和传统教义的真理之上。他认为，这两个领域及其方法大相径庭，不会对彼此构成威胁。

约1558年，老彼得·勃鲁盖尔的《炼金术士》图画。传说作为炼金术士和魔术师的大阿尔伯特发现了魔法石。

共相

　　像许多经院哲学家一样，大阿尔伯特解决了波菲利提出的共相问题（共相指一般描述性词语）。换句话说，我们用来区分事物的命名是自身存在，还是仅仅是思想的构建体？他找到了一种方法来协调与柏拉图相关的现实主义理论，认为共相作为独立的"思想"或"形式"（抽象实体）存在，与亚里士多德的内在形式理论（存在于头脑中）相统一。大阿尔伯特认为，共相存在三种类型：先于个体事物存在的共相，不受思想支配；存在于个体事物中的共相，在头脑之外；以抽象概念形式存在于头脑中的共相。

遗产、真理、影响

◎ 大阿尔伯特对经院哲学以及那个时代的学问做出了巨大的贡献。同时代的罗杰·培根（约1214—1294）在阿尔伯特的姓名前加了一个"大"字。大阿尔伯特为教皇、主教、国王和政治家提供咨询和建议，并对他们产生了很大的影响。

◎ 他和托马斯·阿奎那的关于亚里士多德系统性著作成功地将亚里士多德主义及其科学方法引入西方基督教。它们也是现代了解亚里士多德的基础。

◎ 基于亚里士多德的科学探究原则，大阿尔伯特着手自己的实验，并收集了一些植物和昆虫。早在科学时代开始之前，他就以自然哲学家（或是科学家）而闻名。他研究兴趣广泛，涵盖了生物学、化学、物理学、天文学、人类学、心理学、形而上学和数学等学科。其学生和学生的学生继承了他的道统，例如：斯特拉斯堡的乌尔里希（约1225—1277）、斯特拉斯堡的休·休普林（约1200—1268）和弗赖贝格的迪特里希（约1250—约1310）。

大事记

约1206年	出生在德国的劳因根镇。
约1223年	加入多明我会。
1245年	开始在巴黎大学讲授神学。
约1245年	撰写第一部主要作品《神学大全》。
1248年	在他的天才学生托马斯·阿奎那的陪同下，前往科隆为教团建立了一个研究院。
1254年	当选为多明我会的教省大主教。
1256年	完成《论独一理智：驳阿威洛伊》。
1257年	以研究主管的身份回到科隆。
1258年	担任主教并被派往拉蒂斯本（今雷根斯堡）。
1263—1264年	在教皇乌尔班四世的指令下为十字军东征布道。
约1265—1275年	周游德国，完成各种教会任务。
1274年	收到托马斯·阿奎那去世的消息。
1280年	逝世并葬于科隆。
1931年	被称为圣徒和权威神学家。
1941年	教皇庇护十二世宣布大阿尔伯特为自然科学的庇护神。

托马斯·阿奎那

（约 1225—1274）

托马斯·阿奎那是意大利天主教哲学家，可能是经院哲学传统中最重要的中世纪思想家，他将亚里士多德极具说服力的哲学与天主教教义相结合。那时，亚里士多德的哲学已经成为中世纪欧洲思想的核心。在欧洲第一批大学发展之际，托马斯·阿奎那的研究对一种持续数百年的思维方式提出了质疑。

托马斯·阿奎那出生在意大利南部那不勒斯王国的一个贵族家庭，年轻时在蒙特卡西诺的本笃会修道院接受教育。后来就读于那不勒斯大学，在那里受到多明我会修士的影响。多明我会是一种致力于学习和传教的新组织。托马斯·阿奎那决定加入他们的行列中，这让他的家人大失所望。他们竭尽全力劝阻他，把他关了起来，甚至利用妓女引诱他，但他却始终不为所动。最终，托马斯·阿奎那的家人妥协了。他 17 岁时便加入了该教会。不久，他被送往巴黎，师从大阿尔伯特（阿尔伯特），这位多明我会修士因将艺术哲学应用于基督教神学而闻名。

学生们戏称大阿尔伯特为"笨牛"，这或许源于他高大的身材和慢条斯理的举止，但他却因其严谨的理性、精确的语言和精彩的演讲而深受尊敬。

大阿尔伯特的哲学是将亚里士多德的方法应用于基督教思想。当时，基督教思想在奥古斯丁派（追随奥古斯丁的思想）和阿威罗伊派（追随阿威罗伊的思想）之间摇摆不定。阿威罗伊主义者认为，亚里士多德的著作证明了他们的主张是正确的。他们认为灵魂并非是不朽的，宇宙不是由一次神圣行为

基本哲学思想

托马斯·阿奎那认识到亚里士多德逻辑的说服力，并认为有必要证明亚里士多德的体系或多或少与天主教神学兼容。未完成的《神学大全》（1265—1273）是一部约 60 卷的巨著，其中有托马斯·阿奎那哲学中完整的内容。该著作还将亚里士多德的形而上学、道德哲学和心灵哲学应用到天主教的世界观中。值得一提的是，托马斯·阿奎那为上帝的存在和上帝的本质提供了证据。

知识

托马斯·阿奎那区分了通过理性得到的真理和通过启示得到的真理。他认为，诸如上帝的存在或上帝的全能等问题，单单以神的启示就可以知晓，但在某些情况下，运用理性获得的认知也是可取的。托马斯·阿奎那提出了适度的现实主义观，即智力通过感官以获得对世界的知识；对某一特定物体的感官体验形成了该物体的心理形象和该类物体的共相。物体的知识都是源于智力抽象。

上帝存在的论证

托马斯·阿奎那基于逻辑论证提出了五种证明上帝存在的证据，即五种方法，每一种方法都以"神圣的行为——结果"开始，以追溯其原因而结束。第二论据采用了有效因果论证方法，是最著名的论据。该论据的第一个前提是基于一个广泛认可的经验事实，即一切事物都不是自身存在的原因。某一事物的存在是由它物所引起的。比如，一个移动的石块，之所以移动是因为一根棍子的推动，棍子的推力来自人手的力量，以此类比。然而，无尽的原因回推是不可能的，所以必然存在一个非外因引起的原因。这第一个原因就是上帝。这是该论证的最后一步，大多数评论家都认同。达到论证的最后一步需要信仰的升华，而不是仅仅由前提来证明。

上帝的本性

托马斯·阿奎那关心的是如何理解《圣经》中用来描述上帝的术语，例如"善"和"公义"。然而正如他所认为的那样，我们无法洞察上帝的本性。他的解决方法是，我们可以通过类比和反推来获得关于上帝本质的不完美知识。例如，通过反推人类所知物质的属性，我们或许可以知道，上帝是永不改变的和无限的。通过类比我们所了解的事物特性，例如人类的善良，我们就认识到上帝拥有最大限度的善良。除了这些类比和反推的方法之外，只有通过启示才能了解上帝的神圣本性。换言之，有些启示性的真理单凭理性是无法理解的。

所创造，宇宙本身就存在。这些观点与天主教的教义相矛盾。为了调和与天主教信仰的差异，他们采用了"双重真理"的概念，即某些东西在理性思考中是真的，但在宗教信仰中可能是假的。托马斯·阿奎那完全反对信仰和真理的分离，就像他反对奥古斯丁学派把真理当作信仰一样。他认为信仰的真理与理性的真理是协调一致的，两者都是上帝的礼物。因此他为亚里士多德的作品辩护，反对那些阿威罗伊主义者的异端评论。

托马斯·阿奎那的一生大部分时间都在意大利和法国的学习场所之间穿梭。他的写作成果十分丰富，据估计约有 800 万字，许多著作都是以福音书和亚里士多德著作评注的形式出现的。最著名的是两部神学摘要。第一部是《反异教大全》（1259—1264），其目的也许是使穆斯林皈依天主教。第二部著作是《神学大全》，写于 1265—1273 年。这部著作虽然不完整，但阐明了哲学原理在神学上的系统应用。

他多产的写作生涯在一次宗教弥撒活动之后戛然而止。据说他曾表示：与我所见的和得到的启示相比，我过去所写的一切犹如草芥。四个月后，他在去教堂的路上被树枝砸中头部而身亡。

遗产、真理、影响

◎托马斯·阿奎那名垂青史，因为他找到了亚里士多德思想和天主教教义统一的方法，对其他经院哲学家产生了巨大影响。现在人们还认为他的作品是伟大的思想成就。

◎他对天主教的影响如此之大，以至于其著作在 1879 年成为罗马天主教的官方教义。

◎几个世纪以来，天主教会和宗教哲学以外的思想家一直忽视托马斯·阿奎那。但还是有越来越多的哲学家研究他的丰硕成果，因为其对人性、政府、逻辑、伦理、形而上学、认识论和心灵哲学方面具有深刻见解。

◎他是托马斯哲学和神学学派之父。这一学派以托马斯·阿奎那的思想为基础，并在多方面持续发展它。追随者们必须捍卫学派的思想，避免受到其他思想运动的影响，特别是约翰·邓斯·司各脱和奥卡姆的威廉的思想言论。今天的新托马斯主义延续了这一传统，而非天主教徒也将托马斯主义原则应用到了现代生活中。

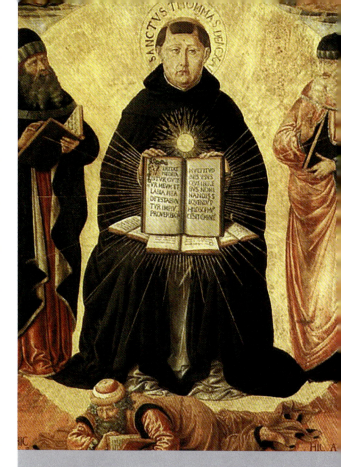

1471 年，贝诺佐·戈佐利的《托马斯·阿奎那战胜阿维森纳的详图》。

大事记

1225 年	生于意大利洛克卡斯卡。
约 1242 年	加入多明我会。
1245 年	在大阿尔伯特的指导下开始了在巴黎的学习，并陪同他去了德国的科隆。
1252 年	回到巴黎，成为一名神学教授。
约 1259 年	在意大利教廷担任教授和顾问。
1259—1264 年	完成了《反异教大全》。
1265—1273 年	撰写代表作《神学大全》（未完成）。
1269 年	回到巴黎，抗击所谓的拉丁阿威罗伊主义运动。
1274 年	赶赴里昂议会，准备担任教皇顾问，在路上去世。
1323 年	封为圣师。

人类的救赎有三件必行之事："知道自己该相信的，明白自己该追求的，懂得自己该做的。"

——《两项慈善戒律》（1273）

约翰·邓斯·司各脱 （约1265—1308）

约翰·邓斯·司各脱，神学家、哲学家、方济会教士，是经院哲学"斯科塔斯主义"的创始人。他根据亚里士多德的思想发展并修改了奥古斯丁的教义。作为中世纪鼎盛时期最有影响力的逻辑学家之一，他凭借敏锐的头脑和精妙的批判哲学赢得了"灵巧博士"的称号。

约翰·邓斯·司各脱的生平鲜为人知。他可能出生在苏格兰，但有人说他是爱尔兰人。他加入了方济会，并在牛津大学任教多年。他大约在1304年前后去了巴黎，在那里获得了博士学位。1308年他去了科隆，担任大学教授。英年早逝于科隆，葬在科隆方济会教堂里。有传说他可能被活埋了。据说，他陷入沉思时，会完全失去知觉，以至于有一次，他被宣布死亡并差点儿被埋葬。

约翰·邓斯·司各脱的作品中有亚里士多德、奥古斯丁、坎特伯雷的圣安塞姆、罗杰·培根（约1214—1294）和托马斯·阿奎那思想结合的影子。他的作品内容很复杂，涉及逻辑、形而上学、神学、认识论和伦理学。他有几篇哲学论文涉及对亚里士多德著作的评论和质疑。其作品《牛津集》在牛津大学撰写完成，是对彼得·伦巴德《句子集》（约1100—1160）的评论，本质上是关于神学的一种哲学方法。《巴黎散言集》收录了他在巴黎时写的讲稿。《纯理论论辩问题》是他的博士学位论文。

约翰·邓斯·司各脱的作品涵盖广泛，主要对当时的神学问题进行了诠释和解读，从几个角度讨论有争议的问题，并运用逻辑来反驳对手的论点。与托马斯·阿奎那不同的是，他没有对自己的思想进行总结，他的思想也没有一以贯之地运用到他的所有作品中。他的作品常常晦涩难懂，有些甚至还是半成品，有些至今仍真假难辨，充满着误读。尽管如此，我们仍然可以在他的言论中找到一个成熟的思想和观念体系，在现代依然发挥着影响力。

基本哲学思想

约翰·邓斯·司各脱坚信，对前人作品的细致研究和剖析会让他找到真相，作为奥古斯丁的拥护者，关于柏拉图的"共相"方面（一般描述性词汇），他是一位温和的现实主义者。但他还是摒弃了奥古斯丁的某些论点，依据亚里士多德的思想，创立了一种新的经院哲学形式：斯科塔斯主义。该学派与托马斯·阿奎那拥护者建立的托马斯主义背道而驰。

个体性是个体化的原则

作为一个现实主义者，约翰·邓斯·司各脱面临着这样一个问题：当某些事物具有相同的共相属性时，该如何区分它们。例如，一个红苹果和另一个红苹果都是红色，该如何将它们区分开来。在现实主义的传统中，红色是存在于个体事物中和头脑之外的实体。红色不仅仅是一种心理概念，就像奥卡姆的威廉等唯名论者所坚信的那样。

他否认亚里士多德－托马斯主义的观点，即个体事物是通过它们的质料来区分的，他认为物体是通过它们的本质和特征（例如，苹果的红色）来识别的，最终以构成事物特质的组合来区分。在这一点上借用了亚里士多德对事物的形式和实质的划分方法。这种特质的结合就是他所说的"个体性"或者"现实性"。例如，"智慧"的特质在亚里士多德和柏拉图的身上都存在。亚里士多德的"个体性"使得亚里士多德智慧个体化了，柏拉图的个体性使得柏拉图智慧个体化了。

意义明确的预测

约翰·邓斯·司各脱告诉我们，诸如"人道"或"智慧"这样的术语可以（明确无误地）应用于上帝和生物。这与托马斯·阿奎那的观点背道而驰。托马斯·阿奎那坚持认为，适用于上帝的词语与适用于人类的同一词语具有类比关系，具有不同的含义。约翰·邓斯·司各脱反对类比推测，他认为如果我们所有的概念都来自生物，那么适用于上帝的概念也必然来自生物。换句话说，适用上帝的概念是完全相同的概念，而不是仅仅"像"那些来自生物的概念。如果我们不能使用来自生物的相同概念，

遗产、真理、影响

◎ 约翰·邓斯·司各脱学说的出现标志着经院哲学及其竞争学派来到了历史上的一个关键时刻。托马斯·阿奎那和托马斯主义的反对者找到了一个卫士——约翰·邓斯·司各脱。方济会的成员追随约翰·邓斯·司各脱，而多明我会的人紧随托马斯·阿奎那。最终，这两个学派之间激烈的争论阻碍了经院哲学的发展，导致经院哲学无法适应正在迅速发展的科学运动（见弗朗西斯·培根）。

◎ 约翰·邓斯·司各脱关于个体化和逻辑可能性概念的研究被戈特弗里德·莱布尼茨采纳和发展。受他影响的哲学家包括勒内·笛卡尔、马丁·海德格尔和查尔斯·桑德斯·皮尔士。他的思想仍然影响着现代语言哲学的核心逻辑问题以及语言问题。

◎ 16 世纪，约翰·邓斯·司各脱及其追随者受到嘲笑之后，约翰·邓斯·司各脱就成为英语中的不朽人物，因为他姓名中的 "dunce" 一词被赋予了 "愚蠢的人" 的意思。

大事记

约 1265 年	生于苏格兰或爱尔兰。
1291 年	被任命为牧师。
约 1294—1304 年	在牛津大学任教，并书写了大量的评论：亚里士多德作品评论、热点问题评论，以及《首要原则和审问》神学论文的评论。在牛津时，他为彼得·伦巴德的《句子集》写书评，并撰写《牛津集》。
约 1304 年	进入巴黎大学。他的讲稿被收录在《巴黎散言集》中。他撰写了圣母无原罪始胎的著名神学论文。
1308 年	迁至科隆，在方济会神学院任教。
1308 年	在科隆去世。
1993 年	教皇约翰·保罗二世为约翰·邓斯·司各脱行宣福礼。

圣母怀孕的礼拜式庆祝和圣母的无原罪始胎学说是许多辩论的话题。约翰·邓斯·司各脱捍卫了这一学说。

因此，可以绝对地说，本原可以独立存在，因此它本身就存在。

——《牛津集》（约 1300）

就没有其他的概念可以使用，那么我们就不能将任何概念用于上帝，这意味着我们不能谈论上帝，显然这是错误的。

上帝存在的证据

对于约翰·邓斯·司各脱来说，上帝存在的证据最终必须是后验的，即在感性事物的经验基础上得知。他发展了圣安塞姆的本体论论证，认为本体论具有说服力。他认为上帝存在是可能的，这一点难以反驳，但对上帝可能存在的认识必须从经验中证明。经验告诉我们，许多事情都是有可能的，所有这些都与那个独立存在（本原）相关。他认为，这是因为我们经验的对象一定是由别的东西引起的。但原因不可能无限回推。因此，我们必须承认在连续和变化链之外，存在着一个本原。本原的存在证明我们经验的其他所有对象是正确的。既然这个本原存在是无因无变的，它就是无限的完美。因此，一个无限的存在（上帝）是可能的。而且，根据我们的经验，无限的概念不容反驳，所以上帝实际上是存在的。

哲学与神学

托马斯·阿奎那教导说上帝的全能和人类灵魂的不朽是可以通过理性来证明的，约翰·邓斯·司各脱坚持哲学的次要性。他认为仅靠人类理性无法证明这些真理，从而把神学和超自然真理置于所有哲学知识之上。

奥卡姆的威廉
（约 1285—1347）

奥卡姆是方济会修道士，也是中世纪盛期一位有影响力的经院哲学家和逻辑学家。他的各种神学和政治辩论备受争议，因此遭到了天主教会的驱逐。他职业生涯的大部分时间都是在躲躲藏藏中度过。备受瞩目的要数他提出的"奥卡姆剃刀原理"。这是一种方法论，又可称其为经济性原理，其中一条是：投入增多，反成徒劳；投入偏少，更得其所。

人们对奥卡姆的早年生活知之甚少，但他很可能出生在英国伦敦附近萨里郡的奥卡姆村。他加入了伦敦著名的方济会教育机构，又在牛津大学学习神学，未获得硕士学位就回到了伦敦。这段经历为他赢得了"可敬的即将获得学位者"的绰号。他的另一个绰号是"超越灵巧的博士"，因为人们认为他已经超过了"灵巧博士"约翰·邓斯·司各脱。

奥卡姆是亚里士多德的忠实信徒，写了几篇亚里士多德的评论。法国方济会哲学家彼得·约翰·奥利维（1248—1298）也对他产生了影响。大约在1327年之前，奥卡姆完成了他最重要的哲学著作，包括他对亚里士多德自然哲学和《逻辑大全》的评论，他提出了逻辑形而上学法。

1324 年，奥卡姆结束了在英国的学术生涯，他的神学观点遭到质疑。罗马教皇以异端罪名传唤他到阿维尼翁教廷。后被居家软禁长达四年。在此期间，他还为使徒的贫穷论作辩护。方济会认为耶稣和他的使徒们没有属于自己的财产，方济会的信徒也要像他们一样，靠乞讨和别人的施舍生存。这与教皇约翰二十二世的信仰背道而驰。奥卡姆深知教皇的腐败，决定和其他同样遭遇者一起连夜逃跑。

在巴伐利亚州路易斯的保护下，他在意大利找到了容身之处，然后和一群"亡命之徒"一起去了德国的慕尼黑。教皇把这群东躲西藏的人一起逐出了教会。奥卡姆在慕尼黑度过了余生。他在几篇政治论文中强烈抨击教皇。也许是席卷欧洲的黑死病夺去了他的生命。

基本哲学思想

奥卡姆深信逻辑具有推动知识进步的力量，尤其是在神学方面。他用严谨的逻辑证明基督教信仰不能仅靠理性来证实，还要依靠神的启示。比如，有关灵魂不朽的问题。

《逻辑大全》

奥卡姆的逻辑学著作完整地收录在《逻辑大全》中，其中他全面研究了亚里士多德定义的三段论逻辑。在三段论中，某些事物被假定，另一事物必然紧随其后而产生。例如，如果"所有的 S 是 P"和"Q 是 S"，那么必然会得出"Q 是 P"。

奥卡姆剃刀原理

这种简单化的原理并不是奥卡姆发明的，亚里士多德和托马斯·阿奎那等人都有应用这种原则的先例，但奥卡姆发挥了它的重大作用。他指出，理论越简单，越有可能真实。奥卡姆认为，解释中的假设越多，越会增加它出错的风险，因为每一个假设都有其出错的风险。一种普遍说法是：如无必要，勿增实体。

唯名论

奥卡姆在形而上学中提出了一种理论，诸如"蓝色""古老""人性"等共相只是我们头脑中创造出的概念，目的在于帮助我们理解不同的事物是如何通过一个共同的特征或形式结合在一起的。在此，他其实是在回应赫拉克利特提出的挑战性问题，用以解释事物是如何异中存同的。赫拉克利特的结论是：没有什么是不变的，人不能两次踏进同一条河，因此，所有事物都是在不断变化的。但这一结论让科学变得不可能，如果没有东西保持不变，那么我们就永远无法真正了解一切。柏拉图通过提出事物的抽象普遍本质（"观念"）来避免这种怀疑主义，即用物质实体的无形结构来解读它们的共性，比如年老或年轻的共性。然而，奥卡姆反对柏拉图的形而上学现实主义理论。他认为柏拉图的理论建立在一个矛盾之上，即一个普遍的本质既是一个事物又同时是许多事物，这不可能是真的。奥卡姆的唯名

因为逻辑是所有艺术中最有用的工具。没有它，任何科学都不可能知道。它不会像物质工具一样因为重复使用而磨损，相反它可以通过其他科学的频繁运用而不断发展。

——摘自《逻辑大全》前言（约14世纪20年代）

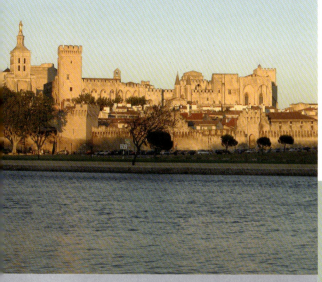

阿维尼翁教皇宫殿，奥卡姆被传唤并被指控为异端的地方。

论或概念论认为：当我们感知到世界上事物的相似属性时，共相是我们头脑中产生的概念。因此，世界上只存在个别的物体，共相不是真实事物，它以抽象的形式存在。柏拉图的理论所暗示的意义是错误的，奥卡姆斥之为"哲学中最严重的错误"。

直接现实主义

与亚里士多德一样，奥卡姆认为知识是通过对世界的感知和通过观察物体的特性而获得的。这种理论被称为经验主义，与理性主义形成鲜明对比。理性主义认为知识是通过推理获得的。按照奥卡姆的经验主义观念，如果你看到大海，它的蓝色让你知道它是蓝色的。这个理论后来又被称为直接现实主义。它会导致怀疑论，因为它不能解释感知现实中的事物和通过梦幻感知事物之间的区别，而梦境或幻觉并不真实。因此，许多后来的哲学家拒绝接受直接现实主义。

遗产、真理、影响

◎ 奥卡姆帮助改革了经院哲学让其趋于简单化。奥卡姆剃刀原理的简约原则，至今对科学和哲学的理论建设都有重要意义。

◎ 他的学说标志着与中世纪哲学的分野，特别是与托马斯·阿奎那的思想格格不入。

◎ 他开始相信逻辑可以在形而上学领域之外进行研究，此观点对科学探究的发展有着重要作用。

◎ 在逻辑学上，奥卡姆奠定了"德·摩根定律"的基础。该法则是以奥古斯都·德·摩根（1806—1871）命名的。奥卡姆的三真值逻辑由现代逻辑学家进一步发展，例如卢卡西维茨（1878—1956）。奥卡姆运用了三个真值，而标准的命题真值有两个：真或假。

没有理由就不应该假设任何东西，除了显而易见的，以及通过经验获得的或者圣经所证实的以外。

——《既定讲演录》（1317—1318）

大事记

约1285年	可能出生在英国伦敦附近萨里郡的奥卡姆村。
约1296年	在伦敦圣方济会修道学院接受教育。
约1309年	在牛津大学开始研究神学，但未获得学位资格就返回伦敦方济会。
1317—1318年	写了一篇关于彼得·伦巴德言论的评论：《既定讲演录》。
截至1324年	撰写《亚里士多德物理学的阐述》（不完整）和《亚里士多德物理学著作中的问题》。
1324年	在法国阿维尼翁的教皇委员会面前为自己的观点辩护。无可挽回地陷入了一场政治神学争论的风波中。
1327年	撰写了《逻辑大全》，这是一篇关于逻辑和语义的长篇论述。
1328年	逃到意大利，教皇把他逐出教会。
1329年	在巴伐利亚州路易斯的保护下迁往慕尼黑。
1340—1341年	撰写了《关于教皇权力的八个问题》。
1347年	在慕尼黑去世。

尼可罗·马基亚维利

（1469—1527）

尼可罗·马基亚维利是佛罗伦萨的一名外交官和政治哲学家。尽管他的名字已经成为政治私利、狡猾钻营和不惜代价谋权的代名词，但这种"马基亚维利式"的贬义对这位哲学家颇为不公。马基亚维利作为一名实用主义者和爱国者，他渴望意大利政治稳定。

马基亚维利出生在佛罗伦萨，是律师贝尔纳多·迪尼可洛·迪博宁塞尼亚·马基亚维利和巴尔托洛弥娅·德·内利的次子。在接受人文主义教育后，他于1498年进入佛罗伦萨的政府部门工作，担任办事员和大使。当时佛罗伦萨刚刚驱逐了执政的美第奇家族，恢复了共和政体。

1499—1512年，马基亚维利代表佛罗伦萨共和国出访法国路易十二世宫廷、阿拉贡的斐迪南二世宫廷和罗马教廷。1502—1503年，他见证了恺撒·博尔吉亚（瓦伦蒂诺公爵）使用野蛮但有效的手段建设国家。

文艺复兴时期，意大利发生了激烈的政治冲突，佛罗伦萨、米兰、威尼斯和那不勒斯等主要城邦陷入其中，天主教会、法国、西班牙和神圣罗马帝国也卷入里面。每一个城市都试图通过利用大国之间的相互斗争来保护自己。马基亚维利在其外交生涯中直接经历了这场政治动荡，这对其政治哲学形成起到了关键作用。1512年，美第奇家族重新控制了佛罗伦萨，马基亚维利因涉嫌密谋反对美第奇而被驱逐、监禁和严刑拷打。1513年获释后，他退出了公众生活，回到了佛罗伦萨附近的家里，实际上过着流亡式的生活，把最后的时光奉献给了古代研究和写作。

马基亚维利于1527年去世，同一年罗马被查理五世洗劫，美第奇对佛罗伦萨的统治再次中断。直到马基亚维利去世五年后，他的大部分作品才得以出版。他的《君主论》和《论李维罗马史》等著作对政治哲学的发展有很大的贡献。

> 靠欺骗可以取胜时，绝不要靠武力。
>
> ——《论战争艺术》（1521）

基本哲学思想

马基亚维利的政治哲学方法是经验主义的，基于他自己对文艺复兴时期意大利统治的观察，以及他对古希腊和罗马政府制度的解读。与人文主义者不同，他不追求理想化的完美国家。相反，他采取务实的方法来实现明确的政治目标：国家独立安全，有序的法治环境。

《君主论》

马基亚维利最著名的作品《君主论》写于1513年，出版于1532年。这不是一部独立的学术著作，而是一部写给洛伦佐·德·美第奇的充满激情的作品。作者尝试重新获得进入仕途的机会，却以流放而告终。就此而言，这部作品失败了：马基亚维利注定在其去世之前置身于政治生活之外。尽管如此，1532年《君主论》的出版成了政治思想领域的一个转折点。

《君主论》明确提出了将君主专制主义作为有效治理的愿景。马基亚维利的中心论点是，国家的稳定是最重要的，法律和秩序必须强制维护，统治者有责任采取一切必要的手段，比如军力、强迫、贸易封锁、崇尚美德或伪善等，以此来维持本国的秩序和稳定。一个有效治理的统治者必须是"一只能识别陷阱的狐狸，或者是一只能战胜群狼的狮子"。

实施残暴统治以满足更大的利益需要，出于自卫而采取必要的残暴手段，之后应当摒弃，转而更好地为大众利益服务。这样的残暴如果应用得当，也可称其为为善的作恶。（《君主论》）

《君主论》有很多不同的解读：真诚的建议，寻求政治职位的请求，对意大利政治的超然分析，早期意大利民族主义的证据，以及对美第奇统治的政治讽刺。马基亚维利认为以如此无情和直白的方式分析政治权谋是恰如其分的，用弗朗西斯·培根的话来说，马基亚维利只是写出了"人们在做什么，而不是人们应该做什么"。从这个意义上来讲，《君主论》是一部彻头彻尾的"现代"文本。

该著作可以看作在意大利文艺复兴时期的背景下撰写的。在此期间，意大利因政治阴谋、勒索和

◎马基亚维利在《君主论》中明显放弃了道德，偏爱政治上的权谋，由此而导致该书在1559年被天主教会列为违禁书籍。

◎文艺复兴时期的其他人文主义学者，如伊拉斯谟（1466—1536）和弗朗西斯·培根也批判《君主论》中貌似不道德的论述。

◎到了16世纪70年代，"马基亚维利式"一词进入了英语中，意思是：在治国或平常行为中两面派手法；精明、狡猾、阴谋（摘自《牛津英语词典》）。

◎马基亚维利治国、王权和政治思想，以及被人们所误解的权力狂人的形象，都可以在莎士比亚和其他英国文艺复兴时期的戏剧作品中清楚地看到。例如，《理查三世》《奥赛罗》《伊阿古一角》《马耳他的犹太人》。

◎让-雅克·卢梭为马基亚维利辩护道："他是一个正直的人，一个好公民……在国家遭受压迫之际，他掩饰了对自由的热爱。"卢梭认为《论李维罗马史》和《佛罗伦萨史》更能代表马基亚维利的真正哲学。他认为，"迄今为止，这位深刻的政治思想家只被肤浅或不诚实的读者研究过"（《社会契约论》）。

桑德罗·波提切利的《东方三博士的崇拜》中的美第奇家族。

这就引出了一个问题：受人畏惧和受人爱戴哪个更好？如果能够同时做到两者，那再好不过，可惜这是个悖论，仅仅能做到既被人畏惧，同时又不被人们憎恨，就已经不错了。

——《论战争艺术》（1521）

暴力而撕裂，并且一直受到外国入侵势力的摆布。在书的最后，马基亚维利慷慨激昂地呼吁：意大利实现团结统一，终止外国干预。

《论李维罗马史》

《论李维罗马史》（简称《论李维》）写于1512—1517年，于1531年出版。该书鲜为人知，却更能体现马基亚维利的政治观点。在这部著作中，马基亚维利阐述了政治和政府的一般理论，强调廉洁的政治文化和充满活力的政治道德的重要性：在一个秩序井然的共和国中，没必要诉诸宪法以外的措施（《论李维罗马史》第一卷）。

《论李维罗马史》比《君主论》的构思更宏大，清楚地揭示了马基亚维利的共和原则："人民的政府比贵族的政府好。"这些原则也反映在他的《佛罗伦萨史》一书中，该书写于1520—1525年，出版于1532年，是一部在理念上完全现代化的历史和文学名著。

大事记

1469年	生于意大利佛罗伦萨。
1498年	担任佛罗伦萨共和国负责外交事务的"十人委员会"的秘书。
1502—1503年	被派往瓦伦蒂诺公爵恺撒·博尔吉亚执行外交任务。
1503—1509年	负责佛罗伦萨民兵组织。
1507年	拜访马克西米利安皇帝，执行外交任务。
1509年	在马基亚维利的指挥下，佛罗伦萨的民间武装击败了比萨的部队。
1510年	赴法国执行外交任务，巩固了佛罗伦萨和法国的联盟关系。
1512年	佛罗伦萨恢复美第奇统治。
1513年	被监禁、折磨并释放，在此期间完成了《君主论》。
1513—1527年	退休后住在佛罗伦萨附近，主要著作在此处完成。
1521年	《论战争艺术》出版。
1527年	在佛罗伦萨辞世。
1531年	《论李维罗马史》出版。
1532年	《君主论》和《佛罗伦萨史》出版。

弗朗西斯·培根

（1561—1626）

从中世纪经院学术环境向现代学术环境转变的过程中，培根是第一位代表性人物。他是诗人、历史学家、散文家、科学家、律师、哲学家和政治家，也是文艺复兴时期人文主义理想的典型代表。因其对现代科学的实质性贡献，他被公认为"现代科学之父"。他也是英国经验主义哲学传统的开创者。

培根出生在一个深受政治影响的家庭中。他的父亲尼古拉·培根爵士，是伊丽莎白一世女王的掌玺大臣，母亲是著名人文主义者安东尼·科克爵士的女儿，他的叔叔是伊丽莎白的首席大臣伯格利勋爵。从小，培根就被灌输要重视知识性探索和服务社会的价值观，其哲学思想可以说是这两种价值观的结合。

在上大学期间，培根认识到了主流正统学术的缺陷：在经院学术传统中随处可见亚里士多德式的理性分析。到了16世纪，主流的正统学术变得累赘和僵化，产生不出任何新的东西。既定的先例，再加上对公理的操纵（特别是遵循亚里士多德的逻辑原理），营造了一种限制性的氛围，大大降低了学术抱负和对真理的追求，学术研究局限于大学圈子里的个人逻辑批判。僵化的学术氛围与技术的进步形成了鲜明对比：培根赞扬了印刷术、火药、指南针等变革性发明。他以此为例说："由于对传统、哲学上的权威人士的盲从，人类在科学上的进步受到某种魔力的阻碍。"因此，"哲学和知识学……像雕像一样矗立着，虽然受到崇拜和赞美，但没有得到发展，更没有前进"。培根是一个理性的乐观主义者，相信科学在获取真知方面处于中心地位，科学的宗旨在于以切实可行的方式改善人类的生活。

在培根的一生中，他对科学和哲学的探索与其政治生涯相伴。早年，他作为英国驻法大使的秘书去过法国，后来又去了意大利和西班牙，了解国外的发展情况，也了解了同时代的伽利略和开普勒的成就。回到英国后，他通过定期通信保持和他们的联系。培根作为律师和政治家活跃在议会上，忙忙碌碌地工作，但是仍然创作了如此之多的作品（他的牛津版作品多达13卷），真是令人叹为观止。培根想在政治上成功的决心似乎不是出于自私的野心，而是他想成为践行道德准则的榜样，在人们生活的公共领域中积极行动，发挥作用。培根的政治抱负，不仅是他人生意义的所在，也是他所有思想最重要的源泉。

基本哲学思想

培根的整个哲学体系在他1620年的主要著作《伟大的复兴》中进行了总结。在他死后，人类知识的"伟大的复兴"还未完成。他认为自己颠覆了亚里士多德从公理出发进行演绎推理的科学范式。按照这种范式，三段论论证甚至在研究自然世界的时候也取代了实验。对于培根来说，科学应该是以建立一般公理为目标，而不是以一般公理作为开始。科学是从经验中归纳而来的。

假象

然而，我们对经验证据的分析需要检验，因为"谬误在人类头脑中占重要地位而且影响深远"。人类的智力受制于四种"假象"或偏见，这些偏见会阻碍人们进行客观判断。

1. 种族假象（指人类种族）：我们不仅仅根据感觉判断而犯种种错误，而且，"人的心灵远不是一面清晰而公正的玻璃，相反充满了迷信和欺骗"。我们无法摆脱心智所制造的种种假象。

2. 洞穴假象：个体因成长、教育和性格而产生的偏见。人类要学会质疑这些偏见。

3. 市场假象：存在于我们见面、交流和彼此打交道的公共场所。培根思索着语言，他认为是语言使我们产生了对彼此的误解，语言缺乏精确性。从哲学角度来看，词汇所指并不一定就是其所指。我们需要言语之外的证据，才能断言词汇所指事物的存在。

4. 剧场假象：传统哲学的错误。培根称之为修辞之误或戏说之误，没有经过严格的测试或实验来证实。

新的科学方法

使用实验工具是未来的趋势。归纳法不是简单地

遗产、真理、影响

◎培根使学术气候发生了根本的转向。他通过观察相关实例，并通过实验和测量来澄清科学事实，从而奠定坚实的基础，为走向现代科学价值和启蒙运动迈出了第一步。他在推进现代西方认识论哲学体系和经验主义哲学传统进入主导地位方面功不可没。对于他来说，寻找答案的过程是至关重要的。托马斯·霍布斯和约翰·洛克等后来的哲学家也步其后尘，沿用其模式探究形而上学、道德、宗教和政治方面的问题。

◎与其说培根关注的是确定性的知识，不如说是知识在生活中的实际价值。他对实验的乐观主义并不能掩盖他对科学方法的感受，即科学方法不一定能产生积极的结果：证实假设的实验会失败；然而，从相反的角度来讲，一场实验可以确定性地证伪一个假设，这可能更有用。可以说，培根发起了一场运动，约翰·洛克和大卫·休谟的著作也发出了共鸣声，他们给予概率一席之地，远远胜于确定性。

1620年《伟大的复兴》的卷首。
这艘船正驶入知识的海洋，超越了古典学术的局限。

知识就是力量。
——《圣思录》（1597）

把实例相加，而是从复杂到简单地分析自然现象。相对于亚里士多德，培根采取了前苏格拉底哲学中唯物主义和原子论的观点："原子的自然运动确实是构成和塑造一切事物的最初且独一无二的力量。"为了研究这些特性，须用列表记录物体特性的实验证据，包括它们的存在、消失、增加和减少情况（即特性表格和比较表格）。这些通过穷尽性的"博物研究"形成的猜想，为进一步的实验测试提供了依据，最终形成普通的公理。

20世纪，卡尔·波普尔在科学哲学方面的著作把可证伪性置于核心位置，同样地，也把这一科学原则置于人文主义研究的核心位置。

◎用伦理（社会）术语来说，科学研究及其目的的合理性就是一种乌托邦。对此，培根在他的最后一部作品《新亚特兰蒂斯》中进行了详细阐述。其中，被他称为所罗门之家的研究院被17世纪末伦敦皇家学会的创始人有意识地进行借鉴，法国百科全书编辑家丹尼斯·狄德罗（1713—1784）也受到了启发。20世纪，约翰·杜威认为培根是其自身实用主义科学哲学的先驱。

◎培根认为，我们可以了解自然世界，了解自然世界是一种道德要求，因为这样我们就可以控制自然世界的进程，从而造福人类。这一信念在欧洲代代相传，也是启蒙时代温和的科学进步伦理。对于卡尔·马克思以后的一些思想家，尤其是在我们这个时代的马丁·海德格尔来说，培根对科技的渲染导致了一个灾难性的后果，人类与他试图开发和统治的自然世界渐行渐远。

大事记

1561 年	生于伦敦。
1573 年	就读于剑桥大学三一学院。
1577 年	开启其政治生涯，为英国驻巴黎大使工作。
1581 年	成为国会议员，任期 37 年。
1584 年	撰写了《给伊丽莎白女王的建议信》，其中主张采取措施反对天主教徒。
1592 年	成为埃塞克斯伯爵的顾问。
1597 年	《培根随笔》第一版出版。伯爵失宠后，他远离了埃塞克斯。
1603 年	詹姆斯一世登基后，培根的政治运势上升。为新国王工作，并被封为爵士。
1605 年	出版了《学术的进展》。
1618 年	成为大法官，授封为男爵。
1620 年	出版《伟大的复兴》《新工具》。
1621 年	成为奥尔本斯子爵，但因为政治原因而被指控贪污。
1621— 1626 年	他被剥夺了在议会的职位和席位后退休，晚年专注于哲学、科学和文学写作。
1626 年	因肺炎去世。据说在验证冰块的食物保鲜性能之后离世。
1627 年	《新亚特兰蒂斯》在其离世后出版。

托马斯·霍布斯

（1588—1679）

托马斯·霍布斯最著名的反直觉的结论是：在社会中，我们必须牺牲个人自由来保证整个社会的福祉。虽然他的"社会契约"理念使他被公认为现代政治哲学之父，但实际上，更有意义的是，他把政治建立在彻底的唯物主义和机械论的形而上学基础之上。

托马斯·霍布斯出生在一个相对贫穷的乡村牧师家庭，他父亲英年早逝。稍微富有的叔叔继续资助他接受古典教育。从牛津大学毕业后，他成了卡文迪许家族的家庭教师。由此他进入了有影响力的圈子，遇到了弗朗西斯·培根、威廉·哈维、伽利略·伽利雷和勒内·笛卡尔等名人。

当时的学术氛围深受反中央集权的新教革命的影响。16世纪60年代，希腊怀疑论文本首次出版，将知识问题置于哲学思考的核心：知识如何成为可能？知识如何成为确定？受其影响，再加上激烈的意识形态斗争导致的英国内战，都激发了霍布斯的探索欲和寻找解决方法的欲望。许多科学领域的成功也给他留下了深刻的印象，天文学、医学（哈维对血液循环的发现）和数学不断进步。他还深受伽利略关于动量和运动物体等物理学进展的影响，尤

其受到伽利略对欧几里得几何学研究的影响。科学的进展得出了肯定性的结论，具有毋庸置疑的稳定性，远远超过了哲学和政治方面的内战。内战是自掘坟墓的斗争，是混沌和无政府状态的缩影，对于霍布斯来说是终极的邪恶。

由于霍布斯的亲君主主义观点，他不得不离开这个国家，成为流亡的查尔斯王子的家庭教师。然而，被当成无神论者的他，认为捍卫君主立宪制的关键在于依赖人民的意志，这就破坏了君权神授的观念，由此激怒了流亡的保皇势力，所以他又不得不返回英国。

霍布斯一直过着不太安稳的生活。在1660年查理二世复辟和执政期间，他没有受到干扰，但他一直生活在被迫害的恐惧之中，并时常成为反对意见的牺牲者。

基本哲学思想

在其漫长的一生中，霍布斯创造了其思想体系的不同版本。这些版本通常是从其拉丁语或英语原著翻译而来的。1651年，他写的《利维坦》使他在整个欧洲声名鹊起。在这本书中，他总结并扩展了自己的哲学思想。在当时"科学"领域尚未区分哲学和物理学的背景下，他区分了"自然体"（自然界的物理学），"人的性格和举止"（道德哲学），以及"主体的公民义务"（政治哲学）。

唯物主义和经验主义

霍布斯不是简单地以培根的经验主义方法论为基础，提出一个假设来解释经验事实，而是从研究感知事实的经验开始。世界可以被了解。我们首先通过感官来了解它，了解运动中的物体。换句话说就是原子唯物主义，通过物体的运动方式来理解现实，外至行星，内至人的心理活动。哲学的任务是创造一种关于物体运动规律的"几何学"，从而来描述自然界。"自

然哲学之门……是对运动本质的认识"。霍布斯的经验主义是现代科学的先声。他认为知识始于感官知觉，感官知觉归根到底也是物质的运动。其后，他开创了唯物主义心理学（心理理论）。他认为不仅感觉，所有的心理活动（思维、情感、梦境、想象）都是大脑的物质运动，当然它们不是单独存在的实体。

自然状态

个体的情绪要根据身体对物理刺激的机械反应来进行分析，有可能因渴望的事物而产生吸引的感觉，也可能因排斥的事物采取回避的态度。所有的一切都归结于个体的自然世界。竞争中的人们因欲望和恐惧而产生各种各样的矛盾。霍布斯将自然状态下的个体

> 宇宙是物质的；一切真实的都是物质的，不是物质的就不真实。
>
> ——《利维坦》（1651）

◎ 作为弗朗西斯·培根建立自然世界科学计划的下一步，霍布斯试图给人类事务提供一种"逻辑"。他的建议不仅是务实的，而且是必不可少的和必要的。

◎ 当时，霍布斯因其激进的形而上学和模糊的宗教唯物主义而备受争议。但他对后来的政治哲学一直都有影响。他的社会契约论成为后世思想论战的源泉，影响约翰·洛克、巴鲁赫·斯宾诺莎、卢梭，甚至是卡尔·马克思等思想家。社会契约论还改进了建构主义道德观和真理观的形式。现实的道德观和真理观只是一种有益的建构。

◎ 霍布斯著作中的特有词汇和理念一直回响于从经验主义到逻辑原子主义，再到后来的哲学思想当中。哲学的任务在于促进和评估科学进步，以期揭示自然世界的终极组成部分。他的自然状态冲突理论可能促成了查尔斯·达尔文对"适者生存"论进行有目的的修改。霍布斯在任何关于怀疑主

> 人们出于对死亡的恐惧，激发出了对和平的激情；出于对安全、舒适生活的需要，而希望能取得并保有这一切。
>
> ——《利维坦》（1651）

生活概括为"孤独、贫穷、肮脏、野蛮和短暂"（《利维坦》，1651）。

社会契约

与个体自然状态相反的是，一种人为状态"利维坦"被创造出来，那就是社会契约。在具有社会契约精神的社会中，所有个人同意放弃他们的自然权利，并服从主权权威，以求安全和庇护，同时也消除了自然权利所导致的防不胜防的恐怖后果。

专制主义

中央集权可以有多种形式：君主政体、寡头政体、民主议会或极权主义政党。霍布斯极力主张君主制，但关键是权力本身应具有绝对性，不应将民事、军事、司法或教会权力分开，因为这可能导致内部冲突。然而，统治者的权威最终取决于被统治者的意志，而不是任何外部权威，例如上帝。按照契约的定义，契约需要双方共同维护：一方服从，另一方实施保护。

义、唯物主义、自由意志和决定论的讨论中都占有一席之地。他奠定了 19 世纪功利主义伦理学说发展的基础，因为他把道德建议建立在形而上学体系之外的理性之上，而不是建立在上帝话语的基础之上。

◎ 最近，他极度保守的专制政治的观点又引起了广泛争议。他的政治学和形而上学中的微妙歧义还在引发争论，处于同样状态的还有他关于人类是运动机械的观点。

大事记

1588 年	出生于英格兰的马姆斯伯里。
1608 年	毕业于牛津大学莫德林学院。在卡文迪许（后来的德文郡公爵）的家庭中开始了家庭教师的职业生涯。在这段时间里，他曾到欧洲大陆旅行，遇到了不少科学家和哲学家，如伽利略·伽利雷和勒内·笛卡尔。
1640 年	出版《法律的基本原理》，为作为超级统治者的国王进行辩护。因担心议会报复而逃到了法国。
1642 年	出版《论公民》，介绍其政治哲学和道德哲学。
1642—1651 年	英国内战爆发。
1651 年	回到英国，出版了巨著《利维坦》。
1655 年	出版了《论物体》，讨论唯物主义形而上学。
1656 年	出版《论人》，关于道德哲学。
1679 年	在英格兰的德贝郡去世。
1682 年	《比希莫特——论长期国会》出版，该著作记载了霍布斯对内战的叙述，战争的经历使他忧心忡忡。

《利维坦》（1651）的卷首插图的细节，显示了国家是由个体组成的巨人。

勒内·笛卡尔

（1596—1650）

笛卡尔是继柏拉图和亚里士多德之后最重要的西方哲学家，也是17世纪知识革命的关键人物，奠定了现代的科学和哲学基础。他以将理性的确定性置于不可靠的感官之上而闻名，追求把知识建立在我们不容置疑的存在的根基之上。

笛卡尔还是个小男孩的时候，就被送到法国西部拉弗莱什学院学习，接受了经院哲学的教育。具有讽刺意味的是，经院哲学被他自己的哲学取而代之了。笛卡尔早期的大部分作品现在被归类为科学范畴或数学范畴，而不是哲学范畴，尽管当时科学和自然哲学之间没有明确的界限。《论世界》写于17世纪30年代早期，是一部关于宇宙学和物理学的专著。他试图用简单的机制来解释物理世界的行为，而不是用晦涩难懂的学术概念，诸如"真实的品质"和"实质的形式"等。笛卡尔试图用"同一的物质"来解释物理行为，假设在整个宇宙中，无论是在地球上还是在天上，都是同一种物质。1633年，《论世界》尚未大量出版之前，笛卡尔胆战心惊地收回了这本书，因为他听说罗马教廷谴责了伽利略·伽利雷（1564—1642）的观点，伽利略声称地球围绕宇宙的中心太阳运行。

1637年，笛卡尔匿名出版了三部关于几何、光学和气象学的专著。与此同时，在《科学中正确运用理性和追求真理的方法论》一书中，笛卡尔概述了他对哲学问题以及一些科学问题的处理方法。该书讨论了几个核心哲学主题，并在1641年出版的杰作《第一哲学沉思录》中进行了详细阐述。笛卡

基本哲学思想

怀疑方法

笛卡尔《第一哲学沉思录》（1641）的主要目标是将他对世界的认识建立在一种坚实而不可动摇的基础上。为了做到这一点，他采取了一种怀疑的方法，把他以前持有的所有信仰都置于仔细审查之下。以这种方式，他的目标是抛弃所有那些可能出错的信念，留下那些他可以确信无疑的信念。结果，他声称基于感官经验的信念都带有错误的可能性，比如一根直棒在水中看起来是弯曲的，地球表面是弧形的看起来却是平坦的，这些都值得怀疑。

> 人的感官有时会欺骗我们。谨慎的做法是，不要完全相信那些曾经误导过我们的感官。
>
> ——《第一哲学沉思录》

但是笛卡尔认识到，在大多数情况下，对感官体验所传递信息的怀疑是可以减少的。例如，我可以通过进一步的感官体验来检验我的经验是否误导了我，从而防止错误的发生。比如，我可以把手伸进水里，看似弯曲的棍子摸起来其实是直的。在一段被称为"梦境论证"的篇章中，笛卡尔对我们的日常信仰提出了一种更强有力的质疑。他要求我们去思考那些最为逼真的梦，与现实生活没有区别的梦。只要出现这样的梦，我们就应该去思考。从做梦者的角度来看，在这样的梦里，没有明显的标记可以确认这是一场梦。因此，可以想象，我坐在这里看书的想法可能是基于一个错误而神秘的梦境体验。据我判断，我可能真正做过这样一个逼真的梦，导致我产生错误的想法。

但是怀疑并没有就此结束。即使感官的传递可能来自一个梦境世界值得怀疑，但是我们仍然可以相信梦境之外的外部世界的存在。笛卡尔要求我们将自己的信仰置于一种更加普遍的怀疑之中。或许存在一个"具有最大力量和最狡猾的恶魔"，故意从根本上来误导我们。在这种情况下，外部物体可能是恶魔恶作剧般制造的幻想。而且，这个邪恶的恶魔甚至会在我们的数学和逻辑推理中误导我们。

我思故我在

尽管笛卡尔把我们的日常信念置于这三波怀疑之下，但他发现至少有一种信念是他无法有效置疑的，这也为他提供了确定性的基石。那就是自己存在的信念：

> 让魔鬼尽可能多地欺骗我吧……我存在，我的存在是确定的，只要我的头脑这样想或者这样构思。
>
> ——《第二哲学沉思录》

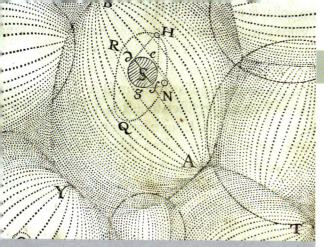

《笛卡尔哲学原理》（1644）的图像
描述了他对宇宙的机械论观点，宇宙物质由巨大的旋涡
组成。

尔的最后一部作品《论灵魂的激情》，写于1649—1650年的冬天，在他访问瑞典前不久。他去瑞典是为了教导一位公主。在瑞典他被迫改变长期以来的睡到中午起床的习惯。在一个寒冷的早晨他患上了肺炎，并在54岁生日前去世。

我提出或设想"我存在"的命题，这就要求作为命题主体的"我"是存在的。这一论点通常被称为cogito（我思），源自拉丁语成语cogito ergo sum（意为：我思故我在）。笛卡尔声称，只要我们还在思考，我们就能确定自己的存在。正是在这个基础上，他希望建立起我们对世界的知识。在此基础上建立我们对世界认识的方法，运用"我思故我在"中的思维能力来证明上帝的存在。既然存在着一个完美的上帝，并且他是所有真理的来源，笛卡尔希望依此获得我们所有的世俗知识。虽然人类会犯错误，也会相信不真实的东西，但笛卡尔认为，上帝的仁慈塑造了人类心灵的整体可靠性。然而，笛卡尔的同代人急切地指出，如果我们需要确定上帝的存在以确保我们智力的可靠性，那么我们就不能依靠智力来证明上帝的存在。这就是所谓的"笛卡尔循环"。

笛卡尔的二元论

笛卡尔认为，大脑或思维物质（思维实体）是完全不同于物质世界的物质。对于笛卡尔来说，物质世界的运作机制是可扩展的，是可分割的，并且是空间定位的。思维物质是不可扩展的，是不可分割的，是非空间定位的。笛卡尔还认为，每个人

遗产、真理、影响

◎ 笛卡尔的认识论研究为我们对世界的了解奠定了基础，现在仍然具有影响力，他的怀疑形式为当代怀疑论提供了依据。

◎ 笛卡尔提出的关于心灵和身体的问题可以归类为"心身问题"，至今仍困扰着哲学家们。物理科学所描述的客观世界与我们每个人都能直接意识到的内心世界之间的关系，仍然引起了人们深深的困惑（参见吉尔伯特·赖尔的一篇与笛卡尔相反的观点的文章）。

千百年来虽然哲学经历了一代又一代优秀人才的发展，但其中的观点没有不受争议的，因此哲学是值得怀疑的。

——《方法论》（1637）

大事记

1596 年	生于法国安德尔－卢瓦尔省的图赖讷（今笛卡尔）。
约 1630 年	撰写了《论世界》。
1637 年	出版《科学中正确运用理性和追求真理的方法论》（简称《方法论》）。
1641 年	笛卡尔的杰作《第一哲学沉思录》出版。
1644 年	笛卡尔在《指导哲理之原则》中论述了数学科学体系。
1649 年	前往瑞典。
1650 年	在瑞典斯德哥尔摩因肺炎去世。

对自己心灵的存在及其内容的了解，都比我们对外部物质世界的了解要好。在比较机制与头脑时，笛卡尔提出了一个合情合理的问题：人体机制如何运作才会产生思想的自由和表达的自由。他还提出了有影响力的论据，支持我们的存在独立于身体的可设想性。他的结论是，精神或灵魂"与肉体完全不同，即使肉体不存在，也不会消亡"（《方法论》，1637）。但是，如果我们假设心灵是由一种不同的物质构成的，正如笛卡尔所说的那样，许多人认为很难合理解释精神或灵魂与肉体之间的密切关系。

巴鲁赫·斯宾诺莎

（1632—1677）

巴鲁赫·斯宾诺莎是17世纪西方哲学中一位伟大的理性主义者。理性主义在文艺复兴时期思想的发展中起着重要作用，而遵循这一传统的哲学家们开始试图建立一种知识体系，由纯粹的理性、逻辑和沉思所衍生出来，而不是像经验主义者那样通过观察事实得来。斯宾诺莎对许多哲学领域，特别是伦理学领域做出了重大贡献。

斯宾诺莎同笛卡尔、莱布尼茨三人，是欧洲大陆理性主义三巨头。他们认为可以在上帝确定性的基础上建立一套知识体系。他们的哲学方法强调了个人在寻求知识中的作用，为18世纪的启蒙运动奠定了基础，削弱了中世纪把神职人员作为知识来源的权威性。

斯宾诺莎出生于一个葡萄牙犹太家庭，曾流亡荷兰。他接受过拉比宗教的教育，但因为为异端观点辩护而被阿姆斯特丹的犹太教堂开除。私下里，他研究了中世纪犹太人的思想、笛卡尔的哲学以及新的科学思想。他以磨镜片为生，于1677年逝世，可能是由于工作原因所致。

虽然斯宾诺莎早期的哲学著作在欧洲广为人知，并于1673年在海德堡大学担任学术教授，但他更愿意保持独立性。他的第一部著作《笛卡尔哲学原理》（1663），几乎涵盖了他哲学体系的大多数基本原理。1677年他去世后出版的五卷本《伦理学》是一部更详细的著作。他还出版了《神学政治论》（1670），在这本书中，他抨击了将上帝拟人化的概念，提出了解释《圣经》的历史和批判方法，并为宗教宽容辩护。

> 观念的次序和联系与事物的次序和联系是相同的。
>
> ——《伦理学》（1677）

基本哲学思想

在其哲学著作中，斯宾诺莎以笛卡尔的理性主义为出发点，探索了他关于宇宙是一个整体的信念。像笛卡尔一样，他以数学推理和逻辑为基础，以几何形式的定义和不言而喻的方式来展示伦理学的公理。他的作品中也能找到中世纪经院哲学和犹太传统的影子。

斯宾诺莎将宇宙描述为一个单一的、连贯的整体，在这个整体中，严格的逻辑必然性法则占据主导地位。他把作为整体的宇宙称为"上帝或自然"，对于他来而言，这也是对同一现实的另一种称呼。按照这种观点，万物的存在或因果关系都是由上帝或自然所决定。我们只能部分地理解这一复杂的因果链。他对逻辑必然性和因果关系的看法使他走向彻底的决定论。一如既往，决定论让他不得不面对自由意志的问题。人类感觉到他们选择了自己的行动，所以每一个举动都只是逻辑因果关系的结果，这一想法与我们对世界的看法相矛盾。

斯宾诺莎试图通过指出我们对因果关系的有限理解来解决这些问题。我们相信自己有自由意志，因为我们意识到自己的欲望，但却不能完全理解我们有欲望的原因。真正的自由在于我们有能力知道我们的行动是确定的。如果我们对自己的行为和情感有更充分的认识，那么我们就会成为积极的参与者，而不是被动的行动者。当我们接受自己的行为是受到上帝或自然影响的结果时，我们就会变得更自由，更像上帝。这是一个新颖独特的想法，也是亚瑟·叔本华和弗里德里希·尼采的后期作品的先声。他们认为理性仅仅是对意志的一种解释。然而，对于许多人来说，这仍然是一个令人不太满意的对自由意志的解释。斯宾诺莎承认理解他的道德结论是困难的，但他指出，我们通向善的唯一途径是认识到我们在宇宙结构中所处的位置，并接受它。

统一的宇宙

斯宾诺莎的整个体系建立在他最初的"证明"上，即宇宙整体总是保持同一。他对这一结论的论证依赖于一套详细的公理。他认为物质的存在不能依赖于任何其他事物，没有两种物质具备这一性质，或者互为因果。因此，他得出结论，物质不能被创造，它必须是无限的，因此必须只有一种物质。他从本质上接受了关于上帝存在的本体论论证，即上帝的本质包含其必然的存在

遗产、真理、影响

◎ 斯宾诺莎去世后不久，他被看作一个危险的反宗教思想家。尽管上帝在他的体系中处于核心地位，但许多人认为斯宾诺莎主义会导致泛神论，或无神论唯物主义。

◎ 斯宾诺莎确立了上帝和自然的存在，激发了一批人去寻找自由散漫的信仰基础。他在启蒙运动中广受欢迎的部分是他对精神和自然的认识。

◎ 从长远来看，斯宾诺莎的声誉更为复杂。他是一位敏锐而极具魅力的思想家，弗里德里希·尼采、路德维希·维特根斯坦和吉勒斯·德勒兹（1925—1995）等哲学家都赞扬过他的作品。

◎ 尽管斯宾诺莎有很多美德，但他的理性主义计划还不能说完全成功了。每一个伟大的理性主义者都声称他们的体系是从第一原则中推导出来的，

> 上帝，或物质理所当然存在，拥有无限多属性，每种属性都具有永恒和无限的本质。
>
> ——《伦理学》（1677）

和永恒存在的属性。因此，斯宾诺莎关于单一物质的结论成为一元论的一种极端形式。在这个一元论中，一切精神、身体、思想和行动都是上帝的表象。

我们所知道的神圣实体的两个属性是"思想性和广延性"，也就是说，我们只能感知思想和事物。斯宾诺莎花了一些时间来探索人类知识的可能性，得出真知是可能的结论，他提出了实用、合理的方法，使人们可以获取自己所拥有的最佳知识。他的二元论与笛卡尔观点的相似之处在于，他把思想和事物视为独立的领域，尽管两者都是同一无限物质的表达，但它们不可避免地相互联系在一起。斯宾诺莎的知识问题的焦点在于，我们无法确定我们思想中的观念是否与我们认为与之相关的物质事实有关联。上帝的思想和身体当然是完美相关的，但是不完美的人类必须通过理性的斗争来接近对宇宙的理解。

观点、推理、直觉

斯宾诺莎区分了三种知识。基于感官或语言的观点是不可靠的。推理是理性的运作，只有在充分的基础之上，理性才能产生不容置疑的知识。而直觉则使我们认识到真理和不容置疑的事实，而理性

然而每个人都得出了截然不同的结论，就像苏格拉底之前的哲学家在辩论现实的本质一样会得出不同的结论。这些差异甚至可以归结为一些基本问题，比如宇宙是由原子组成的，还是由莱布尼茨的"单子"或斯宾诺莎的不可分割物质组成的。理性主义产生了如此不同的结果，也证实了纯粹理性在解决哲学经典问题上的局限性。

约 1680 年，伊曼纽尔·德·韦特在阿姆斯特丹的葡萄牙犹太教堂，斯宾诺莎因为其异端观点而被逐出犹太教堂。

大事记

1632 年	生于荷兰阿姆斯特丹。
1656 年	被逐出犹太教堂，毕生致力于哲学。
1663 年	出版《笛卡尔哲学原理》。
1670 年	由于《神学政治论》内容有争议，因此以匿名的形式出版。
1676 年	斯宾诺莎在海牙会见莱布尼茨。
1677 年	斯宾诺莎去世后，《几何伦理学》（简称《伦理学》）由朋友帮助出版。

必须从这些事实出发。因此，为了发现知识，我们必须忽视误导性的感官证据和传统的学习。然后，我们必须通过推理来理解上帝或自然的永恒本质。一旦掌握了这些知识，我们采取良好或自由行动的能力就取决于我们对宇宙神圣本质的理解和接受。

约翰·洛克

（1632—1704）

约翰·洛克出身于英国一个普通的农村家庭，他学术成就非凡，参与了政治活动，并促进了那个时代的政治进程发展。他是第一位伟大的政治自由主义者，捍卫宗教信仰自由和人权，也是一位革命理论家。他通过确立思想本身的性质，为未来所有学术研究奠定了坚实的基础。

洛克的生平事迹与他的前辈弗朗西斯·培根和托马斯·霍布斯如出一辙。他们一直致力于研究时政问题和知识问题，从深层次角度来讲就是"权威"问题。真理和知识并非像传统那样通过启示或权威才能获得，而是需要通过智力活动分析经验才能获得。洛克研究智力的目的，从根本上来说，就是确立其对思想活动的权威性和主体性。

他在牛津发现了传统学术环境的缺陷。事实证明，勒内·笛卡尔的思想及其给欧洲大陆哲学带来的新动力更富有成效。就像培根和霍布斯一样，洛克在科学世界中找到了灵感。他关注他朋友罗伯特·波义耳和罗伯特·胡克的实验，并结识了艾萨克·牛顿。他认为牛顿的数学和力学是令人敬畏的。

这群致力于实验的科学家后来组成了闻名于世的伦敦皇家学会，成为探索物理学真理的旗手。

与沙夫茨伯里伯爵的友谊使洛克官运亨通，伯爵也没有失势。洛克成为公认的金融和贸易专家。然而，他与反对派的政治联系迫使他远逃国外。在法国，他经历了南特敕令（1598）颁布后实施的宗教自由，又见证了1685年宗教自由敕令的撤销，宗教迫害再次回归。1688年，光荣革命推翻了英国国王詹姆斯二世，洛克回到了威廉和玛丽的新政权统治下的英国。在这个政权的支持下，他倡导的自由主义君主立宪制获得了胜利。他的种种经历促使他政治思想的形成。

基本哲学思想

洛克主要关注的是大脑和智力的问题。智力使我们清楚自己的所作所为。

想法和"白板"

洛克通过笛卡尔引入"想法"一词。想法"代表人们思考时需要理解的对象"，想法在我们思考时出现。我们从哪里得到想法呢？洛克反对笛卡尔和基督教的"先天思想"或思想的内在属性，比如逻辑意义和道德意义。他认为思想是空的，是"白纸"或白板，是通过后天经验逐渐写出来的。想法要么是一种"感觉"，即外部世界刺激我们的感官而产生的简单产物，要么是"反射"，即我们的大脑对这些简单的感官思想进行加工而产生的复杂产物，比如数学概念、道德概念和宗教概念等。这些是我们所有想法的双重来源。感觉数据揭示的世界就像简单物体（原子）组成复杂物体（物质）一样。对于物体，洛克区分了物体的"基本品质"和"次要品质"。"基本品质"是指物体的形状、尺寸和坚固程度等，独立于我们而存在。"次要品质"是指颜色、口味和气味等，根据我们感觉产生。与世界的感官互动是必要的，可以产生思想和知

识。一切心理活动都源自感官。想法源自经验，知识源自想法。除此之外，别无他法获得知识。这些区分界定了知识的边界。真理就是关于世界的命题。知识的边界将会告诉我们哪些命题是可以确定的，哪些命题是真命题，哪些命题是假命题。

政治哲学

洛克在1690年的《政府论》中抨击了在动荡17世纪之前盛行的政府理论——君权神授论，应取而代之的是自然权利和社会契约理论。对于霍布斯来说，能力的平等和达到目的的欲望是文明之前人类的"自然状态"。自然法则仅仅是对事物本来面目的描述，比如物理学或自然史。但对于洛克来说，自然法则是一种方案，规定事物应有的模样。基于"自然状态"或"自然法则"，洛克发展了"自然权利"的概念。洛克乐观地认为人类平等的自然状态不一定会导致冲突，但是只有威权主义（通过社会契约）才能控制冲突。政府通过社会契约必须维持这种状态：所有人在"生命、健康、自由和财产"的权利上一律平等。在洛克看来，社会契约不是人与人之间去建立政府的契

遗产、真理、影响

◎独立、常识、自由构成了英国政治思想传统的特征。洛克开创了这个传统，并由其后的哲学家乔治·伯克利、大卫·休谟、杰里米·边沁、约翰·斯图尔特·穆勒以及伯特兰·罗素、格林·摩尔等发扬光大。

◎他是第一个实实在在的认识论理论家：认识论成为20世纪西方哲学的核心问题。洛克关于大脑对经验的调节作用的论题做出了关键性贡献。该论题从培根到伊曼努尔·康德都论证过。

◎洛克的价值和财产理论对卡尔·马克思的社会理论产生了重大影响。

◎他自述表明了教育对于个体发展的核心作用。洛克认为，政府有责任为改善国民的环境立法。这在社会科学中非常重要，也影响了精神病学和弗洛伊德关于儿童发展的观点。

◎洛克的目的是建立对理解的界限，以确定什么可以知道、什么不可以知道。洛克这一举动影响巨大，极大地影响了20世纪的逻辑实证主义中关于语言意义限度的观点和语言哲学中的验证主义主张，即不能被感官或逻辑验证的命题是无意义的。路德维希·维特根斯坦的《逻辑哲学论》和他对思想和语言的极限的探索似乎是这方面的最新进展。

1688年，奥兰治的威廉在托贝登陆。随着光荣革命的成功，约翰·洛克返回英国。

> 如果通过对理解本质的探究，我能发现其中的力量；……我想这也许有助于说服忙碌的人们，在干涉超出自己理解范围的事情之时更加谨慎。
>
> ——《人类理解论》（1690）

约，而是统治者与被统治者之间的契约。统治者也不会放弃像霍布斯说的那样享有主权自由。相反，建立社会契约是为了捍卫反对权威的自由。人的权利限制了国家的权威。而霍布斯认为，国家的权威是没有限制的。换而言之，当政府违背这些自然权利时，被统治者有革命的权利，其实这也算一种义务。

洛克主张宗教自由。在这方面，他的政治思想源自他的认识论，承认知识的局限性。但他认为，应该容忍对立的信仰，因为某些东西不可能辨别出真假来，这尤其适用于宗教问题。

大事记

1632 年	出生于英格兰西南部的萨默塞特。
1652 年	进入牛津大学基督教会学院。
1658—1663 年	开设经典、修辞学和道德哲学的讲座。
1666 年	遇见沙夫茨伯里伯爵。伯爵成了他的雇主和赞助人。举家迁往伦敦。
1667 年	发表了一篇关于宗教观点的论文。沙夫茨伯里为他安排了多种政府职位。
1669—1675 年	成为卡罗来纳州上议院和贸易委员会秘书。在沙夫茨伯里失宠后，他前往法国，后来又回到了牛津。
1684 年	因涉嫌参与暗杀国王的阴谋，与沙夫茨伯里逃到荷兰，以避免被起诉。
1687 年	成为奥兰治的威廉的顾问。
1688 年	光荣革命成功后，他回到了英国。
1689 年	发表了《第一篇论宽容的信》，随后又发表了两篇。
1690 年	发表了《人类理解论》和《政府论》。
1693 年	出版了《教育漫话》。
1696—1700 年	当选为重组后的贸易委员会成员。
1704 年	在埃塞克斯的一位家族朋友家中离世。退休后他一直住在这里。

戈特弗里德·莱布尼茨 （1646—1716）

戈特弗里德·威廉·莱布尼茨是德国理性主义哲学家、逻辑学家、数学家和学者。他认为这个世界是由单个单元（单子）组成的，每个单子都是独立的，但彼此和谐相处，这是上帝的旨意。这个世界是所有可能存在的世界中最好的一个。莱布尼茨还对必然真理和偶然真理做出了重要区分，并设计了一种不同于艾萨克·牛顿的微积分方法。

莱布尼茨出生于萨克森（今属德国）的莱比锡，当时正处于一场长达三十年战争的末期。15岁时他进入莱比锡大学，毕业时获得法学学位。1666年他拒绝了纽伦堡阿尔特道夫大学的教授职位，转而从事政治和外交事业。

他兼任数职谋生，做过议员、外交官、图书管理员和历史学家。1666—1673年受雇于美因茨的选帝侯，1676—1716年受雇于汉诺威的选帝侯。任职之余，他在哲学、数学、逻辑学、地质学和物理学等领域都做了大量研究。

莱布尼茨先后在巴黎、圣彼得堡等地的欧洲重要法院任职，结识了当时最杰出的人物，并频繁与他们通信交流。年轻时他对勒内·笛卡尔的作品感兴趣；他曾与巴鲁赫·斯宾诺莎面谈；他还写过一篇论文，一章一章地批评了约翰·洛克的《人类理解论》。但在洛克去世后，他拒绝发表这篇批判性论文。

1700年，莱布尼茨在女选举人索菲·夏洛特（1701年成为普鲁士第一任女王）的支持下，在柏林成立了德国科学院。1710年，他为索菲·夏洛特写了《神义论》。在书中，他阐述了自己对神圣正义的看法，并确立了自己的"充分理性原则"（详见下文）。

《神义论》是莱布尼茨一生中出版的唯一一部完整的哲学著作。他还在欧洲前沿的学术期刊上发表大量哲学文章，例如，"关于知识、真理和观念的沉思"（1684）、"简论笛卡尔等关于一条自然规律的重大错误"（1686）、"实体的本性是不是在于其广延性"（1691）、"新系统"（1695）和"论

基本哲学思想

莱布尼茨从未出版过阐述其完整哲学思想的作品；他的大部分哲学思想都是150年后从大量手稿中提炼出来的。即便如此，从他所发表的文章中，同时代的人也可以看出莱布尼茨的哲学是一个严谨思辨的形而上学体系。伊曼努尔·康德也为其整体性和吸引力着迷，称赞莱布尼茨建立了"一个魔法世界"。后来的哲学家们普遍认为莱布尼茨的体系从整体上看太过离奇，不值得认真对待，但其中的个别观点却极具影响力。

思想和物质

莱布尼茨和斯宾诺莎一样，试图超越洛克从笛卡尔那里继承的思想和物质的双重性观点。他的方法与斯宾诺莎的方法截然不同，他采用了一种新的物质学说，这种学说与他的动态运动理论密切相关。这个"新系统"（1695）涉及物质之间的关系，以及灵魂和身体已经建立的和谐关联。"新系统"断言上帝不需要通过人的思想来让人采取行动，也不需要为了调和两者而给钟表上发条。相反，这位至高无上的钟表师从一开始就让身体和灵魂精确匹配，彼此赋予意义。

充分理由原则

在《神义论》（1710）中，莱布尼茨承诺遵从充分理由原则，即对每一种产生的事态都必须有充分的理由来解释它产生的原因。该原则的提出解决了这一对难以调和的矛盾：世俗的邪恶与造物主上帝的完美和全能。根据充分理由原则，上帝在选择可能要创造的世界时，它必须有充分的理由来创造这一世界；鉴于上帝道德完美，这个理由又必须关联所选世界的价值观念。因此所选的世界必然是可选世界中最好的世界。法国启蒙运动作家伏尔泰在《坎迪德》（1759）中猛烈地抨击了这个观点，认为莱布尼茨是一个肤浅的乐观主义者。这种评论是不公正的，因为莱布尼茨明确相信世界是不完美的，但只有完美的上帝才有可能带来最好的世界，不管

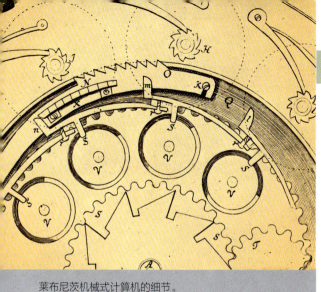
莱布尼茨机械式计算机的细节。

自然本身"（1698）。

从1676年起，他一直为汉诺威王朝服务直至去世。除了履行宫廷职责之外，他享有很大的自由空间，享受着自己的兴趣爱好。然而，当汉诺威的王室继承人格奥尔格·路德维希于1714年成为英格兰的乔治一世时，他不允许莱布尼茨跟随他去伦敦。这件事让莱布尼茨非常失望。郁郁不得志的他两年后在汉诺威去世。

> 如果一件事物可以替代另一件事物而不影响真理，那么这两件事物是相同的。
>
> ——《定义表》（1704）

它看起来多么邪恶。

《单子论》

莱布尼茨在1714年发表了《单子论》，对其一生关于形而上学的思考进行逻辑总结，以90条格言的形式出现。单子（源自希腊语monas，"单位"）是一种基本的个体物质，它反映了世界的秩序，并从中衍生出物质属性。如果物质世界是由原子组成的，那么形而上学的世界就是由单子组成的。

在莱布尼茨的形而上学体系中，单子是构成宇宙的基本物质，但缺乏空间延展性，因此是非物质的。每一个单子都是独一无二的、不可摧毁的和充满活力的灵魂般的实体，单子的属性就是它的感知功能和欲望。单子与其他单子之间没有真正的因果关系，但是所有的单子都被上帝完美地同步安置在一个预先确定的和谐世界中。物质世界的物体仅仅是单子集合的表现。

遗产、真理、影响

◎莱布尼茨对哲学神学做出了重要贡献。

◎在18世纪的大部分时间里，他的主要哲学原则成了德国大学的正统思想。

◎现代逻辑和哲学中经常引用莱布尼茨的"不可区别的等同原理"。在这个原理中，当且仅当两个事物具有相同的属性时，才认为它们是相同的。

◎莱布尼茨的研究方法和研究焦点时常启迪20世纪的分析哲学和语言哲学。

◎在哲学上，莱布尼茨直接影响了克里斯蒂安·沃尔夫（1679—1754）、伊曼努尔·康德、伯特兰·罗素和马丁·海德格尔。

◎莱布尼茨还在数学、物理学和技术方面做出了重大贡献，提出了很多超前的概念，在后来的生物学、医学、地质学、概率论、心理学、语言学和信息科学中反复出现。

大事记

1646年	出生于萨克森的莱比锡（今属德国）。
1666年	在阿尔特多夫大学获得法学博士学位。受雇于美因茨选帝侯约翰·菲力普·冯·匈保和美因茨选帝侯的部长冯·博伊内堡男爵。
1673年2月	美因茨的选帝侯去世，莱布尼茨首次来到伦敦，向伦敦皇家学会展示他的计算机。
1675—1698年	任命为约翰·弗雷德里克（布伦瑞克-吕内堡公爵）侍丞，后又被任命为其弟恩斯特·奥古斯特的侍丞。恩斯特是后来的汉诺威的选帝侯。
1687—1690年	在德国、奥地利和意大利旅行，并研究布伦瑞克家族的历史。
1698—1716年	成了汉诺威选帝侯乔治·路德维希的侍丞。
1700年	在普鲁士女王索菲·夏洛特的支持下，在柏林成立了科学院。
1710年	出版了《神义论》（献给索菲·夏洛特）。
1713年	由神圣罗马帝国皇帝查尔斯维在维也纳哈布斯堡宫任命为御前议员。
1714年	出版《单子论》。汉诺威的选帝侯乔治·路德维希成为英国的乔治一世。
1716年	受冷落，在德国汉诺威去世。

乔治·贝克莱

（1685—1753）

乔治·贝克莱没有得到同时代哲学界的重视。人们称他为"贝克莱主教"。他开创并发展了"主观唯心论"的经验主义。受超哲学问题的驱使，他认为在唯物主义主宰的这个时代，捍卫基督教不受唯物主义哲学的威胁才是最重要的。他的作品并非无懈可击，但富含矛盾的力量，因其发人深思而广受赞赏。

贝克莱的作品是对基督教高度敏感的产物，是他对当时哲学发展阶段的回应。他在都柏林上大学，读过约翰·洛克、勒内·笛卡尔和马勒布兰奇（1638—1715）等同时代哲学家的著作。他认同洛克和经验主义者提出的观点：唯物主义的问题是具体的哲学问题。他的哲学思想和生活的驱动力在于对基督教的虔诚，尽管这些驱动力或许是盲目的。

他是爱尔兰圣公会的牧师，负责宣讲《圣经》语言和神学，并因此而声名远播。在伦敦期间，他参与建立了著名的抚养和教育遗弃儿童的育婴院。在爱尔兰，他是早期不同教派间泛基督教主义的鼓动者。他一生的大部分精力都用在对抗渐入欧洲主流的唯物主义和对宗教的敌视或冷漠。他认为新世界会有一个充满希望的未来时代。他的实际任务是建立一所学院用来培养传教士，他设想学院里不仅有美国白人，还应有美国土著人。

贝克莱似乎一直是一个自由思想者。他在日记中透露了他的想法："八岁时就不信任任何人。"从他的工作和生活中可以看出，他的成就有些特立独行。所有接触过他的人都很喜欢他，但是这些人都有一种怪癖，喜欢把他和劳伦斯·斯特恩（1713—1768）或他的朋友乔纳森·斯威夫特（1667—1745）相提并论，人们差点以为他是爱尔兰人。他经常用"娱乐"这个词来形容哲学思考。一位陌生女子给他留下了一笔财富。他穿越了大西洋来到美国，想要实现在别人看来很可笑的计划。他把煤焦油的衍生物当作一种医学奇迹，提倡"对污物征税"。除了上帝以外，他总是故意拒绝承认万事理所当然。他认为自己是"一个拥有人类头脑中最大胆观点的人"。

基本哲学思想

经验主义传统

贝克莱是一个经验主义者，但经验主义只是其著作中主要论点的一个侧面：处于唯物主义和非唯物主义之间。这种立场后来被称为主观唯心主义，即头脑中没有物质对象，只有思想和想法。其激进的立场表明，一个宽泛的概念可以包含迥异而重叠的观点。现代经验主义本质上始于对认识论的关注，后来贝克莱把它发展成为本体论。同时，这也反映了他的基本宗教思想。他担心上帝在哲学中的地位。洛克坚持认为，我们除了想法之外是没有知识的，想法源于外部物质世界的经验。但正如洛克所承认的那样，在感知中我们不能直接接触物理对象；相反，我们直接意识到对象在我们头脑中"引起"的想法，这种想法"代表"对象本身。

贝克莱接受经验主义的概念（包括简单和复杂的思想、感觉、反思等），也接受以经验为基础。但是他提出了一个本体论的问题，即世界上的物质或外部现实的存在状态是什么。他反对托马斯·霍布斯的强势唯物主义（包括上帝和心灵在内的一切都是物质的）："物质曾允许我挑战任何人来证明上帝不是物质。"他也反对洛克的唯物主义与非物质主义相结合的论调：我们可知的思想精神代表了一个我们无法真正了解的世界。洛克并没有试图证明这些思想所代表的那个世界的存在。他承认物质和精神之间的因果关系如何产生是一个谜，物质如何引起印象和思想也是一个谜。在贝克莱看来，精神与身体或物质与非物质的二元论导致了怀疑的产生，因为二元论"假设事物和思想之间存在差异"；二元论也导致了无神论的产生，因为上帝对外部世界缺乏意识。一旦我们把事物本身和对事物的认识区分开了，"那么我们都是处在怀疑之中"。

主观唯心主义

贝克莱对二元论的回应不像霍布斯那样走向完全的唯物主义，而是走向了完全的非唯物主义，上帝可

遗产、真理、影响

◎ 贝克莱是一个标志性的怪人，但他的古怪可以凸显世界的荒谬，他的主张足以让我们惊讶，进而引发我们去思考。贝克莱的思想虽然遭到了同时代人的嘲笑，但却成为约翰·洛克和大卫·休谟的联系纽带。休谟的怀疑认识论受到了贝克莱的反唯物主义本体论的影响。通过休谟，贝克莱对康德以及后来的亚瑟·叔本华的一些观点产生了重要影响，比如他们把世界视为"意志和表象"。

◎ 与贝克莱所希望的相反，他实际上推动了现象论（也称为绝对唯心主义）的发展。该论调认为上帝是我们想象力的建构者。

◎ 贝克莱的思想仍然很有意义，其有趣和反直觉的立场并不像大家所希望的那样具有攻击性。质疑常识是哲学捍卫常识的方式之一。

加利福尼亚大学和伯克利市，都是在 1868 年以贝克莱主教的名字命名的，这个建议是由大学理事弗雷德里克·比林斯提出来的。他的灵感来自贝克莱的诗歌《在美国种植艺术和学问的前景》。

大事记

1685 年	出生于爱尔兰基尔肯尼的一个盎格鲁－爱尔兰上层家庭。
1707 年	成为一名希腊语导师和讲师。出版了《视觉新论》，因其对光学的贡献而闻名。
1710 年	被任命为英国圣公会牧师。出版了《人类知识原理》。
1713 年	出版了《海拉斯与斐洛诺斯对话三篇》。他游历英国，在那里遇到了几位著名的作家和诗人理查德·斯蒂尔（1672—1729）、约瑟夫·艾迪生（1672—1719）、亚历山大·蒲柏（1688—1744）和乔纳森·斯威夫特（1667—1745）。
1716—1723 年	作为一名导师，在欧洲各地游历。
1724 年	成为爱尔兰德里学院的院长。
1725 年	他提出在百慕大建立一所学院（后来将地址改为美国）来培养传教士，为此他获得了政府财政的许可和承诺。
1728—1732 年	在美国修建学院的资金没有到位，他回到了英国。
1734—1752 年	在爱尔兰任克劳恩主教。出版了《质疑者》《数理分析者》《寄语智者》，鼓励爱尔兰泛基督教主义。
1753 年	退休后回到牛津，与儿子住得很近，直至去世。

地球上的家具……组成这个强大世界的所有物体，其中没有任何物质是没有思想的。

——《人类知识原理》（1710）

以居于中心地位。他承认，我们自己清楚存在着能感知的大脑和思想，他进一步认为这些就是一切。

他的主要观点可以说是符合逻辑的：他运用奥卡姆剃刀原理，坚持认为除了感知以外没有必要假设任何其他事情。他认为感知不是有意的。从本质上来说，感知不是对任何事物的感知。从我们感知的事实出发，我们只能承认感知的存在；除此之外，我们不需要对任何超出这些感知的东西做出推断。

如果物体是我们凭感觉所感知的，而感知相当于想法，不被感知的想法无法存在，那么物体不被感知也就无法存在，例如我们不与物体同在一个房间里。他总结道：在任何情况下，必须是上帝为感知提供依据。贝克莱有一句名言："esse est percipi"，存在就是被感知，最终被上帝感知。

相对于他坚决反对的二元论观点，他的完全非物质主义（除了我们所感知的没有其他世界）似乎更加

怀疑现实世界。他为自己主张的常识性进行辩护，但他的辩护往往只是激烈地重申自己的立场，声称这对于他来说似乎是完全符合常理的。

然而，他声称，通过他的非物质主义，唯物主义二元论的各种问题（物质能否思考，物质如何产生精神现象，外部世界和其他思想的存在）可以"完全被排除在哲学之外"。

没有人因为哲学家的作品无懈可击才去研究他。对贝克莱的批评基本上是对他的主要论题逻辑方面的批评。首先，某样东西如果被感知就必须"存在"；如果它没有被感知就是"不存在"。其次，他没有意识到，某样东西的可感知性和它的实际被感知性是有区别的。或许有人会说某样东西"不可能"没有可感知性，但这并不意味着这样东西"不可能"不被感知。

贝克莱可能已经证明了思想对解释世界的必要性，但没有证明思想足以解释现实世界的充分性。

约瑟夫·巴特勒

（1692—1752）

约瑟夫·巴特勒是一位道德哲学家和英国传教士。他的哲学思想试图将伦理学建立在对人性的正确理解上，因此延续了亚里士多德、托马斯·霍布斯和沙夫茨伯里伯爵三世的传统。巴特勒驳斥了经典的伦理利己主义，认为人们应该做符合自身利益的事情。他仔细区分了自爱、仁爱和良知产生的影响。

1692 年，巴特勒出生于英国的一个长老会家庭，后被送往位于格洛斯特郡的塞缪尔·琼斯学院，并被指定为长老会的牧师。长老会是自 1647 年以来英国承认的非国教教会。在长老会期间，他致力于研究古代语言、逻辑、数学、地理和《圣经》知识。通过塞缪尔·琼斯关于逻辑的讲座，他了解了约翰·洛克的论文《人类理解论》（1690）。

在此期间，巴特勒结识了托马斯·塞克（后来成为坎特伯雷大主教），并且还与英国国教哲学家塞缪尔·克拉克（1675—1729）开始了非同寻常的书信往来，讨论神的无所不在和神的必然性问题。塞缪尔·克拉克很赞赏这位年轻人的信件，在 1716 年出版了这些信件。这进一步加深了两人之间的关系，也为巴特勒的职业生涯打下了良好的基础。

1714 年，巴特勒决定加入英格兰教会。一年后，他进入了牛津大学奥里尔学院。巴特勒对自己在此受到的教育和学术水平忧心忡忡。他与爱德华·塔尔博特建立了深厚的友谊。爱德华·塔尔博特是威廉·塔尔博特的次子，也是索尔兹伯里大教堂的主教，后来又成了达勒姆大教堂的主教。塔尔博特是巴特勒从事教会事业的重要赞助人。

1718 年，巴特勒从牛津大学毕业，同年塔尔博特主教任命他为英格兰教会牧师。在接下来的八年里，他在伦敦的罗尔斯教堂担任传教士，他的布道负责解决基督徒生活的实际问题，这项工作为他赢得了声誉。1726 年，他基于在教堂的宣讲发表了《人性论十五讲》。

大约在这个时候，作为达勒姆主教的威廉·塔尔博特，任命巴特勒为达勒姆郡斯坦霍普教区牧师。正是在这里，他写下了最著名的著作《自然宗教与启示宗教之类比》，该书于 1736 年出版。同年，他被任命为国王乔治二世妻子卡罗琳的首席牧师，但在一年后女王去世，他于 1738 年作为主教前往布里斯托尔。1740 年，他当选为圣保罗大教堂的院长。在这个职位上，他的收入可观，使他能够在最贫穷的布里斯托尔教区继续履行主教职责。1750 年，他成为达勒姆大教堂的主教，两年后去世。

基本哲学思想

罗尔斯教堂的《人性论十五讲》

巴特勒的《人性论十五讲》（1726）是 18 世纪公认的伦理学经典范本。他以对人性的探索性分析作为伦理理论的基础，提出美德在于顺应自然，而邪恶则是违背自然。巴特勒的研究对象之一是托马斯·霍布斯等研究的心理利己主义，认为人们只能为自己的利益而行动。然而，道德情感理论又称为感伤主义，认为道德基于道德情感。该理论与沙夫茨伯里（1671—1713）相关；更确切地说，他在寻求一条介于道德观和理性主义之间的道路。

通过分析，巴特勒提出了一种本质上的人性等级观，即人类性格中的各种动机原则都是有等级的，如果要产生良性行为，就需要加以适当地整合。其中最重要的原则是由上帝植入的良心，可以明确地判断"某些行为本身是正义的、正确的、公正的；其他行为则是邪恶的、错误的、不公正的"（《人性论十五讲》）。

良知与自爱之间的关系是巴特勒试图说明道德行为的关键，既避免了极端的心理利己主义，又避免了高度抽象的形而上学系统。巴特勒牧师通过消除可能妨碍道德和智力的困惑帮助他们过上高尚的生活。他的神学预设——上帝创造的有序宇宙的存在和未来生命的存在——使他能够论证"责任和利益是完全一致的"。

宗教类比论

巴特勒对神学辩论的主要贡献是 1736 年出版的

遗产、真理、影响

◎ 巴特勒的作品给大卫·休谟和约翰·卫斯理（1703—1791）留下了深刻的印象。大卫·休谟评论说："巴特勒是一位把科学放在新的基础上的、引起广泛关注的、激发公众好奇心的人。"

◎ 到 18 世纪末，巴特勒的书籍在苏格兰的大学里被广泛阅读；从 19 世纪初开始，他在牛津、剑桥和许多美国大学的影响力很大，也许是因为苏格兰在美国的强大影响力。

◎ 受巴特勒传统神学影响的思想家众多。红衣主教约翰·亨利·纽曼（1801—1890）皈依了罗马教会，归因于对巴特勒的研究。这种做法可能会损害巴特勒在英国圣公会的影响。

◎ 巴特勒为神学辩护的思想出现在 20 世纪为基督教辩护者的著作中，如刘易斯和蒙哥马利的著作。

达勒姆大教堂，1750 年，巴特勒成为达勒姆大教堂的主教。

《自然宗教与启示宗教之类比》。巴特勒努力应对挑战基督教信仰的争论，有条不紊地纠正错误和解决矛盾。他积极回应了自然神论的挑战，即在主张宗教信仰的同时主张理性高于启示。

在《自然宗教与启示宗教之类比》中，巴特勒反驳了自然神论者，他认为对自然的研究可以向我们展示比自然神论者的推理更多的东西——例如，万物有本然，终不为他者，或者人生就是道德审判。巴特勒将基督教启示中和自然神论解释中出现的困难进行了比较。他批评自然神论者为启示设定的证明标准，这些标准自然神论本身无法满足，常识信仰也无法满足。

大事记

1692 年	出生于英国牛津郡旺塔格的一个长老会家庭。
1711 年	加入塞缪尔·琼斯学院。
1713—1714 年	与塞缪尔·克拉克通信探讨神学问题，讨论结果由克拉克匿名发表。
1714 年	加入英格兰教会。
1715—1718 年	在牛津大学奥里尔学院攻读本科。
1718 年	从牛津大学毕业；被任命为英格兰教会牧师。
1718—1726 年	在伦敦的罗尔斯教堂布道。
1725—1736 年	担任达勒姆县斯坦霍普教区牧师。
1726 年	出版了《人性论十五讲》。
1736 年	出版《自然宗教与启示宗教之类比》，被指定为卡罗琳女王的牧师。
1737 年	卡罗琳女王去世。
1738—1750 年	担任布里斯托尔教区的主教。
1740 年	被任命为圣保罗大教堂的院长。
1750—1752 年	担任达勒姆大教堂的主教。
1752 年	在英格兰西南部萨默塞特的巴斯去世。

如果我们理解了真正的幸福，那么良心和自爱总会指引我们走上相同道路。责任和利益是完全一致的。世界上的大部分情况都是如此。应该说完全如此，如果考虑未来和全局因素的话。这条原则已融入善良的观念中，也融入了完美的管理理念中。

——《人性论十五讲》（1726）

在宗教事务和日常生活中，人们对合理信仰的需求不是确定性，而是有足够的可能性就可以保证行动的实施。巴特勒概率依赖理论（"概率是生活的指南"）和无法在确切选项之间做决定必要性，引起了普遍的共鸣，其程度远远超出了他与自然神论者的论辩。

巴特勒的《美德的本质》附加在《自然宗教与启示宗教之类比》之后，驳斥了享乐主义和利己主义是良好行为的终极原则的观点。

伏尔泰

（1694—1778）

伏尔泰，原名弗朗索瓦-玛丽·阿鲁埃，是一位哲学家，同时也是一位著名的剧作家和小说家，并一直致力于宣扬科学和哲学思想。在人们的印象中，他是一个勇敢的辩论家，不懈地为民权、公平审判权和宗教自由而斗争，他谴责法国旧制度和天主教会的虚伪和不公正。

伏尔泰出身于巴黎一个富裕的家庭，在路易斯格兰德的耶稣会学校接受教育。尽管他父亲决心让他从事法律职业，但伏尔泰逃避了这种安排，选择了文学。他采用伏尔泰这个笔名可能部分原因是反抗他的父亲。

他因早期写的讽刺作品而被流放到荷兰（1713）。他在巴士底监狱服刑期间写了《俄狄浦斯王》（1717），这是他广受赞誉的第一部悲剧。之后，他还被流放到英格兰（1726—1729）。事实上，伏尔泰的大部分时光都是在流亡和反抗中度过的。

在英国流亡期间，伏尔泰对英国制度中的自由主义，以及英国人在讨论宗教和哲学问题时的无畏精神充满了赞赏。他深信，正是由于他们的个人自由，英国人才能处于科学思想的前沿。回到法国后，他写下了《哲学通信》（出版于1734年）。由于对英国自由精神的推崇，他回国后不得不隐居乡下，以逃避追捕。

在接下来的15年里，他在他的情妇——夏特莱侯爵夫人的庄园（位于西雷村）里避难。他们一起修建了一个巨大的图书馆，开展牛顿实验，还进行了历史、神学和哲学的相关研究。

1749年夏特莱侯爵去世后，伏尔泰应普鲁士国王腓特烈二世的邀请，在柏林度过了一段时间。1755年他与腓特烈二世发生了争执。伏尔泰再次退隐乡间，在日内瓦附近费尼的一个城堡里安顿下来。在这里，他发表了《风俗论》（1756）、讽刺杰作《老实人》（1759）、《哲学辞典》（1764）、《彼得大帝、印度和路易十五的历史》以及《论解释》（1763）。

1778年，伏尔泰回到巴黎参加他最后一部戏剧《奥尔良少女》的首映仪式。这场首映完美落幕。他在巴黎因此备受欢迎，被誉为启蒙运动最伟大的人物以及争取自由和宽容的最勇敢的发言人。不久以后，他在巴黎辞世。

基本哲学思想

伏尔泰和英国

在哲学上，伏尔泰吸收融合了他的偶像艾萨克·牛顿（1643—1727）和约翰·洛克两人的科学、经验主义和敬畏宗教的思想。他随后发表的《哲学通信》（1734）抨击了法国旧制度的弊端，并把英国树立为宽容和自由的典范。这部作品在巴黎被公开烧毁。

《老实人》

伏尔泰写于1759年的中篇小说《老实人》也许是他最让人难忘的作品。这部作品是对戈特弗里德·莱布尼茨的形而上学乐观主义的嘲讽，莱布尼茨的充分理性原则假定现实世界是"所有可能的世界中最好的世界"。

在《老实人》一书中，伏尔泰讽刺了坎迪德的导师潘格拉斯博士（其原型为哲学家莱布尼茨）。

潘格拉斯博士是一位十足的乐观主义者。他感染了梅毒，学生坎迪德说病毒来自魔鬼。他可不同意学生的观点。

"一点也不，"这位伟人（潘格拉斯博士）回答说，"这是一件不可避免的事，是世界上最好的东西的必要成分；因为如果哥伦布没有在美洲的一个岛屿上染上这种疾病，污染了生命的源泉……我们就不会有巧克力和胭脂虫。"（《老实人》）

潘格拉斯天真地相信"最好的世界"，世界上任意的苦难和野蛮掩饰了更伟大而神圣的善。伏尔泰认为这是荒谬的，和他的理性怀疑主义思想不相容。

伏尔泰与宗教

伏尔泰经常被曲解为无神论者，这种误解源自他最著名的警句："如果上帝不存在，就有必要创造他。"这句话是伏尔泰"给《三个冒名者》作者

遗产、真理、影响

◎ 伏尔泰的著作对 1776 年的美国革命和 1789 年的法国革命产生了巨大的影响。

◎ 他写作的许多主题成为 18 世纪末和 19 世纪初社会改革议程的关键原则：

建立宗教容忍；

促进物质繁荣；

尊重人权；

废除酷刑和毫无价值的惩罚；

获得公平审判的权利。

◎ 伏尔泰是有史以来最多产的作家之一。他曾给 700 多名记者写信，现存的 12000 封信成为宝贵的历史资料。

◎ 伏尔泰的图书馆收藏了 6000 多部书，其中大部分是他和夏特莱侯爵夫人一起收藏的。这些书在伏尔泰去世后由凯瑟琳大帝买下，现存放于俄罗斯圣彼得堡的国家图书馆。

伏尔泰被捕，一幅 19 世纪的版画。

1717 年，伏尔泰在巴士底狱被囚禁了 11 个月，在此期间，他写下了《俄狄浦斯王》，这是他笔下的第一部悲剧。

迷信使整个世界燃烧；哲学扑灭了燃烧的火焰。

——《哲学辞典》（1764）

的一封书信诗"的首句，下一句是："但所有的自然都大声疾呼他的存在。"

事实上，欧洲启蒙运动期间的许多关键人物和伏尔泰一样，都认为自己是一个自然神论者。他不相信绝对的信仰，即基于任何特定或单一的宗教文本或传统神谕的信仰，这些信仰都需要相信上帝："教条导致狂热和冲突；道德在任何地方都会激发和谐。"伏尔泰的宗教批评不是针对宗教概念本身，而是始终指向在有组织的基督教行动，其有害程度在他那个时代是显而易见的。

著名的诉讼

在他生命的最后 20 多年里，伏尔泰一边在费尼享受他的慈善乡绅的角色，一边又积极投身于社会活动和帮助无法获得各种宗教宽恕的受害者。其中最著名的要数让·卡拉斯、让·弗朗索瓦·德拉巴雷和皮埃尔·保罗·西文，他们在天主教狂热分子的手中遭受了难以想象的苦难。

在纠正错误和摈弃弊端的运动中，伏尔泰使用了他最著名的一句话："请原谅我"或者"粉碎这耻辱"。未来的革命者可能会这样说，所谓的"耻辱"并不是未来革命者会说的君主制本身，而是贵族和天主教会腐败和偏执的一面，以及法国人民内部受到迷信偏狭的鼓舞。

伏尔泰仍然是哲学家的最高典范，他是一个参与政治和倡导社会改革的自由人文主义者。

大卫·休谟

（1711—1776）

在传统的英国经验主义哲学家中，没有人像休谟一样能够对他的后继者产生那么巨大的影响，也没有人像他一样在当今的哲学界还声名卓著。休谟认为经验主义可以从贝克莱主教和约翰·洛克的思想中得到启示，并对彻底的怀疑主义持开放态度，以检验我们对自己以及世界的常识性概念。

休谟几乎是一个苏格拉底式的人物。因他的善良、镇定、谦逊和机智深受朋友与同事的爱戴和钦佩。亚当·斯密称他"在人类脆弱的本性允许的范围内，几乎接近于一个完全明智和善良的完人"。他以苏格拉底的方式轻松地面对疾病和死亡，这让一些同时代的人感到震惊。他们清楚休谟是人尽皆知的无神论者，他们接受休谟的观点，但是带着一种尖刻和困惑的复杂情感。

由于家人对他的哲学研究持反对态度，休谟在没有经济支持和相当艰难的情况下，仍独自继续着自己的研究。他很早就提出了自己的观点，但后面他又对自己的思想充满了怀疑，一度导致他濒临精神崩溃。渡过了这个难关后，他又重整旗鼓，在余生中不断地阐述、改进和宣传他的基本思想。

在许多方面，他就像一个局外人。他从未获得大学学位，他的思想背离了正统的学术观点。他将人类社会视为主体，打破了维系人类社会的常识性观念。休谟不是专注于研究我们如何认知的传统科学（认识论），而是研究构成我们生活最深层的情感和信仰：人性中的情感和激情。他似乎不像他的前辈们那样对哲学抱有宏大的期望，不再抱有对解决哲学问题的崇高追求，转而将信将疑地接受理性的重要性，还带着一些神秘主义的色彩。由此他引领了浪漫主义精神，而没有受到启蒙运动的影响。

基本哲学思想

休谟提出将17世纪的自然科学概念延伸到人类，这一想法充满活力。在他的主要著作《人性论》中，他试图继续采用"新科学"的观察和实验方法，以书写出一个培根式的人类"自然史"。他使用该方法是为了建立一些基本原则，根据这些原则，可以对人性进行连贯的解释，就像他的偶像艾萨克·牛顿（1643—1727）那样运用规律来解释宇宙万物的运动。这些原则不局限在认识论所关注的知识和理解领域，而且关乎道德和宗教的情感、感情和信仰方面。这是一种考察人类生活全部的整体方法：人类学。

印象和想法

17世纪和18世纪，哲学的一个重要特征是分析某种现象，并进行归类。在知觉现象（所有精神活动）中，休谟区分了"印象"和"想法"的概念。不考虑种类，仅从程度而言，印象（即感觉）比想法更强烈。想法是一种复制，就像痛苦的记忆和最初的感觉之间的区别一样。两者都有简单和复杂之分：简单的想法是建立在简单印象之上的，而复杂的想法建立在复杂印象之上。例如，我们从"马"和"角"这样简单印象元素中合成独角兽这样的新想法。独角兽只是想象中的动物，是更加复杂的想法，但与现实不符。因此我们可能会怀疑复杂想法所代表的事物（独角兽）是否存在。

事实和思想关系

在认识论领域内，休谟指出了另一个重要区别："事实"和"思想关系"之间的区别。"事实"是关于世界的命题——在经验舞台上被评判对或错；"思想关系"可以通过"单纯的思维活动"，比如几何和数学，在逻辑上被判定是真或假。休谟想要审视每一个问题，看它归属哪个类别。思想之间的关系产生逻辑上确定的结果。但是对于不符合逻辑的事实来说，休谟会提出这样的疑问："事实证据的本质是什么？"我们的感官会合理地回应现在和过去的事实，但是对于依靠可靠的经验预测的未来事实呢？例如，明天太阳会升起。这一未来事实"建立在因果关系的基础上"。但是我们怎么能从原因中必然地推断出结果呢？

因果联系

世界上各种事件之间存在着必然联系，如每天早晨太阳的升起，无论是作为一种感觉（后验）还

◎休谟的经验主义拒绝接受除了逻辑或直接和具体经验之外的任何思想。也就是说休谟特对形而上学的否定，使他成为20世纪哲学家的导师，他们用分析的眼光来反对20世纪唯心主义的过度行为。他想放弃对所谓的现实终极本质的理论解释，那是"永远也无法提出的可理解的假设"。错误的哲学立场的根源可能是概念上的不一致，而不仅仅是错误。这一观点是20世纪人们研究的一个先兆，即哲学问题可能是由于我们没有尽可能清楚地使用语言造成的。

◎休谟说人们在"知识"被定义得越来越窄的道路上又前进了一步，他认为要理解一个术语的真正意义，必须在感性印象或逻辑之上进行理解。这一观点是逻辑实证主义者的先声。对于休谟来说，我们可以辨别出人性中的某些原则，但这些原则的根本原因"完全与人类的好奇心和探索无关"，就像牛顿的万有引力一样。面对对知识本质缺乏了解，休谟维持着一种谦逊和沉默的态度。这种情绪在路德维希·维特根斯坦的表达中也可以找到，他说，"我们不能说话，我们应该保持沉默"。同样，他的"习惯与风俗"原则也与维特根斯坦的"语言游戏"和"生活方式"相关联。

大卫·休谟的陵墓，如他所愿，位于卡尔顿山东坡，俯瞰整个爱丁堡。

他写了自己的墓志铭："生于1711年，死于[——]。卒年留给子孙后代来填写吧。"

是逻辑必然（先验），都是未知的。必要联系的概念来源于感觉印象的各种连续的重复，结果形成了一种心理习惯。这种"风俗与习惯"效应是人性的一个原则。虽然这种效应是我们关于外部世界的所有信念的基础，但从严格意义上来说，它并不合理；我们必须经过实证研究才会接受它。我们也不能真正"知道"这种效应会产生什么结果。

休谟类似地将自我的概念分解为一系列离散的感官印象，我们倾向于将它们归纳在一起，但无法证明对任何此类事物的知识是正确的。休谟对我们理解其他人脑子里的思想，甚至更广泛的外部世界的知识做了类似的评估，他认为这些信念或意见是一种情感，"没有任何推理或思维和理解的过程能够产生或阻止"。他将道德和宗教主张与信仰归为"自然本能"，即"情感"、感觉或情绪，而不是理性。

从建议我们放弃所有这些信念和判断的角度来说，这是否使休谟成了一个怀疑论者？他似乎是在说，人类不可能否认持有这样的信念或按照这些信念去行动。从这个意义上说，他既贬低了传统哲学（基本上是形而上学），又要求我们更加严格地重视信仰。

大事记

1711年	出生于苏格兰爱丁堡。
1723年	在爱丁堡大学学习。
1739年	出版《人性论》。
1741—1742年	出版了《道德和政治论文集》。
1747年	作为他堂兄辛克莱尔将军的秘书，计划去加拿大与法国远征，但未能实现。
1748年	作为辛克莱尔的副官，与他一起进入驻维也纳和都灵宫廷的军事大使馆，出版了《人类理解研究》。
1751年	出版《道德原则研究》。
1754—1757年	出版了《大不列颠史》。
1757年	出版了《四篇论文》，包括《宗教的自然历史》。
1763年	回到法国担任英国大使的助理。
1765年	带领让·雅克·卢梭来到英国，以逃避迫害。为卢梭争取到政府的养老金。但他们俩后来起了争执。
1769年	返回爱丁堡。
1776年	因肠癌去世。
1777年	自传《我自己的生活》出版。
1779年	《自然宗教对话录》遗作出版。

理性是感性的奴隶，理性也应该仅仅是感性的奴隶。理性除了服务感性，或者顺从感性之外，永远也不能佯装发挥了其他作用。

——《人性论》（1739）

让-雅克·卢梭

(1712—1778)

让-雅克·卢梭是法国启蒙运动时期的作家和哲学家，他最主要的贡献却是反对启蒙运动。他对欧洲浪漫主义和法国大革命，以及哲学家伊曼努尔·康德和卡尔·马克思的思想都产生了深远的影响。

卢梭出生在日内瓦，母亲在生下他之后不久就去世了。他由父亲抚养长大。16岁时他逃到了萨沃伊，最终定居在法国东部的安纳西。在安纳西他得到了富有的男爵夫人德瓦伦斯夫人的资助。

1742年，卢梭来到巴黎。他最初的工作是教学和作曲，成长为一名才华横溢的音乐家。他的歌剧《乡村占卜师》（1745）非常成功，路易十六也观看了这部歌剧。后来他与巴黎知识分子的友谊与日俱增，其中包括埃蒂耶纳·博诺·德·孔狄亚克(1715—1780)和丹尼斯·狄德罗（1713—1784）。受他们的影响，卢梭走上了哲学研究之路，放弃了可能更加轻松的宫廷作曲家的工作。

狄德罗鼓励卢梭参加1750年第戎学院的征文比赛。卢梭的作品《论科学与艺术》因谴责艺术和科学的道德败坏而赢得了一等奖，为他赢得了声誉，同时也饱受争议。他的另一篇作品《论人类不平等的起源和基础》（1753）引发了更多的争议。卢梭

与日俱增的浪漫主义气息和反启蒙运动的立场最终导致了他与哲学家朋友们分道扬镳。

自此以后，卢梭得到了卢森堡公爵的赞助。在此期间，他创作了一些最重要的作品：那个世纪最畅销的小说之一《新爱洛伊丝》（1761）；政治哲学的权威著作《社会契约论》（1762）；一部半虚构的体现他教育观的作品《爱弥儿》（1762）。

《社会契约论》和《爱弥儿》都遭受了当局的谴责，卢梭因此被迫逃亡。他先是逃往瑞士，然后在1766年，应哲学家大卫·休谟的邀请，逃到了英国。一年后他与休谟发生了一场激烈的争吵，之后卢梭便隐姓埋名，悄悄回到了法国。

1770年，卢梭经允许返回了巴黎。他晚年以抄写乐谱为生，还写了自传《忏悔录》以及《卢梭评判让-雅克：对话录》《一个孤独漫步者的遐想》。他于1778年去世。他的《忏悔录》和后来的政治著作都是在他去世后出版的。

基本哲学思想

在卢梭看来，人类的本性和社会从根本上来说是格格不入的：他认为人在"自然状态"下是最好的，但被社会腐蚀了。有趣的是，外界常认为"高贵的野蛮人"是卢梭的口头禅，而他本人从来没有说过。卢梭偏爱自然、纯真、感性和孤独，而不是理性、智慧、文化和社会，这使他成了真正的浪漫主义者，坚决反抗启蒙主义者。

《论科学与艺术》

卢梭的《论科学与艺术》（1750）一文确立了他政治哲学的主题。他认为艺术和科学仅仅是现代社会的诱饵。在现代社会中，人类已经失去了自然自由，进入了道德衰落。卢梭把美德与纯真对等，认为天真一旦失去，就永远无法找回。卢梭在《论人类不平等的起源和基础》（1753）中指出，社会的负面影响集中表现在将积极的自爱转变为自尊或

骄傲：前者代表人类自我保护的欲望；后者是人为的，是社会的产物，社会促使人们相互攀比。私有制是道德腐败的主要根源。

《社会契约论》

卢梭最伟大、最有影响的哲学著作是《社会契约论》（1762）。他在早期的论述中提出了一个问题：如果社会从本质上玷污了人类的自然美德，回归到孤独的生活是不可能的，那么人类怎么才能继续在社会中生活呢？卢梭的答案在于引入"普遍意志"的概念。他认为公民社会是一个单一的有机统一体，拥有单一的意志，公民与社会建立契约。最重要的是，公民的自由被这个契约法案改变了。在缔约之前，人的自由在于追求个人利益，而在缔约之后，自由在于服从公意。

实际上，卢梭主张全体公民对自身拥有主权，

遗产、真理、影响

◎卢梭是欧洲浪漫主义运动的主要哲学思想家之一。

◎他的哲学促进了伊曼努尔·康德和卡尔·马克思的哲学的形成。卢梭是第一批严肃抨击私有财产制度的现代作家之一，所以也有人认为他是共产主义思想的先驱。

◎《社会契约论》成了法国大革命的"圣经"，但是，正如伯特兰·罗素所写的那样，"就像《圣经》一样，它没有经过人们仔细阅读，而且它的许多信徒对它的理解更少"（罗素，《西方哲学史》，1945）。

◎"人生而自由，却无往不在枷锁之中"（《社会契约论》的开头语）。从那以后，这句话就成了革命者和改革者的战斗口号。当时卢梭在《爱弥儿》中提出并遭到嘲笑的许多教育思想，现在可以在儿童中心论、体验式学习等现代教育理念中看到。

◎伏尔泰评价卢梭："卢梭真是个大疯子，一个坏疯子，他想让人相信我在迫害他……"

◎卢梭评论伏尔泰："那种鼓吹不敬神的喇叭手，那种华丽的天才，那种低级的灵魂。"

1755年出版的卢梭《论人类不平等的起源和基础》。

大事记

1712 年	出生于日内瓦。他的母亲在他出生几周后去世。
1722 年	卢梭的父亲是一个失败的钟表匠，被迫逃离日内瓦。卢梭被送去和他的叔叔婶婶一起住。
1728 年	逃到萨沃伊。定居在法国安纳西，与男爵夫人德瓦伦斯在一起。
1742 年	到达巴黎。遇见一个不识字的织布女佣黛莱丝·瓦瑟，他和瓦瑟生育了五个孩子，并把这五个孩子送到了巴黎孤儿院。
1743—1744 年	短期担任法国驻尼斯大使馆的秘书。
1745 年	路易十六在凡尔赛宫观看了他的歌剧《乡村占卜师》。
1745—1750 年	为狄德罗主编的《百科全书》撰稿。
1750 年	《论科学与艺术》在第戎学院竞赛中获得一等奖。
1753 年	《论人类不平等的起源和基础》发表。
1758 年	与黛莱丝·瓦瑟结婚。
1761 年	出版《新爱洛伊丝》，成为畅销书。
1762 年	出版《社会契约论》和《爱弥儿》。两本书在巴黎和日内瓦都被列为禁书，之后卢梭被流放，精神状态也随之恶化。
1766 年	应大卫·休谟的邀请逃往英国。
1767 年	在与休谟发生争执后，隐姓埋名返回法国。
1770 年	经允许返回巴黎，定居巴黎的条件是他不再出版作品。
1778 年	在法国埃默农维尔因中风辞世。
18 世纪 80 年代	去世后出版《忏悔录》（1782）、《卢梭评判让-雅克：对话录》（1782）、《一个孤独漫步者的遐想》（1782）和《忏悔录二》（1789）。

人生来是善，社会制度使之变坏。

——《论人类不平等的起源和基础》（1753）

通过普遍意志表达其立法意图，这在理论上平等地适用于所有人，因为它来自所有人。在卢梭看来，公意倾向于促进自由和平等，因为它既源于博爱精神，又促进博爱精神。然而，对于他的批评者来说，由此产生的国家可以被认为是极权主义的：因为自由在于服从普遍的意志，那些不服从的人必须"被迫获得自由"。然而卢梭坚持认为，政治权利的对象必须是自由和平等，而他的哲学思想正是为了这些目标而设计的。

《爱弥儿》

《爱弥儿》（1762）是一部半虚构和半说教的作品。卢梭虚构了一个故事，讲述男主角爱弥儿的成长，并在导师（卢梭）的帮助下进行自我教育。卢梭提出建立一个新的教育体系。爱弥儿在开展活动时必须感到自由。教育者永远不能通过惩罚把自己的意志强加给学生；相反，他应该扮演促进者的角色，为学生活动的自由开展准备最合适的外部条件。在卢梭看来，教育应该以牺牲智力为代价，集中在感官和身体健康上。爱弥儿不喜欢读书，只学习那些对于他作为木匠必不可少的知识和技能。卢梭使他免受文化和科学腐蚀的影响，并鼓励他享受"理性的睡眠"。不过，《爱弥儿》很快就被官方禁止了。

亚当·斯密

（1723—1790）

亚当·斯密是一位极具开拓性的政治经济学家和道德哲学家。他是苏格兰启蒙运动的关键人物，以其著作《国富论》（1776）而闻名。该书认为，理性的自我利益和自由市场的竞争可以带来经济繁荣。斯密的著作奠定了现代经济学学科的基础，并为自由贸易和资本主义提供了最著名的理论基础。

斯密出生于苏格兰的柯科迪，由寡母抚养长大。他获得了奖学金，先是进入格拉斯哥大学，然后进入牛津大学的贝利奥尔学院学习。1748 年，他回到苏格兰，在卡姆斯勋爵的赞助下，在爱丁堡教学。在这些年里，他结识了哲学家大卫·休谟和其他苏格兰启蒙运动的人物，并与休谟成为密友。

1751 年，斯密被任命为格拉斯哥大学的逻辑学教授，一年后转任道德哲学系主任。他讲授自然神学、伦理学、法学和经济学。

1759 年，36 岁的斯密出版了《道德情操论》。这部书开创性地研究了道德哲学问题，其中也融入了他在格拉斯哥的一些演讲。他的才华引起了巴克卢公爵的注意。公爵聘请他担任他儿子的导师，于 1764 —1766 年一起巡游欧洲。在旅途中，斯密遇到了一些杰出的思想家，如伏尔泰、让 - 雅克·卢梭和本杰明·富兰克林。

回到英国后，他集中精力创作了他最伟大的作品《国富论》，这本书于 10 年后的 1776 年出版。同年斯密迁居伦敦。

《国富论》是政治经济学的第一部重要著作，几乎是一炮走红，也给斯密带来了丰厚的回报。1778 年，斯密被任命为苏格兰海关专员，随后回到爱丁堡，与年迈的母亲在潘慕尔庄园安家。该庄园至今仍矗立在爱丁堡的卡农格特。在庄园里，他经常招待一些启蒙运动的人物，比如物理学家约瑟夫·布莱克、地质学家詹姆斯·赫顿，以及他的老朋友哲学家大卫·休谟。

1790 年，斯密因病去世。他给他的遗嘱执行人留下了这样的嘱托：除了最重要的论文，毁掉其余一切。他的《哲学论文集》遗稿于 1795 年正式出版。

基本哲学思想

《道德情操论》

这部著作是以休谟的思想为基础写成的，奠定了斯密的社会声誉。斯密认为，道德情感的本质是同情，是一种特殊的愧疚性的同情，就像一个公正的知情人士所具有的那种情感。道德情感理论建立了一种新自由主义，在这种理论中，社会组织被视为人类行为的结果，而不一定是人类设计的结果。

《国富论》

这是一部对国家财富的性质和原因进行研究的著作，详细地探讨了经济自由的后果，例如劳动分工、市场的功能以及自由放任经济的国际影响。当时斯密没有使用"自由放任经济"这个术语，直到 19 世纪该术语才横穿英吉利海峡来到英国。《国富论》的基本原则是，劳动是一个国家财富的唯一来源。斯密主张在生产过程中进行分工，强调个体企业的重要性，并主张自由贸易的好处。他认为，一个国家的真正财富不在于黄金，而在于生活必需品的丰富；他警告国家不要在这一过程中进行不必要的干预。

自由贸易

1776 年《国富论》出版时，英国和美国热情拥抱自由贸易。当时美国刚刚宣布独立，并准备建立一个新的体系来缓解经济困难。不难理解该书在英国及其海外很快就受到欢迎。在 1790 年斯密去世之前，该书仅在英国就出版了五版。在 1776 年之前的几个世纪里，人们理所当然地认为，政府的任务就是以对社会最有利的方式来管理贸易。斯密挑战了这种监管体系（被称为重商主义），其主要特征是商品关税的结构。1783 年成为英国首相的小威廉·皮

> 我们的晚餐并非来自屠夫、酿酒师或面包师的仁慈，而是来自他们对于自身利益的追求。我们并不关注他们的人性，而是关注他们的自爱。我们从不跟他们谈论生活必需品，而是谈论他们应得的好处。
>
> ——《国富论》（1776）

遗产、真理、影响

◎政治经济学，甚至整个经济学，可以直接追溯到1776年斯密《国富论》的出版。

◎《国富论》还为自由贸易提供了最著名的理论依据，即政府和资本主义的自由放任模式。

◎斯密极大地影响了后来经济学家的思想，包括著名的托马斯·马尔萨斯（1766—1834）、大卫·里卡多（1772—1823）和卡尔·马克思。斯密的政治影响力也很大，他的拥护者包括有小威廉·皮特（1759—1806）、查尔斯·福克斯（1749—1806）和拿破仑（1769—1821）。

◎斯密规定了四条至今仍然适用的税收准则：相称性、透明度、便利性和效率。

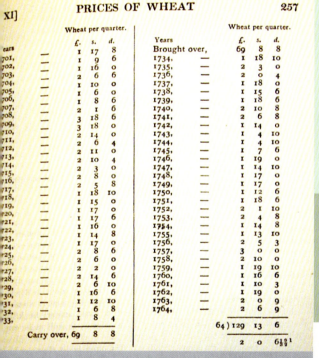

《国富论》中显示小麦价格的一页的细节。

> 无论一个人可能被认为是多么自私，在他的本性中显然有一些原则使他关心别人的命运，使他们的幸福对于他来说是必要的，尽管他除了看到幸福的快乐之外，什么也得不到。
>
> ——《道德情操论》（1759）

特满怀热情地接受了《国富论》的自由贸易思想。然而，皮特的贸易关税改革却因为法国大革命战争而停滞不前，直到19世纪20年代，才重启了关税改革，使英国成为一个自由贸易国家。

"看不见的手"

国家财富的一个要点是，自由市场虽然看起来混乱无序，但实际上是被一只"看不见的手"引导着适度生产多样化的产品。"他宁愿支持本国工业而不支持外国工业，只是想要确保他自己的安全；他指导这种工业使其产品具有最大的价值，他这样做只是为了他自己的利益，也像在许多其他场合一样，他这样做只是被一只看不见的手引导着，去促进一个并不是出自他本心的目的。""看不见的手"这个比喻之前曾被斯密运用于他的《道德情操论》中，逐渐演变成为自由贸易倡导者的代名词。但很明显，这个经济术语也招来了很多批评者，他们认为这个比喻暴露了自由市场经济缺陷的核心。正如诺贝尔奖得主、经济学家约瑟夫·斯蒂格利茨所写的那样："看不见的手之所以看上去无形，是因为它常常不存在。"

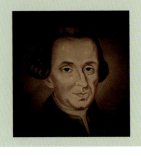

伊曼努尔·康德

（1724—1804）

康德是 18 世纪欧洲最有影响力的思想家之一。事实上，他的文章《回答这个问题：什么是启蒙？》可以看作定义启蒙运动的作品。他用拉丁短语"萨佩雷奥德"（有勇气使用你的理性）来赞美不受国家或宗教权威影响的自主思考的美德。他的作品主要试图调和在他之前的两大哲学运动，即理性主义和经验主义。

康德通常被认为是一个头脑迂腐而思想精明的人，这些描述学究的陈词滥调用在他身上是合适的。显然，他不会去过冒险和猎奇的生活。他出生于 1724 年，在柯尼希斯伯格家族 11 个孩子中排行第四。从早期的宗教教育开始，他从未离开过这个城镇，当时那里是普鲁士的首都。他在 16 岁的时候就进入了城市大学上学。后来做了导师和讲师，最后当上了逻辑和形而上学的教授。成为教授以前，他涉猎广泛，学习了包括哲学在内的许多学科的知识。他早期的一些作品与科学主题相关，包括宇宙起源、银河系起源和天文学猜想。

他在三四十岁时就撰写了不少哲学著作，比如通俗哲学著作《论优美感与崇高感》（1764）。康德认为是大卫·休谟的著作将他从"教条式的沉睡"中唤醒。大约在 1770 年读完休谟的作品后，他意识到他早期作品缺乏对智力和感官相互关系的完全理解。

在此之后的 11 年里他都没有出版任何书籍，继续教书生涯。这一时期被称为"沉默的十年"，是他的哲学思想走向成熟的间歇期。康德本来是一个合群的人，但他开始变得孤僻起来，并坚定地专注于工作。他的生活也变得非常有规律，他每天都在同一个时间醒来，做同样的工作。盛传当地人可以根据他路过的时间来校正自家的钟表。

基本哲学思想

1781 年，康德发表了《纯粹理性批判》，这是有史以来最杰出的哲学著作之一，这是他沉默十年后的第一个成果。这是一本难懂的书，就像在这部作品之后的两个批判一样（《实践理性批判》和《判断力批判》），但是这本书让康德逐渐在同行中赢得了声誉，他们能够理解这 800 多页密集而又枯燥的讨论。这三大批判提供了康德对形而上学、伦理学和美学问题的解决方案。

知识

在《纯粹理性批判》中，康德关注的是为形而上学提供一个基础，形而上学被理解为超越经验界限的哲学知识（例如关于自由意志是否存在、上帝是否存在等知识）。他这样做，旨在解决理性主义者（如戈特弗里德·莱布尼茨）和经验主义者（如大卫·休谟）之间无休止的争论，并为人类理性的正确应用设定了限制和原则。

康德试图证明的形而上学知识既有先验的部分，也有合成的部分，既涉及必要的真理（从必然为真的命题中得出，而不是基于关于世界的经验证据的后验知识），又涉及合成的真理（信息量大的命题，其要求的信息量比仅仅从对命题中包含的概念的分析中得出的信息量大）。综合先验判断的一个例子是"三角形的三个内角和是 180 度"。三角形的数学真理是关于现实的独立本质的真理，不能简单地从命题中推导出来。

他的创新，通常被称为"哥白尼式哲学革命"，人们将他与哥白尼对公认的宇宙观的挑战相提并论。他颠覆了知识获取途径的传统认识，推翻了头脑是被动的经验记录器的观点。经验主义者认为，头脑就像世界里的物质集合，空白的石板或白板等着人们来书写。康德批驳道，头脑是活跃的，在塑造经验世界和构成知识对象中发挥积极作用。头脑将诸如因果、空间和时间的概念等范畴强加给经验的感觉数据，以帮助我们解释世界和生成知识。这形成了康德的主张，即人类知识仅限于表象或现象领域（对象的世界，因为它们被感知或体验）；而事物本身，世界上属于本体领域的物体，是可以想象的，但实际上是不可知的。他的哲学思想被冠之以先验唯心主义，解释了我们如何知道事物是怎样出现在我们面前的，但我们只能思考事物本身（本体）。

遗产、真理、影响

◎ 康德思想的微妙性和广泛性，使他在过去的两个世纪里对整个西方哲学产生了重大影响，尤其是在调和理性主义和经验主义方面。

◎ 他对19世纪的浪漫主义和德国唯心主义哲学家产生了重大影响。他的哲学思想可以视为后来哲学研究的出发点。

◎ 他分析心灵如何从经验中获得知识的答案极大地影响了20世纪的现象学家和格式塔心理学家。

> 启蒙是指人类从自我导致的不成熟状态中觉醒。这种不成熟状态是指在缺乏指导下无力运用自我理性的状态。
> ——《答复这个问题：什么是启蒙运动》（1784）

康德的著作定义了启蒙运动的一些概念。这些概念启发了美国《独立宣言》的签署者。

大事记

1724 年	出生于东普鲁士的柯尼斯堡（今加里宁格勒，在波罗的海沿岸的俄罗斯飞地）。
1740 年	上大学。
1749—1770 年	出版了各类著作，从《论活力的正确评价》开始。
1770 年	成为逻辑和形而上学教授。
1770—1781 年	处于"沉默的十年"。
1781 年	出版了《纯粹理性批判》。
1783 年	出版了《任何一种能够作为科学出现的未来形而上学导论》。
1784 年	他的文章《答复这个问题："什么是启蒙运动"》定义了启蒙运动。
1788 年	出版了《实践理性批判》。
1790 年	出版了《判断力批判》（美学）。
1795 年	出版了哲学著作《论永久和平》。
1804 年	在柯尼斯堡去世。

> 人类理性在其知识的某个门类里有一种特殊的命运，就是：它为一些它无法摆脱的问题所困扰；因为这些问题是由理性自身的本性向自己提出来的，但它又不能回答它们；因为这些问题超越了人类理性的一切能力。
> ——《纯粹理性批判》（1781）

它解释了经验世界的知识，包括合成的先验知识是如何成为可能的，但排除了与先验问题有关的思辨形而上学思想。思辨的形而上学会导致矛盾，因为它试图获得本体的知识，同时适用于我们所体验的世界范畴。

尽管康德拒绝传统的形而上学，但他为道德的真理留下了空间。只有当自由意志的观念被认为是一种自在的东西时，它才会在自然的因果决定论和道德所要求的自由意志之间引发矛盾。一旦这一假设被否定，至少可以想象，被认为是自在之物（本体）的人类是自由的，尽管我们永远无法确定自由意志是否不受决定论的影响。对于康德来说，这足以符合道德原则，并赋予生命意义。

绝对命令

康德还探讨了与综合先验判断相关的伦理学。他总结道，我们的道德观是建立在一个单一的"绝对命令"的基础上的。你应该"只按照这样一个准则行事，即你同时希望它成为一个普遍的法则"（"己所不欲，勿施于人"）。事实上，耶稣的"黄金法则"和康德的命令是绝对的，因为真正理性的存在物必须承认其理性的约束力，而不管它们所处的环境和目的。例如，理性存在要求"不许谋杀"的道德命令应该成为一条普遍的法则。

摩西·门德尔松

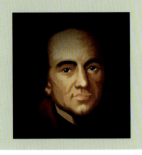

（1729—1786）

作为德国启蒙运动的哲学家，摩西·门德尔松也是犹太启蒙运动之父。同时，他也是一名作家、评论家和翻译家，他为犹太人的公民权利和犹太人融入德国社会的主张提出了令人信服的观点。除了以犹太教为主题进行写作外，他的哲学还涵盖了从形而上学到美学的一系列主题。

门德尔松出生在一个相当贫穷的德国犹太家庭。他学习传统的犹太法律，同时也自学世俗科目，如拉丁语、德语和哲学。18世纪50年代中期，他开始发表引人注目的哲学文章，有时是和他的朋友戈特霍尔德·埃夫莱姆·莱辛（剧作家）一起发表。门德尔松是莱辛1779年的戏剧《智者纳旦》中同名犹太英雄的原型。

1763年，他被正式授予"受保护的犹太人"的身份，这意味着他可以永久居住在柏林。当时，在欧洲大多数国家，犹太人不允许投票或参与公民生活。因此，犹太社区几个世纪以来都没办法改变他们孤立存在、遵循传统和与世隔绝的状态，他们说的语言都是意第绪语。门德尔松一直是一个虔诚的东正教教徒，他主张平等权利和解放。他还努力说服犹太人学习欧洲语言和现代科学科目，在更大的社会舞台上发挥作用。

1769年，约翰·拉瓦特牧师向他挑战，要求他为基督教辩护，但他回避辩论，主张宗教信仰自由和宗教宽容。他的朋友莱辛去世后被指责为泛神论或无神论者，门德尔松为他进行了辩护。

> 宗教信仰不允许通过其他方法去解决疑惑，除了通过理性的方法以外。宗教信仰不仅仅要求是对永恒真理的信仰。
>
> ——《斐多》（1971）

基本哲学思想

理性

门德尔松认为上帝的存在和其他宗教真理都可以通过理性来发现。他虽然接受启示和奇迹的现实，但认为它们不是宗教信仰的唯一基础。他反对空洞的迷信和宗教威胁，如开除教籍等。1767年，他在著名的论文集《斐多》中通过理性论证讨论了灵魂的不朽，该论文集大致仿照柏拉图的《斐多篇》（公元前4世纪），这为他赢得了"德国苏格拉底"或"犹太苏格拉底"的称号。

宽容

在很多著作中，他呼吁宗教宽容，并主张国家无权干涉人们的宗教信仰，不管是什么信仰。他采取了务实的立场，认为可能存在多种真理，不同的人可能需要不同的宗教。

遗产、真理、影响

◎ 门德尔松的普通哲学思想帮助德国的启蒙运动形成了独特的道路，即走向神秘主义，而不是经验主义。

◎ 他是一个尊重传统信仰的犹太人，同时又遵循欧洲启蒙运动的理性主义原则。他促进了"犹太启蒙运动"的文化复兴。他支持宗教自由的论点也进一步推动了欧洲犹太人解放运动的进程。

◎ 虽然一些犹太人欣然接受启蒙运动，但其他人认为，他的思想只是导致了文化的同化，最终会导致犹太人身份的丧失。他自己的孙辈，包括作曲家菲利克斯·门德尔松和范妮·门德尔松，都皈依了基督教。

大事记

1729年	出生于德绍（今德国东部城市）。
1743年	与柏林著名犹太学者一起研究。
1754年	开启了与剧作家戈特霍尔德·埃夫莱姆·莱辛一生的友谊。
1755年	开始出版哲学著作。
1763年	赢得著名的柏林学院文学比赛。
1767年	他的论文集《斐多》出版。他被誉为"德国的苏格拉底"，闻名于欧洲。
1780—1783年	把《旧约》中的《摩西五经》和犹太教《圣经》译成德文。
1786年	在普鲁士王国（德国）柏林去世。

埃德蒙·伯克

(1729—1797)

埃德蒙·伯克是爱尔兰政治家和哲学家。他的政治生涯正值英国历史上的辉煌时期。他既是美国独立运动的拥护者，又是法国大革命的反对者。他的哲学著作涵盖从早期对无政府主义的思考，到对美学理论的研究。

伯克在都柏林长大，后来搬到伦敦从事法律职业。他最有趣的两部哲学著作是他早年间写的：《为自然社会辩护：检视人类遭遇的痛苦和邪恶》是对无政府主义的早期阐释，但是后来伯克不承认这是一部讽刺作品；《关于我们崇高与美观念之根源的哲学探讨》是对美学理论的研究，该书对德尼·狄德罗（1713—1784）和伊曼努尔·康德等哲学家产生了影响。

对政治的研究总是结合时代的问题，例如，代议制民主的作用、对君主权力的限制等。他在大英帝国范围内较有影响力，比如在美国独立战争时期，他坚决支持和平，允许前殖民地自由，反对滥用殖民地。然而，他对法国大革命的看法却与众不同，认为它代表了对各种权威和传统的不合理攻击。虽然伯克观点让人心存疑虑，但他对法国大革命价值的质疑却得到了证实，在马克西米连·罗伯斯庇尔的领导下实行了"恐怖统治"。

基本哲学思想

《关于我们崇高与美观念之根源的哲学探讨》

伯克研究了引发我们情绪和激情的因素。他把人类的"激情"分为"自我保护的激情"（主要集中在痛苦和快乐上，使我们产生一种"快乐"的感觉）和"社会的激情"（建立在性爱或对人类和整个生命世界的爱之上）。爱是一种积极的快乐，"它的对象是美；我要用美这个名字来形容事物中所有能引起我们情感和温柔的品质……"因此，任何引起"快乐"的因素是崇高的；任何让"爱"兴奋的东西都是美丽的。在他的第二版论文（1759）中，他回应了大卫·休谟1757年关于味觉的论文。休谟怀疑确定味觉标准的可能性，而伯克则相信味觉定律是可以进行科学验证的。然而，评论者大多认为伯克忽略了理解美的主观因素：我们称之为美的事物是我们个人对事物的"想法"，这些想法取决于个人兴趣、情感等。

遗产、真理、影响

◎伯克是现代著名的英美保守主义的创始人。

◎他对卡尔·波普尔和弗里德里希·哈耶克（1899—1992）等古典自由主义者产生了持久的影响。

◎关于他的思想，最有趣的评论之一来自温斯顿·丘吉尔。丘吉尔为伯克辩护，认为可以区别对待美国革命和法国革命。他说，伯克的"灵魂反抗暴政，不管这种暴政的表现是极权的君主……还是一个表面上喊着自由的口号、实际上限制自由的政府。这样的灵魂也使他反抗残忍的暴民和邪恶的教派"。

大事记

1729 年	出生于爱尔兰都柏林。
1756 年	出版了《为自然社会辩护》。
1757 年	发表了《关于我们崇高与美观念之根源的哲学探讨》一文。
1765 年	加入英国议会。
1775 年	发表有影响力的演讲：《论与美洲和解的演讲》。
1788 年	伯克在印度总督黑斯廷斯的审判中反对滥用殖民地。
1790 年	出版了《评法国革命》。
1797 年	在英国去世。

良好的秩序是一切美好事物的基础。
——《评法国革命》（1790）

《评法国革命》

在这篇论文中，伯克抨击了社会契约理论，并主张社会最好在尊重传统宗教等既定价值观的前提下运行。

托马斯·潘恩

（1739—1809）

托马斯·潘恩是政治哲学家、共和党人士、革命者，还是一位杰出短篇文章的作家。他擅长辩论，具有独立的批判性思维。潘恩在为美国和法国的革命辩护中起到了关键作用。美国独立战争开始后，他独具见解性的言论也持续影响着这场革命。他的思想虽非正统，但对19世纪后期的激进分子有着深远的影响，尤其是在宗教方面，这种立场也令他鲜有朋友。

1737年，托马斯·潘恩出生在英格兰东南部的塞特福德，他的父亲是贵格会教徒。潘恩早期的工作和事业并不成功，他没能继承父亲在紧身胸衣制作行业的衣钵，两次做了海关官员却被解雇，开店做生意也以失败告终。他的第一任妻子在分娩时去世，第二任妻子后来与他分居。

1774年9月，潘恩失业，负债累累，他在伦敦会见了政治家和科学家本杰明·富兰克林。他接受了富兰克林的建议，带着他的介绍信移民到了美国殖民地。

潘恩于1774年11月30日到达费城，很快开始了新的工作，成了一名新闻工作者，为《宾夕法尼亚杂志》撰写了一系列主题文章。

1776年1月，他出版了倡导美国独立的短篇小册子《常识》。这本小册子对公众舆论产生了巨大影响，从咖啡馆到讲台，读者随处可见。这为他赢得了广泛的声誉。潘恩变成了一位致力于美国独立事业的革命宣传家。在发表《常识》后，他又撰写了一系列引起读者共鸣的文章，也撰写了一系列小册子，取名为《美国危机》（1776—1783）。

1781年潘恩短暂访问了巴黎并获得了一笔战争援助经费，1787年他再次返回欧洲。他支持法国革命的温和派，并于1791—1792年创作了他最著名的作品《人的权力》。他以此书回应埃德蒙·伯克的反革命著作《评法国革命》（1790）。

从1792年起，潘恩进入法国国民议会，但他与法国大革命中日益激进的政党雅各宾派发生冲突，并在1794年险些死于断头台。他的《理性时代》（1795—1796）是对自然神论的宣言，此书宣称自然是神圣启示的唯一形式，并且对教会进行了猛烈的攻击，这让他的敌人日益增多。

潘恩在巴黎不再受欢迎，最终于1802年10月回到了美国。在潘恩生命的最后几年，他穷困潦倒、体弱多病、酗酒成性、流落街头，于1809年在纽约去世。

基本哲学思想

潘恩在美国发行的第一本小册子《常识》（1776），成为美国独立战争中广泛传播的小册子。对于摇摆不定的殖民者来说，美国独立似乎变得值得期待、可以企及了。

潘恩用词通俗易懂，将自己的信念描述为常识性激励话语，并坚持认为英美之间的问题具有普遍重要性：

美国的事业在很大程度上是全人类的事业。这不是一天、一年或是一代人所能解决的问题；后代实际上参与了竞争，并且，或多或少都会影响到后代，直到时间的尽头。

——《常识》

对于潘恩来说，在欧洲政治体系瓦解成为专制制度时，上天注定美国成为自由的避难所。他在开头几段中表明，"社会无论怎样都是好的。但即使是最好的政府也不过是必要的邪恶。"以共和制和代表制为形式的"必要的邪恶"最好地保护了人民的自由与安全。国王统治的政府与人的自然平等背道而驰："这是一种政府的形式，上帝的圣言能够作证，血腥的统治即将到来。"

《美国危机》（1776—1783）是一系列信件和小文章，旨在鼓舞美国人民实现独立，并整理了军事斗争记录。就像任意一本政治小册子出版的那样，首篇就充满了政治措辞：

这是考验人类灵魂的时代。在这场危机中，烈焰般的士兵和充满活力的爱国者将不再为自己的国家服务。现在他们站起来了，人民对他们充满了谢意。暴政如同地狱，很难征服，然而，冲突越激烈，胜利就越光荣，这给了我们慰藉。我们太容易得到某样东西，就会轻视它；只有

遗产、真理、影响

◎潘恩的作品对他同时期的人们造成了巨大的影响，尤其是对美国革命者们。

◎他启发了英国的哲学激进分子和工人阶级激进分子。美国自由主义者、自由意志主义者、无政府主义者、自由思想者、进步主义者和激进分子经常尊称他为知识之父。

◎亚伯拉罕·林肯和托马斯·阿尔瓦·爱迪生都赞赏潘恩的作品。据报道，林肯在1835年为潘恩的《神论》写了辩护，爱迪生认为潘恩"是美国最伟大的人物之一。在美利坚合众国，没有人的知识面比潘恩更丰富"。

◎《理性时代》为许多工人阶级读者提供了重新反思宗教立场的知识。

◎潘恩是支持采用累进所得税和废除奴隶制的先驱之一。

大事记

1737 年	潘恩出生于英国诺福克郡的塞特福德。
1774 年	本杰明·富兰克林鼓励潘恩移民到美国。潘恩于11月30日到达费城。
1776 年	潘恩出版《常识》，该书迅速成为畅销书。
1781 年	潘恩访问法国，商讨美国战争经费问题。
1787 年	潘恩返回欧洲。
1791—1792 年	潘恩出版《人的权力》。被英国指控煽动诽谤罪，并被缺席审判。
1795—1796 年	潘恩出版理论著作《理性时代》。
1797 年	潘恩出版《土地司法正义论》。
1802 年	回到美国，受到托马斯·杰斐逊总统的热烈欢迎，但潘恩的直言不讳和离经叛道致使他被疏远了。
1809 年	潘恩一文不名、流落街头，去世。只有六人参加了他的葬礼。

> 这是真理不可抗拒的本质，它所要的和它所求的全部就是自由的显现。
>
> ——《人的权力》（1791—1792）

1792年托马斯·潘恩的漫画，图中人物被不公正包围，手里拿着标有"人的权利"的卷轴。

> 美国的事业在很大程度上是全人类的事业。
>
> ——《常识》

> 尊崇才能赋予它一切价值。
>
> ——《美国危机》

据说乔治·华盛顿下令在战斗前夕向部队大声朗读这本小册子以鼓舞士气。

《人的权力》

潘恩在1791年创作了《人的权力》第一部分，副标题为"对伯克先生攻击法国大革命的回应"。当伯克对此又作出回应时，潘恩又以第二部分作为回应（1792）。潘恩最初为捍卫法国大革命而进行的研究变成了对欧洲社会的不满情绪的审视：专制政府、贫穷、文盲、失业和战争等种种弊端。《人的权力》不仅拥护君主制的共和主义，而且还倡导共和制。它概述了一项普及教育、救济穷人、发放养老金和雇佣失业者建造公共工程的计划，实施计划的开支都将由征收的累进所得税支付。

《理性时代》

正如伏尔泰一样，潘恩是一位自然神论者。他能言善辩，作为无神论者的他声名远扬而持久。实际上，《理性时代》（1795—1796）是为了抗击无神论而作，它来源于潘恩对自身信仰的坦率表达："我相信世上只有一位上帝，除此之外，再无其他。我希望来生幸福快乐"。

然而，潘恩却坚定且言辞尖锐地讨伐了有组织的天启宗教。他在《圣经》中发现的编写错误以及他对自然神主义的提倡，令他的著作被谴责为无神论和不忠的典型。直到1888年，西奥多·罗斯福还将潘恩描述为"一个肮脏的小无神论者"。

杰里米·边沁

（1748—1832）

杰里米·边沁是英国哲学家、政治改革家和理论法学家，功利主义的"创始者"。功利主义根据后果来评估行为，社会整体幸福每个人行为的影响。边沁对 19 世纪刑法制度、济贫法、投票权和法律改革理论具有巨大的影响力。

杰里米·边沁于 1748 年出生于英国伦敦，并在威斯敏斯特学校接受教育。边沁是一位神童，12 岁时被送到牛津大学女王学院学习。毕业后，边沁学习法律，并于 1769 年获得律师从业资格。但是，令他作为律师的父亲大失所望的是边沁没有成为一名律师，而是研究如何进行法律改革。他的第一本出版物《政府片论》（1776）就毫不客气地批评了英国法学家和法学教授威廉·布莱克斯通。边沁在 18 世纪 70 年代还撰写了《道德与立法原理导论》。尽管这部作品直到 1789 年才出版，但仍然是他一生中主要的理论著作。

18 世纪 70 年代，日渐衰退的制度激发了边沁对刑法改革、犯罪和刑罚的兴趣：肮脏的监狱耸立于泰晤士河边，死刑显然没有起到威慑作用。人们认为边沁所著的小册子《艰苦劳动的观点》（1778）影响了 1779 年的《监狱法案》。

1781 年，边沁与谢尔本伯爵威廉·佩蒂（1784 年成为兰斯多恩侯爵）建立了深厚的友谊。兰斯多恩侯爵对边沁提供了巨大帮助，他与边沁的关系相当密切。

1785 年，边沁前往俄罗斯拜访他的兄弟塞缪尔·本特姆。在那里，他受到塞缪尔·本特姆"观察房"设计（一个带有中央观察哨的圆形建筑物）的启发，将监狱设计为圆形，看守方便观察囚犯，而囚犯对此一无所知。回到英格兰后，在兰斯多恩侯爵的帮助下，他尝试了 20 多年，试图说服政府采用圆形监狱作为英国刑罚失败的解决方案，但最终徒劳无果。

18 世纪 90 年代初期，法国进入马克西米利安·罗伯斯庇尔的恐怖统治时期，边沁对法国大革命的热情逐渐消退。他在《无政府主义的谬论》（写于 1791—1795 年，1816 年出版）中一针见血地分析了《法国人权宣言》，其中严厉地嘲讽了"自然权利"的概念，将其视为"文字游戏"和"故弄玄虚"。

然而，英国参加了拿破仑战争，战期漫长，民不聊生。这重新点燃了边沁的激进自由主义之火。在 19 世纪初期，他与他的"哲学激进分子"门徒紧密合作，以推进改革议程。边沁还于 1823 年与他人共同创立了《威斯敏斯特评论报》，与当时的保守派期刊形成了鲜明对比。

1832 年，议会通过《大改革法案》后不久，边沁去世。该法案对英国的选举制度进行了广泛的改革，包括改进了成年男性的投票权。

基本哲学思想

边沁受到了启蒙哲学家思想的影响，例如萨雷、贝卡里亚侯爵（1738—1794）、克劳德·阿德里安·赫尔维蒂乌斯（1715—1771）、德尼·狄德罗（1713—1784）、让·勒隆德·阿莱姆伯特（1717—1783）、伏尔泰，同时也受到了约翰·洛克和大卫·休谟的影响。边沁的思想将经验主义方法与理性主义相结合，强调论证概念的清晰性和演绎性。

《政府片论》

边沁的《政府片论》（1776）是他对法学家威廉·布莱克斯通的《评论》所作评论的一小部分。在边沁看来，布莱克斯通的《评论》是老调重弹，充斥着保守的法律理论和抵抗法律改革的话语。边沁愿意指出布莱克斯通思想中的困惑，却从不深入阐述自己的观点，但他的《政府片论》仍以萌芽的形式包含了他未来工作的中心主题，包括以效益原则作为其体系的基础。

功利主义与改革

边沁在《道德与立法原理导论》（1789）中将"功利"明确定义为："一切事物中能带来收益、优势、快乐、美好或幸福的特性……或者规避伤害、痛苦、邪恶或不幸的特性。"行为的正确性取决于其功利性；功利是由行动产生的后果来衡量的。

遗产、真理、影响

◎ 边沁的思想有一批追随者继承衣钵,包括约翰·斯图尔特·穆勒、法律哲学家约翰·奥斯丁(1790—1859)和其他功利主义者。后果主义者们认为特定行为的后果构成对该行为进行有效道德判断的基础。

◎ 边沁在 19 世纪上半叶的影响力强大,他为刑法和《穷人法律》的改革以及选举改革做出了巨大贡献。

◎ 边沁的学生约翰·斯图尔特·穆勒修订并扩展了功利主义。穆勒使得"边沁主义"成为国家政策目标自由主义观念的主要内容。穆勒将边沁称为 18 世纪的"开创性思想家"之一,"既定事物的伟大质疑者"。

◎ 现代功利主义仍然是当代道德和政治哲学的一个重要主题(参见彼得·辛格)。

◎ 他的犯罪、刑罚和刑法改革理论对结构主义哲学家米歇尔·福柯影响巨大。

◎ 边沁帮助建立了伦敦大学学院,他的身体经过防腐处理后,一直在南回廊中守望着这片校园。

◎ 边沁著述颇丰,其多数作品直到他去世多年后才公诸于世,遗留的手稿共计约 500 万单词。自 1968 年以来,伦敦大学学院的"边沁项目组"就一直在整理其作品集的定稿。迄今为止,已经收录了 25 卷。还有很多作品有待问世。

> 匮乏不是供给,饥饿不是面包……渴望自然权利的理由并不是权利:自然的、不受限制的权利,是穿上华美服饰的胡言乱语。
>
> ——《政府片论》(1816)

大事记

1748 年	出身于英国伦敦一个富裕的保守党家庭。
1760 年	进入牛津大学女王学院。
1763 年	获得牛津大学学位。
1769 年	获得律师从业资格,但没有当律师。
1776 年	出版《政府片论》。
1785—1787 年	在克里米亚探望他的兄弟塞缪尔·本特姆;带着圆形监狱的设计图回归。
1787 年	出版《圆形监狱》和《防止高利贷》。
1789 年	出版《道德与立法原理导论》。
1792 年	成为法国荣誉公民。
1793 年	出版《解放殖民地》。
1811 年	出版《惩罚与奖励》。
1817 年	出版《无政府论断》。
1817 年	出版《议会改革问答》。
1823 年	创立《威斯敏斯特评论报》杂志。
1832 年	在伦敦去世。

边沁图像。
依其遗嘱,他的遗体被保存并存储在一个称为"自我形象"的木柜中。

对于边沁而言,在描述后果的各种术语中,最重要的是快乐和痛苦:"大自然将人类置于两个主权的统治之下,那便是快乐和痛苦。"对于边沁来说,快乐和痛苦的界限清晰,易于理解,可以给一切赋予意义:功利原则必须以最大化愉悦和最小化痛苦作为标准,因为这是唯一可以普遍理解的价值衡量标准。

根据这个功利原则,即"最多人的最大幸福",边沁希望建立一个完善的法律和政府体系。如果这样一个系统旨在给人们带来幸福,那么必须通过理性和法律的手段。在边沁的法律法规草案中,每个法规都附有"每项法律条款的理性评论"。边沁希望通过评论表明法律的价值、提升法律效用。

边沁和民主

边沁的《议会改革问答》写于 1809 年,1817 年出版。标志着他从 1809 年开始转向了民主制。在该书中,他要求建立平等的选举区,主张年度议会、家庭选举权制度和改革选举程序。从功利角度来看,这是必要的,因为英国政府是由少数人统治和维护少数人的利益为前提的,只有通过实行"具有广泛利益的民主"才能确保大多数人的最大幸福。

玛丽·沃斯通克拉夫特 （1759—1797）

玛丽·沃斯通克拉夫特是一位真正的先驱，为了争取女性的教育、独立和权利潜心写作。当时她受到社会的谴责，不是因为她的观点激进，而是因为她非常规的生活方式，她敢与男人未婚同居。如今，由于她的勇气和佳作，人们认为她是女权主义的英雄。

玛丽出生于有七个孩子的家庭中，她是老大。她的父亲是一个手帕织布工，曾经拖家带口地辗转于英国各地，以农耕谋生，但是生活还是没有起色。在绝望中，他甚至偷走了玛丽应得的一笔小遗产，让玛丽没有了经济支持。那时候，女性很少有体面的工作机会。1777年，玛丽设法找到了制作针线包的工作，但并没有在很大程度上改善她贫穷、不幸的生活。

1784年，玛丽开始表露出革命的态度，使她与当时的世俗社会格格不入。她姐姐伊丽莎因不幸的婚姻而深感沮丧，玛丽冲破世俗和规范的约束，说服她姐姐放弃丈夫和孩子。为了帮助伊丽莎和她自己以及她的密友，她在伦敦东部的一个开明社区建立了一所学校，但以失败告终。1786年，玛丽成了一名女教师，但她却不喜欢这份工作。她鄙视那些遵循社会期望的贵族妇女，因为她们表现得软弱和被动，一方面需要男人的指导，另一方面却在幕后使诈、操纵。

1787年，她出版了小册子《女教论》，开始在思想领域进行探索。她因此被解雇了，但幸运的是她的出版商给了她一个饭碗，为她谋取了一份伦敦激进杂志的编辑工作。玛丽开始进入知识界，并写了两部重要的著作，即《男权辩护》和《女权辩护》，以回应当时激怒她的两本著作：第一本是埃德蒙·伯克所著，他反对1789年法国大革命所引起的社会激进变化；第二本由让-雅克·卢梭所著，他说女性受教育的唯一目的是帮助她的男人。

她的第二本书让她在英国和整个欧洲大陆广为人知。许多反动派嘲笑她关于妇女教育和能力的想法，而激进分子支持着她。为了摆脱一段恋爱关系带来的不快，玛丽加入了支持法国大革命的英国人阵营。在那里，她爱上了美国人吉尔伯特·伊姆莱，并育有一个孩子范妮。尽管他们没有结婚，但她开始自称伊姆莱夫人。当时情况十分糟糕，恐怖活动已经开始，法国和英国即将开战，这令欧洲大陆上的英国公民面临着生命危险。更糟糕的是，伊姆莱将她和孩子留在了法国。

玛丽长期患有抑郁症，并且很了解自己的情感需求。她追随伊姆莱回到了英国，但是伊姆莱却拒绝了她，她试图用过量鸦片（一种麻醉药品）来了结自己。她不惜一切代价希望伊姆莱回心转意。她为了伊姆莱奔波于斯堪的纳维亚半岛，只身一人带着她的孩子和一个女佣。她写给伊姆莱的一些信，包含哲学上的沉思和鼓舞人心的旅行写作，于1796

基本哲学思想

平等与理性

作为欧洲启蒙运动的哲学家，玛丽把理性或理智视为人类社会的关键，但与男性哲学家不同，她认为女性和男性都应被视为有理性的生命。她指出，无论是从理性上还是从智力上来说，妇女不是天生比男人逊色。即使是这样，也是由于缺乏教育或妇女扮演了社会期望她们扮演的被动角色而导致的。

当时，富裕妇女过着空虚的生活，过分强调"敏感性"，为赢得男性的钦佩专于仅依赖感官和感觉的领域，例如时装。玛丽认为，这种生活方式会进一步削弱女性的理性，使她们成为效率低下的妻子、母亲、教育工作者和社会成员。

教育与独立

玛丽认为，妇女只有通过接受适当的教育才能改善生活，并表明她们与男人在智力上是平等的。教育不仅可以给女性提供理性的思想，而且可以为他们赢得独立的地位。她提出了一项详细的教育计划，让女孩的教育与男孩的教育处于同等地位，并建议男女同校。她遥遥领先于时代，却遭受了许多男性思想家的嘲笑。

遗产、真理、影响

◎ 起初，玛丽的论点得到了许多女性的支持。但由于她在结婚前就已有外遇，这彻底毁了她的声誉。从那时起，上流社会的人们就将她及其所有的作品视为渣滓。除了女权斗士一两次提及她以外，她的哲学已经被人们忽视了一百多年。

◎ 现代女权主义者将她视为先锋。她提出令人信服的论点，即女人与男人具有相同的理性和智慧能力，并应享有同等的权利。人们还认为她是一个勇敢的女人，她愿意忽略社会偏见，按照自己的想法生活。

◎ 《女权辩护》现在是女权主义的经典。

◎ 玛丽还在《漫长的旅行：瑞典、挪威和丹麦短居书简》中肯定了自然的感受和敏感，这对后来的浪漫主义运动产生了影响。

年整理发表为《瑞典、挪威和丹麦短居书简》。回到伦敦，伊姆莱再次拒绝了她，她试图跳入泰晤士河自杀，幸好被路人拖出河水而获救。

后来，玛丽转而从事文学创作，并与哲学家威廉·戈德温（1756—1836）慢慢建立了恋人关系。当她再次怀孕时，他们结婚了，目的是解除孩子的私生子身份。后来，她宣布她从未与伊姆莱结婚，社会为之震惊，甚至让这对夫妇的朋友也感到震惊。玛丽和威廉在一起的生活虽然幸福但却十分短暂，在她生下第二个孩子玛丽·沃斯通克拉夫特·雪莱后就去世了。1818年，雪莱因《弗兰肯斯坦》这部小说而声名远扬。

除非让妇女能够接受理性教育，否则人类美德的进步和知识的增进必然会受到掣肘。

——《女权辩护》（1792）

性

玛丽在撰写有关女性表达性权利的著作方面也领先于时代。她的两本小说《玛丽亚》和《女人的过错》，在她去世后于1798年出版，探讨了性方面的话题。在小说中，已婚的女主人公只能通过婚外性关系或柏拉图式的婚外关系找到爱情和成就感。

人们因欲求不满而折磨女性，有多少妇女因此浪费了生命，而她们本来可以救死扶伤、管理农场和经营商店。她们本可以挺直身板，自给自足地生活，而不是垂头丧气地沉浸在感情漩涡中，消耗她们本来光彩的美貌。

——《女权辩护》（1792）

大事记

1759 年	出生于英国东部伦敦的斯毕塔菲尔德。
1787 年	出版了第一本关于妇女教育的小册子。
1790 年	出版《男权辩护》。
1792 年	出版《女权辩护》。
1793 年	与吉尔伯特·伊姆莱一起在法国生活。
1794 年	生下第一个私生女范妮。
1797 年	嫁给威廉·戈德温。
1797 年	在伦敦因产后并发症去世。

1789年6月20日，网球场誓言引发了法国大革命。玛丽于1792年12月起身前往振奋人心的具有浓郁知识氛围的巴黎。

格奥尔格·威廉·弗里德里希·黑格尔
（1770—1831）

格奥尔格·威廉·弗里德里希·黑格尔是当时举足轻重的哲学家，至今也是如此。他与费希特和谢林同为德国唯心主义的缔造者。他的作品构成了一个宏大的哲学体系，他试图通过"辩证"（一种逻辑和批判性思维）来统一哲学传统中的二元性。

1770年，黑格尔出生于德国南部的斯图加特。18岁时，他参加了一个新教徒的神学院，在那里遇到了诗人弗里德里希·荷尔德林和哲学家弗里德里希·威廉·约瑟夫·谢林（1775—1854）。荷尔德林和谢林深深地启发了他的思想。在担任导师和讲师之后，他成为德国中部地区耶拿市的一位教授。耶拿战役之后，普鲁士被法国领导者拿破仑一世击败，耶拿被法国军队占领。黑格尔迫于经济压力不得不去当报社编辑兼社长。1816年，他重新开始学术生涯，首先是在海德堡，然后在柏林。1818年他在柏林成为一名哲学教授。他的名声由此广为流传，来自欧洲各地的学生和学者纷至沓来听他的讲座。1830年，他成为柏林大学的校长。1831年在柏林感染霍乱后去世。

基本哲学思想

黑格尔的哲学思想根植于他的前辈费希特（1762—1814）的绝对唯心主义的理论。费希特和其他德国唯心主义者对伊曼纽尔·康德的形而上学体系做出了回应，该体系表明我们只能认识呈现在头脑中的"现象"（我们的思想），而不能在任何关于"本体"领域（隐藏在表象背后的事物的真实世界）获得任何真实知识。

贝克莱主教的唯心主义旨在表明绝对知识要服从我们对上帝的信仰，但是德国唯心主义者则采取了更加人本主义的方法，声称我们可以通过更多地关注思想家而非思想来获得真实知识。费希特为了避免对外部世界的怀疑，声称物体只是作为意识的物体而存在，而不是作为我们意识之外的世界的自我存在。黑格尔在寻求另一种获取绝对知识的方法时，使用了历史进步的思想：思想史的逐渐演变使我们如何达到绝对真理，这是黑格尔哲学中的概念性观念，而不是基于经验的事物发展观念。因此，他谈论的是想法或概念，而不是可真可假的命题。最终，走向绝对真理的过程带来了绝对普遍的思想或精神。

他还强调了"他者"在自我意识发展中的重要性。他在对主人和奴隶的辩证法中扩充了这一思想，他表明，"自我"（主人）通常占用"他人"（奴隶）；奴隶使自己成为主人意志的肉体。

黑格尔的著作不容易阅读或理解。作为对康德"纯粹理性"的局限性的回应，他构思了一种新的思考形式："思辨理性"。因此，他有意通过匹配思想与现实之间的关系来克服常识和传统哲学的局限性。"思辨理性"主要是因为"辩证"的特定概念而被人们熟知。

辩证法

对于黑格尔而言，社会和哲学充满了矛盾和张力，例如思想与自然、主体与客体、自我与他人、自由与权威、知识与信仰等。正如苏格拉底在对话录中所做的那样，黑格尔也试图找出思想（概念）中隐藏的矛盾。他的主要哲学任务，是将矛盾和张力解释为"绝对观念"或"绝对知识"不断全面发展的理性统一的一部分。

这种统一是通过矛盾和否定演变而来的，黑格尔称之为辩证法。人们通常将他的思想解释为"正题"和"反题"，结合起来称之为"合题"。实际上，他很少使用这种术语，而他辩证法的实际过程比这个简化的概括更为复杂。黑格尔的现代诠释者关注"辩证时刻"，即事物或思想转变为对立的事物或揭示其内在矛盾的时间。"辩证时刻"是"思辨时刻"的先兆。"思辨时刻"确定了这些对立或矛盾的统一性。此过程不会导致"合题"的稳定性统一，而是会导致"认知"进一步达到不稳定的状态。因此，对于黑格尔来说，理性是无休止的思辨。由于始终存在"剩余"或异常，因此从未达到过"合题"，

遗产、真理、影响

◎ 黑格尔试图建立一个坚不可摧的哲学体系。他的哲学备受推崇，但对于后来的弗里德里希·尼采和亚瑟·叔本华等批评家来说，黑格尔却是一个自以为是的思想家，为了支撑自己的思想架构，他刻意迷惑人心，手段狡猾。

◎ 卡尔·马克思和弗里德里希·恩格斯采用了黑格尔的辩证法，但他们改进了辩证法，以适合纯粹唯物主义，而不是接受黑格尔的唯心主义。

◎ 从某种程度上来说，黑格尔的思想不再受青睐，直到 20 世纪被重新发现。雅克·德里达和心理学家雅克·拉康（1901—1981）等哲学家并不接受绝对的黑格尔哲学体系，但从他的自我、"他者"和差异中找到了灵感。

大事记

1770 年	生于德国南部的斯图加特。
1801 年	提交论文后，在耶拿大学担任无薪讲师。同年，出版了第一本书《费希特与谢林哲学体系的差别》。
1805 年	晋升为杰出教授，但仍无薪资。
1807 年	他期待已久的著作《精神现象学》（第一卷）出版，此书介绍了黑格尔体系。
1812 年	出版《逻辑学》（第一卷、第二卷和第三卷分别于 1812 年、1813 年和 1816 年出版）。
1816 年	在海德堡当教授，出版了《哲学全书》。
1818 年	任柏林大学哲学系主任。
1821 年	出版《法哲学原理》。
1830 年	担任柏林大学校长。
1831 年	在柏林感染霍乱后去世。

> 凡是合乎理性的东西都是现实的，凡是现实的东西都是合乎理性的。基于这种信念，像哲学家一样朴素的人表明了立场……
>
> ——《法哲学原理》（1821）

黑格尔教学的素描图，来自欧洲各地的学生和学者聆听黑格尔的讲座。

但是在此过程中，我们的思想不断完善，越来越接近"绝对知识"。

差异中的同一性

黑格尔认识论的核心是"差异中的同一性"。人的心智总是外化成不同形式和对象，在心智之外（他者）。当心智认识到不同形式和对象的自身时，心智和他者就达到了统一。

当他思考意识、哲学、艺术、自然、历史和社会等不同领域的知识时，他认为这些知识都经历了辩证发展，直到理性的统一的实现。相同的逻辑顺序和发展是所有现实的基础，并且与理性思想的结构相同。但是，辩证过程并非始终是完全有意识的，只有通过哲学的冥想和更高的历史阶段，才能使辩证过程最终理解自己。因此，我们的"自我"和"他者"概念是一个统一的、不断发展的整体。黑格尔声称这开辟了一条通往真正知识的道路，因为大脑的存在过程和整个思维过程是我们研究的主题，而现实世界只是"思想"的外部形式。

历史的终结

黑格尔关于历史进步的概念通常被视为朝着更完美的方向发展。在讨论法国大革命时，他曾经明确地使用"正题/反题/合题"的概念，他把这些概念归功于康德。在这种语境下，他试图将通过革命来获得自由视为正题，但正题过于激进，以至于引发了"恐怖统治"的反题。由此产生了"合题"的可能性：在法制国家中，公民拥有自由，无须做出激进的主张。

一些人认为这是在描述一个朝着"历史的终结"的进程。马克思主义者和新保守主义者对历史都采取了辩证的态度，认为他们所选择的结局是历史潮流的必然结果。实际上，黑格尔不认为辩证法的进步会带来稳固的终点。但是，他确实将其描述为迈向更高形式的文明和知识成就的不可阻挡的运动，每个国家的天才都将为"世界精神"的发展做出贡献（这一思想为革命思想家所接受）。可以公平地说，黑格尔认为自己尤为重要，他认为自己既是以前所有哲学思想的高点，又在普鲁士近乎完美地度过了一生，对此他颇为得意。

亚瑟·叔本华

（1788—1860）

在西方哲学史上，叔本华是一个反常规的、经常被歪曲的人物。他被称为悲观主义者、禁欲主义者、反犹太主义者或恶毒主义者。所有的这些标签都有一定的基础，但是他的思想不止于此。他的研究态度严谨。他的哲学以康德为出发点，可以看作通往 20 世纪哲学美学和心理学的桥梁。

叔本华的生活经历离奇。1788 年，叔本华出生于但泽市。他的父亲在他 17 岁时去世，且极有可能是自杀。他的母亲虽然与约翰·歌德等作家是朋友，但一直与儿子不和。年轻的叔本华在柏林学习哲学，主要是学习柏拉图和康德的思想，并成为黑格尔哲学的强烈反对者。他认为黑格尔的哲学是自负、自私自利且故弄玄虚的哲学。当他成为大学讲师时，他故意将他的第一堂课与黑格尔的课程安排在同一时间进行。但是只有少数学生听了他的课，此后他再也没有教过书。他与一名在他住房外吵吵闹闹的女人卷入一桩怪异的官司之后，他便选择最终独居于法兰克福，只有一只贵宾犬陪伴他左右。这一切使他看起来像是一位悲喜交加的人物，但他却创作了一些杰出的哲学著作。

> 我们所处的已知世界和我们的内心世界，既为我们的思考提供材料，又限制着我们的思考。
>
> ——《作为意志和表象的世界》（1819）

基本哲学思想

"意愿"和"表象"

叔本华的主要著作《作为意志和表象的世界》发表于 1819 年。他自视为康德的追随者，对约翰·费希特和弗里德里希·谢林等其他同时代的人持有严厉的批评态度。出于个人和理论原因他反对黑格尔。在叔本华看来，黑格尔的政治思想毫无意义且有失体面。他认为黑格尔是一个公众人物，他只是希望得到更多的赞誉而非追求真理。从理论上讲，叔本华回到了康德对世界的本体和现象的划分。像康德一样，他将现象定义为观念（或"表象"）。但是，虽然康德称本体为"自足之物"，但叔本华却持不同观点，称其为"意志"。对于他来说，表象或想法只是我们体验世界基本动力（即"意志"）的方式。

大卫·休谟辩称我们没有体验接触外部世界的物体。叔本华对此表示怀疑，他声称由于我们对自己的身体有直接的知识，所以可以设想现实世界中的物体。我们在自己的身体中体验到了动力和欲望，可以视为表象。要了解叔本华，就要认识他的名言：我们没有完全理解这些动力和欲望，我们只是找到了将它们转化为思想的方法。这一点表明叔本华是心理分析的先驱。

"意志之河"

叔本华将我们视为朝着"意志之河"前进、行动和思考的个体，然后试图理解我们自己的行动和思想，这给个人带来痛苦。我们只有两种方法来应对生活环境。一种是通过禁欲，这种苦行者生活只适合某些人。对于其他人来说，处理"意志"最好的方法是通过对人类状况一种普遍的同情心，理解其他人也经历过这种痛苦。

叔本华以此为起点推动了美学理论的发展。他认为悲剧是最高的艺术形式。如果人类的状况是由苦难来定义的，那么悲剧就是试图与之融洽并理解这种苦难的艺术。悲剧性艺术这一概念极具影响力，它是弗里德里希·尼采早期作品《悲剧的诞生》（1872）的出发点，尽管尼采后来也否定前辈的某些观点，尤其是悲观主义的观点。

叔本华非常重视音乐的美学价值，他将音乐描述为对"意志"的直接解释。在对悲剧和音乐的美学思考中，他找到了第三种方式，即遵循自我克制和同情心，从"意志"给我们带来的苦难中获得暂时的喘息。

从美学到心理学

叔本华关于"意志"的思想也是其心理学著作的源泉。他写了很多关于爱的文章，这是一个经常

遗产、真理、影响

◎叔本华是推动现代心理学诞生的重要哲学家，同时推动了美学的发展。他对尼采、路德维希·维特根斯坦和西格蒙德·弗洛伊德（1856—1939）的思想都产生了影响。他是 20 世纪最重要的两种思想的伟大先驱。弗洛伊德式的性欲和无意识的力量影响了我们的思想，这实质上是对叔本华关于"意志"的思想的重述。查尔斯·达尔文的自然选择概念（尽管在历史上或思想上没有联系）也是叔本华思想的重述，因为它认为我们的生殖行为以对物种有益为根基，而非源于个人需求。

◎对于现代读者来说，叔本华的弱点可能令人反感。政治上，他有一些观点完全站不住脚，他认为妇女低等，并且以贬损的口吻谈论犹太人和其他种族。他还鼓吹优生学。当然，这种偏见在当时普遍存在。在其他方面，叔本华更加开明，他反对自杀和同性恋禁忌，并公开反对非洲奴隶制。

◎叔本华对东方宗教的态度领先于时代。当他将"意志"视为苦难的原因时，他对佛教思想和奥义书（印度教经典的一部分）很感兴趣，这两者都主张禁欲主义以逃避"意志"的暴政。尽管这些思想在 20 世纪变得越来越普及，但当时的西方哲学家却很少触及这些宗教。

◎尼采钦佩叔本华，但尼采认为禁欲主义是对"意志"的被动、微弱的反应。尼采否认"意志"是弱点，这导致尼采认为叔本华具有腐蚀性的悲观主义，而在其他方面则导致基督教的怨恨和"奴隶心态"。尼采的回应是呼吁他的读者寻求自我肯定。人们不必同意尼采的分析，也能够发现叔本华的悲观情绪令人沮丧。

大事记

1788 年	出生于但泽（今波兰格但斯克）。
1811—1812 年	就读于柏林大学。
1814 年	开始撰写《作为意志和表象的世界》（1819 年出版）。
1820 年	成为讲师，不久便辞职。
1831 年	在柏林躲过了霍乱的流行（黑格尔在疫情中去世）。
1833 年	定居法兰克福。
1836 年	出版《论大自然的意志》。
1839 年	出版《论意志的自由》。
1840 年	出版《论道德的基础》。
1860 年	因心脏衰竭去世。

作曲家揭示了世界的内在本质，并用其推理能力无法理解的语言表达了最深刻的智慧。

——《作为意志和表象的世界》（1819）

由象征主义画家古斯塔夫·克林姆特创作的一幅《医学的构图》，现已销毁。这些象征主义者认同叔本华的美学理论，并倾向于将艺术视为摆脱冲突和"意志"世界的沉思避难所。

被主流哲学家忽略的话题。现实生活中，他的爱情之路坎坷，但这也许赋予了他对恋人的激情和痛苦敏锐的洞察力。人们常以美、伴侣或家庭来形容爱情。叔本华采取了一种更为暴力的方式，他承认爱的激情和非理性。他用"意志"的基本概念形容爱，尽管我们无法理解，但它仍然鼓舞我们前进。

奥古斯特·孔德

（1798—1857）

奥古斯特·孔德，法国哲学家，实证主义创始人，为社会科学的发展做出了许多贡献，因创造了"社会学"一词而广受赞誉。孔德支持采用科学方法去研究人类现象，是社会学和行为科学的先驱。然而，他晚年的神秘主义在某种程度上损害了他的哲学声誉。

孔德1798年出生于法国西南蒙彼利埃。在蒙彼利埃大学学习之后，他前往以坚持共和主义和进步理想而著称的巴黎综合理工学院进行深造。

1816年，巴黎综合理工学院临时闭校，于是孔德定居巴黎，其间通过偶尔的家教和新闻工作维持生计。他进行了广泛阅读并开始建立自己的实证主义思想体系；与此同时，他与社会改革家和社会主义创始人克劳德·昂列·圣西门（1760—1825）建立了深厚的友谊，但在1824年他又很快和他决裂了。

1826年，孔德开始向普通民众开展一系列讲座，讲授"实证主义体系"。尽管他患有严重的神经衰弱，但还是在1828—1829年成功举办了一系列讲座。在接下来的12年中，他致力于完成《实证哲学教程》（共六卷，1830—1842年出版）。

1832—1842年，孔德在巴黎综合理工学院任教。由于与学校负责人发生争吵，他失去了工作。此后，他在经济上都依赖于他的法国信徒和像英国哲学家约翰·斯图尔特·穆勒一样的崇拜者。

孔德于1825年与卡罗琳·马辛结婚，但婚姻并不幸福，1842年就离婚了。从1844年起，他与克洛蒂尔德·德·沃克斯深深地陷入了柏拉图式的爱情，但德·沃克斯于1846年因肺结核病逝。孔德将他们的爱情升华为准宗教式。在后期的著作中，他将自己视为新"人类宗教"的创始人和先知。在这一宗教中，科学家和工业家将取代牧师。

在克洛蒂尔德·德·沃克斯去世后的几年里，孔德致力于创作他的最后一批作品：《实证政治体系》（1854—1856年，在书中，他构建了社会学蓝图和理想化的实证主义社会）、《正面宗教的教理》（1852）和《主观综合》（1856）。

孔德去世前，他的著作已经在欧洲广泛流传。他在英格兰很有影响力，其作品在那里被翻译和传播。在法国支持孔德的人数也逐渐增加，世界各地的实证主义者之间通信往来密切。1857年孔德因癌症去世。

基本哲学思想

孔德寻求一种哲学体系，该体系可以构成与现代工业社会相协调的政治组织的理论基础。他的两大贡献之一就是建立了这样一个理论系统，即"实证主义"。另外一大贡献就是将实证主义与新定义的社会学学科关联起来。

他的天赋在于综合了各种各样的知识流：他从大卫·休谟和伊曼努尔·康德那里获得了实证主义的概念；他以天主教堂为模型，建立了纪律严明的社会组织等级架构。他从启蒙哲学家那里采纳了历史进步的概念；从圣西门那里，他开始体会到对基础的、统一的社会科学的需求，为此他创造了"社会学"一词。

孔德与圣西门一样，都坚信现代科学和科学的方法可以促进社会的发展。此外，他还相信社会学创新和系统化的最终目的应该是对社会规划的掌控。孔德还认为，需要一种新的世俗化的精神秩序来取代过时的基督教神学超自然主义：他的"人类宗教"，载于1852年的《实证哲学教程》中。

实证主义与社会学

孔德认为实证主义是一种理论。神学和形而上学是早期不完善的知识模式，而实证知识来自自然现象及其性质和关系，这一点得到了经验科学的证实。根据他的思想发展的"三阶段论"（见《实证哲学教程》的第一卷，1830年），社会在追求真理时经历了三个不同的阶段：神学、形而上学和实证。

在神学阶段，神灵被用来解释世界和人类的命运；在形而上学阶段（从文艺复兴时期到启蒙运动时期），解释是从本质、最终原因和其他抽象的角

遗产、真理、影响

◎孔德为社会学学科奠定了基础。他承认人类社会科学研究的重要性，这仍然是当代社会学家的信念。

◎社会学家，如埃米尔·迪尔凯姆（1858—1917）、赫伯特·斯宾塞（1820—1903）和爱德华·伯内特·泰勒爵士（1832—1917），都受到了孔德的影响。

◎孔德也受到约翰·斯图尔特·穆勒的高度追捧。穆勒如此评价孔德的《实证哲学教程》："我认为，这是有史以来关于科学哲学的最深刻的著作之一"（写给约翰·尼科尔的信，1837年12月21日）。

◎孔德世俗的"人类宗教"在法国和国际上都获得了追捧者，尤其是在巴西。1881年，米格尔·莱姆斯（1854—1917）和雷蒙多·冈萨雷斯特谢拉·门德斯（1855—1927）组织了"巴西实证主义教会"。

◎巴西国旗的天球仪白带上的葡萄牙文"Ordem e Progresso"（秩序与进步）这句话出自孔德实证主义的格言："爱为原则，秩序为基础，进步为目的"（《实证政治体系》，1851—1854）。

[人] 童年时是神学家，青年时是形而上学家，成年时是自然哲学家。

——《实证哲学教程》，第一卷（1830—1842）

度进行的；在现代的实证阶段，社会已经意识到人类知识的局限性，因此最好放弃绝对解释，而去支持基于现象之间关系观察所得的规律。

尽管孔德不是第一个提出社会学概念和研究社会学的人，但他极大地扩展和阐述了该领域并将其内容系统化。他的社会学发展源于他认为科学或"实证的"方法论应扩展到政治和社会研究，这为19世纪工业革命后的世界秩序奠定了理论基础。采用实证方法意味着将科学定律与具体事实联系起来，避免形而上学的推测；一旦确立，所有想法将是科学的、同质的、统一的。然后，将这种科学延伸到社会，社会学的注意力可以集中在人类上，并在基本的思想和道德原则上达成共识。因此，社会学通过实证主义将带来新的共识，从而形成稳定的工业社会秩序的基础。

大事记

1798年	生于法国蒙彼利埃。
1814年	进入巴黎综合理工学院。
1816年	在学院临时关闭后离开。
1817年	在巴黎遇到克劳德·昂列·圣西门。
1824年	与圣西门绝交。
1825年	与卡罗琳·马辛结婚。
1826年	开始讲授他的"实证哲学体系"。患上神经衰弱。
1828—1829年	继续授课，获得成功。
1830—1842年	出版六卷《实证哲学教程》。
1832—1842年	在巴黎高等理工学院任教。
1842年	与卡罗琳·马辛离婚。
1844年	遇见克洛蒂尔德·德·沃克斯，开始单恋。
1846年	克洛蒂尔德·德·沃克斯逝世。
1851—1854年	出版《实证政治体系》。
1857年	在巴黎逝世，埋葬在拉雪兹城。

Ordem e Progresso，巴西国旗上的座右铭，灵感来自孔德的实证主义著作。

孔德将社会学分为两个分支：社会静力学，即对使社会团结一致的力量的研究；社会动力学，即对社会变革原因的研究。两者都强调人与人之间的相互联系，以此作为对抗现代利己主义的一种方式。

除了描述社会学的两个领域外，孔德还概述了这一新学科的三个关键方法：观察、实验和比较。社会学家应观察一般事件、习俗、语言和其他社会现象；像生物学家一样，他们应该研究病理病例，这是一种实验手段。社会学家应该比较人类社会和动物社会，以及比较人类社会的不同状态和连续状态。孔德的方法论具有革命性，许多方面仍与当前理论研究相关。

约翰·斯图尔特·穆勒 （1806—1873）

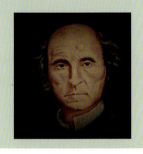

约翰·斯图尔特·穆勒是英国19世纪主要哲学家之一，他引领了一个时代的思想进步。在这个时代，基督教知识分子的思想消亡，政治家争论自由社会和经济改革；卡尔·马克思批评工业化与劳动人口的大幅度增长；大英帝国在全球殖民地区派遣总督，职责越来越重。

约翰·斯图尔特·穆勒从根本上受到了传统的英国经验主义的影响。在功利主义思潮的背景下，穆勒经过父亲的严格教育，成为一名功利主义思想的天才，并继承发扬了这一激进的社会思想传统。他3岁学习希腊语，8岁学习拉丁语，14岁时便在逻辑、数学、历史、科学和经济理论等方面进行了广泛的研究。对于穆勒的教育是基于杰里米·边沁的心理发展思想，也可以追根溯源到约翰·洛克的思想，即心灵是一块白板，靠经历和教育在上面书写。

穆勒在这一过程中不懈努力，这也令他陷入了"精神危机"。在这种危机中，感觉几乎是塑造的，他开始认为自己的教育缺乏感觉、情感和文化生活。对诗歌和自然的热爱拯救了他。他从各种经历中获得的见解塑造了他整个人生。这些见解可以看作对功利主义观念的改良和发展，并微妙地回应了人类社会对"经历"的更为丰富和更为深刻的理解。改

变了他对教育、环境作用、政府或立法干预的看法。穆勒继承了他父亲的事业，继续开展激进的政治功利主义活动。穆勒对自由主义，甚至社会主义的关注也助推了他的行动，深化了他对哲学含义和目的的看法。

穆勒的著作多达30部，全部都是他忙于其他事务后利用空闲时间写成的。他在东印度公司的职场生涯大放异彩，还做过国会议员和《威斯敏斯特评论报》的编辑。他还参与鼓动了许多具体改革，这些改革体现了他的社会变革的理想。他在伦敦看到了被遗弃的婴儿死亡后，四处分发关于控制生育的宣传册，也因此而被捕。他认为妻子的影响在情感和智力上都是至关重要的，促使他积极推动妇女获得选举权。

穆勒的道德哲学思想标志着一种根本转向，从单纯的理性思想到关注人类具体事务的实际需要和人类的幸福。

基本哲学思想

穆勒的思想通常被认为涉及伦理和政治，但他也涉及传统的形而上学，如认识论。他的指导原则是前辈思想中的经验主义部分，他将其发扬光大。穆勒始终坚信，解释世界最佳的方法是自然科学：任何受到质疑的事物都应被视为自然世界因果秩序中的一部分，并应通过自然科学的方法进行检验。

逻辑和归纳

穆勒的逻辑体系遵循了大卫·休谟的观点。他认为，不仅有关世界的命题（包括因果关系、外部世界和其他思想）是归纳的，是后验的，不会超出其概率。数学的真理也是如此。例如，我们对数字的概念是从我们对1、2、3的经验中抽象出来的。对于穆勒来说，数学定律是归纳推广。

为了回答贝克莱主教有关未被感知的实体的问题，穆勒的认识论提出了有形物体具有"永久可感

知可能性"。他还明确了他的主要思想（休谟没有公开承认），即捍卫归纳推理的地位。分析的和先验的演绎逻辑并没有丰富我们的知识。综合的和后验的归纳推理是"扩大化"推理的唯一形式，可以生产新的信息。这种推论的最终不确定性不应导致人们对其使用的怀疑，而应导致对支持归纳推理的理性证明的新评估。生活中，我们避免不了各种各样的归纳推理，如太阳明天会升起。因此，他说放弃归纳推理的过程是完全不合理的。反之，我们应该利用它。穆勒认为归纳的错误知识是理性的。

道德

穆勒从边沁那里继承的功利主义，试图为回答道德问题提供一个坚实的基础。休谟的经验主义已经将这一道德问题的回答定义为观点或"情绪"，即不合理的"知识"。边沁通过提出著名的格言来

遗产、真理、影响

◎穆勒的通俗意义在于表达了19世纪进步的灵魂，这对他所处时代的观点有着巨大的影响。在许多现实领域，比如投票制度和比例代表制、工人权利、教育、经济、妇女选举权等，穆勒的思想都是自由主义的起点。他试图表明正义可以用功利主义的术语来描述，这对于那些反对正义的人，比如反对约翰·罗尔斯的当代正义理论的人来说仍然很重要。

◎在20世纪早期，穆勒的逻辑学作品遭到弗雷格和贝特朗·罗素创新思想的反对，但也有人反对这种反对，例如，奎因就演绎知识的分析性、非放大性进行了讨论，从而引出了路德维希·维特根斯坦的观点以及逻辑实证主义，维特根斯坦认为所有必要的真理都是重复的。在形而上学方面，他关于世界经验的心理本质的断言是现象主义的第一个观点。

◎他还是一位早期的环保主义者，主张控制人口增长，以解决自然环境遭到人类日益严重的破坏这一问题，同时主张放弃盲目的经济增长。总而言之，他给出了经验主义的标准描述：人道的和进步的。这一描述以散文形式写成，在他的时代被誉为完美的表达，直到今天仍然经得起考验。

> 摧毁个性的都是专制主义，无论它自称是在执行上帝的意志还是人的命令。
>
> ——《论自由》（1859）

穆勒从1823—1858年在东印度大厦工作，这是英国东印度公司总部，位于伦敦。

大事记

1806年	生于英国伦敦。
1818年	12岁时，他对父亲经济课程的注释成为《政治经济学原理》这本书的基础。
1823—1858年	在东印度公司工作，获得最高级通信审查员职位。
1826年	经历了精神崩溃。
1830年	遇到了哈里特·泰勒，并开始了一生的恋情。但直到1851年泰勒的丈夫去世后才与其结婚。
1843年	出版了第一部重要著作《逻辑体系》。
1848年	出版《政治经济学原理》。
1859年	出版《论自由》。
1863年	出版《功利主义》。
1865年	当选国会议员，继续推动许多激进的事业。
1869年	出版《妇女的屈从地位》。
1873年	在法国去世，葬在妻子旁边。他的最后一部作品《约翰·穆勒自传》和三篇关于宗教的散文都是在他去世后出版的。

做到这一点，即行为的好与坏取决于其结果会给多数人带来最大的幸福还是最大的不幸。穆勒的创新是为了完善这种没有灵魂的观点，该观点认为幸福是可量化的和"利己主义的"。穆勒强调快乐的质性方面，也是好的一面，这就是"利他"功利主义的核心。人是文化动物，而不仅仅是一个自私的机械单位。与边沁布莱斯式的自信相反，穆勒的伦理学表达了伦理道德问题微妙而困难的现实。

政治

自弗朗西斯·培根以来，经验主义就一直将哲学与人类道德和福祉的进步联系在一起，这种联系在穆勒的所有作品中都可以看到。穆勒在19世纪对自由干涉主义和政治改革的目标做出了最好的描述。他在不损害他人自由的前提下捍卫个人自由，即使是在我们认为可能是自残的情况下（如自杀）。他比边沁更多地考虑了个人幸福和共同幸福之间的差异。他特别担心"多数人的暴政"；对于穆勒来说，为了社会或个人自身的利益不应该禁止个人行为，除非这些行为会对他人造成伤害。

他同样为言论自由辩护：因为我们不能保证所有观点都是不正确的，所以如果反对言论自由可能会使我们失去一些真知灼见。这是智力和社会进步的必要条件，也是所有"个人发展"的必要条件——穆勒的道德目标。

宗教

在宗教问题上，穆勒从少年时代起就是一个无神论者，但直到职业生涯后期他才全面公开他的宗教观点，这样做的目的是尽可能不影响人们接受他的其他思想。

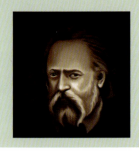

亚历山大·赫尔岑

（1812—1870）

亚历山大·赫尔岑是 19 世纪俄罗斯最有趣和最具人道主义精神的思想家之一。他被称为俄罗斯社会主义之父，但在许多方面他都反对那种最终演变成马克思主义的激进思想，他也可以说是自由主义的奠基人。他曾是一名参与思想运动的新闻记者和出版商。在 1861 年争取农奴解放的运动中，他创办的期刊《警钟》发挥了重要作用。

赫尔岑 1812 年出生在莫斯科。19 世纪 30 年代初，他目睹了沙皇统治下的高压政权，以及小批激进分子日益激烈的反对声音。十二月党人起义的失败激发了赫尔岑成为激进分子。尽管革命家米哈伊尔·巴枯宁（1814—1876）的追随者们关注黑格尔关于"世界精神"的想法，而赫尔岑领导的哲学体系却以法国大革命和空想社会主义为灵感。他于 1834 年被捕，源于他在一个节日活动上公开批评沙皇。

在接下来的 13 年里，他要么被放逐，要么被流放。在最后离开俄罗斯前，他继承了一笔可观的财产。在余生中，他在伦敦和日内瓦等多个欧洲城市居住过。他热心地支持 1848 年席卷整个欧洲的革命浪潮，但对社会主义运动的失败感到沮丧。1852 年，赫尔岑移居伦敦。从 1857 年开始，他经常出版发行《警钟》，并出版评论性期刊《北极星》。他仍然相信俄罗斯的社会主义未来，但他也支持个人权利。《警钟》在俄罗斯广泛发行。他在俄罗斯最大的奋斗目标就是争取自由，包括农奴解放、言论自由和法律保障等个人权利。

赫尔岑的名声在 19 世纪 60 年代逐渐衰弱。俄罗斯日益增加的自由度意味着他最初的目标已经实现，但是沙皇政权的非人道统治使人们依靠运动取得更大进步的希望破裂。当赫尔岑在 1863 年支持波兰起义时，他失去了许多俄罗斯自由派仰慕者，因为他们支持沙皇对波兰人的严惩。之后，他移居日内瓦，尝试继续经营《警钟》，但最后以失败告终，于是又搬到了巴黎，并于 1870 年去世。他的自传《往事与随想》坦率地讲述了他经历过的个人悲剧以及他的政治思想，拥有大量读者，使他的声誉得以延续。

基本哲学思想

赫尔岑在最受欢迎的时期经常游走于两个相对立的阵营。1848 年革命的失败给欧洲激进主义笼罩了一层阴霾，亚瑟·叔本华的悲观主义正逢此时，收获了一批追随者。赫尔岑曾自称社会主义者，但俄国激进分子常常觉得他更愿意接受渐进主义的做法，而不是寻求暴力推翻沙皇统治。同时，自由主义者主张采取更加渐进的态度，这与赫尔岑对历史的看法又不一致。两个阵营都接受了黑格尔关于历史进步的思想，激进分子认为必须进行暴力革命，以将俄罗斯推向新的历史阶段；而自由主义者则相信，自由的逐步增加可以稳定地改善社会状况。

年轻的赫尔岑也是黑格尔的支持者，但他拒绝承认历史的必然性。他坚持认为历史是偶然的，变化是通过个人行动而不是历史必然性实现的，并且他认为将当前的苦难描述为实现最终革命的正当理由是不道德的。他对个人权利的信念太强了，以至于他不能接受个人自由应屈服于人类的更大进步。但是，他确实主张要为改革社会而不懈努力，认为只有通过个人行动才能创造更好的社会。

基于同样的原因，赫尔岑看不上卡尔·马克思的政治思想，马克思当时也住在伦敦。他尤其不赞同马克思关于人类进步的唯物主义思想。赫尔岑总是主张个人胜于集体，主张实际的、可证实的事实胜于理论的、未经检验的理想。他看清了 1848 年未遂革命的弊病，唯心主义可能沦为专制主义。对俄罗斯革命后的失败，他本不会感到惊讶，但当他看到自己深深爱着的俄罗斯接受了他所谓的马克思机械理论，而非更人道的社会主义理论后，赫尔岑感到沮丧。

自由与进步

赫尔岑是欧洲君主制残酷政权的激烈反对者，但他也理解激进主义很容易陷入过度和无视个人自

遗产、真理、影响

◎ 赫尔岑的思想曾经一度被认为是过时的，但 19 世纪 80 年代，他在俄罗斯变得更受欢迎了。被列夫·托尔斯泰引述，他从未见过任何人"将如此罕见而耀眼的光辉与深度相结合"。

◎ 列宁是赫尔岑的另一个崇拜者。列宁拒绝了所谓的"资产阶级"对赫尔岑的解读，声称他是反对自由势力及对改革采取消极态度的原始革命者。

◎ 作为政治英雄，赫尔岑的问题在于，他是一位多产的作家，在各种问题上与当时的激进派或自由派人士并肩作战，可以贴上不同哲学思想的标签。列宁

对他的钦佩证实了这一点。赫尔岑闪烁至今让伯林钦佩的品质是：赫尔岑持有个人可以建立更美好社会的热情信念，以及他为个人自由而进行的无休止的斗争。

◎ 他还是那个时代最可爱的知识分子之一。他的自传和信件表明他是一个诚实和自我怀疑的人。他反思自己生活失败的方方面面。他表达了对自己时代的忧虑和不确定性，可以与伊凡·屠格涅夫和陀思妥耶夫斯基的著作一同成为那个时代气质的编年史。

> 如果我们所有的进步仅通过政府来实现，我们将为世界提供一个空前的例子，这便是穿着追求自由外衣的专制主义国家。
>
> ——《警钟》（1860）

1848 年巴黎发生骚乱。
赫尔岑支持整个欧洲掀起的革命浪潮，但对社会主义运动的失败感到沮丧。

由的境地。正是这一点使他成了以赛亚·伯林眼中的英雄，以赛亚·伯林是他在 20 世纪最强大的支持者之一。伯林在其著作《俄罗斯思想家》中称赞了赫尔岑捍卫个人自由的人性。赫尔岑建议个人应始终尽可能自由地做出自己的选择，并且国家尽可能少做干预，伯林对此表示赞同。这与伯林关于消极自由和积极自由的观点非常吻合。

伯林也赞赏赫尔岑对历史进步的看法。他重申了赫尔岑的观点，即"生命的终结就是生命本身"，这意味着任何历史时期都应被视为其自身的终结，而不是为了抽象的未来目标的抵押品。

大事记

1812 年	生于俄罗斯莫斯科。
1834 年	被捕并放逐到维亚捷（今俄罗斯东北部基洛夫）。
1842 年	他发表了第一部著作《科学中的数字主义》。
1847 年	最后一次离开俄罗斯。
1852 年	移居伦敦。
1857—1867 年	创办期刊《警钟》。
1861 年	农奴解放。
1864 年	移居日内瓦。
1870 年	在法国巴黎逝世。

> 俄罗斯处在黑暗和束缚中，但它的精神并不受束缚。
>
> ——《警钟》（1861）

索伦·克尔凯郭尔

（1813—1855）

索伦·克尔凯郭尔是哲学史上令人着迷的人物。像亚瑟·叔本华和弗里德里希·尼采一样，他可以被视为传统思想与20世纪哲学思想之间的桥梁。除了哲学家，他也被称为诗人、神学家、幽默主义者和早期的存在主义者。

索伦·克尔凯郭尔1813年出身于一个富庶的哥本哈根家庭。在早年生活中他受到父亲宗教态度的影响。父亲对基督教采取苛求的态度，专注于基督的苦难，少年时因自己的不幸而诅咒上帝。克尔凯郭尔1830年开始在当地大学学习。为了了解生活，1834年他开始运营一本知名杂志。他的生活是矛盾的，在公众面前他机智、乐于助人，但私下却饱受抑郁的折磨，并沉浸在严肃和内省的哲学思考中。他因与该市一家报社新闻记者的争执而名扬哥本哈根。1840年，他与雷吉娜·奥尔森订婚，但随后又解除了婚约，专注于他的哲学使命。但他从未完全摆脱过雷吉娜，她在他的工作和生活中仍然有很大的影响。他的主要作品是在此后的十年中创作的，直到1855年，他因脊椎疾病而早逝。

克尔凯郭尔的著作主要涉及基督教教会的宗教信仰问题。他对当时丹麦教会和在欧洲学术界盛行的黑格尔哲学的浮夸和空虚持反对态度。相反，他关注在信仰和真理问题上个人所面临的艰难选择和困境。他经常以化名写作，以不同化名发表不同的观点，并以轻描淡写和讽刺的方式掩饰他的观点。这就给读者留下了艰难的理解任务，无论是克尔凯郭尔讲话时，还是发表观点时，他都会说："必须使理解这项任务变得困难，因为只有困难，才能激发高贵的心灵。"

基本哲学思想

总结克尔凯郭尔的思想并不容易，因为它是如此古怪而又多面。他强烈反对黑格尔的系统构建，认为不可能建立一个完整的牢不可破的思想体系。他最著名的两个思想观点是"信仰的飞跃"和"主体性"。他用主体性来表示对相同真理个体与之联系所存在的差异。随着信仰的飞跃，他开始研究个体信奉上帝或坠入爱河的方式。他们在心中同时持有信仰和怀疑，但选择进行信仰的飞跃，这可能不是一个理性的决定。事实上，这超出了理性的范围，进入了信仰的领域。怀疑是必不可少的因素，没有怀疑，信仰将不会具有相同的价值。这些思想是克尔凯郭尔对自我迷恋的核心，也是我们采用自我审视来联系世界的方式。在《恐惧与战栗》（1843）中，他描绘了《圣经》人物亚伯拉罕是如何被迫做出一个不可能和不可理解的决定：选择服从上帝命令杀死自己的儿子。克尔凯郭尔认为只有把亚伯拉罕的选择看作基于信仰的决定，这样他的行为才有意义。

克尔凯郭尔不认同黑格尔的辩证法，并指出"合题"只能包含"正题"和"反题"中已经存在的思想。

但是，伊曼纽尔·康德的思想使他着迷，即我们有时选择接受未知以此来避免生活无意义的不可忍受的可能性。他认为黑格尔通过辩证法解决哲学问题的尝试是一个空洞的承诺，而我们只有通过信仰才能解决这些问题。

从美学到宗教

克尔凯郭尔鄙视人们渴望在社会和宗教中获得认可的方式，这就是他选择频繁以化名进行写作的原因之一。有时他的写作风格更接近于近代俄罗斯小说家费奥多尔·陀思妥耶夫斯基，而不是传统哲学家。面对康德的"理性边界"概念，即我们的理性思维确定能够到达的地方，他偏离主题，转而思考人类自由。他拒绝了黑格尔的"世界精神"，将其视为毫无意义的观点。他认为芸芸众生常常是错误的，无可救药，只有挑衅的个人行动才是负责任的反应。

但这使我们或多或少地进入一个令人深感不安的概念体系中。人们有时会对生活中必须应对的自由和责任感到眩晕，当个体意识到这一点时会感到恐惧，

遗产、真理、影响

◎ 克尔凯郭尔的主体性可以被视为一种相对主义，在这种相对主义中，持有热情但虚假或不道德的信念甚至比对真理和善良所持的温和信念更好。这在20世纪的思想家（包括一些存在主义者）中受到认同。但是，他的独特魅力在于他的写作强度和思想活力。

◎ 他还影响了一些有趣的哲学家，他们运用或扩展了克尔凯郭尔相当俏皮的写作方法。作为一位解构主义者，甚至情节主义者，雅克·德里达也会用幽默、讽刺和轻描淡写来试图抓住意义的不透明性。

◎ 就像尼采会采取对抗性悖论技巧来摧毁黑格尔的宏大真理观体系一样，后来受到克尔凯郭尔影响的思想家会在写作中，以一种特殊的风格或间接方式来处理涉及真理和意义的难题。

◎ 在马克思主义者中，例如赫伯特·马尔库塞（1898—1979），以及神学思想家中，例如卡尔·巴特（1886—1968）都可以看到克尔凯郭尔的影子。总而言之，克尔凯郭尔最重要的遗产是对个人主观性的关注以及从主观的观点出发书写真理，而非他的基督教观点。

大事记

1813 年	生于丹麦哥本哈根。
1830 年	开始在哥本哈根大学学习。
1834 年	开始运营杂志。
1840 年	与雷吉娜·奥尔森订婚。
1841 年	出版《论反讽概念》。
1843 年	出版《恐惧和战栗》或《非此即彼》。
1844 年	出版《恐惧的概念》。
1846 年	出版《最后的、非科学性的附言》。
1849 年	出版《致死的疾病》。
1855 年	克尔凯郭尔在哥本哈根逝世。

人生必须向前，但要向后思考。

——引自克尔凯郭尔的杂志（1843）

索伦·克尔凯郭尔在咖啡馆里，1843 年。

而克尔凯郭尔就是最早使用"焦虑"（一种根深蒂固的不安）这一概念来描述这种恐惧的作家之一。

克尔凯郭尔在《非此即彼》（1843）一书中谈到了不同的生活方式。艺术生活是我们当下的生活，以美为目标的生活。道德生活是我们试图按照道德真理的标准而生活。对于克尔凯郭尔而言，这两个领域都不完整也不足够。两者都不是完全理性或牢固的，因此它们都无法满足我们的意愿。

克尔凯郭尔提出了宗教生活作为一种选择，但他也承认这不是完全理性的选择。他清楚地区分了客观真理和主观真理。寻找客观真理是一项科学工作，在此我们试图确保我们的内部信念与外部世界相匹配。对于克尔凯郭尔来说，寻找客观真理是不够的。我们必须寻找主观真理，在那里主体与世界之间的关系是系统的固有部分。宗教生活包括相信客观矛盾，例如耶稣扮演上帝和人的双重角色。信仰的飞跃是迈向主观真理的飞跃。我们需要激情和理性。信奉上帝以顺从社会是毫无价值的。但是，飞跃进入信仰中就会使我们充满成就感。我们如何信仰几乎与我们对克尔凯郭尔的信念一样重要。

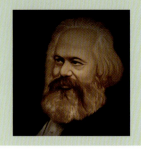

卡尔·马克思

（1818—1883）

很少有人像19世纪的德国哲学家、历史学家、社会科学家和革命家卡尔·马克思那样对世界产生如此大的影响。他的思想构成了共产主义的哲学基础。20世纪后期，世界近一半的人口生活在马克思主义国家中。尽管许多共产主义国家现在已经改革了社会政治经济制度，但马克思主义哲学依然影响广泛。

卡尔·马克思出身于一个德国犹太人的中产阶级家庭。他的父亲是一名律师，当种族歧视威胁到他的工作时，他皈依了基督教。但马克思是一位坚定的无神论者，他后来宣称"宗教是人民的鸦片"。

马克思最初在波恩大学学习法律，因卷入了几场学生斗殴和决斗，他父亲把他送到了学术环境更为严肃的柏林大学。马克思改学哲学，并成了年轻的黑格尔主义者。他认同该组织受黑格尔启发的激进思想。不过，之后他退出了这一思想阵营。

马克思后来成了新闻工作者。1842年10月，当他在科隆编辑颇具影响力的自由主义报纸《莱茵日报》时，第一次见到了弗里德里希·恩格斯。1843年政府关闭该报纸后，马克思移居法国，再次与恩格斯见面。他们成了一生的朋友和合作者。

由于撰写革命著作，马克思和恩格斯于1845年被法国驱逐，两人便前往布鲁塞尔。他们加入共产主义团体，开始发展马克思主义经济理论，并于1848年撰写了《共产党宣言》。同年革命爆发，首先是在法国，然后席卷整个欧洲，马克思和恩格斯则赶赴法国支持革命，然后又转向普鲁士——他们的祖国。很快，在那里他们遭遇当局的压迫。当革命遭到镇压后，他们来到了英国伦敦。尽管普鲁士要求引渡他们，他们仍被允许留在伦敦。

在那里，马克思将其描绘成"流亡之夜，漫长无眠"。尽管有恩格斯的部分支持，马克思和家人有时还是过着极度贫困的生活。恩格斯则回到父亲的公司工作，以便筹集到足够多的资金。马克思写文章的收入通常很少，恩格斯常常帮马克思的文章收尾。

马克思确信经济学是整个人类社会的基础，但是他还是被早期共产主义的政治组织所吸引。1864年，他为第一个国际工人协会"第一国际"撰写了成立演说词，并对该协会成立十年表示赞赏。他协助工人协会开展工作，并阻止无政府主义者俄国人米哈伊尔·巴枯宁（1814—1876）企图接管的行为。1872年，该协会的理事会迁移到美国纽约，国际工人协会逐渐衰落。

在恩格斯的协助下，马克思撰写了许多论文和书籍，以及给世界各地共产党员的信。但是他最重要的作品《资本论》是在其去世后由恩格斯完成的。恩格斯在马克思追悼会上的讲话中预见性地说道："马克思首先是一位革命家……他的名字将永垂不朽，他的作品将历久弥坚。"

基本哲学思想

《共产党宣言》

该文概述了阶级斗争的基本原理，并预测了共产主义革命和共产主义社会的性质。这是马克思和恩格斯的作品。恩格斯撰写了一份易于理解的初稿（有关《共产党宣言》的更多信息，请参见弗里德里希·恩格斯）。

辩证唯物主义和历史唯物主义

黑格尔第一个提出了辩证法：变化是由于对立之间的矛盾而产生的。一个正题被一个反题所反对，从两者的最佳思想中得出一个合题，然后再重新开始这一过程（见黑格尔）。马克思认为，这一过程的背景不是上帝或人类意识，而是物质的，即围绕个人和社会的经济状况，因此，最好通过经济状况来评估人类历史。

马克思运用他的历史观得出的结论是：当现有的经济制度不能满足现有生产力发展要求时，它们将被推翻。他由此预测了当时经济制度（工业资本主义）的崩溃，以及它将被共产主义所取代。他认为，资本主义的内在缺陷，例如不平等、繁荣与萧条的周期，将导致自身的崩溃。他还预测了利润率的下降。

遗产、真理、影响

◎马克思认为人类社会的所有方面——艺术、政治、宗教、道德都植根于经济基础的观点具有革命性。马克思思想引发了革命，这说明他的思想有巨大能量。有人尊敬他，也有人憎恨他。马克思主义让某些人无条件服从，而另一些人则对他进行恶毒的攻击。马克思思想现已成为我们文化遗产的一部分。

◎俄罗斯、中国、古巴和其他国家的共产主义革命都以马克思主义为思想基础。马克思本人并没有对这些国家的工人阶级革命抱有期待。他期望在发达的工业化国家爆发无产阶级起义。但是，弗拉基米尔·列宁、列夫·托洛茨基、约瑟夫·斯大林、毛泽东、菲德尔·卡斯特罗、切·格瓦拉……所有这些改变了20世纪世界的革命者都受到了马克思主义的启发。

◎在某些情况下，共产主义革命者发展了自己的马克思主义形式。马克思列宁主义成为苏联的思想基础，苏联采纳列宁的思想，即专业的革命者必须领导无产阶级，而由此产生的共产主义国家则可以不遗余力地实现共产主义理想。在中国，毛泽东认为革命可以由农民阶级，而不是工人阶级来领导，并且当他带领一支农民军队在战争中取得胜利时，他的观点得到证实。

◎尽管东欧共产主义国家改变了政府体制，但马克思主义仍然提出了宝贵的方法来治理社会，特别是通过经济因素或阶级冲突。结果，仍持续进行的马克思主义分析（从政治和社会功能的角度提出批评）几乎涵盖了从社会结构到影视大片（如约翰·罗纳德·瑞尔·托尔金的《魔戒》）的一切内容。

大事记

1818年	生于普鲁士的特里尔（今德国）。
1835年	在波恩上大学，第二年在柏林上学。
1842年	在自由报《莱茵报》做主编，直到该报关闭。
1843年	前往法国巴黎，结识弗里德里希·恩格斯。
1845年	被法国驱逐出境，和恩格斯一起去比利时的布鲁塞尔，成为共产主义者。
1848年	与恩格斯发表《共产党宣言》，先后前往英国和德国支持革命。
1849年	被赶出德国，与恩格斯在英国伦敦寻求政治避难。
1859年	出版《政治经济学批判》，其中包括历史唯物主义的摘要。
1864年	当选位于伦敦的国际工人协会总理事会会员，又称"第一国际"。
1867年	出版《资本论》第一卷，分析资本主义生产过程。19世纪60年代完成《资本论》的第二卷和第三卷，并在余生继续完善。恩格斯在马克思去世后出版第二卷和第三卷。
1871年	撰写小册子《法兰西内战》，以支持失败的巴黎公社。
1883年	马克思在妻子1881年去世后遭受打击，在经历长期的病痛和抑郁之后在伦敦逝世。

> 不是人的意识决定人的存在，相反，人的社会存在决定了人的意识。
>
> ——《政治经济学批判》（1857—1858）

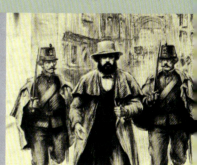

卡尔·马克思在布鲁塞尔被捕。欧洲当局多次追捕马克思。

而城市工人或无产阶级将因历史的必要性而推翻现存制度。因此，马克思主义总结出这样一个思想，即人类社会——其经济、政治和社会生活始终处于变化之中，永远存在着冲突和挑战，而这些又将创造一种新的综合体和现状，而新的综合体和现状又将受到新制度的挑战。在马克思理想的无阶级社会中，不再存在冲突，因为每个人都将从自己的劳动中公正地受益，而政府将"消亡"。

阶级斗争

马克思认为，阶级之间的斗争源于物质生产体系。阶级是由生产资料的所有权或所有权的缺失来定义的，但他提出的理想共产主义国家将废除私有制。

《资本论》

马克思在《资本论》中阐述了他的思想，即整个人类社会和整个历史都围绕经济学，特别是商品的生产资料和商品的分配。他对资本主义如何发展以及如何进行资本化做了解释，并指出资本主义社会中的每个人的自由都会受到经济制度的限制。

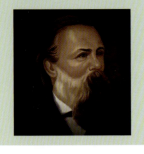

弗里德里希·恩格斯

(1820—1895)

德国社会主义者、哲学家恩格斯作为马克思的支持者和合作者，为共产主义提供了理论基础。尽管他的思想常常被马克思的思想所掩盖，但他的思想却为俄国、中国以及世界上其他一些国家的社会和政治革命奠定了基础，这些革命改变了 20 世纪的世界格局。

恩格斯出身于一个富有的德国工业家家庭。年轻时曾在英国曼彻斯特的家族工厂做帮工，目睹了工人阶级的生活境况。讽刺的是，他父亲把他送去英国的目的是让他摆脱青年黑格尔主义者的激进思想。相反，恩格斯对这个高度工业化城市的贫穷、污秽和剥削感到震惊，并开始为改善这样的社会环境而努力。他的文章使他很快与在巴黎一家激进杂志社当编辑的卡尔·马克思取得了联系，虽然在第一次见面时两人都没有给彼此留下深刻的印象，但他们却在日后成为改变社会的终身合作者。

在他们合作初期，为了给马克思更多的时间来研究和阐述他的理论，家境较为富裕且注重实践的恩格斯便在经济上给马克思提供帮助。马克思能够轻松地反驳复杂、抽象的哲学观点，而恩格斯则有一种直截了当的写作风格，这帮助他们两人赢得了广泛的读者。他们为即将成为《共产党宣言》的文件撰写了初稿，并确保广大民众能读懂。该书出版于 1848 年，是他们对社会革命斗争的基本概要，概述了无产阶级

或城市工人推翻资产阶级之后的共产主义社会。

恩格斯把国际共产主义联盟中央委员会的目标确定为：推翻资产阶级，建立无产阶级统治，废除以阶级对立为基础的资产阶级旧社会，建立一个没有阶级、没有私有财产的新社会。

1848 年，一波革命和社会抗议浪潮席卷欧洲。这两位哲学家赶往法国支持革命，然后回到普鲁士，在那里他们创办了一本激进的杂志。恩格斯参加了反抗政府的武装起义，当普鲁士镇压起义时，他不得不离开。他们在英国伦敦寻求政治庇护，尽管普鲁士要求驱逐他们，他们还是被允许留在那里。为了支持马克思和他的家庭，恩格斯回去为他的父亲工作，但在恩格斯定居伦敦之前，这两位革命者仍然定期通信。

恩格斯不赞成婚姻，因为他认为婚姻是一种不自然的制度，对女性不公平。但他和在曼彻斯特结识的玛丽·伯恩斯一起生活了 20 年。1862 年玛丽·伯恩斯去世后，恩格斯和她的妹妹丽齐住在一起。

基本哲学思想

《共产党宣言》

这本小册子最初并不是为了宣传共产主义，而是为了向其他共产主义者解释这种意识形态。开始接受"共产主义者"标签的社会主义者和乌托邦理想主义者想要一个清晰的共产主义原则大纲，因此，伦敦共产主义联盟（主要由德国流放者组成）委托恩格斯和马克思提供一个大纲。

《共产党宣言》成为有史以来最著名并引发最激烈辩论的政治文件。

《共产党宣言》认为历史不应该是统治者或伟人以及战争的清单，而历史应记载人类的发展就是社会阶级之间的斗争："迄今所有社会的历史都是阶级斗争的历史。"它定义了不同社会制度演变的人类历史，从奴隶社会到封建社会，再到由资产阶

级和无产阶级组成的现代资本主义社会。在这个社会中，资产阶级利用市场价值剥削一切。

宣言是一份行动蓝图，列出了改造社会所必须采取的十个步骤，从废除土地私有制开始，到为所有儿童提供免费教育结束。恩格斯和马克思预言，一旦无产阶级夺取了政治权力，就会有一个短暂的过渡时期，当消灭了阶级体制、私人生产资料和国家控制之后，在国家自身消亡之前，理想的共产主义社会就会到来。

解决工人阶级的需要之后，他们在宣言的最后呼吁各国工人采取行动：团结起来！

恩格斯还为马克思开创的历史唯物主义和经济学理论做出了贡献（见卡尔·马克思）。

遗产、真理、影响

◎恩格斯文笔优美清晰，为社会主义和共产主义理论方面留下了重要的一笔。许多以马克思名义发表的文章和论文，有恩格斯的巨大贡献。

◎他的经济支持使得马克思能够专心研究，撰写《资本论》和其他共产主义经济理论著作。

◎恩格斯常常位于幕后，共产主义的哲学基础常常被简单地称为马克思主义。但是，他们两人一起讨论和发展了社会主义理论，几乎没有分歧。恩格斯说服了国际共产主义运动接受和采纳他们的思想。

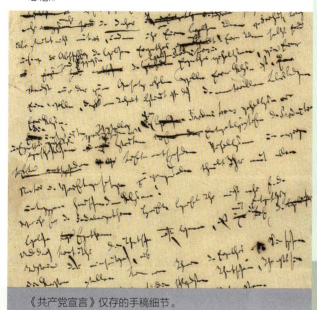

《共产党宣言》仅存的手稿细节。

英国工人阶级的状况

在这本经典的社会科学著作中，恩格斯将自己的观察和批判性分析与报告和社会统计数据等结合起来，展示了自工业革命以来，城市工人的贫困、疾病和死亡率是如何上升的。在曼彻斯特时，他曾奔走于大街小巷，深入地了解工人阶级生活的细节，因此他能够生动地描述工业城市的拥挤不堪、肮脏污秽和充满危险，工人们工作时间漫长、工资微薄和充满绝望。

他的书起到了教育的作用，呼吁工人阶级通过政治斗争来改善生活。

女性主义

恩格斯认为在资本社会中一夫一妻制背后的理念是让男人能够控制女人，而整个资本主义社会制度导致了男女的不平等，在这个意义上，他可以算

大事记

1820 年	出生于普鲁士（今德国）莱茵兰省。
1838 年	开始探索哲学、文学和激进新闻学。
1841 年	受到激进的"青年黑格尔"唯心主义运动的影响。后来否定了他们的运动。
1842 年	第一次见到了卡尔·马克思。
1842 年	被派往位于英国曼彻斯特的家族企业工作。
1844 年	撰写《英国工人阶级的状况》。
1844 年	在巴黎再次遇见卡尔·马克思。两人一生的合作开始。
1845 年	在马克思被驱逐出法国后，恩格斯和他一起移居比利时。加入地下共产主义团体。
1846 年	在伦敦参加国际会议，帮助欧洲社会主义者建立新的共产主义联盟。
1848 年	与马克思共同发表《共产党宣言》。在 1848 年革命期间，他们被驱逐出比利时，来到了普鲁士的科隆。
1849 年	他们被逐出普鲁士，定居英国伦敦。恩格斯再次回到了曼彻斯特的家族企业工作。
1870 年	搬回伦敦。
1883 年	马克思去世后，恩格斯编辑并完成了马克思的著作，特别是《资本论》的第二卷和第三卷。
1884 年	出版《家庭、私有制和国家的起源》。
1895 年	在伦敦因喉癌去世。

让统治阶级在共产主义革命面前发抖吧。无产者在这个革命中失去的只是锁链，他们获得的将是整个世界。

——《共产党宣言》（1840）

是早期的女性主义者。他将这一概念用共产主义术语来表示：当人类社会引入资本主义和私有财产的概念时，妇女就成了另一种可拥有的财产，她生育子女必须受到严格控制，这样男人才能确保只有自己的孩子继承他的财产。恩格斯认为，在阶级社会之前，妇女自己继承财产和社会地位，许多社会承认母系血统而非父系血统。他将婚姻比作资产阶级对工人的控制斗争，写道："历史上出现的第一次阶级压迫与一夫一妻制婚姻中男女之间的对立是相对应的……"

在他畅想的未来共产主义社会中，将不存在决定私人关系的这种经济约束。

查尔斯·桑德斯·皮尔士 （1839—1914）

查尔斯·桑德斯·皮尔士坚称自己是实用主义之父。这是一个在美国发展起来的理论，用信仰在实践中会产生的影响来解释意义和真理。

皮尔士出生在美国马萨诸塞州的剑桥，是一个前途无量的学生。他父亲是一位著名的天文学和数学教授，把他介绍给许多美国最杰出的思想家，并给他提供适合天才儿童的教育，同时拒绝用任何条条框框束缚他。皮尔士在 12 岁时阅读了他哥哥手上的一本理查德·惠特利（1787—1863）的《逻辑元素》，从而对逻辑产生了终生的兴趣。

皮尔士在哈佛大学学习哲学和化学，并与威廉·詹姆斯和奥利弗·温德尔·霍姆斯（后来成为著名的法学家）一起加入形而上学俱乐部，积极发表见解。他的学术生涯始于科学研究领域。他在美国海岸研究院以及大地测量院研究万有引力，之后在约翰斯·霍普金斯大学教授逻辑和哲学。

1876 年，皮尔士为了娶法国吉卜赛人朱丽叶·弗洛伊斯·布尔塔莱斯与第一任妻子梅露西娜离了婚。由此引发的丑闻导致他的学术研究工作在 1884 年提前结束。1887 年，他提前退休并搬到自己在宾夕法尼亚州米尔福德建造的一所房子里。他的余生大部分时间都生活在那里，在贫穷和疾病中度过，时而打打零工，靠家人和朋友的施舍度日，尤其是他的好朋友威廉·詹姆斯。

尽管皮尔士的私生活复杂，声誉一度被其他实用主义者（如威廉·詹姆斯和约翰·杜威）所掩盖，但他对实用主义发展做出的贡献现在被认为是非常重要的。

基本哲学思想

皮尔士研究哲学的方法来自他的科学和逻辑学背景知识，早期思想源自伊曼努尔·康德，但他对三段论推理感到沮丧，转而开始研究语言和信仰的运作方式。他对实用主义关键的早期贡献源于两篇论文：《信念的确定》（1877）和《如何使我们的观念清晰》（1878）。在这些文章中，他从新的角度思考了哲学方法。皮尔士思索着人类怎样才能形成真实的观点。他把"疑问"当成一种"刺激物"，激发人们形成某种信念，而信念则指导人们的行为习惯，行为习惯则引导人们最终走向成功。

循着这个思路，他在第二篇文章中进一步提出我们的概念和范畴也是这样派生出来的。如果一个想法或概念带来成功的行动结果，它将对我们有用，所以概念和范畴是有实用价值的。真正的信念对我们更加有用，因为它们引导我们做出更好的决定。

溯因推理

他从传统的演绎法和归纳法出发，增加了溯因推理的概念。这是一种科学的过程，我们通过观察事实，基于事实提出假说，再用假说来解释事实。几百年前，大卫·休谟就已经证明归纳法并不可靠，

溯因法也同样容易出错。但皮尔士对此并不担心，因为他觉得自己已经找到一种评估思想有用性的方法，而这种方法并不假定我们的逻辑必须是不容置疑的。事实上，皮尔士更进一步攻击了那种将演绎作为唯一纯粹推理方法的黑格尔式理性主义（见黑格尔）。对于皮尔士来说，溯因法和归纳法等技术就像演绎法一样可能成为发现真相的工具。

他对康德的形而上学有一种独特的新看法。他假设，我们的感觉确实指向现实世界中的物体，现存的范畴和概念有可能使我们形成正确的信念，是我们走向真理的垫脚石。此外，他断言，我们判断一种信念是否为真的方式是，如果我们依照这个信念采取行动，它应该……带我们达成某种目标，而不是误入歧途。

实用主义和意义

皮尔士哲学中最有趣的地方可能是他把实用主义运用到意义本身。因为他把整套清晰的思想观念看作依赖于信仰这些思想所带来的实际结果，由此而引导他研究意义的社会基础。作为一个群体，人类很容易失去理性，容易自欺欺人和犯下错误。然而，

遗产、真理、影响

◎ 尽管皮尔士的生活动荡不安，但他对实用主义做出了决定性的贡献，体现在实用主义研究方法、对实验推理的信念，以及根据概念在行动中的结果来确定概念的意义。实用主义者如简·亚当斯（1860—1935）、乔治·赫伯特·米德（1863—1931）、约翰·杜威和威廉·詹姆斯都以他们自己的方式发展了这些思想。

◎ 皮尔士继续声称，当判断不能根据未来的结果进行评估时，这些判断就会被认为是毫无意义的。当其他实用主义者试图找到解决形而上学问题和伦理问题的办法时，却发现皮尔士的思想是明显反形而上学的。

◎ 在这方面，皮尔士和逻辑实证主义之间有着明显的联系，这种联系在他去世后的几十年中得到了发展。然而，尽管两者都有验证主义的共同点（意味着他们根据一个陈述的可验证性来判断它的真实性和意义），但两者之间几乎没有直接的影响，后者（逻辑实证主义）通常更热衷于从哲学领域消除形而上学。

◎ 皮尔士对逻辑分析的贡献可能具有最持久的影响。理查德·罗蒂、希拉里·帕特南（1926—2016）和奎因等哲学家都对皮尔士的思想进行了创新。

> ……头脑的机器只能转化知识，却不能产生知识，除非它得到观察事实的滋养。
>
> ——《如何使我们的观念清晰》（1878）

至少在一定程度上，人类也趋向于对世界产生相同的理解，因为我们与现实的实用关系需要我们努力找到真正的信念，而这些信念中至少有一些会重叠。因此，意义和真理在一定程度上是由社会来定义的，至少信念源自我们集体的科学实验方法。

逻辑学家皮尔士

皮尔士后期的一些作品对逻辑学家产生了较大的影响。在这里很难总结复杂的逻辑概念，但他完成了重要的研究工作，涉及的课题包括数字系统中的无穷小、贝叶斯逻辑和概率。他在这一领域的成就或许最好被理解为他不朽的天才的证明，尽管这些成就并不容易理解和消化。

随着年龄的增长，皮尔士不再执着于其他实用主义者（包括威廉·詹姆斯，在自己的作品中给予皮尔士应有的赞扬）比他更出名的事实。他后期的许多作品要么因为没能完成，要么因为找不到出版商而被搁置。1905 年，他写了《实用主义是什么》，试图宣称自己在实用主义方面的贡献。他坚持为自己所倡导的主义取了一个新的名称：实用主义。

大事记

1839 年	出生于美国马萨诸塞州剑桥市。
1852 年	作为一个神童，他开始阅读伊曼努尔·康德的《纯粹理性批判》。
1855 年	进入哈佛学院，1859 年毕业，并继续深造。
1865 年	在哈佛大学讲授科学的逻辑。
1867—1879 年	在天文学和大地测量学中开展科学实验工作。
1876 年	与妻子梅露西娜离婚。
1877 年	出版《信念的确定》。
1878 年	出版《如何使我们的观念清晰》。
1879 年	被任命为约翰·霍普金斯大学逻辑学讲师。
1884 年	由于对他私生活的指控，他的学术合同没有续签。
1887 年	搬到宾夕法尼亚州的米尔福德。
1891 年	从科学研究工作中退休。
1903 年	在哈佛讲授实用主义。
1905 年	在《一元论者》发表了一系列文章。
1905 年	出版《实用主义是什么》。
1914 年	在宾夕法尼亚州的家中因癌症离世，20 年后他的第二任妻子朱丽叶去世。

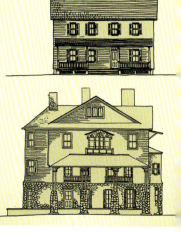

皮尔士在宾夕法尼亚州米尔福德的房子，1887 年他在此地退休。他的住宅分别被收录在 1888 年（上图）和 1914（下图）他逝世那一年的《美国历史建筑的调查名录》。

威廉·詹姆斯 （1842—1910）

威廉·詹姆斯是一位多才多艺的思想家，他的研究领域横跨宗教、生理学、心理学和哲学。同查尔斯·皮尔士一起，他也是实用主义的奠基人之一，实用主义是在美国发展起来的一种理论，它关注于信仰的实际的、可观察的结果，用信仰在实践中会产生的影响来解释意义和真理。他也是一位著名的学者，经常对公共事务发表评论。

威廉·詹姆斯是在知识分子的环境中长大的。他的父亲是一位古怪的神学家，姐姐常写文学日记，哥哥亨利是一位著名的小说家。威廉毕业于哈佛大学医学院，与查尔斯·皮尔士都是形而上学俱乐部的一员。他的一生都与杰出人物保持着来往，包括哲学家约翰·杜威、乔治·桑塔亚纳（1863—1952）、亨利·柏格森、恩斯特·马赫（1838—1916）、他的教父拉尔夫·沃尔多·爱默生（1803—1882）、哲学家和心理学家西格蒙德·弗洛伊德、作家马克·吐温（1835—1910）、赫伯特·乔治·威尔斯（1866—1946）、格特鲁德·斯泰因等。他一直在哈佛，学术造诣深厚，同时遭受抑郁和忧郁的折磨。但他还是成功地在不同的学科领域创作了大量杰出的作品。

詹姆斯早期的著作横跨科学和哲学。像皮尔士一样，他对意识和真理的问题采取本质上科学的态度。哲学家倾向于创作适合自己性情的作品，而不是纯粹反映真理的作品，对此他做了一些饶有兴趣的观察研究。他将这种主观性带入了他对信仰，尤其是宗教信仰的观察研究中。在这一点上，他犹豫不决，一方面断言对人性的研究可以使我们对宗教体验有更科学的理解，另一方面又断言宗教是科学不能渗透的东西，是人类主体只能在个体基础上处理的问题。

詹姆斯在生命的最后十年做出了他最重要的哲学贡献。在1904—1905年写作的论文中（收录于1912年的《彻底的经验主义》），他提出了形而上学的观点，通常被称为中性一元论。根据这一理论，有一个既不是物质也不是精神的基本存在。在《多元的宇宙》（1909）一书中，他对黑格尔等哲学家的理智主义提出了反对意见，为一种神秘而反实用主义的观点辩护，即概念扭曲现实而非揭示现实。他更倾向于亨利·柏格森的反智主义，认为具体的经验脉冲似乎不可名状地被限制，相反，我们被概念所限制。经验脉冲不断地碰撞，似乎相互渗透。在他颇具影响力的《实用主义》（1907）一书中，他提出了一套关于真理、知识、现实、宗教和哲学的观点，这些观点早在19世纪70年代后期就开始出现在他的著作中。

基本哲学思想

詹姆斯和心理学

1890年，詹姆斯出版了不朽的《心理学原理》，为把心理学建成一门严肃学科打下了坚实的基础。在这门学科中，我们通过内省研究可以引导我们理解大脑是如何工作的。他从意识流的角度分析了个体心灵，认为我们可以通过自我分析和比较研究相结合来研究该问题，而且个体确实在行使自由意志。

实用主义和经验主义

詹姆斯把皮尔士实用方法的思想发展成为一个更完整的系统。在《实用主义》（1907）一书中，他将真理定义为我们思维方式中的权宜之计，并承认定义真理和意义的唯一方法是通过一种实用的方式来检验行为的结果，就像我们验证一个陈述是否真实或有意义一样。在《彻底的经验主义》（1912）中，他把他的基本经验主义发展为中立的一元论，伯特兰·罗素后来也对此进行了研究。詹姆斯把它变成了现象主义的一种形式。根据这种理论，我们的感觉不能给我们任何超出它们本身以外的事物存在的证据。唯心主义者以此作为排斥外部世界的出发点，而詹姆斯则回避了这种形而上的问题，只得出了实用主义的结论，即我们所知道和谈论的现实是感觉和经验的现实，而不是在它之外的外部世界。

信仰和宗教

在《信仰的意志和通俗哲学论文集·人类不朽》（1897）一书中，詹姆斯认为信仰的结果是最重要的。他认为信仰是个人的选择，并认为我们可以理性地选择相信某些命题，即使我们知道它们超出了某些真理的范围。所以当逻辑实证主义者后来使用类似

◎通过在实用主义理论中寻找证明宗教和伦理的方法，詹姆斯采取了一种更人道的方法来研究实用主义框架下真理的基本科学定义。

◎实用主义影响了 20 世纪许多哲学家，尽管逻辑实证主义者和逻辑学家，如伯特兰·罗素会采取更严格的方法来研究真理理论。

◎詹姆斯概述了一个有趣的情绪理论——詹姆斯－兰格理论，如此命名是因为卡尔·兰格（1834—1900）曾独立地提出了类似的理论。他声称我们不觉得恐惧是一种独立的情感。如果我们看到一只熊，我们会跑开，我们的恐惧体验实际上是一种逃跑形成的生理后果体验：心跳加快、肾上腺素激增等。这是一个有争议的理论，但它确实与路德维希·维特根斯坦后期研究有关联。维特根斯坦后期研究关注个人语言和情感的共享观点的社会发展。

◎詹姆斯在心理学上的工作为这一门新兴学科奠定了基础。他的意识流思想在文学和心理学领域都产生了巨大的影响。甚至后来的存在主义者也会采用现象学的方法，把意识流当作人类的主要经验。

真理是一个想法。这个想法变成了事实，被事件变成了事实。它的真实性实际上是一个事件，一个过程：这个过程即它的验证过程，就是对它的验证。

——《彻底的经验主义》（1912）

1842 年	生于美国纽约。
1864 年	进入哈佛医学院。
1867—1868 年	赴欧洲并在柏林大学短暂学习。
1869 年	获得医学博士学位但从未从医。患抑郁症。
1874 年	开始教授心理学并建立了美国第一个心理学实验室。
1878 年	在《思辨哲学杂志》上发表了《斯宾塞的心灵定义评论》一文。与爱丽丝·豪·吉布思结婚。
1879 年	在《心智》期刊发表《理性的情绪》。
1880 年	成为哈佛大学哲学助理教授。
1890 年	出版《心理学原理》。
1897 年	出版《信仰的意志和通俗哲学论文集·人类不朽》。
1901—1902 年	出版《宗教经验种种》。
1907 年	出版《实用主义：一些旧思想方法的新名称》。
1909 年	出版了《多元的宇宙》，基于在牛津举办的题为"哲学的现状"系列讲座。
1910 年	在美国新罕布什尔州乔科鲁因心力衰竭去世。
1912 年	他逝世后，他在 1904—1905 年写成的作品结集出版，名为《彻底的经验主义》。

《心理学原理》片段，1890 年。

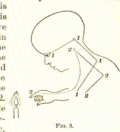

time, and, by virtue of a reflex tendency common in babies of a certain age, extends his hand to grasp it, so that his fingers get burned. So far we have two reflex currents in play : first, from the eye to the extension movement, along the line 1—1—1—1 of Fig. 3 ; and second, from the finger to the movement of drawing back the hand, along the line 2—2—2—2. If this were the baby's whole nervous system, and if the reflexes were once for all organic,

Fig. 3.

于詹姆斯的验证主义来拒绝形而上学的可能性时，他更喜欢分析我们选择相信形而上学的方式，尽管确定性是不可能的。

这一思路为他的宗教著作提供了素材，特别是在 1902 年左右出版的《宗教经验种种》一书中。在某种程度上，詹姆斯的观点让他把宗教视为一种理性的选择。一方面，个体主体可能会选择以"帕斯卡赌注"（以布莱斯·帕斯卡命名）的精神信仰上帝，即相比有信仰的人，无神论者犯错的后果会更加糟糕。但另一方面，詹姆斯的思想还有一个更微妙的应用。詹姆斯认为，真理与外部现实是相符合的，同样，真理也要体现出信念与结果的一致。因此，我们可以通过判断信仰在我们生活中的结果来判断信仰的权宜性（从而判断信仰的真实性）。如果对上帝的信仰能带来更好的结果，那么我们就可以判断它是有用的信仰或者真正的信仰。

情感和选择

詹姆斯从实用主义的观点出发，认为判断真理的唯一方法是根据一种信仰是否会引导我们采取更好的行动。但他并不否认现存的知识分类，而是做出了努力来理解人们如何真正达到形而上学的和伦理的信仰，比如宗教信仰。他将我们获得信仰的方式描述为一个复杂的过程，在这个过程中，我们根据新信仰与我们现有信仰的关联性来判别新信仰。除此以外，他还考虑了另一种可能性，即我们需要一些过度信仰，用作我们获得进一步信仰的启发式指南。

弗里德里希·尼采

(1844—1900)

作为一名道德学家和文化批评家，弗里德里希·尼采挑战了西方道德价值观的核心和基督教。他的思想具有争议性和非传统性，但对20世纪欧洲大陆的艺术和先锋派有着深远的影响，特别是在他的理论被纳粹和法西斯分子盗用后的时期。他是第一批"存在主义"哲学家的一员。

尼采出生在德国，父亲是新教牧师。他是一个笃信宗教的孩子。他在大学里是公认的优等生。魏玛古典主义文化和文学运动对他产生了较大的影响，于是他的兴趣转向了哲学，尤其是亚瑟·叔本华的哲学思想。年轻的尼采痴迷于叔本华的无神论、世界观以及对音乐的热情。

尼采是一个奇怪的人，一个充满激情的独行客。他经常一个人去气候适宜他屡弱身体的地方旅行。也许最为著名的是他对过去2000年里西方道德文化的持续抨击，他批评了源自古希腊逻辑秩序中的"阿波罗"力量及其严肃性。他希望前苏格拉底时代中的本能和非道德的"酒神"能量能获得文化重生，这种能量更有创造力、更加健康。在他的第一本书《悲剧的诞生》（1872）中，他主张酒神艺术精神的复活和更全面的释放。实际上，这是对当时德国艺术家的赞扬，尤其是理查德·瓦格纳。尼采非常欣赏他的歌剧，并认为他是希腊悲剧的真正继承者，但后来他又公开批评了瓦格纳。

1889年，他在都灵目睹了一匹马被车夫鞭打，导致他精神崩溃。他再也没有恢复正常。他的妹妹伊丽莎白和丈夫尝试在巴拉圭建立一个雅利安反犹太主义的德国殖民地无果后，从巴拉圭返回都灵，担起照顾尼采的责任，也负责推广他的作品。在她对阿道夫·希特勒和贝尼托·墨索里尼的劝导下，德国的纳粹分子和意大利的法西斯从尼采的著作中断章取义，用来证明他们的极端思想。今天大多数学者认为这些都是对尼采哲学的歪曲。

基本哲学思想

视角主义

在尼采早期的职业生涯中，未发表的文章《真理和谎言之非道德论》被一些评论家认为是尼采思想的关键。在这本书中，他反对永恒真理观。他声称，真理只不过是为了实际目的而创造的固定惯例。《论道德的谱系》（1887）清楚地表达了他的视角主义观点：没有绝对的上帝的视角来审视一切。因此，当我们进行分析研究时，利用许多不同的视角是很重要的。

"上帝已死"

尼采确信没有一个宗教是真实的。他像1789年革命前的法国哲学家一样，反对屈从于上帝的意志。他认为基督教助长了人类的弱点，通过贬低生命中具有自然吸引力成分来削弱了生命力和创造力。同样的，他所遵循的大多数道德体系不仅不能提高生活质量，甚至是起反作用，因此需要被重新评价。比如在基督教中典型而突出的"奴隶"道德思想，是基于一种适合平庸和软弱类型的畜群本能。在现代，它使贵族所特有的"主人身份"道德思想黯然失色。生活已经被一撮不受欢迎的人的过于人性化的需求和弱点所控制，我们很少能充分地生活。只有通过艺术，我们才得以窥见真正的生活方式。基督教和我们现在的道德体系都已经走完了自己的路，应该被取代。

"超人"和"权力意志"

在《超越善与恶》（1886）中，尼采挑战了善与恶的公认观点。他强烈抵制了那个时代的民主诉求，认为这些诉求会导致劣等人的统治。他坚信支撑西方文明的道德基础存在根本性的缺陷，这促使他为人类寻找一种新的选择，以避免虚无主义的出现。他认为权力意志是一个人想要掌控自己生活的冲动，是需要追求和肯定的东西。强者已经学会将权力意志转化为创造性力量，成为一个更加完整的

> 出于爱而做的事永远是超越善与恶的。
>
> ——《超越善与恶》警语153（1886）

◎尼采对大陆哲学以及新兴的存在主义和后现代主义运动都有影响。他尤其影响了德里达、福柯、海德格尔和萨特。

◎ 20世纪30年代和40年代的纳粹和法西斯分子曲解尼采作品中的内容，将其视为权力渴望的动力。一些纳粹分子甚至支持一种生物学的解释，赋予一种社会达尔文主义的相关意义。海德格尔批评了这种误读，认为尼采的概念更接近于一种自然的内在力量，一种基本的本能或驱动力。

◎他的另一个重大影响是在文艺界。他的"上帝已死"断言、透视主义和权力意志思想，在20世纪60—80年代是激发我们思考生活基本假设的基石。

◎他的妹妹伊丽莎白编辑和修改了尼采的文集，在尼采去世后出版了《权力意志》，这对尼采在20世纪的声誉造成了很大损害，尽管学界一致努力进行澄清和修正。

> 我知道我的命运。总有一天，我的名字将与一场世界上前所未有的重大危机联系在一起，这是一场良心上最深刻的碰撞，这是一项与迄今人们所相信、所要求和所尊崇的一切相违背的决定。我不是人，我是炸药。
>
> ——《看哪这人》（1888）

人。他的理想是创造一个社会，在那里，这种强大的存在就是规范。

虽然通常被翻译成"超人"，但从含义上看更像"人上人"的意思，或者是站在当前存在的人类之上的人，这种人是一种全新的类型，他们代表了最高的激情和创造力，生活在一个超越我们对善与恶的标准的经验层次上。为了使这个超人存在，有必要摧毁人类当前的思维方式和善恶观念。归结起来，这是一场内心的斗争：善与恶的价值观就在我们的内心。

永恒轮回说

在《快乐的科学》（1882）中，尼采提出这样的观点：一个人可能注定要永远重新体验生命中的每一刻。这样做我们就把注意力从其他世界（包括天上的世界）转向我们现在所生活的世界，因为永恒轮回排除了从现世最终逃脱的可能性。

1844 年	生于德国卢岑。
1864 年	进入波恩大学学习神学和语言学。
1868 年	遇到作曲家理查德·瓦格纳。
1872 年	出版了他的第一本书《悲剧的诞生》，该书将阿波罗艺术和酒神艺术进行了对比。
1873 年	完成了未发表的论文《真理和谎言之非道德论》。
1873—1876 年	完成了关于当代德国文化的四项研究：《过时的观察》。
1876 年	他向荷兰钢琴学生玛蒂尔德·特拉帕达奇求婚被拒绝。
1878 年	他的著作《人性的，太人性的》结束了他与瓦格纳的友谊。
1879 年	由于健康状况恶化，他辞去了在巴塞尔的教授职位。
1880—1889 年	在德国、法国、瑞士和意大利的城市之间过着游荡的生活。他向21岁的哲学学生卢·萨洛梅求婚被拒。
1882 年	出版《快乐的科学》，阐述他的一些存在主义观点，例如，"上帝死了"。
1883—1885 年	哲学小说《查拉图斯特拉如是说》提出了他对叔本华《权力意志》的解读。
1886 年	《超越善与恶》出版。
1888 年	在《瓦格纳事件：一个音乐家的问题》中尼采对瓦格纳和他的音乐"宣战"。《现代人》《偶像的黄昏》《反基督者》等著作出版。
1889 年	在都灵精神崩溃。
1900 年	因肺炎和中风去世，享年56岁。

1882 年，生于俄罗斯的精神分析学家、作家露·安德烈亚斯·莎乐美，作家和赌徒保罗·瑞与尼采（右）；

三个人都是亲密的朋友，一起旅行。但是莎乐美和尼采后来闹翻了，因为莎乐美认为尼采非常爱她。

戈特洛布·弗雷格

（1848—1925）

作为数学家、逻辑学家和哲学家，戈特洛布·弗雷格是现代数学逻辑的奠基人。他对当代西方语言哲学、逻辑学和数学哲学的贡献和影响可以说是无与伦比的。

弗里德里希·路德维希·戈特洛布·弗雷格1848年出生于德国梅克伦堡－施韦林大公国的维斯马。他的父母经营一所女子高中，他的父亲写过关于语法和逻辑推理的书。

弗雷格以一篇几何学论文获得了哥廷根大学的博士学位。他从1874年开始在耶拿大学任教，直到1918年退休。弗雷格的早期作品主要是对数学的研究，尤其是几何学，后来他对更基础的逻辑问题产生了兴趣。他的生活孤独而平静，很少有值得注意的事情发生。1879年，他写了一本不到100页的小册子《概念演算》。这本书提出了一种新的逻辑符号，使逻辑结构清晰明了，并揭示出被普通语言所掩盖的逻辑特性。弗雷格试图展示如何利用这些思想从逻辑中推导出算术。在追求这一目标的过程中，

他遇到了一些新的问题和技术，这些问题和技术使哲学在未来一个多世纪充满活力。在1884年出版的《算术基础》和1893年自费出版的《算术基本规律》中，概念演算的思想以非正式的术语表述。

可悲的是，弗雷格的作品在他的一生中很少受到关注。但他通过对伯特兰·罗素和路德维希·维特根斯坦的影响，使他间接地对分析哲学产生了巨大影响。他曾建议维特根斯坦与罗素开展合作。鲁道夫·卡尔纳普是弗雷格的学生之一，深受其影响。在分析哲学之外，弗雷格对埃德蒙德·胡塞尔也有重要影响，他设法使胡塞尔相信逻辑不是心理学。

在他生命的最后几年，弗雷格试图完整地阐述他的逻辑哲学，但他只完成了一系列关于逻辑与思维关系的文章，辑为《逻辑研究》。

基本哲学思想

谓词演算

弗雷格的《概念演算》第一次系统地阐述了命题演算。这是一种处理推理的逻辑系统，推理依赖于逻辑连接词，如"不是"和"或者"和"如果……那么……"，这些连接词适用于整个句子。命题演算将包含逻辑连接词的句子的真或假视为由连接词连接的组成句子的真或假的函数。例如，A和B这种形式的句子，其中A和B可以被任何两个句子代替，当A句为真B句也为真时，这些句子才是真的。但弗雷格对逻辑最具革命性的贡献是他发明了谓词演算和量化理论。谓词演算是一个系统，其中可以表示有效的推论之间的谓词，而不仅仅是句子间的组合。一个谓词的陈述涉及赋予某物某种属性，如在"西红柿是红色的"这句话中，红色是西红柿的属性。弗雷格为此发展起来的思想至今仍是语言哲学的核心。

量化理论使弗雷格能够处理那些依赖于句子中数量表达的有效性的推论，如"一些""任何""每一个"和"没有"。弗雷格发明了一种描述量化变

量的方法，比如"对于所有的x"，这意味着他可以消除句子的歧义。以"每个男孩都爱某个女孩"为例，这有两种可能的逻辑解释：根据第一种，有某个女孩，比如黛西，每个男孩都爱她。但另一种说法是，每个男孩都有他所爱的女孩，无论是黛西、玛丽、简还是其他女孩。弗雷格的新逻辑通过量化变量及其之间的有序关系，使这种逻辑结构绝对清晰。

逻辑主义

逻辑主义认为算术是逻辑的一个分支。弗雷格想要确定，数学证明是否可以基于逻辑法则，还是依赖其他非逻辑事实。因为逻辑可以不诉诸任何非逻辑的概念或定律来表述，所以他认为算术是逻辑的一个分支，他在《算术基础》（1884）中确立了这一观点。弗雷格对数学的逻辑主义观点与伊曼努尔·康德和约翰·斯图尔特·穆勒的观点截然不同。康德宣称数学是综合的，通过先天直觉而为人所知，而穆勒则坚持认为数学的真理是通过经验的证实而为人所知的经验概括。弗雷格认为算术是分析性的：它可以用纯粹的

◎弗雷格对现代逻辑的研究不仅促进了语言哲学和数学的发展，而且为计算机的发明和当代语言学理论提供了资源。他的谓词演算在伯特兰·罗素的《数学原理》、库尔特·哥德尔的《不完全性定理》和阿尔弗雷德·塔尔斯基的《真理论》（1901—1983）中都有提及。

◎弗雷格在语言哲学方面撰写了开创性的作品，包括《概念与对象》。他对意义理论做出了很多贡献，其中《论涵义与指称》引起的讨论最为广泛。

◎弗雷格的谓词演算提供了一种逻辑，可以处理量化句子之间的推理。他在其他逻辑领域也有造诣，但最近哲学家使用弗雷格的工具来探索模态逻辑（可能性和必然性的逻辑）和时态逻辑（时态陈述的逻辑）。

现在，我们很自然会想到，与符号（名称、单词组合、字母）相关联的，除了符号所指物以外，还有符号的意义，在陈述中所包含的意义。

——《论涵义与指称》（1892）

1848年　生于德国北部梅克伦堡－施韦林的维斯马。

1873年　在哥廷根大学获得数学博士学位。

1879年　出版了一本介绍他的概念演算的小册子。同年，他在德国图林根的耶拿大学担任教授。

1884年　出版《算术基础》。

1892年　撰写了语言哲学的奠基之作《论涵义与指称》。

1893年　出版《算术基本规律》。

1925年　在德国北部巴德克雷宁去世。

弗雷格有关数学逻辑符号系统的一个例子，出自他的著作《概念演算》（1879）。

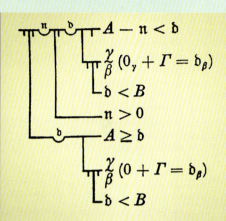

逻辑术语来定义，并由逻辑原理来证明。这将为算术提供一种直觉和经验理论似乎缺乏的确定性。然而，伯特兰·罗素表明弗雷格试图从逻辑推导出算术的假设是不一致的和矛盾的。

意义与指称

　　弗雷格开始对身份陈述感兴趣，比如"乔治·奥威尔是埃里克·布莱尔"。这句话告诉我们，《动物庄园》的作者乔治·奥威尔就是埃里克·布莱尔。这种说法是正确的，因为埃里克·布莱尔是乔治·奥威尔的真名。弗雷格注意到关于这类说法有一个谜题，这个谜题后来被称为"弗雷格谜题"。就像穆勒认为的那样，假设诸如"乔治·奥威尔"或"埃里克·布莱尔"之类的名字具有其所指对象的含义。鉴于"乔治·奥威尔"和"埃里克·布莱尔"指的是同一个人，他们的意思应该是相同的。那么"乔治·奥威尔就是埃里克·布莱尔"应该和"乔治·奥威尔就是乔治·奥威尔"具有同样的意义。然而，每个人都知道"乔治·奥威尔是乔治·奥威尔"这句话的正确性，但并不是每

个人都知道"乔治·奥威尔就是埃里克·布莱尔"这句话的正确性。后一种说法只有那些做了一些历史调查的人才知道，而前一种说法只要研究句子本身就能知道。因此，这两种说法的意义肯定不同。但是，如果这两句话唯一的区别是一个包含了"埃里克·布莱尔"，另一个包含了"乔治·奥威尔"，而这两个名字又因指的是同一件事而具有相同的意思，那么这两句话在意义上怎么会有不同呢？弗雷格声称，名字不仅有意义，也有所指。意义的本质仍然是一个活跃的探究话题，但弗雷格的观点是，名称的意义是一种呈现其所指物的方式。所以，虽然"乔治·奥威尔"和"埃里克·布莱尔"指的是同一个人，但这两个名字用不同的方式来表达这个指称；这两个名字可以用来思考不同的想法，也可以用不同的意义来说事情。弗雷格还认为，"意义"是非心理的，抽象而客观，我们在思考和说话时能够理解。罗素在1905年发表的论文《论表示》中对弗雷格的意义概念质疑。从那时起，这一直是语言哲学的中心问题。

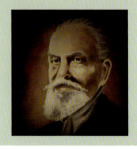

埃德蒙德·胡塞尔

（1859—1938）

胡塞尔是公认的德国现象学运动的主要创始人。他的思想在语言学、社会学和心理学等领域都有影响。现象学是基于意识问题的深刻逻辑分析。

埃德蒙德·古斯塔夫·阿尔布雷希特·胡塞尔于1859年出身于摩拉维亚的一个犹太家庭。当时的摩拉维亚是奥地利帝国的一部分，现在属于捷克共和国。1881年，他前往维也纳，在那里学习了数学和逻辑，但他对弗朗茨·克莱门斯·布伦塔诺（1838—1917）的哲学和心理学讲座产生了兴趣，从此决定从数学转向哲学。

他的第一部主要作品《算术哲学》出版于1891年，是对算术的哲学和逻辑根源的研究。他早期的工作集中于运用哲学和心理学来为数学建立坚实的基础，而与他同时代的戈特洛布·弗雷格和伯特兰·罗素则寻求用逻辑来为数学奠定基础。

1933年，已退休的胡塞尔成为纳粹反犹太立法的受害者。他被禁止进入弗赖堡的图书馆，而自从1916年起他就是弗赖堡的学者。他以前的学生马丁·海德格尔（胡塞尔认为该生的工作与他的理论相违背）当时就是这所大学的校长和纳粹党成员。纳粹统治时期，胡塞尔屡屡受挫，但他仍继续工作和写作，直到1938年去世。

胡塞尔的研究工作显然受到了他的导师布伦塔诺的影响。布伦塔诺曾讲授一种早期形式的现象学。布伦塔诺认为心理状态的主要特征是意向性，也就是说心理状态代表了超越自身的东西。对于胡塞尔来说，现象学是从第一人称经历的角度反思意识的本质。通过将我们的自然信仰用括弧括（悬置）起来，他试图用现象学的方法来研究纯粹的"现象"，伊曼努尔·康德用这个术语来指意识的内容，或事物在我们面前的样子，而不是事物的本来面目。胡塞尔的目的在于关注我们经验的本质和先验的自我，而先验的自我既是我们研究的对象，也是这一过程中的能动因素。

基本哲学思想

现象学始于用逻辑分析意义与对象。这一时期的逻辑哲学家非常关注指称和命名问题。名称以不同方式起作用。专有名词，如埃德蒙德·胡塞尔，没有意义，但指的是一个特定的物体。当然，可能不止一个人有这个名字。在其他情况下，比如晨星和昏星，我们可能会发现有不同含义，但两个名称指的是同一个物体，被称为晨星和昏星的星星是同一个天体。对于任何试图建立基于逻辑的知识体系的人来说，其中一个挑战就是弄清楚名称指代现实世界中对象的方式。

对心理主义的攻击

胡塞尔开始拒绝数理逻辑的心理主义理论，也就是说，试图用纯粹的心理关系来描述数学的理论。对于胡塞尔来说，逻辑是一种形式理论，它是研究不言自明的先验语句相互关联的方式。而数学研究的是存在的可能形式。每种形式都是相互关联的，每一个可能形式都研究形式范畴，而不是研究这些形式范畴与它们所指的可感对象之间的关系。

在《逻辑研究》（1901/1902）中，胡塞尔以他的排斥心理主义为基础，为逻辑学、哲学和现象学开辟了一个独立于经验科学的研究领域，一个可以完全独立于经验科学的领域，用括号把意识成分标注出来。由于心理状态及其之间的关系可以独立于它们所指或不涉指的外部对象进行研究，现象学的目的是分离出经验的内容后单独进行研究。

这并不是像贝克莱主教的极端唯心主义那样对外部世界的否定。相反，它是一种尝试，通过将所有关于外部世界的假设和关于外部世界物体对象的主观思考（有意想法）都用括号括（悬置）起来，从而获得基本经验的知识。胡塞尔在这个过程中使用了悬置这个词。

因此，他的目的是排除任何依赖于外部对象存在的假设。他的现象学排除方法只是把它们从研究领域

当然，事实上，我是一个超验的自我，但我并没有意识到这一点；保持一种特别的态度，自然的态度。

——《笛卡尔式的沉思》（1931）

1933 年 2 月，德国国会大厦被焚毁，当时被解释为共产主义分子的阴谋，这一事件帮助希特勒的纳粹党掌权，使胡塞尔的晚年时光黯然失色。

中移开，只留下纯粹的先验自我，而不是具体的和经验的自我。在后期的著作中，胡塞尔将其哲学思想从早期的现实主义现象学调整为先验现象学。后来的现象学家，包括海德格尔和莫里斯·梅洛-庞蒂，对这一步骤提出了质疑，认为自我始终存在于经验世界中。

括弧（悬置）如何工作？

很多关于现象学的讨论都围绕着这样一个问题：括弧（悬置）到底由什么组成，实现了什么。

现象学家们争论的问题是，在使用了"括弧"（悬置）之后我们还剩下什么。另一些人的争议点则在括弧法是如胡塞尔所认为的那样是哲学前进的一大步，还是实际上对笛卡尔方法的一种巧妙的重述。笛卡尔方法是指从那些不可怀疑的思想和精神状态作为出发点开展研究。有些人批评现象学的整个过程只是一种新的基础主义，认为存在某种程度的不容置疑的信念或精神状态，在此基础上我们获得某些知识。古典经

遗产、真理、影响

◎ 胡塞尔影响了许多哲学家，包括梅洛-庞蒂和海德格尔在内的哲学家采纳了胡塞尔的现象学思想。同时，他也与存在主义者联系在一起，这些存在主义者视他为一个重要的前辈，并专注于他与海德格尔分歧的细节。

◎ 他的逻辑分析特别有影响力，那些对数学逻辑感兴趣的哲学家，如库尔特·哥德尔和鲁道夫·卡尔纳普，都表达了对他工作的赞赏。

◎ 与此同时，雅克·德里达和威尔弗里德·塞拉斯（1912—1989）等形形色色的人物也发展了胡塞尔哲学的元素。

◎ 悬置问题、意义问题、命名问题和指称问题在 20 世纪都吸收了分析哲学的养分。直到索尔·克里普克（1940—）的著作《命名与必然性》（1980）面世前，胡塞尔发现的逻辑问题一直是西方哲学家关注的焦点。

大事记

1859 年	生于奥地利帝国（现属捷克共和国）的摩拉维亚。
1881 年	在奥地利维也纳研究数学和逻辑。
1891 年	《算术哲学》出版。
1901 年或 1902 年	《逻辑调查》出版。
1913 年	《思想：纯粹现象学概论》出版。
1916 年	受聘于弗赖堡大学。
1928 年	退出学术界。
1931 年	《笛卡尔式的沉思》出版。
1935 年	《欧洲科学危机》出版。
1938 年	在弗赖堡去世。
1939 年	《经验与判断》在他逝世后出版。

验主义和理性主义就是很好的例子。

基础主义的反对者例如弗里德里希·尼采和米歇尔·福柯都倾向于知识的系谱模型。另一些人则喜欢奥托·纽拉特（1882—1945）对人类知识的一个著名比喻。纽拉特把知识整体比作一只大船，人们必须像水手一样在海上对船上的漏洞进行修补，而并不需要在船坞上进行拆卸、修复。

亨利·柏格森

（1859—1941）

在两次世界大战期间的数年里，亨利·柏格森在备受崇拜的同时，也招致了强烈的批评。他与威廉·詹姆斯等一批现代主义作家尝试用小说的方式来描述人的心理状态。将生物学的新研究成果与意识理论结合起来，挑战进化论的机械解释和理性主义解释。进化论似乎忽略了涉及进化的生命和创造力的本质。1927年，他被授予诺贝尔文学奖。

亨利·柏格森出生于巴黎，父亲是波兰犹太人，母亲是英国爱尔兰人。他童年时曾在伦敦生活过一段时间，之后随家人定居法国。

他的天赋首先表现在数学上，但后来他选择前往巴黎高等师范学院学习人文学科。他的数学老师曾说过一句名言：你本可以成为一名伟大的数学家，但却选择当一名普通的哲学家。

在成为法国学院教授之前，他曾在几所学校任教，并曾被任命为哲学系主任。柏格森过着一种典型的平静学术生活，他杰出的作品把他带到了聚光灯下。他作品中对生活的新观点和有力的表达方式吸引了学界注意力，也唤起了广大公众的想象力。他的哲学思想非常有魅力，威廉·詹姆斯把它介绍给了英美公众。但和詹姆斯不同的是，柏格森远非一个实用主义者，尽管他们的哲学思想有很多共通之处。例如，在他们的观念中，意识是一个思想的流，他们都拒绝理智主义的方法。对于詹姆斯来说，柏格森的影响：

促使我个人放弃了理智主义的方法和当前的观念，即逻辑是一把合适的标尺，能衡量什么能够、什么不能够……现实、生活、经验、具象、当下……

超越了我们的逻辑，溢出并包围了逻辑。

——威廉·詹姆斯《多元的宇宙》（1909）

《创造进化论》（1907）使柏格森举世闻名。这本著作对进化论的哲学评估做出了原创性的贡献，在思想上找到了一个全新的方向，具有里程碑的意义。他把他的时间理论应用到了生物研究中。

他在英国的牛津大学和伯明翰，以及美国的几个城市发表了主题演讲，吸引了大批听众。基于演讲的主题他后来发表了系列文章：《改变的感知》、《生命与意识》（1919年文集《精神的力量》的第一篇文章）、《灵性与自由》和《哲学方法》。

1927年他在巴黎和妻女生活在一起，他因《创造进化论》而被授予诺贝尔文学奖。但由于罹患严重的关节炎而无法出席颁奖典礼。疾病迫使他退出了公众生活，但他仍然笔耕不辍，1932年出版了另一本重要的著作《道德与宗教的两个来源》，掀起了新一波关于哲学思想的争辩，误解也随之产生。

1941年，柏格森去世。在此之前，他因对被占领的法国维希政府持反对立场，再次吸引了大众的目光。他宣称放弃之前所有的奖项，拒绝接受反犹太法律的豁免。

基本哲学思想

柏格森的哲学具有流动性、新颖性、自由度和创造性。作为一种"过程性哲学"，它探索诸如意识、时间、身份、感知、变化、自由意志、记忆和理性的局限等问题。

意识和自由意志

《时间与自由意志》（1889）是一篇关于意识即时性的文章。在该文中，柏格森发展了他的意识和时间理论。这篇文章也回应了伊曼努尔·康德的主张，即自由意志至少是可以想象的，但是我们不能肯定地知道自由意志是否存在，因为它属于一个超越我们经验的领域。在柏格森的模型中，意识包括一种直

觉内省的方法，这种深层意识是自由意志和创造力的所在地。在意识的深层面上，自由意志是可能的，因为人所体验的心理时间不被认为是一系列单个心理状态的连续，一个时间片段接着另一个时间片段，而是不间断地流动，具有多样化的特点。因此，决定论（人的一切行为都是预先确定的理论）并不适用，自由意志能够自由地移动，自由就是移动性。

"直觉"和对"理性主义方法"的排斥

在《形而上学导言》（1903）中，柏格森进一步发展了直觉内省的方法，并解释了为什么心理时间或持续时间不能通过不动的概念进行分析。他声

遗产、真理、影响

◎ 在法国，柏格森对莫里斯·梅洛-庞蒂和让-保罗·萨特等思想家的影响相当大。他在英国和美国也颇具影响力，影响了威廉·詹姆斯、乔治·桑塔亚纳（1863—1952）和阿尔弗雷德·诺斯·怀特黑德（1861—1947）等人。

◎ 他对理性主义体系的拒绝引发了许多西方传统分析哲学家的批评。伯特兰·罗素在 1912 年的《一元论》中声称，对柏格森进行分类是不可能的，因为他的哲学跨越了哲学界限，横跨经验主义、现实主义、唯心主义等。

◎ 柏格森的"绵延"概念对弗吉尼亚·伍尔夫、詹姆斯·乔伊斯、托马斯·曼等现代主义作家意识流小说的发展产生了重大影响。

◎ 柏格森哲学的影响在 20 世纪 20 年代消退，但 1966 年吉勒斯·德勒兹的《柏格森主义》的出版标志着对柏格森作品兴趣的复兴。柏格森在文章和演讲中的见解收集在《精神的力量》一书中，对当代的心灵哲学工作者仍然适用。

◎ 罗马天主教会在 1914 年禁止出版柏格森的著作。

称，智力是在进化过程中作为生存工具而发展起来的，因此它所积累的知识是相对知识（它不是公正的）；当我们使用智力来获得全面的知识时，我们通过分解来分析事物，然后通过分析综合得到许多观点。但是这种综合方法，虽然给我们提供了一般性概念知识，却从来没有给我们事物的本质，因为它从来没有到达生命的流动性的领域。要获得对世界的绝对认识，就必须用直觉来把握现实，这是一种运用想象和共情来了解事物本身的经验。没有直觉，我们还不如通过一系列的照片来体验生活。有了直觉，我们得以体验存在的现实。

大事记

<table>
<tr><td>1859 年</td><td>出生于法国巴黎。</td></tr>
<tr><td>1877 年</td><td>就读于巴黎高等师范学院，后来成为一名哲学教师。</td></tr>
<tr><td>1889 年</td><td>出版了他的第一部重要著作《论意识的即时性》：一篇关于意识的即时性。</td></tr>
<tr><td>1896 年</td><td>出版书籍《物质与记忆》。</td></tr>
<tr><td>1900 年</td><td>成为法兰西学院教授，同年出版《笑》，构建引发笑的理论。</td></tr>
<tr><td>1903 年</td><td>出版《形而上学导言》。</td></tr>
<tr><td>1907 年</td><td>出版他的主要作品《创造进化论》。</td></tr>
<tr><td>1908 年</td><td>在伦敦遇到威廉·詹姆斯。</td></tr>
<tr><td>1914 年</td><td>当选为法国学院院长。</td></tr>
<tr><td>1919 年</td><td>出版《精神的力量》，一部有关形而上学和心理问题的文集。</td></tr>
<tr><td>1921 年</td><td>辞去法国学院的职务，投身于写作。</td></tr>
<tr><td>1921—
1926 年</td><td>任国际知识合作委员会主席，该委员会是国际联盟的一个机构，也是今天联合国教科文组织的前身。参与和阿尔伯特·爱因斯坦的辩论，发表《绵延与同时性》。</td></tr>
<tr><td>1927 年</td><td>获得诺贝尔文学奖。</td></tr>
<tr><td>1932 年</td><td>出版他最后的主要作品《道德与宗教的两个来源》。</td></tr>
<tr><td>1934 年</td><td>出版论文集《创造性思维》。</td></tr>
<tr><td>1941 年</td><td>在巴黎去世。</td></tr>
<tr><td>1957 年</td><td>《诗歌哲学》在他逝世后出版。</td></tr>
</table>

在《笑》（1900）一文中，柏格森提出了笑声激发理论，并描述了漫画和小丑引发笑声的过程。

在具有意识的存在中，没有两个时刻是完全相同的。

——《创造性思维》（1934）

生机勃勃（创造性的精力）

柏格森在《创造进化论》（1907）中发展了他哲学的最后一个基本组成部分，那就是一种塑造所有生命的生命力冲动。通过这个概念，柏格森挑战了机械的达尔文理论（《物种起源》，1859）。达尔文理论认为，进化主要通过细小而随机的生存适应产生的，这个过程被称为自然选择。柏格森认为，进化可以理解为通过非物质的活力，或创造性的冲动产生。

约翰·杜威

（1859—1952）

约翰·杜威的研究横跨哲学、心理学和教育学等领域，对美国乃至全世界都产生了巨大影响。作为美国实用主义的重要代表人物，他还在应用心理学（又称功能心理学）的发展中发挥了关键作用。

杜威在美国佛蒙特州长大，并在约翰·霍普金斯大学获得博士学位。求学期间他接触到了查尔斯·皮尔士的思想。后来，他成为密歇根大学、芝加哥大学和哥伦比亚大学的哲学教授，并创立了美国大学教授协会。在芝加哥期间，他提出了以经验为基础的知识理论，并开始支持刚发展起来的实用主义理论。他与皮尔士和威廉·詹姆斯一起，成为实用主义的关键倡导者。杜威更喜欢将他的哲学思想描述为工具主义。同样是在芝加哥，杜威成功地创建了影响深远的以生物学为基础的功能心理学，从人对环境的主动适应角度来看待人的心理状态，为科学家提供了一种工具，来检验在实验室或实验环境中不易研究的心理现象。

杜威是教育领域的改革者。他在芝加哥建立了一所先进的实验学校，尝试了教育方面的实验性改革。他对政治的关心远远超出了哲学领域，曾参与为社会改革而进行的自由主义政治运动。在哥伦比亚大学期间，他还外出四处讲学，讲授哲学、社会和政治理论，并担任教育顾问。他直言不讳地批评美国教育、国内国际政治以及许多社会运动。他于1952年在纽约逝世。

基本哲学思想

杜威的哲学生涯是在唯心主义的影响下开始的，但接触到皮尔士和詹姆斯的实用主义后，他改变了自己的方法，创立了哲学自然主义。自然主义主张物体、事件甚至价值观都可以通过研究科学事实和原因来进行解释，而不是通过形而上学的方法。

真理的不可靠性

与詹姆斯和皮尔士一样，杜威认为真理仅仅是最好的实践，信念会引导我们采取最好的行动。杜威持有对真理的科学态度，因此他也认为认识论（对知识的研究）最好就是解决实际问题。人类根据自己的经验确定实验对象，以测试假设，试图找到满足保障确定性标准的信念。通过这个测试出的信念是行动连贯性指南，因此是真的。

杜威在《逻辑：探究的理论》（1938）中阐述了信念形成过程中的六个步骤。面对一个不确定的情况时，我们开始产生怀疑，我们意识到这是一个问题。我们提出假设作为可能的解决方案。我们对每个解决方案的意义进行推理。然后把这种思想的结果应用到我们所感知的事实上，观察不同假设的结果。最后，对于我们最初怀疑的情形得出一个常识性的信念。

杜威比威廉·詹姆斯更明确地承认，实用主义的真理概念是不可靠的。换句话说，我们寻求知识的结果总是会引起进一步的怀疑。我们没有获得某项知识，现在正确的东西在将来或对于其他人来说并非正确。

道德进步还是相对主义？

从长远来看，这是实用主义的一个问题，陷入了相对主义的指责中。如果真理可以从不同的观点区分，那么我们为什么还要关心对真理的探索呢？当然，杜威的态度不是真理不重要，只是我们不知道我们的信仰是否正确，至少在某种意义上，它们可以用一些永恒的尺度来衡量。

杜威关于真理的不可靠性也引起了对道德真理的研究。詹姆斯试图研究我们如何相信道德信念，即使它们在某种意义上是不可测的。杜威试图分析道德信念形成的方式。基于他对教育的关注和研究，杜威认为道德信念是在社会环境中发展起来的可证实的假设。在这方面，他的研究工作与乔治·赫伯特·米德（1863—1931）的思想紧密一致，后者试图将实用主义原则应用于新兴的社会学领域。米德发展了一种基于社会交往的自我意识概念，本质上来说我们对道德信念的理解具有社会性。杜威和米德都关心实用主义如何用来改

遗产、真理、影响

◎杜威的影响是复杂的。到他 1952 年去世时，实用主义已经在很大程度上被视为一种试图回避真正的形而上学和伦理学问题的模糊理论。分析哲学在某些方面取代了实用主义者的思想。然而，杜威的自然主义继续在奎因等哲学家的思想中产生回响。

◎杜威所代表的自由进步思想也遭到了强烈的反对。随着进步教育在现实世界中不断面临问题，人们对他的实验性教育思想不再那么宽容。

◎然而，杜威仍然被许多人尊崇为社会改革的有力倡导者。近年来，人们也对他的一些作品进行了更富有同情心的重新审视。

◎对实用主义认识论方法的兴趣最近又复兴了。许多作家如希拉里·帕特南（1926—2016）、诺姆·乔姆斯基和理查德·罗蒂都回到了杜威的理论，重新拾起他关于我们如何获得信念的方法。

1937 年，约翰·杜威担任一个调查委员会主席，调查里昂·托洛茨基在莫斯科的审判中受到的指控。调查结果发表在《无罪》一书中。

大事记

更为重要的是人类养成了学习的习惯。他学着去学习。

——《民主主义与教育》（1916）

善社会。通过在科学实用主义的背景下确立道德信念，他们希望社会改革的新假设能够通过理性的方式得以检验和开展。

伦理和美学

杜威相信他的研究扩展了经验主义的疆域，扩展至伦理学和美学领域。在《善的建构》（1929）中，他断言道德和审美判断可以用科学方式进行测量。通过实验的方法，我们观察自己行为和选择的后果，并根据这些观察做出道德判断。这可以防止我们受到主观利己主义的影响，还鼓励我们接受观点可能有误的事实。

当然，这个理论也存在一些问题。首先，杜威也面临有缺陷的功利主义所面临的所有问题，我们很难理解道德问题如何进行实际测量。其次，杜威的理论似乎反映了他自己的人格，他是一个能够接受自己错误、关心社会的自由主义者。当我们把他的理论应用到渴望确定性而不是科学的不可靠性的现实，并从利己主义的立场出发行事时，他的理论似乎没有那么有说服力了。

阅读杜威关于道德问题的论述，你可能最终希望他是对的，但你可能不相信实用主义能以他希望的方式来处理道德问题。但是他认为社会可以通过实验获得进步和改善，他的乐观精神和对人类精神的信念令人肃然起敬。

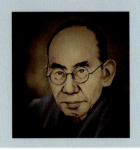

西田几多郎

(1870—1945)

西田几多郎（简称西田）是20世纪日本最重要的哲学家。他的重要贡献在于将西方哲学引入日本。他是京都学派创始人，是第一个用西方哲学方法来探索东方思想的人，比如对禅宗的研究。他超越了单纯的融合，创造了自己独特的思想体系。

西田（根据日本习俗，姓氏在前）出生在日本动荡时期。1868 年继承皇位的明治天皇改革了官方政策，结束了日本自我封闭与世隔绝的时期，引进了欧洲或西方的习俗、教育和培训制度。因此，西田是最后一批按照日本古典传统以及中国儒家思想接受早期教育的人。同时，他也是第一批受鼓励学习欧洲语言、哲学和技术科学的人。

在金泽读书的时候，西田结识了一生的挚友铃木大拙（1870—1966）。铃木后来将佛教禅宗介绍给西方世界。

西田获得哲学学位后，开始在金泽和山口的大专院校任教，专攻伦理学、逻辑学、心理学和德语。1910 年，他开始与位于京都的帝国大学合作。作为日本的前首都，京都当时是重要的学术中心。1914 年，西田成为那里的哲学教授，建立了现代哲学系，并工作到退休。

与此同时，西田也较深入地研习佛教禅宗和沉思冥想。正是通过这种实践，他获得了精神上的体验，并试图将其与西方的哲学思想如逻辑学相融合。

1905 年，他开始在哲学上留下自己的印记，撰写的一些文章后来编入了他的第一本书《善的研究》。他在大学工作并持续发表论文，成了日本最杰出的哲学家。日本政府在 20 世纪 30 年代要求他为日本的民族主义和扩张主义提供理论依据。西田随后对文化和国家地位的研究并没有让任何政治家满意，激进的扩张主义者认为他的理论太过空洞、抽象和模糊。但第二次世界大战后，他的哲学思想却因支持使日本卷入战争的民族主义政策而受到批判。

基本哲学思想

虽然西田一生中发表了不同的见解，但他的总体思路是不变的，那就是用西方哲学研究方法的严密性和逻辑性来探索东方宗教，尤其是佛教禅宗。他认为西方思想提供了理性的基础，而禅宗则提供了伦理和情感。他尤其受到新康德派文化思想的影响，从意识和意志理论的角度就广泛的话题开展论述，包括艺术和道德。

经验

西田的出发点是探索意识和经验，认为现实只不过是经验或自我意识（也被定义为意识的现象）。1911 年，他在著作《善的研究》中将纯粹经验定义为一种既没有主体也没有客体的状态，知识和它的客体是完全统一的，这是经验最纯粹的形式。

因此，他认为的基础现实是主观和客观的统一，主体和客体是一个现实的两个相对面，而不是分开独立存在的。因此他声称，根本不存在独立的客观现实，现实完全依赖于主观意识，自我本身在视野范围之外不存在。相反，我们对世界的所有了解都是自我经验。

从这个基础现实中，其他一切事物都通过分化的过程表现出来，分化为经历的主体和被经历的客体，分化为自然和精神、直觉和思想等。

在后期的思考中，西田提出在自我意识中，经验与直觉是统一的。他进一步拓展了这一观点，认为自我意识的最基本形式可以被视为"绝对自由意志"的表达，而不是"知道"。然而，自始至终，他都继续相信现实是一个统一体，意识不能与现实分离。

场所理论

20 世纪 20 年代中期，西田提出了他的关键思想，即所谓场所逻辑或"松尾"理论。他提出了一个包含不同分化程度的场所层次，他的整体模型可以被看作一系列包容性的圆，最全面和最具体的圆或场所是一个没有周长、只有一个无处不在的中心。

遗产、真理、影响

◎ 西田成功地将西方哲学家所探索的全部概念引入日本。他还成功地让世界各地的哲学家开始注意日本的传统思想和现代思想的趋势。现在很多人认为，"西方"和"东方"这两个标签本身就太有限制性了。

◎ 尽管他鼓励他的学生们向独立的方向发展，但在他人眼中，他的同事和学生是联系在一起的，可称为"京都学派"，他是该学派的先驱和创始人。京都学派的大多数成员在比较哲学、绝对虚无以及通过西方哲学技巧表达日本思想方面有着共同的兴趣。

◎ 第二次世界大战后，京都学派的成员因为他们的政治思想而被认为是助长了日本的民族主义和扩张主义，并因此受到严厉的批评。然而，近年来，人们对他们独特的哲学思想进行了重新评估。

> 哲学不仅阐明现实的基本概念，而且必须阐明人类生活的理想，即"应该做的事情"。哲学不仅仅是一种世界观，也是一种生活观。
>
> ——《艺术与道德》（1923）

虚无

一些亚洲宗教都有"空"或"无"的概念，包括佛教和印度教。而西田认为空无是所有形式的单一源头，它本身是无法描述的，因此是"无"。体验、自我意识和自由来自"无"。

西田最包容的概念，或终极境界，是绝对的虚无。这个虚无的地方，即"Mu no basho ronri"，实际上是一种纯粹体验的状态，是禅宗冥想的一部分。在这种状态下，自我和世界其他部分都消失了。他认为这是避免对立的一种方式，比如主体和客体、知者和物体。

方法

西田有一种独特的方法，这种方法可能根植于书法等日本传统艺术形式以及他的禅宗实践中。他不会呈现线性思维链，而是用几种不同的方式和不同的方法来表达一个想法。他的方法被描述为围绕一个主题盘旋，在许多地方触及它。他还会颠倒概念，

大事记

1870 年	出生于日本石川县金泽附近。
1891 年	在东京大学学习哲学。
1899 年	成为山口县一所专科学校的教授。
1900 年	学习并练习禅宗。
1910 年	开始在京都帝国大学任教，一生的教学生涯都在此度过。
1914 年	被任命为京都帝国大学哲学教授。
20 世纪 20 年代	吸纳了一些顶尖讲师和学生为徒，创立了京都学派。
1928 年	退休，任命为名誉教授。
1938 年	以日本文化问题为主题进行著述和讲座，探讨民族主义。
1940 年	被授予日本文化荣誉勋章。
1941 年	应邀给天皇和朝廷做演讲。
1945 年	在神奈川县镰仓镇因感染去世。

日本京都的哲学家步道，以西田的名字命名。西田经常行走在这条路上冥想。

将抽象的概念视为具体的概念，反之亦然。

国际哲学

西田认为，诸如虚无之类的概念可能起源于东方思想，但它们不应该仅仅在比较宗教的背景下进行辩论。相反，它们应该被视为全球哲学运动中的一部分。

伯特兰·罗素

（1872—1970）

罗素是一位伟大的逻辑学家、数学家和哲学家，也是社会改革的倡导者。他与弗雷格和维特根斯坦都是分析哲学的先驱。分析哲学现在还大行其道。罗素是一位杰出的和平主义者，他以不道德为由反对第一次世界大战，并不知疲倦地为核裁军而四处奔走。

1872 年，伯特兰·罗素出身于英国威尔士蒙默斯郡的一个贵族家庭，是第三代罗素伯爵。他的祖父第一代罗素伯爵曾两次担任首相。罗素的父母是他们那个时代的激进分子。他父亲是个公开的无神论者，甚至不反对妻子与他们孩子的家庭教师的恋情。罗素的父母和他的教父哲学家约翰·斯图尔特·穆勒在他很小的时候就去世了，他便由祖母抚养。祖母给他灌输了强烈的社会正义感。1893 年，他获得了剑桥大学三一学院的奖学金。他数学成绩优异，还获得了哲学奖学金。罗素第一次结婚是在 1894 年，但他在 1901 年之后就不再相信爱情。到 1921 年离婚之前，他经历了数段公开的风流韵事，其中最著名的是与奥托琳·莫雷尔夫人。

1911 年，年轻的路德维希·维特根斯坦拜访了罗素，并赞扬他是个天才。罗素希望维特根斯坦能继续他的逻辑研究，但后来他们的关系恶化了，罗素对维特根斯坦后来的哲学思想一点也不赞同。

在第一次世界大战期间，罗素因为反战主义而失去了他在三一学院的工作，还曾一度入狱。之后，他和新婚妻子多拉·布莱克前往俄罗斯和中国。他曾寄希望于俄罗斯，但与弗拉基米尔·列宁的会面让他感到非常失望。在两次世界大战之间，他参与组织了许多致力于世界和平的杰出科学家和知识分子的会议。他对第二次世界大战持有与众不同的观点，很早就认识到希特勒对欧洲自由的威胁。

罗素试图将哲学思想带给普通读者，他的《哲学问题》（1912）一书至今仍然受人喜爱。1950 年，他凭借其大量优秀作品获得了诺贝尔文学奖。他的作品捍卫思想的完全自由，并坚信人类问题的答案不受上帝或政治控制，而是人类理性的实践。

基本哲学思想

逻辑主义

与同时代的弗雷格一样，罗素试图将数学的真理建立在逻辑法则的基础上。于是就有了他与阿尔弗雷德·诺斯·怀特黑德合著的著作《数学原理》（1910—1913）。与弗雷格的逻辑风格相似，罗素利用类或对象集的概念来定义数字。因此，罗素认为数字 1 代表所有单元类，数字 2 代表所有双元类，以此类推。他开始意识到关于集的假设存在一个特别的悖论。

罗素悖论

罗素注意到集理论的一个核心悖论。这一悖论削弱了弗雷格的逻辑主义。这个悖论始于这样一种观察：大多数集合都不是它们自己的成员。例如，所有红色东西的集合不是它自身的成员，因为集本身不是一个红色的东西。但有些集是自身的成员。譬如，非人事物集合本身不是人，所以是它自身的一个成员。现在考虑一下不属于本身集合的所有集，那这个集是它自身的成员吗？有以下回答：如果它是自身的一员，那么它就不是自身的一员；如果它不是自身的一员，那么它就是自身的一员。显然这是矛盾的。有一种观点声称这样的集不存在。但这一方面与由一致条件决定的集的定义相冲突，比如是红色的事物的集，或者不是它自身成员的集。同时，这又与集中集的概念相冲突。罗素的回应是构建一个类型理论，以原则性的方式限制现有的集，涵盖数学所需的所有集，但同时排除非自身成员的集的所有集。

哲学逻辑

罗素发明"哲学逻辑"这个术语来描述他的哲学分析方法，使用他在《数学原理》中提出的用一种形式语言来解决问题命题的逻辑形式。通过将棘手的命题分解成它们的逻辑组成部分，并通过超越普通语言的表面形式来揭示潜在的逻辑形式，罗素以此来寻求哲学的清晰性。他对普通语言所采用的误导形式持怀疑态度，称普通语言形式"把食人族的迷信奉为神灵"（《精神和物质》，1925），并

遗产、真理、影响

◎罗素的作品和戈特洛布·弗雷格的作品对路德维希·维特斯坦根《逻辑思维论》（1921）的创作产生了巨大的影响。罗素还指导了《逻辑思维论》的出版。

◎他的哲学逻辑和描述理论常被作为分析方法的范例。

◎罗素的逻辑原子论直接地，但也是通过维特根斯坦间接地促成了鲁道夫·卡尔纳普1928年出版的《构造》一书。他们之间一个关键的区别是，罗素不认为感觉数据是心理对象。

◎罗素的著作对英语世界的现代哲学产生了重大影响，尤其是对艾耶和奎因，以及对诺姆·乔姆斯基和约翰·塞尔。

◎罗素通过他的历史著作、导论著作、社会问题著作和政治问题著作来普及哲学，罗素是一位伟大的哲学普及者，因此而被铭记。

> 在我看来，如果真有一个没有偏见的人存在的话，那他不可能写出有趣的历史。
>
> ——《罗素自传》（1967）

掩盖了基本的哲学差别。例如，在普通语言中，"是"这个词模糊了以下含义：一是表达存在，二是表达相同。在"乔治·奥威尔是埃里克·布莱尔"这个句子中，"是"表达相同。还有一种含义表达属性，比如门是红色的。所有这些差异都可以通过哲学逻辑的分析得出。罗素把这种逻辑分析看作哲学家的主要工具。他的描述理论常被认为是一种哲学逻辑分析范式。像"当今法国国王是秃头"这样的句子应该作为描述句进行分析。其逻辑形式如下：存在个体x，x是当今法国国王，并且x是秃头，并且对于所有的y来说，如果y是当今法国国王，那么y和x相同。罗素的逻辑分析使我们得以理解这样的句子，而不去考虑事物是否存在，比如"当今法国国王"。前面例句说某个现存的个体是当今的法国国王，但由于没有这样的个体存在，因此这个命题是错误的。

逻辑原子论

罗素的逻辑原子论认为世界是由原子（类似色

在第一次世界大战期间，罗素参与了反对英国参战的和平主义活动。

块这样的属性）和实体组成的。逻辑原子论者通过将实体（如树）建成逻辑结构来解释我们对实体的认识，这些逻辑结构来自可以立即被认识和证明的事物，包括我们直接感受到的物体。罗素把这种与事物的直接接触称为"相识"而得的知识。他拒绝依赖任何可能被怀疑的实体，他说："我认为笛卡尔采用的那种方法总体上是正确的，你应该开始怀疑事物，只保留那些你不能怀疑的东西，因为它的清晰和独特。"（《逻辑原子主义哲学》，1918）

乔治·爱德华·摩尔 （1873—1958）

乔治·爱德华·摩尔，20世纪初期最受尊敬的英国哲学家之一，剑桥大学教授，与英国哲学家伯特兰·罗素和奥地利哲学家路德维希·维特根斯坦等属于同时代人。他是分析哲学（现代西方哲学流派）运动的创始人之一，还是哲学杂志《心灵》的编辑。

乔治·爱德华·摩尔在伦敦南部一个大家庭中长大，在达利奇学院打下了良好的希腊语和拉丁语基础。从1892年开始在剑桥大学学习古希腊和古罗马文学经典，并与伯特兰·罗素和哲学家麦克特加特（1866—1925）成为朋友。受罗素和麦克特加特影响，他开始研究哲学。麦克特加特和英国哲学家布拉德莱（1846—1924）被认为是绝对唯心主义的有力倡导者。绝对唯心主义在德国哲学家格奥尔格·威廉·弗里德里希·黑格尔的带领下成为在欧洲主导的哲学思想。

在剑桥大学时，布拉德莱提出了一种相当古板的唯心主义形而上学，它强调真理和现实在单一"绝对"中的内在关系。后来他和罗素一起否定绝对唯心主义，因此而闻名于世。

摩尔年轻时加入了神秘的剑桥"使徒俱乐部"，俱乐部成员包括英国诗人鲁珀特·布鲁克（1887—1915）、里顿·斯特拉奇（1880—1932）和英国经济学家约翰·梅纳德·凯恩斯（1883—1946）等著名人物。摩尔与以伦敦为基地的布卢姆茨伯里派文化圈的友谊，再加上他在剑桥大学的重要地位，使他成了时代学术精神的核心。布卢姆茨伯里派是由一群英国作家、知识分子、艺术家组成的团体。剑桥当时是英美哲学研究的重镇。

基本哲学思想

摩尔的哲学始于此处：过多的哲学争论是多余的。摩尔并没有追随唯心主义和怀疑论，质疑我们的常识信仰是否可以证明是不确定的或可证伪的。他首先假设我们的常识信仰是正确的，而哲学的作用就是分析这些信仰的本质和意义。

在他的早期著作《审判的本质》（1899）和《对唯心主义的驳斥》（1903）中，他批评了布拉德莱的内部关系概念，并仔细区分了意识和意识对象。他拒绝唯心主义的口号"esse est percipi"（存在就是被感"），并指出唯心主义的整个体系都依赖于这一思想，而这显然是不必要的或不可理解的真理。在这种背景下，摩尔主张自己的现实主义思想。他在后来的作品《捍卫常识》（1925）中指出，我们都知道一些关于自己和周围世界的基本真理。他驳斥唯心主义者和怀疑论者的怀疑，并主张常识至上。

命题的作用

在这一点上，他需要解释真理和现实的本质。摩尔的真理理论依赖于"命题"概念。他没有将命题定义为思想的内容，而是将其视为独立实体。对于他来说，命题就是陈述句所表达的意思。

因此，如果我说猫在垫子上，那我所表达的命题意思就是猫与垫子有一定的关系。如果这个命题与事实相符（换句话说，猫确实在垫子上），那么我所表达的命题就是真的。这就是所谓的"真理对应理论"，即命题的真实性取决于它与事实的关系。"命题"在某种程度上是一个形而上学概念，分析哲学家一直致力于将它们进行精准定义。罗素、路德维希·维特根斯坦和其他人则依赖于类似的理论，将其作为他们分析意义和真理的基础。维特根斯坦曾是这样看待命题的，即思想就像一幅图画，如果图画确切地将事实表达出来了，那么它就是真实的。

因此，摩尔认为，精神状态在思想者与思想客体之间建立了一种联系。这个假设和唯心主义者的假设一样，即存在和感知密不可分，但它确实使摩尔摆脱了唯心主义导致的唯我主义。在做出假设之后，摩尔认为分析哲学的作用是分析和阐明命题与事实之间的关系。

摩尔伦理

摩尔的著作《伦理学原理》（1903）为其伦理哲学奠定了基础。他的第一直觉是分析"善良"的

剑桥大学三一学院是使徒俱乐部的中心，摩尔是这一秘密社团的成员。

> 概念是思想的可能对象；但这不是它们的定义。
> ——《审判的本质》（1899）

遗产、真理、影响

◎ 摩尔对分析哲学的发展产生了重大影响。他的真理理论与同时代的罗素和德国哲学家戈特洛布·弗雷格的理论相似。罗素和戈特洛布·弗雷格被认为是分析哲学的创始人。这一哲学形式在20世纪上半叶占主导地位，研究我们对普通语言的使用，并揭示隐藏的逻辑和哲学假设，以使我们的思想变得清晰。

◎ 回想起来，摩尔自己的哲学思想有时却令人沮丧，因为他对常识的依赖难以服众。后来的哲学家，例如维特根斯坦（与摩尔经常交谈的人）、英国哲学家吉尔伯特·赖尔以及美国哲学家理查德·罗蒂等依赖完全不同的方式，使得摩尔所发现的一些问题变得更加清晰。

◎ 有人会说，摩尔的影响有些不幸的成分，因为英美哲学将在分析哲学的支配下，远离那些被认为是自命不凡的欧洲大陆哲学思想。分析哲学关注于对意义和指称问题进行枯燥的详细分析，而不是痴迷于生活中更重大的问题。

◎ 命题既不由文字组成，也不由思想组成，而是由概念组成。

含义和用法。他反对将"善"简化为其他品质或一系列品质的主张，称这是"自然主义的谬论"，意思是不能将"善"等同于自然品质。他指出，当我们试图以这种方式定义"善"时，总会存在一个"悬而未决"的问题：如果我们说某事给人带来快乐或使世界变得更美好，那么它就是好事，但我们总会继续思考"它一直会是好的吗？"

对于摩尔来说，"善"是一种简单但非自然的品质。我们无法像归纳其他品质一样简单地归纳它的意义。但这并不意味着它是没有意义的或毫无意义的术语，因为我们非常清楚在日常生活中该术语的含义。即使我们无法阐明其含义，但是我们凭直觉能知道"善"的意思。

也许这更多地说明了摩尔是一个普通人，而不仅仅是一个哲学家。摩尔进一步指出，我们对善的体验，在我们对艺术的审美欣赏和我们对人类友谊的体验中最为清晰。这种道德直觉主义也许不能很好地解释我们的道德判断，或者解释为什么不同的人凭直觉知道不同的善的观念，但对于摩尔来说，这是我们作为常识哲学家所能做的最好解释。

大事记

1873 年	在伦敦南部出生，并在此长大，就读于达利奇学院。
1892 年	开始在剑桥大学三一学院学习。
1898 年	获得剑桥大学三一学院的研究院职位，并在此任职至 1904 年。参与各种哲学学会。
1899 年	《审判的本质》出版。
1903 年	《对唯心主义的驳斥》出版。
1903 年	《伦理学原理》出版。
1911 年	回到剑桥担任道德科学讲师。
1916 年	与他之前的学生多萝西·伊利结婚，两人育有两个儿子。
1918 年	当选为英国科学院院士。
1921 年	被任命为《心灵》杂志的主编。
1925 年	出版《捍卫常识》。
1925 年	被任命为剑桥大学心理哲学和逻辑学教授。
1939 年	出版《外部世界的证明》；以教授身份退休。
1944 年	从《心灵》杂志的主编职位退休。
1951 年	被授予英国功绩勋章。
1958 年	逝世，安葬在剑桥阿森松教区的墓地。

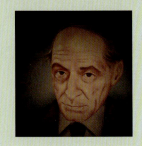

何塞·奥尔特加·伊·加塞特 (1883—1955)

何塞·奥尔特加·伊·加塞特，记者兼散文作家，他的人生目标是在20世纪实现西班牙文化和文学复兴。通过提倡更好的教育、引入欧洲其他地方的思想、大量地进行创作，他成功地振兴了西班牙哲学研究议题，激发了西班牙艺术、文学乃至科学的发展。

何塞·奥尔特加·伊·加塞特出身于富裕且自由的家庭，在一个良好的文学氛围中长大。他母亲的家族拥有一家报社，父亲是一名记者，在报社协助经营。奥尔特加在由耶稣会士管理的中学和大学接受教育，但他后来却谴责学校的教育观点狭隘、没有包容性。在德国深造时，他还发现，与德国先进且纪律严明的教育和培训方法相比，西班牙的教育质量令人失望且平庸。他曾在马德里大学学习哲学。

在德国时，奥尔特加虽然受到新康德主义思想的影响，但最后他还是开辟了自己独特的道路。他特别热衷于将哲学的新思想引入荒芜的西班牙知识界。他于1923年创立《西方杂志》，努力将当代欧洲文化带入西班牙。

奥尔特加19岁时发表了第一篇文章，为他的工作方法奠定了基础。他没有将文章和论文发表于学术教科书和学术期刊上，而是将其发表到报纸和杂志上，供普通读者阅读。实际上，他的著作通常都是后来汇编在一起的系列文章或讲座讲稿。

除了新闻工作和哲学教学，奥尔特加还深入涉足于政治领域，他反对普里·德里维拉 1923—1930 年的独裁统治，支持导致 1931 年君主退位的共和运动。他当选为新西班牙共和国制宪会议成员，领导一个称为"共和国服务小组"的议会知识分子团体，这是一个为共和国服务的团体。由于目标未实现，仅一年后他就离开了议会。1936 年西班牙内战爆发。尽管他倾向于共和国，但也感到无法积极支持任何一方。在佛朗哥的民族主义者统治下，他拒绝留在马德里任教，自愿选择流亡，直到 1948 年才结束流亡生涯。

基本哲学思想

奥尔特加属于所谓的"98代"中的一员，于1898年即将成长步入社会的一代。那时西班牙最终失去了作为帝国的最后辉煌和历史荣耀。在文化低迷和停滞的时期，"98代"人们旨在振兴社会和文化，恢复西班牙的自豪感和荣耀感。奥尔特加认为，通过教育可以做到这一点，并且作为一名哲学家，他认为他可以通过提出哲学思想来激发变革。

他的著作涵盖了大量的文化和哲学主题，从历史和艺术批评到形而上学和认识论。

环境

奥尔特加认为，唯一的现实就是生活本身，他认为这是个体自身与所处环境之间动态相互作用的结果。他用一句话总结他的思想要点："我是我自己和我所处的环境"，认为每个人都受到其环境或处境的影响。这意味着每个人对生活都有自己独特的看法，没有绝对的真理。

个人环境可能会限制自由或选择，奥尔特加在某种程度上是宿命论者，他说自由"是在既定命运中获得自由。命运为我们提供了不可抗拒的和决定性的可能选项，也就是说，给了我们不同的命运选择。我们接受命运的安排，并在其中选择一种命运"。

但是，有些人会盲目接受自己的处境和命运，但奥尔特加说，一个人可以通过运用理性和意志来创造自己，通过选择"任务"或"人生计划"来影响自己的环境。奥尔特加的这些思想让他"加入"了存在主义运动。

奥尔特加笃信自己的主张，他在晚年时候说自己的思想随着环境变化而不断发展。

生命理性

理性在奥尔特加的思想中发挥了很大的作用。理性是"人生计划"的基础。通过哲学实践他提出了一个新术语：生命理性。奥尔特加在这方面颠覆了笛卡尔的名言，他说"我在故我思"，而不是"我思故我在"。最后，奥尔特加的"历史理性"是指

遗产、真理、影响

◎ 奥尔特加被认为是他那个时代最有影响力的西班牙知识分子。他对自己思想的动力和热情，以及他支持西班牙革命性哲学发展的动力和热情，吸引了其他现代思想家到马德里大学，他们组成了一个松散的组织，称为"马德里学派"。

◎ 通过用日常语言进行写作，并将文章发表于流行报纸和杂志上，奥尔特加的影响力已远远超出了纯粹的哲学或知识圈。

◎ 他成功地将当代西方文化引入了西班牙，其中也得益于他创办的《西方杂志》。

◎ 奥尔特加也影响了存在主义，例如"人生计划"，以及他"唯一真实的是生活，而不是自我或思想"的论点。

◎ 他的几个学生致力于通过改革西班牙和一些拉丁美洲国家的教学方法，来实现他的教育理念。

> 我是我和我所处的环境。这一表达出现在我的第一本书中，并在最后一卷浓缩了我的哲学思想。这个表达不仅意味着我所阐述和提出的学说，而且还意味着我的工作是该学说的有效实例。从本质上讲，我的工作是与环境有关的。
>
> ——《堂吉诃德沉思录》评论（1932）

自觉建立在个人历史或环境中的理性。

精英主义

奥尔特加在他 1929 年出版的《大众的反叛》一书中，谴责 20 世纪的社会以平庸为主导。他们中的许多人满足于自己的平庸，享受甚至庆祝一种没有深度和完全缺乏远见的流行文化。尽管奥尔特加支持共和主义，但他本质上是一位精英主义者，他认为这些平庸的大众应该由少数具有知识的精英领导，这些人能够发展出更有意义的文化。这本书在西班牙以外的地区广为人知，激发了世界范围内激烈的思想争论。

教育

受到在中学和大学糟糕经历的启发，奥尔特加强烈地认为更好的教育体系是解决"西班牙问题"的方法，这种方法是乐观的和前瞻性的。他认为，教育应该以积极的品质塑造孩子的一生，而不仅仅

大事记

1883 年	出生于西班牙马德里。
1904 年	获得马德里康普顿斯大学哲学博士学位。
1904— 1908 年	在德国学习。
1910 年	被任命为马德里大学形而上学学科教授。
1914 年	出版了他的第一本重要著作《堂吉诃德沉思录》。
1917 年	开始为《太阳报》撰写文章，其中许多文章后来汇编成书。
1922 年	撰写《没有主心骨的西班牙》。
1923 年	创立文学和哲学杂志《西方杂志》，介绍其他欧洲国家的思想。
1929 年	出版了他最著名的作品之一《大众的反叛》。
1931 年	参与社会运动，导致君主制瓦解。当选为共和党议会议员。
1932 年	因政治幻想破灭，退出议会。
1936 年	西班牙内战爆发，流亡于欧洲和南美。
1948 年	返回马德里，成立人文研究所。
1955 年	在马德里逝世。

西班牙内战期间，民族主义空军进行轰炸突袭。奥尔特加感到无法支持任何一方，于 1936 年自愿流亡。

是传授简单的事实，"基础教育应始终以培养最多、最极具生命力的完美人类为最终目标"。而在另一方面，他认为："首先，大学是普通人应该接受的教育；最重要的是，必须使普通人成为一个有文化的人，能够迎接时代的挑战……"

萨瓦帕利·拉达克里希南 (1888—1975)

萨瓦帕利·拉达克里希南，印度教徒、政治家和哲学家，致力于证明西方哲学可以与东方宗教兼容。他帮助开启了思想的双向交流，将传统印度宗教哲学引入西方，并将西方哲学方法应用于印度宗教。

萨瓦帕利·拉达克里希南出身于婆罗门祭司贵族。婆罗门是印度教中最高的种姓，但他的家庭并不富裕，他靠奖学金读完大学。他在基督教传教士学校待了几年，第一次学习比较宗教化。1904年，16岁的他结婚了。同年，进入著名的马德拉斯基督教大学，学习经典的印度教文献。他还涉猎欧洲哲学，20岁时获得了硕士学位。

他对印度宗教和西方宗教开展比较研究，撰写论文，同时他开始了他的教书生涯。从上学开始，他就知道大多数欧洲人对亚洲宗教的细节知之甚少，尤其是其哲学基础，因此他特别热衷于在欧洲杂志上发表文章。1911年，他的硕士论文《薄伽梵歌和康德伦理学》中的部分内容被发表在《国际伦理学杂志》上，吸引到众多欧洲读者的眼球。

随后他又发表了许多论文，不断完善自己对印度教的解释及经验的定义。他从极富远见的孟加拉诗人拉宾德拉纳特·泰戈尔的作品中找到了灵感。作为一位印度民族主义者，在20世纪20年代初期，拉达克里希南开始批评欧洲哲学，认为它们是教条主义的，有时甚至是非理性的，特别是它们支持专制。这一点是在现实世界中可以看到的，包括由英国管理的印度在内。他的论文和书籍为他赢得越来越高的国际声誉。在英格兰牛津的一次演讲之旅中，他趁机为独立辩护，辩称："印度不是一个被管理的国家，而是一个寻求灵魂的国家。"《唯心主义人生观》（1932）就是基于以上演讲所著，被认为是拉达克里希南最重要的作品之一。他的影响力与日俱增。十年后他收到回牛津担任新成立的斯波尔丁学院东方宗教与伦理主席的邀请。拉达克里希南还是一位著名且忠诚的老师，他认为教育是未来独立印度的一个关键要素。他一直致力于加强教育机构的发展。1948年被任命为新独立的印度的第一个大学教育委员会主席。

1947年印度独立后，拉达克里希南一直担任学术职务，但他后来越来越多地参与到政治中。担任过印度制宪会议的成员，在新成立的联合国教科文组织中担任印度代表，担任驻苏联大使。这位唯心主义哲学家和共产主义领导人斯大林相处甚好。

1952年，拉达克里希南当选印度副总统，以平息政治风波而闻名。之后，他又在担任了一届总统后，就退休了。在位期间，他敦促世界恢复团结和加强国际友谊。

基本哲学思想

宗教学

拉达克里希南对一些印度教经文进行了评论和分析，例如《薄伽梵歌》和《奥义书》（《吠陀经》的一部分）。他给一些欧洲学术机构写信，他的作品被大学所接受，从而实现他的目的——将丰富的印度教哲学传统传播到西方。

他自己的宗教立场是不二论的现代版本。不二论是吠檀多（古代印度哲学中一直发展至今的唯心主义理论）印度教哲学派的一个分支，融合了非二重性或一元论的思想体系。但是他试图证明世界上伟大的宗教之间有着潜在的统一性，这种统一性源于印度的宗教传统。他认为宗教的"权威"和"灵魂"是个人的直觉体验和内在实现，这实际上是吠檀多的定义特征。因此，他声称这不是宗教，而是宗教本身。其他宗教只是对吠檀多的诠释（有关拉达克里希南吠檀多信仰的更多信息，请参见《印度哲学》）。通过对比较宗教和哲学的研究，拉达克里希南开始认为许多西方哲学家都存在一定程度的自欺欺人，他们并不承认自己的某些研究方法和技术源于宗教，但是拉达克里希南认为他们的那些方法和技术根植于不同的基督教教条。

宗教等级制度

拉达克里希南提出宗教观念的等级制度。他在1927年出版的《印度哲学》中写道："绝对的信徒

遗产、真理、影响

◎通过自己的书籍、学术论文和演讲，拉达克里希南成功向外国人介绍了印度宗教，并展示了印度教哲学的深度和复杂性。

◎欧洲的哲学更加青睐欧洲知识分子，古希腊和古罗马的思想家，也许还有个别阿拉伯或犹太学者。如今现代哲学承认了亚洲哲学家的贡献，即使他们所关注的与欧洲思想家有很大不同。其中部分得益于拉达克里希南的努力。

◎拉达克里希南划分了逻辑的和教条主义的西方哲学与神秘的和精神开放的东方哲学，这实际上只是延续了旧的刻板观念，在如今看来并不是一个实用的分类。

新德里印度总统府。萨瓦帕利·拉达克里希南于1952年当选为第一届副总统，1962年当选为总统。

发现的艺术，与逻辑的证明和简化的思维三者混淆不清。尽管我们通过逻辑证明，但我们忘记了我们是凭直觉发现的。

——《唯心主义人生观》（1932）

等级最高；其次是个人神敬拜者；再次是化身的信徒，如罗摩、奎师那、佛陀，接着是那些崇拜祖先、神灵和圣贤的人，而那些小势力和精神的崇拜者等级最低。"

唯心主义

在其1932年的《唯心主义人生观》一书中，拉达克里希南概述了经验至上（或主观意识）和直觉思维在反映真实世界方面的观点。他用唯心主义的思想对抗猖獗的商业主义，他担心商业主义会腐蚀印度及印度公民。

大事记

直觉

拉达克里希南认为直觉在许多方面都是不可或缺的，不仅因为它是所有其他经验的基础，更因为它是激发进步的创造力源泉。他用多种方式来定义它：有时是神秘和精神上的，比如直觉是启示，是精神唯心主义；有时又包罗万象，比如直觉自足的、纯粹理解的、完美的。

他对西方人将直觉简化为逻辑表示遗憾。他说，尽管逻辑处理的是已知事实，但直觉通过揭示通往新事实的道路而走得更远。他还指出，直觉的体验实际上超出了逻辑分析的范畴。

路德维希·维特根斯坦

（1889—1951）

维特根斯坦在他的第一部主要著作《逻辑哲学论》中促进了语言哲学、思维哲学、逻辑基础和数学哲学自 20 世纪 20 年代开始以来的演变发展。他认为这解决了所有的哲学问题，但在他的第二部杰作《哲学研究》中，他又反过来批评了《逻辑哲学论》及其基础。

维特根斯坦生于维也纳，在家里的八个子女中排行最小，他们全部都接受洗礼成为罗马天主教教徒。他在一个充满艺术和知识的环境中长大，非常热爱音乐。音乐在他的一生中特别重要，他在哲学著作中经常使用音乐隐喻。

他与后来的纳粹头子阿道夫·希特勒同时在奥地利北部城市林茨的实科学校（职业学校）上学。1906 年他开始在柏林学习机械工程。后来在曼彻斯特维多利亚大学获得了工程博士学位。在阅读了英国哲学家伯特兰·罗素的《数学原理》（1903）和德国哲学家戈特洛布·弗雷格的《算术的基本规律》（1883）之后，他的兴趣转向了基础数学。维特根斯坦于 1911 年加入剑桥三一学院，开始研究逻辑和数学逻辑的基础，给罗素和英国哲学家乔治·爱德华·摩尔都留下了深刻的印象。但是在 1913 年，他移居并隐居到挪威一个偏僻的村庄，专注于自己的研究工作并发展自己的思想，这些思想最终融入他的《逻辑哲学论》中。

他的隐居生活因第一次世界大战的爆发而结束。他自愿加入了奥匈帝国军队，在俄罗斯战线上表现英勇并获得了数枚奖章，后来成了战俘。他在剑桥任职期间还是一个无神论者，但在战场上，据说他带着列夫·托尔斯泰的《托尔斯泰福音书》，并推荐给处于困境的战士阅读。

维特根斯坦在他有生之年仅出版了一部哲学著作，即 1921 年的《逻辑哲学论》。在此之前他的作品受到德国哲学家阿瑟·叔本华和伊曼努尔·康德思想的影响，特别是在超验性方面。随着《逻辑哲学论》的完成，维特根斯坦认为他已经解决了所有的哲学问题。1929 年，他回到了剑桥，获得了博士学位。维特根斯坦放弃或修改了他早期的很多作品。他研究了一种新哲学方法，在其第二部巨著《哲学研究》中将这种方法发挥到了极致，这本著作在他逝世后才得以出版。

基本哲学思想

《逻辑哲学论》

维特根斯坦的早期作品关注语言、思想与现实之间的关系，他特别关注语言的结构。

在罗素之后，他认为世界和语言都是由成分要素或原子成分组成的，在此基础上更大的现实得以建立。继弗雷格之后，他认为，语言表达的含义是由独立于思想存在的世界事实决定的。他提出自己的观点：以语言命题表达的思想，通过共享相同的"逻辑形式"，准确地反映了世界的事实。这种主张认为，思想和语言描绘了现实的结构，称之为意义的"描绘理论"：句子对世界是什么样子，或世界可能是什么样子进行描述或表述。此外，任何我们无法表现出与世界秩序具有相同逻辑形式的思想或句子，包括矛盾和所谓逻辑的必然真理，如同义反复，都无法在哲学中开展有意义的讨论。"对于不可言说之物，必须保持沉默。"那些"保持沉默"的事情可能很重要，但不适用于哲学分析。

一些评论家指出，《逻辑哲学论》的句子没有通过维特根斯坦自己的意义标准检验。当他在写命题 6.54 时，他承认了这一点："我的命题可以用这种方式解释：了解我的人最终会知道这些命题是毫无意义的。"

《哲学研究》

维特根斯坦后期的著作《哲学研究》为当代哲学家提供了极为丰富的思想来源。他不满意自己的早期论文，即意义本质上与现实的本质是相

> 我的语言局限等同于我的世界局限。
>
> ——《逻辑哲学论》（1921）

遗产、真理、影响

◎ 维特根斯坦的著作对分析哲学、逻辑实证主义和"普通语言"哲学流派产生了重大影响。

◎ 他以前所未有的方式研究了哲学问题。逻辑学家沃伦·戈德法布描述他为"一位反先验主义的哲学家，推翻事物所规定的样子，揭露必须与现实相对应的先入为主的观念"（"维特根斯坦理解论"。《中西部哲学研究》，卷十七，1992）。

◎ 很多哲学家都受到了他的影响，其中包括英国哲学家伯特兰·罗素、维也纳学派成员阿尔弗雷德·艾耶尔爵士、美国哲学家丹尼尔·丹尼特（生于 1942 年）、索尔·阿伦·克里普克（生于 1940 年），以及英国哲学家吉尔伯特·赖尔。

◎ 他的作品对心理学和心理治疗产生了极大的影响。社会疗法也利用了维特根斯坦的语言游戏作为情感成长的工具。

> 我的作品由两部分组成：一部分在这里，另一部分是我没有写的内容。恰恰第二部分是重要的一部分……在我的书中，我对很多人的胡言乱语都保持沉默。
> ——《给路德维希·冯·菲克的信》，1919（雷蒙克翻译）

联系的，有意义的命题建立在"描绘"现实的基础之上，他寻求一种语言本质的替代描述。这次他发现世界上的物体不是词汇（或名称）的字面意义，物体连同其他方法用以帮助我们解释词汇的意义。我们可以指向现实中的物体来说明词汇是什么意思。与《逻辑哲学论》中的观念不同，也与"作为表征的意义"的观念不同，维特根斯坦发现单词的含义实质上是通过在语言中的使用来确定的。他还意识到语言用于许多不同的目的，不仅用于描述或表示事物，还用于开玩笑、问问题、给出指示、玩游戏等。单词的含义是由所有这些应用场景和每种情况下的特定语境决定的。语境解释含义的思想带来了维特根斯坦著名的语言使用观，语言使用是多

大事记

1889 年　生于奥地利维也纳。

1906 年　开始在柏林学习机械工程。后来进入曼彻斯特维多利亚大学攻读工程博士学位。

1911 年　拜访戈特洛布·弗雷格，并在他的推荐下进入剑桥三一学院，师从伯特兰·罗素。

1913 年　隐居到挪威的一个偏远村庄；写作和笔记成了《逻辑哲学论》的主要来源。

1916 年　作为第一次世界大战中的奥匈帝国军队的新兵，他被派往俄罗斯战线，并因表现勇敢而获得奖牌。

1918 年　夏季休假结束时完成《逻辑哲学论》，10 月在蒂罗尔州南部被俘。

1921 年　出版《逻辑哲学论》（1922），罗素为其写序。维特根斯坦返回奥地利，担任小学老师、修道院的园丁，帮他姐姐建造新房子。

1929 年　被维也纳学派所吸引，参与哲学讨论，之后又回到剑桥大学学习。

1939 年　被任命为剑桥大学哲学系主任。改变了他对数学基础的看法，他认为已经没有待发现的数学事实了。

1947 年　辞职，专心写作。

1951 年　因前列腺癌去世。他逝世后出版发行的笔记、论文和讲座内容包括：《哲学研究》（1953）、《蓝皮书和褐皮书》（1958）、《论确定性》（1969）、《关于数学基础的评论》（1978 年修订）、《心理学哲学评论》（1980）。

维特根斯坦在《哲学研究》（1953）中讨论了鸭兔图片：这个例子，可以用两种不同的方式看，取决于我们最熟悉的是什么。

样化的语言游戏，正是这些赋予了语言意义。维特根斯坦坚持不能孤立地看待语言使用者的行为和活动，这对现代哲学产生了巨大的影响。

他认为，对语言的这种新理解将有助于解决哲学问题。哲学家应用逻辑分析来解决似乎棘手的难题已有几个世纪了，但维特根斯坦解释说，这些问题实际上是哲学家滥用语言时产生的"迷茫"或混乱，其表现形式为将语言强行置于形而上学的语境中。而在日常生活中使用语言时，这些难题就不会出现。他建议哲学家"将言语从形而上学回归到日常使用中"，问题就将得到解决。

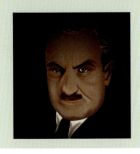

马丁·海德格尔

（1889—1976）

马丁·海德格尔，20世纪最重要的哲学家之一，研究了英美哲学与欧洲大陆哲学间的主要分歧。近来人们越来越强调海德格尔和奥地利哲学家维特根斯坦著作间的关联性，他们是两大传统的主要倡导者。海德格尔最关心的是"存在"的含义问题：使存在成为我们真实的问题，并尝试找到解决之道和应对之策。

马丁·海德格尔曾在一次演讲中总结了亚里士多德的生平，称这位哲学家"出生、生活、死亡"。海德格尔本可以以自己从事的研究为荣，专注于思想探索，避而不谈他的生平事迹。但实际上他的成就在很大程度上被他和纳粹主义的牵连所掩盖了。他卷入纳粹的性质和重要性至今仍引发着激烈的争论。在纳粹统治下，他接受了一个官方职位（大学校长），而这一事实必须要与他这么做的理由之间进行权衡。实际上他在这个职位上的任期很短，他在战争期间的演讲曾暗指纳粹主义是哲学衰落的象征。他帮助过很多犹太人，而且他还曾与两位犹太女人有过婚外情。人们对他还是持有偏见，不乏流言蜚语。对海德格尔哲学思想的不同态度会直接影响人们对他本人的态度，要么支持，要么反对。可以说，从柏拉图到卡尔·波普尔，哲学家频繁而又合理的冲动往往是为了自己能够适应当时的政治环境，海德格尔最初误判了纳粹运动的精神实质。在一篇诗意的格言中，他宣称"思想伟大的人，犯的错肯定也大"。

海德格尔委身于弗赖堡，德国西南部的学术中心。他很少去到弗赖堡以外的地方。他在山腰上的小屋可以俯瞰黑森林区的农业景观。这是他思考和写作的重要场所。他总是以隐喻的方式将周围环绕的森林体现于他的思想中，丰富的德国林地词汇对他后来的哲学语言和意义产生了很大的影响。他战后的第一部作品《林中路》书名的意思是"林间小路"。

他拒绝基督教或任何制度化的宗教，但是他早期接受的是天主教教育，神秘主义在他的心里留下了深刻的印记。

最重要的是，他的作品是一场与西方哲学传统不断展开的对话。从前苏格拉底时期的哲人们，到柏拉图、亚里士多德，再到伊曼努尔·康德、格奥尔格·威廉·弗里德里希·黑格尔以及弗里德里希·尼

基本哲学思想

海德格尔的哲学都是围绕着回答"存在的意义"这一问题。所谓存在并不是指一个特定的个体存在，而是指所有存在的"存在"。德语用两个词来表达这种"本体上的差异"。英语必须用大小写字母表示存在（being）和"存在"（Being）。就像路德维希·维特根斯坦一样，他思考着这个问题：为什么有一样东西，而不是什么东西都没有？对世界或世界任何部分的幻想并不在于它是什么，而在于它的存在。

维特根斯坦将其定义为"神秘主义"。维特根斯坦可能希望哲学在这里停止，但这是海德格尔的起点。他希望将知晓"存在"的含义作为我们人生的大事，即"存在"是什么。

《存在与时间》

这是海德格尔在1927年出版的主要著作。在书中，他解释了存在和时间的问题，指出该问题被传统忽视的程度，并对重新探讨这一问题提出了积极的建议。他将现象学的方法应用于本体论。德国哲

学家埃德蒙德·胡塞尔也曾打算将这一方法应用于意识（即认识论问题）中。海德格尔将其应用于研究"存在"问题中，并且他通过对人的分析进行研究，因为人是唯一具有意识的，对于他来说自身存在是一个问题，"存在"也是一个问题。《存在与时间》提供了微妙而复杂、看似详尽的分析。他发现我们不是笛卡尔哲学的"主体"，对于该"主体"来说，外部世界和其他心智都存在。这种二元论是一种形而上学的结构。世界的存在与意识是分开的，这不需要推论。这是既定的事实。相反，哲学家的任务就是描述我们在这个世界上的存在。

海德格尔并不沉迷于思辨的形而上学，他认为通过人类可以解决所有存在的"存在"问题。除此之外，他发现我们的"被抛入存在"的感觉是存在的。最重要的是，我们整个人类的本性都是短暂的，基于时间和人类死亡预期因素的考量。我们对自己的偶然性和有限性感到焦虑，海德格尔以一种复杂而

◎ 海德格尔的全部著作将达到 100 卷。还有很多作品尚未出版。他的影响力广泛，涉及神学、心理学、艺术、文化理论等领域。

◎ 海德格尔思想的特征：超越形而上学；后唯心主义和后实证主义的敏感性；消解对传统抱有幻想的传统哲学问题；以语言为中心；在意义理论中为诗歌找到一席之地；不明确表达一个概念；对科学主义的抵抗；视哲学为行为而非教条体系的观点。所有这些特征将海德格尔和维特根斯坦联系在一起。他们的共同思想为像理查德·罗蒂这样当今的哲学家提供了前进的方向。

采。同时他也受到了东方哲学的影响。他的评论和社会活动明显没有涉及英国经验论传统，或许有人说英国经验传统可能对他的思想风格并无益处。

最后，他与现代技术社会的相遇是关键性的。在 20 世纪 40 年代和 50 年代，他预见了计算机的概念及其影响。他谈到了一种"语言机器"，这对一个通信和信息呈指数型增长的世界至关重要，但人们常常感到自己没有依附感和归属感，取而代之的是疏远感（参见卡尔·马克思）。

黑森林，海德格尔思考和写作的重要场所。

1889 年	出生于德国西南农村梅斯基尔希镇的一个天主教家庭。
1909 年	在德国西南的弗赖堡大学学习神学。
1911 年	放弃神学，改学哲学、数学和自然科学。
1919 年	放弃天主教，成为弗赖堡现象学创始人埃德蒙德·胡塞尔的研究助理。
1923—1928 年	成为德国中西部马堡大学的副教授。作为一个有魅力的讲师，在哲学领域开创了新的事业，赢得了很高的声誉。
1927 年	出版《存在与时间》，其重要性立即得到认可。
1928 年	成为弗赖堡大学的教授。
1929 年	出版《康德与形而上学疑难》和《形而上学的基本概念》。
1933 年	阿道夫·希特勒上台。海德格尔当选为弗赖堡大学的校长，并被迫加入纳粹党。
1934 年	辞职，并抗议政党干预大学生活。
1935 年	出版《艺术作品的本源》。
1936—1939 年	出版《尼采》第一、二、三卷。
1945 年	第二次世界大战后被免去了哲学教授的职务，被禁止任教。继续在德国和国外进行研究、写作和讲座，参加研讨会，与法国知识分子建立了牢固的联系。
1951 年	出版《什么被称为思考？》。
1957 年	出版《同一与差异》。
1958 年	出版《路标》。
1959 年	出版《在通向语言的途中》。
1976 年	逝世，葬于梅斯基尔希镇。

人，生为众人，死为个人。

——《时间与生命》（1927）

令人惊讶的方式展现出这一情绪。他得出了近似个人伦理规范，要求人类直面处境。从死亡角度来看，我的生命有什么意义呢？每个人都以自己的方式回答该问题，但真正提出这个问题的人是"真实地"生活的人。

语言、诗歌、技术

继《存在与时间》出版之后，尤其是在战争年代，海德格尔的思想发生了变化。变化的特征表现在思想缺乏系统性，更晦涩难懂，更加注重解释哲学史。形而上学的历史表明，"存在"的健忘性在加深；"克服形而上学"就是要记住"存在"。思想的中心转向了语言问题，尤其是诗篇。诗歌展示了语言的本质，而不是分析哲学中的命题。我们没有过多地使用语言来表达我们的想法："语言直接表达我们"。"语言是'存在'真理的房屋"。语言是"存在"展现的地方。因此，人们关注语言就会成为"'存在'的牧羊人"。

我们所处时代的技术是现实世界的一种形而上学，显示出"存在"被遗忘的程度。在这种遗忘中，人放弃了他的诗意角色，成了语言、世界和自然的单纯控制者。海德格尔后来的作品经常引起这样的评论：不是哲学而是诗歌。对于海德格尔来说，这是哲学的损失。我们从他身上得到启发：新的思维方式是我们时代的要求。他提供了一种新的语言和一种新的"诗意思维"，以回归原始的方式，作为人类开始和前进的道路。

鲁道夫·卡尔纳普

（1891—1970）

鲁道夫·卡尔纳普，又译为鲁道夫·卡纳普，德国经验主义哲学家和逻辑学家，维也纳学派的一员，也是美国逻辑实证主义的主要倡导者。他的重大贡献主要集中在逻辑学和语言哲学，学问严谨。在认识论和科学哲学方面影响深远。

鲁道夫·卡尔纳普 1891 年出生于德国罗恩斯多夫。1910 年，他开始在耶拿大学学习物理学，并对德国哲学家伊曼努尔·康德的《纯粹理性批判》进行了仔细研究。卡尔纳普是弗雷格数学逻辑课上为数不多的学生之一。卡尔纳普深受弗雷格、贝特朗·罗素和路德维希·维特根斯坦的影响。维特根斯坦后来在维也纳拜访了卡尔纳普。

第一次世界大战期间，他在德国军队服役三年，之后他获准去柏林继续他的物理学研究（1917—1918）。他前往弗赖堡大学，并在那里写了一篇关于时空的论文。物理系老师发现卡尔纳普的论文过于哲学化，无法作为一篇物理学论文发表，然而哲学系老师发现该论文几乎没有什么哲学意义。于是卡尔纳普重写整个论文，更清楚地阐释它与康德的关系，该论文最终得以发表。他对哲学的兴趣与日俱增。当他和弗赖堡大学都买不起罗素的三卷本《数

学原理》时，卡尔纳普在 1921 年给罗素写了一封著名的信。罗素为卡尔纳普手抄了他的大部分作品。

卡尔纳普很快就被引荐给了莫里茨·施利克（1882—1936）。施利克为卡尔纳普在维也纳大学找了份工作，并将他引进维也纳学派圈。圈子里的哲学家都赞同他的观点。1928 年 11 月，卡尔纳普成为维也纳学派秘书处成员，当时维也纳学派称作恩斯特·马赫协会。恩斯特·马赫（1838—1916）是奥地利物理学家，因反对在科学上滥用形而上学而闻名。同年，卡尔纳普写了两部非常重要的书。第一部书的德文名为 Der Logische Aufbau der Welt，译为《世界的逻辑构造》；第二部书名为《哲学中的假问题》。1929 年，他与奥托·纽拉特（1882—1945）和汉斯·哈恩（1879—1934）共同撰写了著名的小册子《科学的世界观：维也纳小组》。该书总结了维也纳学派的观点，也是向世界哲学界发表

基本哲学思想

《世界的逻辑构造》

卡尔纳普的目标是创建一种严谨的经验主义形式，这样所有科学话语都可以基于即时感觉经验和逻辑结构来构建。《世界的逻辑构造》中的形式系统按时空坐标特性对即时体验进行归类。这些特性，如发红或发热，按照彼此相似度来解读。在形式系统中，关于世界的科学陈述要通过有逻辑地融合特性的即时印象建立起来，从而在感觉体验（感官体验）和逻辑所提供的理性基础上重建我们的科学知识。卡尔纳普初衷是将这一方式从物理科学扩展到社会科学。

但最终卡尔纳普对物理学语言是否可以完全转化为感官体验语言持怀疑态度。奎因在一系列极具影响力的论文中指出，卡尔纳普的项目不仅是艰巨的，而且原则上是注定要失败的：在即时经验与逻辑应用之间，将永远不能从其记忆的相似性中重构

出个别的科学陈述，因为没有个别陈述真正具有与之相关联的离散经验。根据奎因的说法，只有整体理论而不是个别陈述才具有经验意义。奎因认为，我们只能寄希望于理解符合经验证据的整个理论，陈述一一转化为经验主义术语是不可能的。并且由于没有理由合理地重建科学陈述，奎因因此建议我们应该选择经验心理学而不是理性重建，并研究我们实际上是如何在感觉证据的基础上构建整个理论的。后来，卡尔纳普开始对《世界的逻辑构造》所提出的构想持更悲观的看法，而这本书直到 1967 年才以英文出版。

《哲学中的假问题》

卡尔纳普认为，许多传统的哲学陈述是毫无意义的，与之涉及的问题是假问题。尤其，他认为大多数形而上命题都不能表达某种含义。卡尔纳普采用验证原则的结果作为检验意义的标准。按照卡尔纳普

遗产、真理、影响

◎ 卡尔纳普的作品对奎因的影响最大，但奎因后来成了卡尔纳普最有力的批评者。

◎ 尽管现在很少有人接受他在感觉数据上的说法，但许多人都同意卡尔纳普的观点，即认识论可以合理证明我们的知识。在这方面，他的立场似乎比奎因更成熟。奎因认为认识论应该是经验心理学。

◎ 卡尔纳普后期的作品侧重于自然语言和形式语言的语义，他在著作《意义与必然性》（1947）中对此进行了阐述，这为模态逻辑的后续发展奠定了基础。

的宣言。宣言阐明了维也纳学派成员所遵循的中心学说，如形而上学基本上毫无意义、不存在所谓的综合性先验知识等。

20世纪30年代初，施利克去世，奥地利陷入政治困境，维也纳学派圈也随之解散。正是在这个时候，卡尔纳普在《语言的逻辑句法》（1937）中提出了他对科学语言的看法，叙述了他和奎因的详尽讨论。奎因成为他一生的挚友，并于1935年时帮助他来到美国。卡尔纳普在哈佛大学、芝加哥大学和加利福尼亚大学发展了自己的哲学。1970年他在加利福尼亚州圣莫尼卡市去世。

大事记

1891年　生于德国的伦斯多夫（今伍珀塔尔地区）。

1910年　赴德国中部耶拿大学学习物理学。

1928年　加入维也纳学派，并出版《世界的逻辑构造》和《哲学中的假问题》。

1935年　移居美国。

1937年　出版《语言的逻辑句法》。

1950年　出版《概率的逻辑基础》。

1970年　逝世于美国加利福尼亚。

我们的职责不是设立禁令，而是达成公约。

——《语言的逻辑句法》（1937）

维也纳学派的哲学家们在咖啡馆举行会议，卡尔纳普是维也纳学派的一员。

的说法，存在两种有意义的命题，一种是分析命题：如果是真的，则根据其构成术语的含义为真；另一种是综合命题：如果是真的，则根据世界事实为真。

阿尔弗雷德·艾耶尔爵士采用的也是验证原则。验证原则指出，一个真实、综合的命题含义就是其验证方法。因此，事实命题只有在原则上可验证时才有意义，例如具有验证方法。但是，诸如形而上学的哲学命题如何处理呢？卡尔纳普认为它们有根本性的缺陷：它们没有验证方法，因为没有观测值或其他方法可以用来验证它们，因此是没有意义的。唯一的选择是将它们视为分析性的，在这种情况下，它们是同义重复性的，其真实性是通过单词的含义而不是任何事实来保证。

除了普遍关注验证原则的严谨性外，它有一些尖锐的批评。有人认为验证原则不仅似乎本身没有意义，既不可核查，也不能分析，而且，当以正确的方式与其他可核查的命题连结时，任何命题似乎都会产生可核查的后果。

《语言的逻辑句法》

卡尔纳普希望对任何语言的结构进行严谨的描述，并将其视为进行适当逻辑分析的前提。在他的《语言的逻辑句法》的前言中，他写道："哲学将被科学的逻辑所取代，而科学的逻辑无非是科学语言的逻辑语法。"卡尔纳普提出了宽容原则，根据该原则，没有"真"或"正确"的逻辑或语言。人们可以自由采用任何形式的语言，只要对自己的目的有用。

我们的职责不是设立禁令，而是达成公约……在逻辑中没有道德可言。每个人都可以自由地建立自己的逻辑，例如自己想要的语言。如果想讨论它，人们所需要的就是，必须清楚地陈述自己的方法，给出句法规则而不是哲学论证。

——《语言的逻辑句法》（1937）

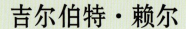

吉尔伯特·赖尔

（1900—1976）

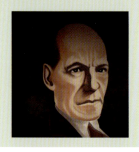

吉尔伯特·赖尔的贡献在于质疑笛卡尔的 "心灵本质上是一个私人领域" 的观点，助力哲学家将心灵融入物质世界。他贬抑笛卡尔 "机器中的幽灵" 的观点，勾勒出思维与行为之间的概念联系，并且致力于使用日常语言的逻辑结构思考哲学问题，赖尔因此闻名于世。

吉尔伯特·赖尔 1900 年出生于英国布莱顿。他的父母一共育有十个子女，家境殷实，家庭环境自由。长大后，赖尔就读于牛津大学皇后学院，对哲学产生了兴趣，致力于研究古典哲学。赖尔酷爱赛艇运动，他在牛津大学期间离蓝色赛艇奖牌只有一步之遥（蓝色赛艇奖牌是该项运动的最高奖项）。1924 年毕业后，赖尔在牛津大学基督教会学院任哲学讲师，之后一直在此工作，直到 1968 年才退休。第二次世界大战期间，他应征到威尔士卫队从事情报工作，随后晋升为少校。

赖尔的著作涉及哲学史、语言哲学和哲学困境本质，不过他最为关注的应该是心灵哲学。20 世纪二三十年代，专注研究语言和哲学方法论之后，他便开始研究有关人类心灵的核心问题。他的著作《心的概念》于 1949 年出版，其中他继续抨击笛卡尔二元论，赞同行为主义的心灵观的论述，尽管这个标签不太贴切。

赖尔作为一名教师，他教导有方、富有耐心、倍受赞誉。他的许多学生，包括阿尔弗雷德·艾耶尔爵士在内，都为哲学做出了重要贡献。不仅如此，他还是一位富有魅力的健谈者和杰出敏锐的作家。他参加了很多著名的会议，并结识了路德维希·维特根斯坦。他向维特根斯坦表明了自己对哲学术语的怀疑和对矫揉造作的厌恶。

赖尔终生未婚，他与双胞胎妹妹玛丽住在一起。业余时间里，他喜欢闲庭散步、摆弄园艺和吞云吐雾。1976 年秋天，他在荒原上闲逛了一天后，安详地去世了。

基本哲学思想

"机器中的幽灵"

赖尔在《心的概念》中称其抨击的对象为"官方理论"，这一定义源于勒内·笛卡尔。"官方理论"把世界当成不同部件运行的机械，这是笛卡尔时代科学发展提出的典型论调。世界机械论没有给人类的心灵留出空间。我们每个人都可以习惯地直接进入我们的心灵空间中。笛卡尔坚信，心灵不仅仅是一种更为复杂的机制，与物质世界的机制相比，它的存在使我们更加确定，其内容对我们更加透明。他总结说，身心是两种完全不同的物质：身是纯粹的自然物质，如在机械中发挥作用；心是纯粹的精神物质，如构成我们的思维和意识。笛卡尔坚持二元论，即"二元世界"。该观点认为，心是"机器中的鬼魂"，一种无形的物质，以某种方式与人体的物理物质混合在一起。赖尔在阐明身体与心灵的关系中发挥了重要作用。他指出了人的心灵观念与行为之间的重要联系，这解释了为什么他的心灵观念有时被称为行为主义。

行为主义

赖尔认为，如果我们的心理概念，例如信念和心愿，真正选择了一种陌生、非物质实体，即便我们内心持有这些心理概念，但是由于它们超越物质世界，因此我们也无法准确地将之把握。当我们说某人想要赶上 29 号巴士并认为巴士正在路上时，我们会运用这些概念。我们之所以能做出这样的假设，是因为我们看到某人在飞快地追赶巴士，或是某人查看了公交时刻表，又或是我们听到了有人这么说。因此，就像我们通常了解自己的信念和心愿一样，我们通常也了解他人的心理状态。我们根据他人的

这样的思想是"官方理论"。我经常将其蔑称为"机器中的幽灵教条"。

——《心的概念》（1949）

遗产、真理、影响

◎ 如今极少有人拥护笛卡尔的二元论。但是有人支持属性二元论，却很少有人支持赖尔对物质二元论的反对。

◎ 与赖尔相关联的行为主义观点已经过时了（见诺姆·乔姆斯基），因为心理词汇已被证明不能转化为对行为的陈述。当代功能主义的心理观点保留了大部分行为主义的重要内容，以其功能角色表征精神状态、以环境刺激作为输入、以观察到的行为作为输出。

◎ 赖尔的"范畴错误"概念，即哲学家试图根据错误的范畴对物体或事件进行分类，这种概念经常出现在哲学辩论中。赖尔认为，心理和生理概念属于不同的逻辑范畴，这一观点至今仍有影响。

大事记

1900 年 出生于英格兰南部的布莱顿。

1949 年 赖尔最著名且家喻户晓的作品《心的概念》出版。

1966 年 赖尔的著作《柏拉图的进展》遭到古典主义者艾伦·布鲁姆（1930—1992）的严厉批评。布鲁姆试图将柏拉图的思想纳入现代哲学语境。

1968 年 从牛津大学基督教会学院退休，他整个学术生涯都是在牛津大学度过的。

1976 年 外出散步一天后，赖尔平静去世。

牛津大学基督教会学院，吉尔伯特·赖尔在此度过了他的一生。

言行得知别人的思想。但是，假如我们的心理概念是一种无形物质，这种无形物质与我们的身体相互作用就会产生一种私人意识流。当然，这是不可能的。因此，赖尔认为，心理概念必须与有思想生物的言行才能紧密相连，并且在特定环境下会很大程度影响这些生物的言行。

包括阿尔弗雷德·艾耶尔爵士在内的许多批评家指出，赖尔用行为主义论述的心理状态很难解释我们内心的想象、梦想、计算等，"诚实的幽灵"只有其主人知晓。现在许多人认为，要全面了解我们的心理状态，就需要了解构成我们行为基础的事件和过程。尽管赖尔本人并没有致力于行为主义项目的研究，未用行为主义术语来定义诸如想象和梦想之类的心理现象，但他认识到"[我]这本书必定将无意地被限定为行为主义"（《心的概念》，1949）。

反对唯理智论

赖尔继续批判唯理智论相关的思想和概念。唯理智论把理性行为和单纯身体运动区分开来的是，理性行为包含一系列隐藏的心理活动。这些心理活动使我们的行为理性化。小丑的滑稽行为与单纯笨拙的行为是有区别的，因为小丑会以一种古怪而笨拙方式来隐藏自己的意图。

赖尔同意理性行为涉及"思考"，但他认为唯理智论走得太远了。赖尔的观点使得唯理智论者思想的倒退，如今称为"赖尔倒退"。如果我们用思维过程来解释理性行为，那么我们需要知道是什么使这些过程具有思想性或智能性。我们不能进一步假定思维过程，否则会开启一段邪恶的倒退。因此，赖尔认为，不能通过假设大脑中存在隐藏的理性活动来解释理性行为。

卡尔·雷蒙德·波普尔 （1902—1994）

卡尔·波普尔爵士，奥地利哲学家，以其科学哲学理论而闻名，同时他也撰写了有关社会和政治哲学的书籍。他反对科学是通过观察、归纳和证明发展而来的传统说法。相反，他认为，科学进步来自创造性的理论化，只有在假设被证伪时才不成立。

卡尔·雷蒙德·波普尔1902年出生于奥匈帝国维也纳一个中产阶级书香世家。他在路德教会的背景下长大，在维也纳大学接受教育。1917年俄国革命之后，他对马克思主义产生了兴趣，那时他只有十几岁。但是，他很快对马克思的历史决定论（即历史正在朝着不可避免的最终状态行进）持反对态度。后来他转变成一位自由主义思想家，反对各种威权主义。

波普尔学习了心理学并在学校担任教师，生活舒适。1934年，他的第一部著作《科学发现的逻辑》问世，提出了科学方法论，特别批判逻辑实证主义。1937年，德国纳粹政权越来越倾向于把奥地利统一到大德国（所谓的"合并"），因此波普尔先是移民到了新西兰，然后移民到英国。奥地利被吞并是波普尔开始撰写社会和政治问题书籍的诱因。

1949年，波普尔成为英国伦敦经济学院逻辑和科学方法教授，继续从事杰出的学术研究。

基本哲学思想

波普尔最著名的理论是用证伪主义描述科学方法的发展。有些人可能会说，美国实用主义哲学家查尔斯·皮尔士等在这方面的工作早于他。波普尔认为自己的理论是第一种非正当的批评哲学。当波普尔晚年读到皮尔士的作品时，他扬言说要是自己早些年读到他的作品就好了。

波普尔的方法非常独特。他指出，科学理论永远不会得到证实，我们永远无法证明它们是正确的。当然，这种观点是对皮尔士和约翰·杜威易谬主义的呼应：追求某种科学知识是不可能实现的目标。波普尔却认为，科学理论在被结论证伪前是站得住脚的。在证伪后，必须对其进行修改或替换。

批判理性主义

波普尔将他的理论称为"批判理性主义"，以此来反对经验主义。对于波普尔来说，"科学知识"的概念源于一系列观测数据的观点过于简单和具有误导性，可以用"人类推测性知识"取而代之。我们创造性地解释自己的感知，然后检验这些假设，直到它们被证伪为止。那些未被证伪的假设仍然存在，但我们无法确定它们将来是否会被证伪。

由于任何理论都无法被最终验证，但可以对其进行证伪。在此基础上波普尔提出，对于真实科学

的检验就是可证伪的。因此他拒绝将马克思主义和精神分析视为伪科学，因为它们的理论难以证伪。

波普尔与验证主义

20世纪30年代，逻辑实证主义者认为把波普尔视为同道中人，他们正在探索一种理论，认为命题只有在可以验证的情况下才有意义。这一点与波普尔的思想极为相似。但是，比起反对形而上学和伦理学，波普尔对解释人类知识如何发展更感兴趣。最后他的思想与逻辑实证主义者的思想分道扬镳了。

波普尔证伪主义理论的一个潜在问题是如何解释科学进步。对于波普尔来说，知识的进步与进化的过程类似。现存理论是与目标最相适应，也最有助于我们生存和繁荣的理论。知识见证了人类理性的适应过程，我们哪怕是只找到对旧问题有效的解决方案，也能说明我们正朝向更加引人入胜的问题前进。检验一种新理论时，我们会看到它是如何融入我们的整体信念体系，我们会拒绝可有可无的理论或最缺乏归纳证据的理论。

波普尔还声称已经解决了古老的归纳法问题，例如，我们怎么知道明天太阳会升起的问题。波普尔承认，在归纳法中我们不能得到确定性，但他将"明天太阳将会升起"之类的信念视为一种"久经考验的"

◎波普尔下了很大功夫将科学哲学引入到现代分析哲学中。他的证伪主义理论遭受了各种抨击的同时也得到了继承。在这方面20世纪最有影响力的著作是美国科学哲学家托马斯·库恩（1922—1996）的《科学革命的结构》（1962）。该书认为科学的进步是通过观察现有理论中的反常现象，历经"范式转变"发展而来的。这些观点与波普尔的观点相左。但库恩早期作品与波普尔的观点却相似。

◎奎因杜赫姆论题来源于提出该论文的两位哲学家的名字，威拉德·范·奥曼·奎因和皮埃尔·杜赫姆（1861—1916）。该论题导致人们对波普尔的方法产生怀疑。简单地说，假说永远不能被孤立地证伪。由于科学理论是一组相互依存的理论，

因此采取任何反常的观察都可能对不同假说证伪。因此，证伪的过程似乎更接近库恩的概念，认为知识是能够自我调整的有机整体。

◎波普尔的思想还是很具影响力，受到了许多追随者的改编或挑战，其中包括两位受人尊敬的作家拉卡托什·伊姆雷（1922—1974）和保罗·费耶阿本德（1924—1994），他们都曾师从波普尔。

◎在理查德·道金斯关于"模因"作为思想进化单位的理论中，我们可以看到波普尔人类知识进化论的影响。

◎波普尔还与弗里德里希·哈耶克（1899—1992）保持着长期的友谊。他们可能都受到对方思想的影响，特别是在关于自由民主的性质等政治思想方面。

> 开放的社会是人们已经学会在某种程度上批评禁忌的社会，是学会依据自己的智慧来决策的社会。
>
> ——《开放社会及其敌人》（1945）

大事记

1902 年	生于奥匈帝国的维也纳（今奥地利首都）。
1918 年	就读于维也纳大学。
1919 年	短暂加入社会主义学校学生协会。
1928 年	获得哲学博士学位。
1934 年	出版了第一本书《科学发现的逻辑》。
1945 年	出版《开放社会及其敌人》。
1946 年	移居英国，并成为伦敦经济学院的讲师。
1949 年	任职伦敦经济学院逻辑与科学方法教授。
1957 年	出版《历史决定论的贫困》。
1959 年	出版英文版《科学发现的逻辑》。
1963 年	出版《猜想与反驳：科学知识的增长》。
1965 年	被英国女王伊丽莎白二世封为爵士。
1969 年	从教授职位退休。一直著书和演讲，直到去世。
1976 年	卡尔·波普尔自传《无尽的探索》出版。
1976 年	当选皇家科学院院士。
1994 年	出版《虚构框架：捍卫科学与理性》。
1994 年	逝世于伦敦。骨灰被带到维也纳兰兹公墓，与其妻子约瑟芬·安娜·亨宁格合葬在一起。

金融投机者及慈善家乔治·索罗斯，开放社会基金会主席，是卡尔·波普尔的学生，该基金会旨在促进民主治理。

理论，人类从中受益匪浅。当然，这并不能真正解决问题，它只是解释了为什么我们认为太阳明天会升起是有道理的。

政治哲学思想

波普尔成为自由民主和"开放社会"的坚定拥护者。他认为，开放的社会环境和公民的积极参与可以促进知识进步，正如他在科学领域描述的那样。他认为社会规划和集权是危险的，因为它们难以接受和适应自身的失败。他认为一个国家的公民需要能够进行批评和改革政治形态。他不同意马克思主义等理论中的历史决定论，认为历史决定论实质上是对开放社会的利用。

赛义德·阿布勒·阿拉·毛杜迪 (1903—1979)

毛杜迪是一名记者和政治哲学家，信奉伊斯兰教。他提出"伊斯兰国家理论"，即国家必须完全按照伊斯兰教义进行统治管理。尽管他的理念促进了伊斯兰思想的复兴，但同时也导致伊斯兰分离主义和激进主义运动。这些运动已从政治讨论转向恐怖主义。

赛义德·毛杜迪（Sayyid Maududi，又名 Syed Mawdoodi）出身于一个虔诚的逊尼派穆斯林家庭，父亲是一名律师。祖先可以追溯到先知穆罕默德。15 世纪他的祖辈们从阿富汗移居到印度。

毛杜迪就读于一所宗教学校，父亲去世后就辍学了。后来毛杜迪成了一名记者，依然没有放弃研究伊斯兰教。他最终总结出独树一帜的结论。毛杜迪的记者事业蒸蒸日上。1925 年，他成为德里一家穆斯林报刊的编辑，并将这家报刊打造成南亚穆斯林最重要的出版物。1933 年，他接管了月刊杂志《古兰经集萃》，又名《古兰经》。杂志也成为他写作的主要载体。

他对政治感兴趣源于加入了一个反对英国统治印度的组织。他继续研究伊斯兰教，并开始从伊斯兰角度而非政治或经济角度撰写有关重大政治和文化问题的文章。1941 年，他创立了一个政党——伊斯兰促进会，该组织旨在建立一个以伊斯兰法律为基础的伊斯兰国家。毛杜迪一直担任该政党的领导人，直至 1972 年。

毛杜迪最初反对在民族主义基础上将巴基斯坦建成一个独立的伊斯兰国家。他希望打着复兴伊斯兰教的旗子，联合全印度的穆斯林建立一个真正的伊斯兰国家。1947 年英国统治下的英属印度解体了，诞生印度联邦和巴基斯坦自治领两个新国家。此后，毛杜迪移居到巴基斯坦。在巴基斯坦，他反对自由主义政策，与他的政党一起致力于建立一个纯粹的伊斯兰国家。1953 年，本就不受军政府欢迎的毛杜迪被逮捕，原因是他称艾哈迈迪亚教派（伊斯兰教派）为异端，这引发了民众动乱和对艾哈迈迪亚教派的攻击。在民众的强烈抗议下，他由死刑减为无期徒刑，不久获释出狱。

他虽然主要用乌尔都语写作，但其著作被翻译成了多种语言，并在国际上享有盛誉。他是一个饱受争议的人物，世俗主义者批判他，其他穆斯林学者也因其对伊斯兰的不同解释批判他。

基本哲学思想

注释《古兰经》

毛杜迪写了 200 多本书及小册子，但他最伟大的著作是倾注 30 年心血而作的注释版《古兰经》。在这部著作中，他对《古兰经》每一章都作了介绍，提供了相关的历史背景，并用通俗易懂的现代语言解释了《古兰经》的内容和含义。他还将《古兰经》应用于社会和个人问题中，表明它可以作为克服当今世界困境的指南。人们视注释版《古兰经》为 20 世纪复兴穆斯林学术的基础。

宗教与意识形态

毛杜迪在书中写道，西方资本主义不能为世界带来和平、安定和繁荣。因此，他提出了第三种思想体系——伊斯兰主义，认为可以作为全球性的政治框架。

毛杜迪认为，宗教影响的不只是选择信奉它的人，所有人的思想和活动都会受到宗教的影响。因此，宗教应该成为国家经济、法律和政治机构的基础，并且起到规范社会和个人行为的作用。他在《古兰经》注释中特别强调，真主安拉拥有法律和政治的绝对统治权，因此政府必须严格遵守宗教法律。

作为一名虔诚的伊斯兰教徒，毛杜迪相信伊斯兰教是一个有真实信仰的宗教，它可以从改变个人开始到逐渐改变世界。一个信徒通过激励他人从而建立一个信仰团体、推动群众运动，最终建立一个以人民意愿为基础、纯粹的伊斯兰宗教社会。

伊斯兰国

毛杜迪在《伊斯兰国》《伊斯兰教法和宪法》《如

遗产、真理、影响

◎从中东到东南亚，当伊斯兰世界的大多数人都在为殖民主义或贫穷苦苦挣扎的时候，毛杜迪的作品激起了新一轮的伊斯兰知识分子运动。这使得他成为现代最受欢迎的穆斯林学者和作家之一。

◎毛杜迪对塞义德·库特布（1906—1966）产生了重要影响，库特布创立了伊斯兰革命组织：埃及穆斯林兄弟会。人们认为他的意识形态启发了恐怖组织及其领导人奥萨马·本·拉登。他的"伊斯兰国家理论"在伊斯兰国家特别流行，他们认为西方殖民主义剥削他们的国家，例如埃及。

◎他的政党伊斯兰促进会从未在选举中大获成功。但在巴基斯坦，该党施压政府通过了严格的亵渎法律和其他法规，从而产生了重大的政治影响力。例如，由于伊斯兰促进会的运动，艾哈迈迪亚教派成员被禁止在巴基斯坦公开传教。毛杜迪政党的成员也参与了对非穆斯林的暴力袭击。

大事记

1903 年	生于印度奥兰加巴德。
1918 年	开始担任记者，年 15 岁。
1930 年	完成有关伊斯兰战争与和平法的第一本书《伊斯兰圣战》。
1941 年	成立伊斯兰政党伊斯兰促进会。
1943—1972 年	为《古兰经》写评注。
1947 年	巴基斯坦伊斯兰国家成立后，移居巴基斯坦。
20 世纪 50 年代	被公认为全世界伊斯兰运动的发言人。
1953 年	因煽动暴力而被判处死刑，缓期执行。
1955 年	从监狱释放。
1956—1974 年	四处旅行，到中东、美国、加拿大、英国的穆斯林社区作演讲。
1972 年	因为身体原因辞去了伊斯兰促进会的领导职务。
1979 年	因肾脏和心脏疾病去世，埋葬于巴基斯坦拉合尔。

这就是伊斯兰国向他们（非伊斯兰信徒）提供保护的原因。因为如果他们同意付吉兹亚，就能在此地生活，但不能允许非伊斯兰信徒在任何地方拥有最高统治地位，不允许他们树立错误方式或凌驾于别人之上。为了避免混乱局面，真正的穆斯林有责任尽最大努力结束恶人掌权，使国家处于正义的统治之下。

——《古兰经的注释》（1972）

何建立伊斯兰国家》等著作中描绘了理想国家结构的蓝图。其中一项基本原则与西方所见的世俗民主完全不同：真主安拉的主权通过真正的宗教人士的主权来表达，这是至高无上的，不会像西方一样受到充满不确定性的民众投票的影响。

正如《古兰经》和其他主要伊斯兰教经典所言，政府的唯一职能是探索伊斯兰教法的适用范围。所以毛杜迪理想中的国家完全可以由一党执政。他认为，伊斯兰教义几乎包罗万象，涉及的范围从国际事务一直到家庭关系，并且他认为，其他的政治制度本质上都是"邪恶的"。

他理想的伊斯兰国承认非伊斯兰教信徒居民，但是规定他们属于二等公民。这是因为他们不了解该系统的基本道德，所以不配拥有任何政治权力。任何未履行兵役职责的非伊斯兰成年人都必须缴纳特殊税款才能获得国家保护。妇女必须照顾孩子，不能把一生都奉献于宗教，因此除了家庭角色外，她们别无选择。

圣战

由于伊斯兰教几乎在世界各地都有信徒，所以毛杜迪相信每个国家都应该成为一个伊斯兰国家。他认为，每个穆斯林都有责任通过圣战（字面含义为"斗争"）来实现这一目标。值得强调的是，他猛烈抨击之前的宗教领袖和政治领导人，认为他们没能建立起完整的伊斯兰体系。

让－保罗·萨特

（1905—1980）

法国知识分子让－保罗·萨特是 20 世纪最著名的哲学家之一，创立存在主义的关键人物，第二次世界大战后几十年里的文学和哲学代表人物。他是一位成功的小说家、剧作家、评论家和传记作家，他通过写作来表达自己的思想，并且成为一位著名的社会活动家。

让－保罗·萨特的童年并不快乐。他从小接受严格的资产阶级教育，但在思想上十分抵触。萨特认为自己是个丑陋的孩子，个子小，患有外斜视，还经常生病。他童年几乎没有朋友，经常躲在自己的阅读和写作世界中。后来萨特说，如果他的童年是另一番模样，他现在的生活将大不相同。

他选择专攻哲学，并在享有盛名的巴黎高等师范学校赢得了一席之地，结识了同学让·希波利特（1907—1968）、莫里斯·梅洛·庞蒂、生于 1908 年的克劳德·列维·斯特劳斯和西蒙娜·韦伊（1909—1943）。在学生时代，他因挑战现状而闻名。但实际上萨特并没有拿到研究生教育教学资格认证，这也许是由于他将太多的新想法融入其中。1929 年，在重考复习时，他遇到了西蒙娜·德·波伏娃，之后和她相爱并成为终身伴侣。萨特主要复习标准哲学，在当年的认证考试中获得第一名，德·波伏娃获得第二名。

萨特告诉她，他们共享着"基本的爱情"，但他们也应该"体验不期而遇的爱情"。尽管这有悖于当时的习俗，但他们的确做到了。他们还共同渴望着探索生存的意义和对自由的需求，通过小说、戏剧和散文来表达自己的想法。

萨特在获得去柏林学习的奖学金之前曾教过一段时间的书。在柏林期间，他研究埃德蒙德·胡塞尔和马丁·海德格尔等哲学家。第二次世界大战初期，他被德国人俘虏，但由于身体欠佳而从战俘营释放。回到德·波伏娃身边后，他加入几家宣传抵抗的杂志。战争结束后，萨特投入左翼运动事业中：阿尔及利亚独立运动、越南战争抗议运动、1968 年学生抗议运动。他带着德·波伏娃到处旅行。他谴责苏联 1956 年入侵匈牙利。他访问了中国，也曾和古巴领导人菲德尔·卡斯特罗会面。

在他最后的几年，他几乎失明，但还是坚持记录与德·波伏娃的讨论。德·波伏娃孜孜不倦地工作，以确保萨特拥有尊严和工作能力，直到生命最后一刻。

基本哲学思想

萨特的哲学包含个人自由、个人选择、无神论和意识等方面，但缺乏严格的定义和客观性，也缺乏对人类体验的核心关注。他将整套思想打包为存在主义，但他将自己的书称为《存在与虚无：现象学本体论随笔》（简称《存在与虚无》），探讨事物与人类意识间的关系。在后来的几年中，他还提出了一个新的方向，融合马克思主义和存在主义。

《存在与虚无》

《存在与虚无》（1943）是他关于存在主义的主要著作。这本书概括了萨特对"人类存在是什么"这一问题的回答。他讨论了两种类型的存在："自为"和"自在"。

自在存在是一切没有意识的事物。它是非人类物体的存在，坚实而具体地存在着，没有任何自我意识，也没有任何空隙可以让"虚无溜入其中"。

自为存在是意识。自我意识不能简化为自在之物，因为它常常不是单一之物。它是虚无的，或者说像一张白色的幕布，在给定的事物之外。

自由

意识的虚无使其充满了无限可能性，由此而产生了自由。我们完全可以自由想象我们的未来会是什么样。通过我们有价值的选择赋予我们生活的意义。未来永远是多变的。或者正如萨特所说，我们有潜力成为未来的样子。

存在已经存在；这是个人选择的前提，所以我们真正选择的是我们的本质。正如萨特所说："存

遗产、真理、影响

◎ 萨特通常被认为是建立存在主义的关键人物，并且也是第二次世界大战后西方世界知识界的领军人物。

◎ 他创作了不少令人赞叹又备受争议的书籍及戏剧，影响了世界各地的哲学家、作家甚至艺术家。

◎ 除了他的哲学以外，他还因非常规的开放性爱情、反对教会权威，以及政治激进主义而闻名。尽管他吸引并启发了年轻的"垮掉的一代"，但他遭到罗马天主教机构的反对：1948 年，梵蒂冈将他所有书籍归为禁书。

第二次世界大战后，萨特参加到左翼运动中。1960 年，他与古巴革命核心人物切·格瓦拉见面。

一切都是不必要的，这个花园、这个城市和我自己。当您突然意识到这一点时，您会感到恶心，一切都开始漂移……这就是恶心。

——《恶心》（1938）

在先于一切，并支配本质"。作为一名无神论者，他认为，在我们个体独立存在之前，我们没有本质，因为没有造物主可以赋予永恒的本质。

尽管自为永远是自由的，但选择实际上是由"真实"或个人生活中无法改变的情况决定的。

萨特提出了第三种存在：为他人存在。他承认，我们通过与其他人的关系来表达我们的人性。当我们意识到自己的自由时，还继续这样做，我们就是在充实生活，使我们现实化了。

《恶心》

在小说《恶心》中，主人公意识到，世间万物不能超越其存在的简单事实而对其进行归类。事物的存在没有解释，它们就是这样。此外，世界本身对他完全无动于衷；他对自己存在的意义、行为以及可能产生的影响负有全部责任。这种认识给他带来了迷失、痛苦或恶心。

一些存在主义者确实说过，因为存在没有意义，所以它是荒谬的。萨特不以为然，始终认为存在是一种乐观的概念，因为它使个体独自掌控自己的命运。

自欺

自由带来责任，而在萨特的术语中"自欺"是指摆脱自由，摆脱从虚无中创造意义的行为。自欺可以采取多种形式，例如自欺欺人，陷入刻板的生活方式，遵守常规或顺从他人的期望。

库尔特·哥德尔

（1906—1978）

库尔特·哥德尔是 20 世纪最伟大的数学逻辑学家之一，也是一位大胆的、非正统的数学哲学家。对于哥德尔来说，数学和哲学之间的界限是人为的，他对跨越和模糊这一界限表现出了浓厚的兴趣。他对现代数学思想做出了一些最为重要的贡献，除此之外，他还引领了计算机科学的发展。

库尔特·哥德尔于 1906 年出生在时为奥匈帝国的布伦市（今捷克共和国的布尔诺）。哥德尔小时候健康状况不佳，童年在平静中度过。1924 年，他进入维也纳大学。虽然哥德尔最初感兴趣的领域是物理学，但他的注意力很快被数学和哲学所吸引。他参加了海因里希·冈佩兹（1873—1942）的哲学讲座，并从鲁道夫·卡尔纳普那里学习逻辑学。1929 年，他在汉斯·哈恩（1879—1934）指导下毕业，获得数学博士学位。

上大学时，哥德尔结识了以莫里茨·施利克（1882—1936）为核心的维也纳逻辑实证主义者圈子。虽然哥德尔的哲学思想与逻辑实证主义观点截然相反，但这一时期他还是收获颇丰，对他也影响深远。

1930 年哥德尔发表了他的博士论文《逻辑谓词演算公理的完全性》。1931 年，他提出了不完备性定理，这一理论使数学基础研究发生了划时代的变化，更是现代逻辑史上重要的一座里程碑。人们称该定理为"哥德尔定理"。

1933—1938 年，哥德尔是维也纳大学的一名无薪教师。在此期间，他也多次以访问讲师的身份出现在普林斯顿大学。1935 年，他证实了选择公理的相对一致性原则，1938 年确立了广义连续体假设的相对一致性原则。1938 年，他与阿黛尔·波克特结婚。1940 年，由于担心纳粹军队占领维也纳，他与妻子移民美国。加入普林斯顿高等研究院后，他和阿尔伯特·爱因斯坦成了好朋友和日常散步伙伴。1948 年，他获得美国国籍。1940 年起，哥德尔的兴趣转向了哲学、物理和数学哲学。他研究了戈特弗里德·莱布尼茨的著作，发表了大量论文，包括《论罗素的数学逻辑》（1944）和《什么是康托尔的连续体假说》（1947）。1949 年，他发表了一篇关于相对论与理想主义哲学关系的评论，在评论中他论证了广义相对论中爱因斯坦场方程的矛盾解的存在。1953 年，普林斯顿大学任命他为教授，直到他退休。

基本哲学思想

在 1961 年一份未发表的讲稿中，哥德尔提出了一种哲学图式，根据哲学世界观与形而上学或宗教远近来进行分类：

> 这样，我们很快就可以分成两类：一类是怀疑主义、唯物主义和实证主义，另一类是唯灵论、唯心主义和神学。

——（《从哲学看数学基础的现代发展》，1961）

哥德尔在这个图式中追溯了文艺复兴以来普遍的从右到左的哲学漂移，即从唯心主义到怀疑主义。然而，他把数学提升到了一个更高的水平，能够超越这种漂移：

> 数学的概念，就其本质而言，是一种先天的科学，它本身总是有一种右倾的倾向，因此，它长期经受住了文艺复兴以来盛行的时代思潮的考验……事实上，数学已经越来越抽象，远离物质，本质也越

来越清晰……因此，远离怀疑。

（同上）

罗素和阿尔弗雷德·怀特黑德的《数学原理》（1910—1913）背后的经验主义怀疑论也处于从右到左的转变线路上。因此，哥德尔用不完整的定理打破了罗素的发现，有效地重塑了 20 世纪数学的正统。

不完备定理

哥德尔在 1931 年发表了他的不完备定理，作为《数学原理》和相关系统中一个形式上不可判定的命题。除了数学上的特殊应用，它们还具有巨大的哲学意义。哥德尔定理，与其他为人熟知的定理一样，强调对于任何能够表达算术的一致逻辑系统，必定存在正确的句子表达系统的标准解释。但这不能被证明。此外，像怀特黑德和罗素提出的具有庞大系统的数学原理，不可能强大到足以证明其自身的一致性。

◎ 哥德尔的方法直接促成有效可计算函数新概念的产生，对计算机的发展和计算机科学的研究产生了重大影响。

◎ 其过程和结果开辟出了一条道路，使我们以严格的方式处理可计算函数的概念。对于计算能力和极限，也带来了测试程序一致性和完整性的可能。

◎ 库尔特哥德尔协会是 1987 年为了纪念他而成立的，该国际组织旨在促进逻辑、哲学和数学历史领域的研究。

阿尔伯特·爱因斯坦于 1940 年获得美国国籍。他与库尔特·哥德尔建立了亲密的友谊，并于 1948 年作为哥德尔公民听证会的证人。

大事记	
1906 年	生于奥匈帝国的布伦市（今捷克共和国的布尔诺）。
1924 年	考入维也纳大学（奥地利）。
1924—1929 年	结识莫里茨·施利克的维也纳逻辑实证主义者圈子。
1929 年	从维也纳大学毕业并获得数学博士学位。
1930 年	在汉斯·哈恩指导下发表博士论文。
1931 年	在《关于数学原理和相关系统的形式上不可判定命题》中发表了他的不完全性定理。
1933—1938 年	成为维也纳大学教员。
1938 年	与阿黛尔·波克特结婚。
1940 年	移民美国，并加入普林斯顿大学。成为爱因斯坦的朋友和散步伙伴。
1948 年	成为美国公民。
1951 年	成为获得阿尔伯特·爱因斯坦奖的第一人。
1953 年	被任命为普林斯顿大学教授。
1955 年	爱因斯坦逝世。
1974 年	获国家科学奖章。
1976 年	从普林斯顿大学退休。被授予荣休教授。
1978 年	逝世于美国新泽西州普林斯顿。

这些结果决定了数学中纯形式方法的极限。哥德尔证明他的第一个结果的方式附加了额外的哲学意义：通过定义一个公式 P，虽然无法证明，但可以说给定它的构造方式是正确的。其中隐含的寓意是，真理在某种程度上超出了可证明性，至少认真考虑时确实是这样。这与他的柏拉图主义世界观是一致的，但与当时数理思维中盛行的逻辑实证主义精神是对立的。

哥德尔和理性主义

哥德尔的理性主义源于莱布尼茨的观点：世界是完美的，理性而有序。哥德尔从数学的完美中推断出这一信念：

理性主义与柏拉图主义相连，因为它指向的是概念层面，而不是（现实）世界。数学是完美的形式。

——引自王浩，《逻辑之旅：从哥德尔到哲学》，1996

数学有一种完美的形式，我们可以期望概念世界是完美的，而且，客观现实是美、善、完美的。

——《逻辑之旅：从哥德尔到哲学》中引用的《哥德尔》一文（1996）

因此，哥德尔断言，既然概念世界是完美的，那么客观现实就是"美、善和完美的"。哥德尔承认这是莱布尼茨式的思想：

我们应该根据自己真正了解的东西来判断现实。既然在概念上完全了解的那部分是美丽的，那么我们知之甚少的现实世界也应该是美丽的。

——引自王浩，《逻辑之旅：从哥德尔到哲学》，1996

虽然哥德尔对理性主义的信仰是形而上学的，但他一直抱有实践的愿望，坚持在哲学中钻研精确的方法，把它转变为一门精确的科学。在实际的哲学论证中采取一种接近于数学证明的严谨程度。

纳尔逊·古德曼

（1906—1998）

纳尔逊·古德曼是一位富有创造力和令人着迷的美国哲学家，提出了一系列有趣的理论和观点，涉及美学、逻辑学和象征主义问题。最为著名的是"新归纳之谜"（绿蓝—蓝绿悖论）、反事实思维研究（以句子形式表达为：如果 A，那么 B，但其中 A 已知是假的）以及艺术符号的意义。

纳尔逊·古德曼于 1928 年毕业于哈佛大学。他一生都对艺术有兴趣。在攻读哲学博士学位期间，在马萨诸塞州的波士顿经营了一家画廊。第二次世界大战期间，他在美国军队服役。1946 年开始在宾夕法尼亚大学任教。他的学生有诺姆·乔姆斯基和希拉里·帕特南（1926—2016），这两个人都凭借自己的能力成为受人尊敬的思想家。1968 年，古德曼担任哈佛大学的教授。他后期的作品，反映了自己对艺术的兴趣，更多地关注美学理论，而不是他早期职业生涯中的分析和逻辑哲学。

基本哲学思想

古德曼是一个堂吉诃德式的思想家，喜欢用有趣的新方法来解决老问题。在早期的工作中，他挣扎于分析哲学的一些经典问题，特别是"事物存在类型"等本体论问题。由于分析哲学需要解释一个命题（句子所表达的思想）是如何与世界上的事实相联系的，因此解决命名和指称问题是一项重要的任务。数学集合理论似乎有助于定义对象和事实的类别，因此古德曼对此特别感兴趣。他和奎因一起完成了一些复杂的工作，重点研究辨识共相的难度。例如，研究共相的猫来自单个猫的集合的问题。逻辑学家一直尝试从所有猫的集合来确定共相的猫。

古德曼的现代唯名论

古德曼开始怀疑，逻辑学家用所有个体实例的集合来判断共相的任务是否可行。他认为，虽然个体可能存在，但用相同名称标记的不同个体除了名称之外实际上没有任何共同之处。这就定义了唯名论，唯名论是对现实主义的一种排斥。在中世纪哲学中，唯名论被定义为：当我们使用普遍性语汇，如猫、蓝色或困难时，是指个体的普遍形式。柏拉图引入"形式"或"理念"的概念代表永恒宇宙，我们只能通过不完美的感官来感知它。

根据唯名论的观点，共相和形式之间的联系是完全不必要的。相反，我们可以采取务实的态度，把我们对事物的称谓看作碰巧对我们有用的简便说话方式。唯名论者因此断言，没有共相的"猫"或"蓝"作为抽象实体而存在。

唯名论给那些想把分析哲学建立在数学严谨性基础上的人制造了问题，奎因后来否定了唯名论。但在古德曼看来，这是思考我们如何看待世界上事物的一种方式的开始，他把这种方式用在其他有趣的领域。

归纳法和绿蓝—蓝绿悖论

古德曼最出名的是他的"新归纳之谜"，至今仍困扰着哲学新生。归纳法的问题在于，无论我们观察到一个现象重复出现过多少次，例如早晨升起的太阳，都不能证明这个现象在未来会继续下去。大卫·休谟曾论证过，相信基于归纳的事物只是一种思维习惯。

卡尔·亨佩尔（1905—1997）在《解释的逻辑》（1948）中提出了证实理论，使得这一问题有了明显的进展。亨佩尔的研究始于一个不同的逻辑难题。他注意到，"所有的乌鸦都是黑色的"这一说法，在逻辑上与"所有非黑色的东西都不是乌鸦"这一说法是一致的。他还说，看到一只黑乌鸦可以证明所有的乌鸦都是黑色的，而看到一个绿苹果也可以证明所有苹果都是绿色的。这是因为一个非黑色苹果不是乌鸦论证了第二句，而第二句与第一句意义一样。亨佩尔认为，一些归纳论点比其他论点更可靠，因为归纳论点以类似的定律作为假设。换句话说，我们在数据和归纳之间建立的联系或多或少是可靠的，可以作为未来实例的指导。

古德曼提出了一个新的反例。他发明了一个谓项 grue，它指这一时刻之前看是绿色的东西，而这一时刻之后看是蓝色的东西。他指出，如果我过去看到的每一块绿宝石都是绿色，那我就有理由相信

遗产、真理、影响

◎ 古德曼提出的"新归纳之谜"至今仍是本科生哲学课程的主要内容，并引发了许多聒噪而有趣的讨论，即这种新归纳之谜是否真的有意义。

◎ 他早期在逻辑和唯名论上的工作是有影响的，许多人跟随奎因而放弃了唯名论，但古德曼在确定集合理论和共相所面临的问题方面做了大量工作。

◎ 古德曼关于反事实的写作也很有影响力。古德曼是大卫·刘易斯（1941—2001）令人着迷的理论的先驱之一，刘易斯提出可能存在其他世界。古德曼一直是一个有趣、富有挑战性的哲学家，他后期的部分美学理论作品特别出色。

> 符号的意义是由它所存在的意义体系赋予的。
> ——《艺术语言：通往符号理论之路》（1968）

下一颗看到的绿宝石一定是绿色。然而，我见过的每一块绿宝石也都是绿蓝色，就使我有同样充分的理由相信，我见到的下一块绿宝石将是绿蓝色，也就是蓝色。

这似乎是一种卖弄学问，有些人还是会同意这种观点。但对于古德曼来说，关键在于我们使用的共相谓项是任意的，我们没有理由使用 green 而不用 grue，只是出于习惯。因此，试图通过定理来解决归纳法问题比一开始要困难得多。

非实在论和象征主义

在《构造世界的多种方式》（1978）一书中，古德曼提出了一种非现实主义立场。哲学家们经常分为两派：一种是现象学家，他们把精神的内容视为主要的存在；另一种是物理主义者，他们只把物理对象视为真实的存在。古德曼声称这两者都不是真实的存在。但他还说，这两者虽然不是同一个世界，但只是不同的版本。他提出，我们实际上是通过用不同的方式概念化世界来创造另一个世界。他再次强调，我们象征世界的方式不能简化为一个简单的柏拉图式的系统，而是一个选择和习惯的问题。对于古德曼来说，世界并不是单一的，而是由用来创造世界的象征符号所定义的各种版本。他把这一思路运用到他的美学理论写作中。对于他来说，艺术流派和形式是一种符号系统，它并不试图表征世界，而是依赖于内在的符号关系。

以绿宝石为例，古德曼发明了 grue 这个词，它指这一时刻之前看是绿色的东西，而这一时刻之后看是蓝色的东西。grue 现在被用作语言词汇，用于翻译语言中没有区分蓝色和绿色的词汇。

莫里斯·梅洛－庞蒂

(1908—1961)

梅洛－庞蒂是一位有趣又难以捉摸的法国哲学家，他发展和完善了现象学理论。虽然他的作品晦涩难懂，但他的目标明确：找到一种新的感知描述。尽管他的研究涉及认知科学、医学伦理学、心理学和社会学等不同领域，但他对人类生存困境的分析让他与存在主义者让－保罗·萨特和西蒙娜·德·波伏娃关联在一起。

　　和许多同龄人一样，莫里斯·梅洛－庞蒂在第一次世界大战中失去了父亲。母亲把他送到巴黎上学。之后，他在巴黎高等师范学院学习哲学，与让－保罗·萨特同时入学。虽然后来他常与存在主义者混在一起，但他经常反对萨特的理论，特别是他的马克思主义思想。这些差异结束了他们之间的友谊，世人皆知。第二次世界大战期间梅洛－庞蒂在步兵服役，之后回到沙特尔和里昂教书。接着，他去巴黎担任教授职务，先是在巴黎大学教书，后来在法国大学教书。他最初的两本书，《行为的结构》(1942)和《知觉现象学》(1945)影响深远，为他赢得了声誉。他也是一位政治人物，1945—1952年，他编辑了政治刊物《现代》。当他与萨特就马克思主义的作用争论时，萨特担起了这本杂志的编辑任务。梅洛－庞蒂于1961年因中风英年骤逝，留下了一大堆未完成的作品。

基本哲学思想

　　在他职业生涯的初期，梅洛－庞蒂对格式塔心理学家的观点感兴趣。他们提出了一种关于心智和大脑的理论，将意识解释为一个整体过程，即整体不等于部分的总和。他们还认为，感知和学习的原子单位（感觉数据）采取的结构形式，不能简化为这些单位间的相互作用。梅洛－庞蒂觉得他们没有把这一思想的哲学含义贯彻到底；格式塔的概念意味着我们必须彻底修正关于知识如何运作的概念以及关于事物存在的本体论的概念。知觉的概念以及它与世界互动的方式，特别是通过我们的肉体（身体）经验，一直是他思考的核心。

身体主体

　　梅洛－庞蒂在《知觉现象学》(1945)中提出，身体主体与笛卡尔的"我思"是相互替换的建筑模块。这标志着他的研究以埃德蒙德·胡塞尔的现象学为起点。胡塞尔基本认同头脑中的感觉数据可以被悬置起来，把世界抛在后面。对于梅洛－庞蒂来说，"知觉的第一性"意味着身体主体总是部分存在于这个世界中。因此，这种现象并不是一种纯粹的精神状态，而是心灵通过身体和感知与世界交织在一起的结果。

　　梅洛－庞蒂深受黑格尔的影响，尤其是在处理二元论方面。梅洛－庞蒂认为主体和客体、自我和世界的划分没有考虑到存在体生存经验的重要性。他说，感知心灵是心灵的化身，所以他拒绝将身体视为外在的，而更愿意将它视为世界的延伸。

　　这个复杂的概念意味着由于身体主体和知觉都在这个世界中，当我们对这个世界进行思考时，我们处于思考的状态。如果感知的主体改变了，那么主体与世界的关系也改变了。所以意识是不断变化的，不能与知觉分开研究。

　　梅洛－庞蒂通过一个具体的例子阐述了他关于身体主体的观点：一个人失去了肢体，但仍然感觉它还在那里。他通过分析幻肢这一症状告诉我们，我们是通过世界的各个方面来构建这个世界的，而这些方面与缺肢的部分是相通的。所以，我们试图触摸的门把手或电灯开关，都是通过我们手的身体知觉来体验的，直到我们重新构建我们的知觉图式，我们才会继续以同样的方式体验它。

语言结构

　　和其他当代法国思想家一样，梅洛－庞蒂对结构主义和语言学语义理论着迷。人类学家克洛德·列维－施特劳斯（1908—2009）和语言学家费迪南德·德·索绪尔（1857—1913）等都探讨过语言差异的重要性，对梅洛－庞蒂的思想产生了重要影响。索绪尔与梅洛－庞蒂关于格式塔的观点是一致的。梅洛－庞蒂强调，意义不能简单地定义，也不能诉诸历史反思，尤其是口语中的语义。语义部分存在于语言结构，部分存在于主体与世界的相互作用。

遗产、真理、影响

◎尽管梅洛－庞蒂的思想在存在主义同行中更加隐晦，但是他的感知的身体性观点对让－保罗·萨特和西蒙娜·德·波伏娃等人产生了很大的影响。

◎因为波伏娃，他也对女性主义哲学传统产生了有趣的影响。像罗萨琳·蒂博罗斯（来自澳大利亚新南威尔士大学）和法籍保加利亚人朱丽娅·克里斯蒂娃这样形形色色的作家都谈到了身体是如何与世界交织在一起的。不过他们通过对比男性和女性的体验，造成了一种女权主义倾向。

◎雅克·德里达继梅洛－庞蒂之后，在他《声音与现象》（1967）中否认思维和语言之间的明显区别，而这一观点将成为解构论的中心。

◎科学哲学中的反认知主义者接受了梅洛－庞蒂对格式塔思想的使用，把它运用到解决人工智能界限的问题之上。结果，认知科学家大量地研究现象学的意义。

> 因此，我们不要怀疑我们是否真的感知了一个世界；相反，我们必须说：世界就是我们所感知的样子。
>
> ——《知觉现象学》（1945）

因此，胡塞尔将表达与表示区分开来。许多研究者将语言视为已有思想的一种表达形式，梅洛－庞蒂则认为语言与思想交织在一起。他举例说，一个人搜寻被遗忘的一个单词时，表明缺少了这个词他的思想本身就是不完整的。他概述了手势语言理论，指出："当我说话时，我会回过头去找那个词，就像我的手伸向身体被刺痛的部位。这个词在我的语言世界中有一席之地，是我使用工具的一部分。"言语行为是在语言结构中做出手势的行为。

梅洛－庞蒂与马克思主义

和许多同时代的人一样，梅洛－庞蒂一开始是一个马克思主义者。他从亚历山大·科耶夫（1902—1968）的演讲中得到启发。科耶夫对马克思主义给出了黑格尔式的解释，同时指出我们正在走向"历史的终结"。科耶夫终结观比马克思理论中的概念要自由得多。

伊曼努尔·康德曾写道，我们选择将人类历史视为一种迈向更好的进步，否则将被迫视其为一场闹剧。这也是梅洛－庞蒂长期以来持有的观点，他认为拒绝马克思主义就是拒绝一切对历史意义的希望。他从来都不是苏联政权的坚定辩护者，他谴责萨特没有认同自己的观点。后来，他对议会民主的价值产生了一种更人道的看法，认为那是极权主义的替代品。

大事记

1908 年	生于法国罗切福尔。
1930 年	从巴黎高等师范学院毕业。
1942 年	《行为的结构》出版。
1945 年	《知觉现象学》出版。
1945—1952 年	成为政治、文学和哲学杂志《现代》的编辑。
1949 年	被任命为巴黎索邦儿童心理学会主席。
1952 年	时年 45 岁的梅洛－庞蒂被选为巴黎法兰西学院哲学主席，并一直担任该职位直至逝世。
1955 年	《辩证法的探险》出版。
1961 年	因中风去世，安葬于巴黎拉查兹公墓。

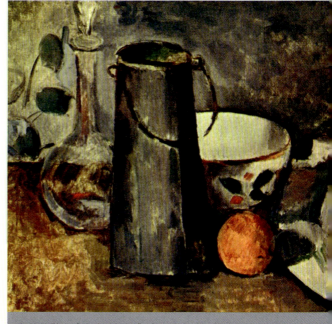

在他的散文《塞尚的怀疑》（1945）中，梅洛－庞蒂定义了塞尚的印象主义绘画理论，以此作为对他的反思概念的类比。

161

西蒙娜·德·波伏娃

（1908—1986）

尽管西蒙娜·德·波伏娃自称是作家而不是哲学家，而且光芒经常被其终身伴侣让-保罗·萨特所掩盖，但现在人们都认为她的小说、文章和女权主义作品蕴含着重要的哲学思想。她在20世纪法国独特的知识界中发挥了重要作用，对存在主义和女权主义做出了重大贡献。

西蒙娜·德·波伏娃出身于一个家道中落的资产阶级家庭，或者说一个中产阶级家庭。如何摆脱狭隘的道德准则和贫穷的双重约束，是她主要关心的问题。十几岁时，她是个无神论者，并立志成为一名作家，她选择在巴黎索邦大学学习哲学和文学。1929年，在考取哲学教学资格时，她遇到同学让-保罗·萨特，也是她一生的朋友和爱人。年仅21岁的她成为获得该证书最年轻的人，在考试中排名第二，萨特第一。有人说，因为她是一名女性，而且萨特（第一轮考试失败）年龄24岁，比她大，评审委员会才决定不评给她第一名。

当她还是个学生的时候，人们给她起了一个伴随她很久的绰号：“卡斯托”（Beaver，中文翻译是海狸），部分原因是这个英文单词与她的名字很相似，但主要是因为她像海狸一样勤奋好学，而且善于交际。

德·波伏娃在性和智力方面都迷恋着萨特。她赞成萨特的建议，即他们不应该结婚，但他们除了保持根本的恋人关系外，还可以有外遇。对于当时的女性来说，如此无视传统是很勇敢的。

她靠教书养活自己，把所有业余时间都用来和萨特辩论。20世纪30年代，他们的讨论没有一个确定的主题，主要集中在人类存在的意义上，但也包括知识的混乱、理性无神论，个人主义、政治缺失，以及摆脱资产阶级对自由的限制等。存在主义一词后来才被使用。她的哲学思想直到1939年和第二次世界大战时才得以形成。当时她投身于政治事业，并把精力和才智投入萨特及其他人身上。

事实表明，她在战争年代硕果颇丰。她出版了

基本哲学思想

《第二性》

在波伏娃1949年出版的这部最有影响力的作品中，她将这个世界定义为：男性是标准，代表着权力和地位，而女性是另一种人。为了符合男性对女性气质的期望，她们不得不扭曲自己，永远被贬为二等。她是第一位研究女性生活细节的哲学家，也是第一位研究控制女性自由的文化、经济和心理状况的哲学家。《第二性》概述了女性可以挑战这一现状，抛弃追求“永恒女人味”的神秘理想，并获得完全独立和自由。具有讽刺意味的是，她经常改变自己的个人生活来适应萨特。

存在主义伦理学

波伏娃1947年的散文集《模糊性的道德》是她极具存在主义色彩的作品。在这本书中，她回应了存在主义的这个观点：我们有许多可能性以供选择，没有指导的开放的未来也充满恐惧。她急于表明伦理理论要与萨特看法一致，萨特认为没有道德准则

可言。波伏娃认为，道德价值在于我们如何面对自己的自由；我们可以勇敢地面对自由，也可以试图逃避自由。存在主义通过我们的人生规划来赋予我们生活意义，我们通过人生规划来定义自己。必须通过这样的规划才能不断收获意义，否则会出现意义模糊的情况。有时，人们很容易逃避主动选择自由的责任，只让自己停滞在一个静态的身份中。直面自由的美德有勇气、耐心和忠诚，它们是一些经典的美德。

总而言之，因为我们的计划和选择对他人的处境和状况产生了影响，所以我们必须对他们负责。在这种情况下，他们必须行动起来寻找自己的自由。波伏娃的人道主义伦理学强调了这种个人责任，认为邪恶在于否定自我的自由和他人的自由。

形而上学

波伏娃的小说《女宾》和《名士风流》反映了她的生活经历，也透过形而上学的镜子照见了人生和各

第一部小说，为法国抵抗运动杂志（包括她的和萨特的杂志，还有作家阿尔贝·加缪经营的杂志）写文章，同时撰写其他重要的作品，包括小说和文章。因此，在战后初期，她发现自己处于法国知识分子生活的中心，而她在巴黎咖啡馆和爵士乐俱乐部中进行激烈辩论的生活方式吸引了全世界年轻知识分子的想象力。

1988年，她写给萨特的信被公开，信中揭露了他们的婚外情细节，包括她的女同性恋关系和他们共同的情人。即使在所谓的现代，许多人都感到震惊，但也有人意识到，几十年来她一直在把自己的存在主义写进作品。

在《第二性》出版后，波伏娃成了女权主义的偶像，很快被认为是左翼的主要知识分子之一。她在社会上变得更加活跃，参与了争取妇女堕胎权利运动。1971年，她签署了《343宣言》，承认自己进行过非法堕胎，尽管实际上她并没有做过。1970—1980年，她一如既往地尽心照顾和安慰生病的萨特，直到萨特去世她才重新工作。

> 一个人不是生来就是天才，而是逐渐成为天才的；到目前为止，女性的处境使得这几乎不可能。
>
> ——《第二性》（1949）

种关系中的基本要素。这两部小说是半自传体的，人物名字改了，展示了我们处理基本生存的多面性方式。

在小说中，她进一步探讨了人际关系的模糊性，尤其是当每个人都意欲完成他们自己的"计划"时。她再一次进行了总结：如果个人自由行为能够拓展他人的自由和自己的自由，那么这样的自由才是有意义的。

其他研究

波伏娃的四卷自传包含她的基本哲学思想。个人自由观和对他人的责任感是她基本的存在思想，贯穿于她的人生故事中。

她的其他作品涉及以下主题：评述了她对资本主义美国和社会主义中国的访问，谴责法国军方对一位涉恐的阿尔及利亚女孩的折磨，与萨特的告别，以新的视角审视他人（老人）的生活。在最后一个主题中，以及在她关于死亡的讨论中，她展示了人生不同阶段的存在现实。

遗产、真理、影响

◎ 波伏娃被称为女权主义之母或现代妇女运动之母。《第二性》现在被视为现代女权主义的开创性文本，其影响之大，甚至梵蒂冈将其列入禁书索引。

◎ 多年来，波伏娃被视为萨特的写照。但在最近几十年里，她独特的观点得到了认可。

大事记

1908年	生于法国巴黎。
1929年	遇见让－保罗·萨特。
1943年	出版第一部小说《女宾》。
1944年	共同创建和编辑知识分子杂志《摩登时代》，沿用了查理·卓别林的电影《摩登时代》之名。
1947年	发表散文集《模糊性的道德》，讨论存在主义伦理学。
1949年	出版经典女权主义作品《第二性》。
1954年	她的小说《名士风流》获得著名的龚古尔奖。
1957年	参与社会活动：反对在阿尔及利亚殖民主义、争取妇女解放和堕胎权、支持社会主义。
1958年	哲学自传第一部分出版。
1980年	因萨特去世而抑郁。
1986年	在法国巴黎因肺炎去世，葬在萨特旁边。

西蒙娜·德·波伏娃和让－保罗·萨特，一生独特的关系，图片拍摄于1954年。

威拉德·范·奥曼·奎因

（1908—2000）

威拉德·范·奥曼·奎因是一位杰出的美国哲学家和逻辑学家，他的著作涉及形而上学、认识论、科学哲学、数学哲学和语言哲学等领域。虽然奎因通常被归类为分析哲学家，但他实际上极力批判哲学是通过分析揭示概念或语言真理的观点，实际上他认为哲学是自然科学的延续。

1908 年，奎因出生在俄亥俄州的阿克伦市。他的父亲是一名制造商和企业家，母亲是一名教师。1930 年，他在哈佛大学学习，师从阿尔弗雷德·诺斯·怀特黑德（1861—1947）。怀特黑德与伯特兰·罗素合著了《数学原理》，被誉为数学逻辑的里程碑。奎因的博士论文是关于数学逻辑和集合理论，里面有他证明的重要成果。1932 年，他拜访了波兰逻辑学家阿尔弗雷德·塔尔斯基（1901—1983）。这次访问促成了塔尔斯基对真理的研究，其研究成果对现代语言哲学研究有价值，为哲学爱好者所熟知。同年，他在维也纳会见了逻辑实证主义者，并与鲁道夫·卡尔纳普建立了长期的友谊，卡尔纳普的研究工作对他产生了巨大影响，尽管奎因对卡尔纳普观点的批评现在看来具有杀伤性。

奎因主要的哲学著作始于第二次世界大战后。1953 年出版的《从逻辑的观点看》，其中包括经典论文《论何物存在》和《经验主义的两个教条》。虽然奎因经常写一些技术性很强的文章，但他以幽默的措辞和他对哲学的深刻见解而闻名于世。他的哲学见解就像他对自然科学见解一样深刻。他精通多种语言，是个杰出的旅行家，和蔼可亲，好朋友都叫他"范"。1978 年奎因退休后，一直跟哈佛大学联系紧密，直到 2000 年圣诞节逝世。

基本哲学思想

"经验主义的两个教条"

奎因认为，现代经验主义受到两大教条的制约。一是分析真理和综合真理有着根本区别。分析真理是纯粹凭借其意义而成为真理的陈述。像"单身汉是未婚男人"这样的说法是分析性的，因为单身汉和未婚男人的含义似乎确保了这句话的真实性。综合真理是指那些在意义和非语言事实层面上是真实的陈述，比如"香蕉是黄色的"，这是一句真实的陈述，因为香蕉本就是黄色的，并且这句话也表达了同样的意思。逻辑实证主义者，如艾尔弗雷德·朱尔斯·艾耶尔和鲁道夫·卡尔纳普，以及早期的经验主义者，如戴维·休谟，已经在他们的哲学中做了分类。奎因认为，如果一直试图阐释"分析性"的概念，没有人能不受循环性的影响清楚地阐述这些差异。他认为这种分类是一种"形而上的信仰"。

奎因称经验主义的第二个教条为还原论。这种观点认为，每一句有意义的陈述都可以被翻译为仅涉及直接经验或感觉数据的术语，以及逻辑术语，如 not，and，or，and if then。像鲁道夫·卡尔纳普这样的逻辑实证主义者持有这种观点，他试图把我

们对世界的所有认识建立在我们对直接经验的确定性以及对逻辑的认识上。奎因认为这是失败的。他认为，孤立的陈述并不是由一系列的感官体验来证实或否定：

> 我们对外部世界的陈述面临着经验的裁决，非个体经验，而是整体经验。
>
> ——《经验主义的两个教条》，1953

换句话说，一句个人陈述不能被简化为一组感觉经验，因为感觉经验与任何个人陈述都不相关，只与陈述的整体有关，即构成我们世界理论的整体。这种观点被称为整体论。

奎因预见到，拒绝这些教条的结果会导致模糊哲学与自然科学之间的界限。当时许多人认为，哲学揭示了语言分析的真理，而自然科学是通过经验观察来认清世界事实的。因为，如果所有陈述的真实性都依赖于世俗的事实以及它们的语言意义，那么它们可算作组成我们世界的经验理论的一部分。再者，因为我们的理论不符合我们的世界经验，任何陈述都可能被修正。奎因认为，我们甚至可以认为，逻辑学和数学的真理在反面事例面前是错误的。但

◎ 在奎因之前，哲学家们可能会问反对者，他们所说的是分析真理还是综合真理。这意味着，如果它是分析性的，那么它就是语言的真理，因此是空洞的；如果它是综合的，那么它就真的需要科学家来决定。奎因之后，哲学家们对这些术语变得非常谨慎，他们更可能质疑对方是假设的立场，还是分析－综合的立场。

◎ 对奎因的"翻译的不确定性"和意义怀疑主义的论点，信服的哲学家要少得多。他对激进译者证据的描述是基于行为主义的语言观，而现在许多人都反对这种语言观。

1908 年	生于美国俄亥俄州的阿克伦。
1950 年	基于在 30 年代和 40 年代对逻辑的研究，他撰写了第一本书《数理逻辑》。接着出版了五部关于逻辑学的书。
1953 年	出版了《从逻辑的观点看》，其中包括形而上学《论何物存在》和认识论《经验主义的两个教条》等主要论文。
1960 年	奎因在《词语和对象》中为翻译的不确定性辩护。
1969 年	在收于《本体论的相对性及其他论文》一书中的论文《自然化的认识论》中，提出了认识论的新概念，作为科学心理学的一部分。
2000 年	在波士顿逝世，享年 92 岁。

为了解释翻译的不确定性，奎因以一个当地人看到兔子时会说单词"gavagai"为例。语言学家可以把它翻译成兔子，但其他的翻译也有可能为："食物""我们去打猎吧""今晚会有暴风雨"或根据上下文做出的任何其他翻译。奎因在把一种语言翻译成另一种语言时，否认采取绝对是非标准：单词和句子不能赋予独一无二的意义。

作为一名经验主义者，我继续把科学的概念框架看作一种工具，最终依据过去的经验来预测未来的经验。

——摘自《从逻辑的观点看》一书中的论文
《经验主义的两个教条》，1953

在实践中，他认为，即使我们的理论验证失败，我们也很少修改逻辑或数学，因为逻辑和数学的陈述对经验证据影响不大，相反，有助于理论的组织整合。奎因认为我们的陈述、我们的世界理论，就像一张信仰之网，以数学和逻辑为中心，以对直接经验的陈述为边缘，以供经验裁决。

翻译的不确定性

奎因后期的作品反映了他对分析真理的否定态度，产生了一种"意义怀疑主义"的观点。如果纯粹从意义的角度来看没有一句陈述是真实的，那么，奎因想知道，关于语言句子的意义怎么会有真实的陈述呢？奎因通过一个"激进译者"的困境来论证这一点。在客观证据的基础上，"激进译者"试图翻译一个完全陌生群体的语言。他的结论是，至少有两种翻译方法与激进译者的证据一致，但不同翻译方法之间又互不相容。因此，正确翻译的事实是不存在的。这就是奎因"翻译的不确定性"的论点，他的意义怀疑主义也由此而来。因为如果任何一种语言的翻译都存在两种不一致的方式，而这两种方式又都符合所有的客观证据，那么句子的正确翻译就不存在客观事实，也就不存在意义正确表述的客观事实。

以赛亚·伯林

(1909—1997)

以赛亚·伯林爵士是一位哲学家和作家，因其对自由主义的辩护，对极端主义和威权主义的批判以及对思想史的研究而闻名。他1958年发表的文章《两种自由的概念》至今仍是关于自由思想最具影响力的文章之一，也成为后来众多关于自由讨论的起点。

以赛亚·伯林出生在拉脱维亚的里加（当时是俄罗斯帝国的一部分），是一位犹太木材商人的独子。1917年，他目睹了彼得格勒（今圣彼得堡）的俄国革命。1921年，12岁的他随家人移民到了伦敦。他在牛津大学学习了古典文学、哲学、政治和经济学之后，于1932年成为牛津大学讲师。他获得了威望卓著的成就，是第一位赢得万灵学院奖学金的犹太人。

20世纪30年代，伯林参与了牛津大学的哲学建设，他的同行朋友奥斯汀与艾尔弗雷德·朱尔斯·艾耶尔也参与其中。第二次世界大战期间，他为英国政府在美国和俄罗斯的信息服务机构工作，之后又重返学术生涯。伯林将更多注意力放在思想史上，而不是纯粹的哲学研究。他继续在牛津任教，经常来往于英国和美国之间。

1958年，他的演讲稿"两种自由的概念"成为20世纪政治哲学的重要文本。该文提出自由主义的核心概念，并映射出冷战的动荡和他对威权主义的否定，还提出了作为人类目标的多元道德价值观。

基本哲学思想

伯林首先接触到的两种哲学流派是英国的唯心主义和艾尔等同事的逻辑实证主义。受到了伊曼努尔·康德的影响，他试图定义我们用来组织经验的概念和范畴。然而，对于伯林来说，这些都不是固定的概念。因观察所得，他认为我们与世界的互动是受到偶然的历史环境的影响，促使他对思想史产生越来越大的兴趣。

他反对逻辑实证主义的信念，即哲学应该以自然科学为模型。相反，他把哲学归为一门人文科学，认为哲学具有不同于科学的任务和目的。他认为哲学试图回答那些我们不知道答案的问题。事实上，我们根本不知道答案会以什么方式出现。因此，哲学是一个颠覆性的学科，它关注我们思维中的反常现象，并推动我们走向新的构想。

当实证主义者试图拒绝任何不能用严谨科学来框定的问题时，伯林坚持认为解决难题的哲学可以发挥对社会有益的作用。他写道，哲学的目的是"帮助人们了解自己，从而光明正大地前行，而不是暗中莽撞"。

放弃确定性

与当代分析哲学相反，伯林反对哲学追求确定性的观点。他反对所谓的"爱奥尼亚谬误"或一元论的"柏拉图理想"，即一切都能缩小为某种物质或者由某种物质构成。他将这种"谬误"定义为：所有有意义的问题都必须有唯一一个正确答案，必须有一条发现正确答案的可靠途径，正确答案必须形成一个可兼容的世界图景。对于伯林来说，确定性是一种不可能实现的理想，对于同样有意义的问题，可能会有不同的真实答案。

价值多元主义

伯林对"爱奥尼亚谬误"的否定在他的"价值多元主义"著作中有了新的解释。在这本书中，他反对伦理价值可以浓缩到一个单一的可兼容的系统，例如一个基于功利主义的系统，或康德的绝对命令。他认为，真正的价值观是多样性的，它们往往会相互冲突。自由和平等或真理和美在许多情况下可能水火不容。但他还声称，不同价值观甚至是不能比较的，这意味着没有可靠的方法来衡量相互冲突的价值。这并不意味着道德是自由的。伯林的思想始终以人文主义和自由主义为指导。对于他来说，道德冲突是不可避免的，但可以通过妥协来缓和或解决。哲学也许不能解决多元价值的问题，但它仍然可以揭示道德冲突的根源，帮助我们避免采取不切实际的解决方案。

遗产、真理、影响

◎ 自由主义者利用伯林对消极自由的倡导来主张建立一个小政府。伯林自己并没有采用这种方法，因为他提出了一种更精致的观点：平衡自由国家的优点和人们对自由的关注。

◎ 最近人们对价值多元论的观点很感兴趣。一些人认为伯林的多元主义与相对主义没有区别，当然伯林是不同意这种看法的。另一些人则声称，自由主义依赖于自由、平等、民主、人权等价值主张，因此与多元主义相矛盾，而这一点伯林也予以否定。

◎ 最终，伯林关于两种自由的概念成了他最长久的遗产。

> 但是要操纵人来达到你们这些社会改革家期望的目标，但其实他们可能并没有这样的目标，这就是否认他们作为人的本质，把他们当作没有思想的人，从而降低他们的身份。
>
> ——"两种自由的概念"（1958）

伯林的政治哲学

在政治哲学中，伯林将亚历山大·赫尔岑视为英雄，跟他一样反感必然的历史进步。他反对决定论，拥护人类自由意志。他认为历史决定论就是把人当作棋子的借口。赫尔岑和康德反对把人视作达到目的的手段，人应该实现自身的目的。伯林也有类似观点，他认为威权主义就是利用历史决定论，以某些未来终点的名义为当前的牺牲和美德丧失做辩护。

伯林形成了消极自由和积极自由两个概念，并对比了两者区别。他将消极自由与托马斯·霍布斯、亚当·斯密和约翰·洛克等哲学家联系在一起，将其定义为被动的自由，意思是如果别人不强加于他或干涉他，他就拥有消极自由。相比之下，积极自由与让-雅克·卢梭、卡尔·马克思、约翰·费希特（1762—1814）、黑格尔等人联系在一起，是主动的自由，是实现个人潜能的能力和机会的自由。

在卢梭的作品中，伯林认识到从个人的消极自由到公民的积极自由的转变。在这一点上，个人的欲望被纳入公民应该渴望的东西中。康德的追随者费希特认为个人只有通过克服错误的、经验主义的自我，并将自己融入集体中才能获得自由。对于费希特来说，集体就是大众或人民。这显然是纳粹错

伯林认为，纵观历史，积极自由的概念经常导致权力的滥用和政治极权主义，比如在纳粹的意识形态中。

误意识形态的先声，以个人选择的不真实性为由拒绝个人选择。

值得注意的是，伯林确实承认积极自由是有价值的，而且狭隘地关注消极自由可能会导致不幸的后果，比如在自由放任经济下发生的剥削。他主要目的是指出误解积极自由理念的危险，并揭示这种理念如何被威权思维所滥用。

阿尔弗雷德·朱尔斯·艾耶尔 （1910—1989）

英国经验主义哲学家阿尔弗雷德·朱尔斯·艾耶尔爵士将逻辑实证主义引入英语国家。他的一些颇具挑战性的论点引发了争论，例如，他认为形而上学、美学和其他传统哲学领域没有提出有意义的真理；道德陈述是情感的表达。

阿尔弗雷德·朱尔斯·艾耶尔，大家都叫他"弗雷迪"，出身于一个家境殷实的家庭，在伊顿中学上学时就喜欢上了哲学。1929 年上牛津大学时，开始阅读哲学书籍和希腊语文献，成为一名坚定的无神论者。在一次关于宗教的辩论会之后，他被神职人员贴上了"危险"的标签。

1933 年，艾耶尔去维也纳拜访了莫里茨·施利克（1882—1936）。施利克是当时维也纳逻辑实证主义圈子公认的权威。这次拜访让艾耶尔发现了真正的哲学的故乡。同年，艾耶尔开始撰写《语言、真理与逻辑》一书，于 1936 年出版，既引起了喝彩，又挑起了愤怒。

1930 年，艾耶尔开始参加左翼政治活动。他长期积极支持工党，直至 1981 年他加入了新成立的社会民主党。他积极参加争取同性恋权利和堕胎权力的运动，反对种族主义，支持建立非宗教性的人道主义机构。

艾耶尔先曾一度在威尔士卫队服役，在第二次世界大战期间为英国情报部门工作。战后，他在牛津大学从教。最后又到了伦敦大学学院当哲学教授，把哲学系建成了一个主要的学术中心。

他一直与广播媒体开展合作，成为英国广播公司最喜欢的知识分子之一。他乐于就宗教、哲学、政治或体育进行辩论。他还出版了几部书和许多论文，但没有一本能像第一次出版那样有影响力。20 世纪 50 年代，艾耶尔在回到牛津大学担任威克姆逻辑学教授之前，进行了一系列的全球巡回演讲。作为英国最著名的无神论者之一，1988 年他因被食物噎住而有一次濒死体验，吓到了自己，也震惊了整个世界，但他很快声明他仍然不信仰上帝。

他擅长交际，为人风流。1987 年在美国的一次聚会上，他试图阻止拳击手迈克·泰森骚扰模特娜奥米·坎贝尔。泰森说："你知道我是谁吗！世界重量级拳击冠军！"艾耶尔听到后说："我曾担任威克姆逻辑学教授。因为我们都是所处领域杰出的人士，所以我建议我们理性地讨论这个问题。"

基本哲学思想

逻辑实证主义

包含鲁道夫·卡尔纳普、莫里茨·施利克等人的维也纳学派的逻辑实证主义，起源于 20 世纪哲学对新科学的反应。他们的立场是，探索真理需要从实际经验中获得的可靠证据和自然语言的逻辑支持。艾耶尔坚定地站在英国经验主义的立场，与约翰·洛克、大卫·休谟和伯特兰·罗素一样，他不同意综合先验知识的观点；相反，他声称，所有关于心灵之外世界的知识都来自感官的体验。他热情地把维也纳学派的方法当作逻辑经验主义来接受，这种方法赋予了哲学与科学同样的确定性。在《语言、真理与逻辑》中，艾耶尔讲述了这种方法如何应用于现实、知识、感知和意义等问题，并与关于宗教、伦理和生命意义的哲学讨论进行对比。他声称，这些讨论是不精确的，没有解决办法，也无法证实。他说，哲学家应该只专注于可以应用批判分析的领域，比如科学哲学或语言哲学，以及知识理论。他们不应该尝试提供道德准则。

可证实性原则

艾耶尔哲学的重点是他的论点，即一个命题需要能被经验所证实，并不是因为它能被感官经验证明为真实，而是因为它有可能被感官经验肯定或否定。因此，错误的经验命题仍然是有意义的。他写道："一个句子对于任何一个人来说都是有实际意义的，当且仅当他知道如何去验证这个句子所表达的命题。"这一原则的含义是，所有的意义最终都必须通过意义数据或意义内容来表达。验证原则作为意义的标准，使得在知觉和知识等领域区分意义

遗产、真理、影响

◎艾耶尔的第一本书《语言、真理与逻辑》以清晰、优雅的风格，字里行间都透露着他对这个主题的兴趣，当时轰动了整个哲学界。学生们喜欢这本书，而许多年长的哲学家却很反感这本书，因为它推翻了传统的思想。该书出版后不久，一群牛津大学的学生打算在研讨会上进行讨论，结果他们的导师把这本书扔出了窗外。艾耶尔立即做出了回应，发起了一场关于哲学的目的和范围的辩论，极富成效。

◎《语言、真理与逻辑》成为一本最畅销的哲学书籍，介绍了一些新概念。尽管后来艾耶尔稍微改变了他的立场，他在这本书之后版本的引言中公开承认早期的不足，但他仍然忠实于逻辑实证主义的原则。后来，他承认句子的意义超出了语义数据所能验证的范围。

◎今天的哲学家们对他的思想看法不一：要么接受《语言、真理与逻辑》作为经验和分析传统的经典文本；要么否定它，认为过时了。

> 一个句子对于任何一个人来说都是有实际意义的，当且仅当他知道如何去验证这个句子所表达的命题——也就是说，如果他知道在某些条件下，什么样的观察会引导他接受正确的命题，或拒绝错误的命题。
>
> ——《语言、真理与逻辑》（1936）

和无意义成为可能。与形而上学和宗教有关的陈述，例如上帝的存在，是无法证实的，因此根据这种方法论，它们实际上是毫无意义的，并被归为无意义的一类。就这样，艾耶尔摒弃了许多不值得追求的传统哲学思想，因为关于这些哲学思想的假设没有任何意义。

情感主义伦理学

艾耶尔认为，诸如行为是邪恶之类的道德声明无法被证实，因此它们没有任何认知内容，既非真也非假。它们只是情感的表达。当人们讨论道德问题时，他们只是在表达个人对这个问题的赞同或反对，并寻求对他们情感立场的认同。道德辩论只是一场关于持何种态度的辩论。这一观点被称为情感

大事记

1910 年	生于英国伦敦。
1929 年	去牛津大学学习哲学。
1933 年	在维也纳学习了逻辑实证主义。
1936 年	年仅 26 岁，出版了他的杰作《语言、真理与逻辑》。
1946 年	被任命为伦敦大学学院心理哲学教授。
1956 年	出版《知识的问题》。
1959 年	被任命为牛津大学威克姆逻辑学教授。
1965—1970 年	担任英国人道主义协会主席。
1970 年	被授予骑士爵位。
1989 年	因肺衰竭去世。

《死后升天》（详图），希罗尼穆斯·博施，约 1490 年。艾尔弗雷德·朱尔斯·艾耶尔在 1988 年的一篇名为《我死时看到了什么》的文章中描述了他的濒死体验。

主义伦理学，是艾耶尔哲学中最具争议之处。在他的哲学体系中，对艺术美的价值判断就像道德观点、情感态度一样，不是事实。

大陆哲学

总是好斗的艾耶尔公开嘲笑许多法国新哲学思想，称他们的哲学思想荒谬可笑，嘲笑他们误用了"to be"这个动词。

约翰·罗尔斯

（1921—2002）

约翰·罗尔斯是20世纪政治哲学领域最有影响力的哲学家之一。他的"正义即公平"理论，以及他提出的"无知之幕"背景下的公平原则，巧妙地支撑了他的政治意识形态。他自己是一个自由主义的思想家，但他的思想被许多不同色彩的思想家进行了不同诠释。

约翰·波登·罗尔斯在美国马里兰州巴尔的摩市长大，后来就读于普林斯顿大学。在上大学期间他开始对哲学产生了兴趣。也是在这里，他被选入了享有特权的学术常春藤俱乐部。第二次世界大战期间，作为一名战士，他在太平洋参战。由于目睹了战争的恐怖，他放弃了之前的宗教信仰。20世纪60年代，他强烈反对越南战争。这一事件极大地改变了他对个人与国家、国家与国家之间理想化关系的看法。

1950年，罗尔斯开始了他的学术和教学生涯。1952年受奖学金资助到英国牛津大学学习，他受教于以赛亚·伯林和法律哲学家哈特（1907—1992）。1964年，他来到哈佛大学任教，一直在这里工作多年。1971年出版了《正义论》，该书很快就被当成政治哲学的重要著作。他在后来的著作中继续修改和扩展他的理论。1999年，他获得了克林顿总统颁发的国家人文奖章，以表彰他对正义和民主思想的贡献。

基本哲学思想

罗尔斯的主要成就在于他为一个公正、自由的社会确立了基本原则。他首先研究了公平的概念，其次创造了一些新概念，其中包括反思平衡。反思平衡是一个理性的过程，它不是依赖于一种基本信念，而是从最重要的信念出发，努力找到一套连贯的信念。他还提出了"公众理性"一词，是指关于国家和政治理念的公共话语应该建立在每个人都认可的简单理念上，而不是建立在私人灵感或少数人具体的观点上。

然而，他最伟大的贡献是他的"正义即公平"理论。罗尔斯试图解决一个基本的政治问题，即如何平衡社会中个人之间的自由和平等。他假设了一个有充足资源的有序社会，基于托马斯·霍布斯的观点，他认为个人的自由会相互冲突，所以就需要某种形式的社会契约。然而，社会契约理论一直存在的问题是，我们不能选择我们接受什么样的社会契约，我们只是生活在一个已有权力、权利和责任平衡的社会中。

无知之幕

罗尔斯抛出一个新的问题来回答上述问题：如果社会契约的谈判是由不熟悉我们情况的代表来协商的，我们会生活在什么样的社会中呢？有些代表在不了解实情的前提下，依靠幻想做出了决定。如果他们不知道我们来自富有还是贫困家庭，不知道

我们的宗教或种族问题；如果他们不知道我们是年轻还是年老，身体健全还是身染疾病，他们将创造一个什么样的社会？

在这些问题的启发下，罗尔斯提出了两条新的正义原则。随着时间的推移，他根据别人的意见稍作了些修改。其中一个版本的正义原则如下：

第一条原则：每个人都应该享有不可剥夺的、足够的和平等的基本自由，这与所有人享有的自由是相容的。第二条原则：社会经济不平等要满足两个条件：（1）他们要秉着"机会公正平等"的原则向所有人开放职位。（2）他们要使社会中最弱势的成员获得最大的利益（差异原则）。从无知的初始状态出发，罗尔斯寻找任何个人都会认同的原则，无论他们身处何种位置。因此，他的目的是消除利己主义和利他主义问题中的政治合法性问题，而不是寻找一条适用于任何一个理性的人的原则。他的第一条原则浅显易懂，声明了普遍的自由，为以下这些基本权利和自由提供了正当理由：良心自由、结社自由、言论自由、人身自由、投票权利和法律平等。既然不平等的权利对那些有较少权利的人是有害的，那么没有人会赞成"无知之幕"的情形，即在什么都不了解的情况下做出决定。

差异原则

罗尔斯的第二条原则细分为两部分。第一部分

遗产、真理、影响

◎有些人认为罗尔斯的理论中带有假设。罗伯特·诺齐克等人批评了差异原则。因为他们认为，在无知之幕后，我们会本能地厌恶风险，而不是承担风险。

◎罗尔斯试图使他的思想适应不同的问题，比如国家之间的关系，他在这一领域的后期写作比早期的作品更保守，而他的一些最初的追随者对此感到失望。

◎研究动物权利理论的哲学家们怀疑是否有明确的理由将非人类排除在无知之幕之外。当我们面临全球变暖和石油枯竭的时候，未来人类的权利应该达到什么程度呢？（罗尔斯确实考虑过这个问题，但这仍然是一个争论不休的问题）

◎尽管存在这些问题，罗尔斯还是改变了政治哲学思想，为证明民主和正义制度的正当性带来了一种全新的方法。即使那些不同意他的人也会尊重他闪光的基本理念。

大事记

1921 年	生于美国马里兰州巴尔的摩市。
1939 年	在新泽西州普林斯顿大学开始本科学习。
1945 年	目睹了广岛原子弹爆炸的后果。
1949 年	与玛格丽特·福克斯结婚。
1950 年	获得普林斯顿大学博士学位。
1952 年	获得富布赖特奖学金，来到英国牛津大学。
1962 年	成为美国纽约康奈尔大学哲学教授。
1964 年	来到马萨诸塞州剑桥的哈佛大学，并任教近 40 年。
1971 年	《正义论》出版。
1993 年	《政治自由主义》出版。
1995 年	患了中风，但仍继续坚持写作。
1999 年	《万民法》颁布。
2002 年	他在马萨诸塞州列克星敦的家中因心脏衰竭去世。

"正义的原则是在无知之幕后面选择的。"
——《正义论》
（1971）

1945 年广岛原子弹爆炸的后果。
在目睹了战争的恐怖之后，罗尔斯放弃了他的宗教信仰。

的目标是确保社会上具有同样动机和天赋的人，能够在文化和成就方面有大致相同的前景。对于罗尔斯来说，这样做的一个结果是，公开选举应该由国家资助，这样富人就不会得到不应有的特权。然而，明智或受人尊敬的人在这个领域有特权是合理的。

第二部分阐述了罗尔斯最有趣也是最有争议的地方，即差异原则。他面对的难题是，一个不平等的社会仍然可以是一个体面而公正的社会，在一种强制的"平等"下所有人都生活得很好。亚里士多德曾提出，不平等的社会是"自然正义"的结果。之后很少有哲学家能成功地解决这个问题。

罗尔斯认为，在无知之幕的背后，只要所有人都过得更好，我们就会接受一个不平等情形。尤其是，过得最差的人能够得到最大的好处，我们就会选择接受不平等。假设我们可以在以下收入序列中选择：X（A=100，B=100，C=100），Y（A=200，B=300，C=1000），Z（A=300，B=400，C=600）。Y 和 Z 比 X 好，因为 A B C 在这些情况下都更好。但根据差异原则，最公平的结果是 Z，因为 Z 中的所有人都比 Y 中最差的人好，所以我们更喜欢这种可能性。

米歇尔·福柯

（1926—1984）

米歇尔·福柯是法国哲学家。他考察研究了人类历史，目的是改变现代社会的现状。他是20世纪最有影响力和最具争议的学者之一。福柯既被贴上结构主义的标签，又被贴上后结构主义的标签，他的研究跨越了社会科学、历史、文学理论、心理学和政治学等学科。

米歇尔·福柯出身于法国普瓦提埃的一个缺乏人情味的中产阶级家庭，他一生都在努力抗拒这个家庭背景。作为一名才华横溢、前途无量的学生，1946年他进入巴黎高等师范学院就读。他既尝试了解马克思主义，也尝试了解存在主义，但很快就果断地放弃了两者。

福柯于1952年毕业，获得哲学和心理学学位，并在里尔大学教了一段时间的心理学。1955—1960年，他在瑞典、波兰和德国担任文化专员。回到法国后，他在克莱蒙费朗大学任哲学教授职位。在那里他遇到了他的同性终身伴侣丹尼尔·德菲尔。

福柯称他早期作品为"考古"作品：《癫狂与文明》（1961），有关精神病院的诞生，对疯癫与理性的交流被压制进行"考古"研究；《临床医学的诞生》（1963）是"医学研究的考古"；而《事物的秩序》（1966）则被称为"人类科学的考古"。1970年，他被选为法兰西学院思想史教授。

福柯的政治化倾向在1968年学生暴动后逐渐增强，他对权力和知识问题的迷恋也有所加深。他对囚犯和少年犯的关注最终促成了《规训与惩罚》（1975）的撰写，研究现代形式的惩罚如何比之前更具有潜在的威慑力，推进社会进行更少的和更好的惩罚。福柯对公民与国家关系的批判与计-雅克·卢梭的观点相呼应。

他在《求知意志》（1976）中思考了知识和权力之间的相互作用关系。《求知意志》是计划出版六卷的《性史》的第一卷，以尼采《论道德的谱系》为模型进行架构。他还完成了另外两卷：《快乐的用途》（1984）和《自我的关切》（1984）。福柯声名越来越大，他开始到世界各地旅行。在巴西、日本、意大利、加拿大和美国待了很长时间。他特别喜欢加利福尼亚大学伯克利分校。在那里他做了几年的访问讲师。1984年，福柯于在巴黎因艾滋病关联疾病去世。

基本哲学思想

福柯将自己置于伊曼努尔·康德的哲学批判传统之中。他既反对黑格尔主义，也反对马克思主义，但对两者都很认真地进行了研究。尼采的著作将他引向了权力和知识相互勾结的历史。他追随马丁·海德格尔，反对存在主义的人文主义，而支持一种新的反人文主义哲学形式。正如福柯在《事物的秩序》（1966）中宣称的那样：人类只是新近的发明，一旦我们的知识发现了一种新形式，人类就会再次消失。

考古学

福柯将历史学家类比为考古学家，他认为：以一种恰当而独特的方法去探讨某个学科的历史。历史学家收集的某个特定时期的只言片语，就像考古遗址出土的手工艺品一样。由此福柯认为，人类以往的概念具有固有的区域性和短暂性。

在《癫狂与文明》（1961）中，他挖掘了直至19世纪有关癫狂的散漫而杂乱的思想和言论。正统的历史把19世纪对精神病的医疗改革看作开明和解放，相对于之前的愚昧和野蛮。但福柯认为，现代精神病医疗科学的中立性，掩盖了资产阶级对其道德观挑战的控制。

福柯下一部考古著作是《临床医学的诞生》（1963），可以被解读为一部科学的标准历史和对现代临床医学的批评。这本书围绕的中心是医学，用来表示医学专业人员将身体与病人分开的非人化方法。《事物的秩序》（1966）之所以有争议，更多是因为这本书对现象学和马克思主义哲学的抨击，而不是因为它对人文科学复杂而巧妙的分析。

到20世纪60年代末，福柯开始承认"知识考

遗产、真理、影响

◎ 20世纪60年代后期，福柯与新一波结构主义思想家如雅克·拉康（1901—1981）、克洛德·列维 – 施特劳斯（1908—2009）和罗兰·巴特（1915—1980）一起被归为一类思想家。他很快就厌倦了被贴上结构主义者的标签，对后来贴上的后结构主义和后现代主义标签也同样嗤之以鼻。

◎ 话语、谱系和权力 – 知识等术语已经嵌入当代社会和文化研究的词汇中。

◎ 福柯的影响遍及许多学科，包括文学和媒体研究、历史、政治、社会学、精神病学、文化研究、组织理论、社会建构主义和教育。

◎ 最近对殖民主义、法律、技术、性别和种族的研究都很大程度上归功于福柯。《性史》的第一卷已经成为性和性别研究学生的权威著作。

> 可以说，所有的知识都与残忍的基本形式有关。
> ——《精神疾病与心理学》（1976）

在这幅1559年的版画中，贾斯蒂蒙着眼睛站在那里，周围的人都在遭受折磨。福柯的《规训与惩罚》是对监狱与惩罚的谱系学研究。

大事记

1926年	生于法国普瓦提埃。
1946年	就读于巴黎高等师范学院。
1952年	大学毕业，然后在里尔大学短暂任职。
1955年	任瑞典乌普萨拉大学文化专员。
1960年	在克莱蒙费朗大学教哲学；遇见了终身伴侣丹尼尔·德菲尔。
1961年	出版《癫狂与文明》。
1963年	出版《临床医学的诞生》。
1966年	出版《事物的秩序》。
1966—1968年	在突尼斯大学教书期间，丹尼尔·德菲尔服完兵役。
1969年	出版《知识考古学》，详细描述了他的方法论。
1970年	被任命为法兰西学院思想史教授。
1975年	出版《规训与惩罚》。
1976年	出版《性史》第一卷《求知意志》。
1984年	因艾滋病关联疾病在巴黎逝世。

古学"的不足之处。对于权力和权力知识的思考如果不是偏颇的，就是不完整的。他在法兰西学院的就职演讲《语言的论述》（1971）是一部过渡性作品，他将考古学置于话语谱系形式的从属地位。谱系话语的目的在于表明，通过考古学发现的一种思想体系是特殊的、偶然的历史事件的结果，并非不可避免的。

谱系

《规训与惩罚》（1975）是一部关于监狱与惩罚的谱系研究。福柯绘制了19世纪君主惩罚制度的迅速转变，从旨在镇压民众的公共酷刑或处决的残暴行为，到纪律惩罚，其中某些人物（狱警、心理学家、假释官）被赋予支配囚犯的权力。他使用了杰里米·边沁的"全景监狱"的概念。在监狱里，一个处于中间的看不见的守卫，观察着所有的囚犯和所有

的异常行为。这个守卫是知识权力的缩影。

福柯强调这种现代的管教模式是如何延伸到对整个社会的有效控制的，工厂、医院和学校都以同样的方法为模型。现代世界中的检查、观察、评估和监视系统都是控制的工具或正常化的工具。

在《求知意志》（1976）中，在不完整的《性史》的第一卷，福柯将性描述为产生于19世纪的一种话语体系，通过控制、定义和禁止某些行为的欲望创造出来的。因此，性的话语体系是一种概念和关系的联结，而概念和关系是为了达到控制和规范的目的，通过命名等复杂过程产生的。

诺姆·乔姆斯基

（1928—　）

作为语言学家的诺姆·乔姆斯基彻底改变了语言科学和思维科学。他有一个著名的论断：我们的语言知识是天生的。他不仅因批评企业组织和美国政治制度而闻名，而且因其政治激进主义和有关价值和社会的著作而闻名。乔姆斯基是首屈一指的科学家和哲学家，也是一位重要的公众人物。

1928年，乔姆斯基出生在宾夕法尼亚州的费城，父母都是犹太人，父亲是一位希伯来语学者。他在希伯来文化和语言的熏陶下长大。

乔姆斯基是理论语言学家，是语言和思想哲学研究的前沿人物，同时也是政治活动家和知识分子领袖。他首先在宾夕法尼亚大学学习纳尔逊·古德曼的哲学和泽利格·哈里斯（1909—1992）的语言学。20世纪50年代，乔姆斯基在可计算函数理论中对数学做出了重要贡献。他著名的语言学工作始于他提出的生成语法理论。该理论被广泛认为是迄今为止对语言科学最重要的贡献。生成语法是一种特殊的规则体系，能够生成某种语言的所有句子。乔姆斯基认为，生成语法是人类思维的一部分，虽然我们并不是有意识地知道，但它允许我们表达和理解语言。

乔姆斯基成为认知科学发展的关键人物。认知科学取代了20世纪60年代流行的行为主义心理学方法，同时得到了吉尔伯特·赖尔和奎因的哲学理论支持。行为主义者认为语言和其他心理能力应该从对环境刺激的行为反应上来理解。乔姆斯基认为，语言的复杂性要求必须在人类行为基础的心理或认知层面上加以理解。他关于语言的独特认知原则成为研究其他人类能力的模型。

乔姆斯基是批评越南战争最出名的知识分子之一。现在他经常写文章批判美国的政府、媒体和外交政策。

基本哲学思想

认知主义

1959年，乔姆斯基发表的颇具争议的书评《评斯金纳著＜言语行为＞》（1957）是行为主义走向灭亡的最重要因素之一。行为主义者试图从刺激和反应的角度来解释心理能力。他们在一些简单的实验中成功地解释了老鼠的行为。在实验中，老鼠必须拍打棍子一定的次数（反应）才能获得食物（刺激）。

乔姆斯基明确指出，行为主义模型不足以解释人类语言，因为它无法解释最基本的语法事实。此外，我们的大多数讲话都是选择表达自己，而不是对一个明确定义了的刺激作出反应。为了理解语言和其他人类高级能力，我们需要理解行为背后的认知系统。这就是认知主义。

普遍语法

孩子们通常几年的时间就能掌握母语，这使乔姆斯基大为震惊。他们的语言习得遵循复杂的原则，但孩子们在没有明确指导的情况下学会了这些语言，跟他们的智力水平无关。儿童在学习语言时缺乏刺激，但却能轻松地习得语言。乔姆斯基将人类在很少的经验的基础上却知道很多的问题追溯到柏拉图。为了解决"柏拉图的问题"，乔姆斯基假设儿童对语言具有天生的知识，即所有语言所共有的普遍语法，这极大地限制了可以学习的语言门数。这个理论有时被称为先天假说。普遍语法的原则有许多开放的参数，就像开关一样，可以通过经验来改变开关方向，这样在不同的语言环境中儿童就能习得不同的语言。这又被称为原则和参数法。乔姆斯基认为普遍语法是对笛卡尔先天思想的发展。从生物禀赋来看，普遍语法为我们理解人类部分本性提供了前景。

语言结构

在他早期的生成语法著作中，乔姆斯基提出了这样一种观点，即句子具有不止一个层次的结构。它们有固定句子意义的深层结构，也有更接近我们听到的声音的表层结构。将深层结构映射到表面结构上的规则称为转换。需要不同层次的结构来解释

◎在当代思想家中，乔姆斯基对语言与心灵哲学思想的影响仅次于维特根斯坦。几乎没有人支持被他击垮的行为主义。

◎尽管乔姆斯基的先天性假说存在争议，但大多数语言学家和哲学家现在都同意，语言能力是生物赋予的人类部分天性。

◎乔姆斯基对语法的研究为近年来的语言哲学提供了依据，揭示了只有人类才能认识高度复杂的结构，也揭示了产生无穷多句子的特殊原则。

诺姆·乔姆斯基成为越南战争的主要反对者。

句子之间意义的相似性，比如"约翰踢了球"，是主动形式，也有被动式"球被约翰踢了"。两个句子具有相同的含义，因为它们有相同的深层结构，但是它们看起来不同，听起来也不一样，因为深层结构有两种不同的转化为表层结构的形式。

乔姆斯基最近在语言学研究上制订了一个新议程，即"极简方案"，该方案聚焦于语言系统设计的经济性和有效性，摒弃了那些构建语言结构所有不必要的规则。对于乔姆斯基来说，极简主义理论的成功表明语言能力可能是一种接近完美效率的系统。

权力

乔姆斯基政治思想的一个核心原则是，政治权力必须在理性的基础上获得明确的合理性。乔姆斯基认为，行使权力的人总是有责任为自己的地位辩护，如果他们做不到，就应该放弃权力。乔姆斯基

1928 年	生于宾夕法尼亚州费城。
1951 年	他的硕士论文《现代希伯来语的语素音位学》将转换方法应用于希伯来语。
1957 年	《句法结构》出版。
1959 年	在《语言》期刊发表的《评斯金纳著〈言语行为〉》，对行为主义进行强烈的批评。
1966 年	《笛卡尔语言学》将乔姆斯基的语言认知概念作为心理学领域的研究范本。
1967 年	出版了《知识分子的责任》，成为越南战争的主要反对者。
1969 年	散文集《美国的权力与新官僚》，提出了反对美国外交政策的理由。
1981 年	《支配和约束演讲集》，阐述了语言的"原则和参数"。
1988 年	与爱德华·S. 赫尔曼合著的《制造共识：大众媒体的政治经济学》，详细阐述了媒体的宣传理论。
1995 年	在《最简方案》中为语言学研究提出了一个新议程。
2003 年	《霸权与生存：美国对全球统治的追求》出版，反映了他在"9·11"后演讲中的观点。

……促成人类交流的能力似乎明显不同于其他生物的类似能力。人类的语言能力似乎是有组织的，就其范围和表达而言，就像遗传代码一样有层次性、生成性、递归性，而且几乎是无限的。

——马克·D. 豪泽、诺姆·乔姆斯基、W. 特库姆·惠誉合著《语言机能：是什么、谁拥有、如何进化？》（2002）

对工业"所有者"的权力和对工人的"工资奴役"持批评态度，他认为这是对我们的正直和自由的攻击。自20世纪60年代以来，他一直辩称，美国在外交事务上的权力是不正当的，因为自由主义和民主需要公开弘扬，而不是要看是否符合美国自身的目标。美国往往是暗中支持那些不自由和不民主的国家，或者暗中得到那些不自由和不民主的国家的支持。乔姆斯基认为，在美国，媒体是一种工具，通过在民众中"制造共识"来维持企业和政府公信力。乔姆斯基深受伯特兰·罗素的影响，旨在将古典自由主义和激进的人文主义思想带入当前的工业和技术环境中。他相信未来会有一个高度组织化而且高度民主的社会。

伯纳德·威廉斯

（1929—2003）

伯纳德·威廉斯是 20 世纪最重要和最有趣的道德哲学家之一。他批判了功利主义和康德伦理学的道德理论，试图从古希腊伦理学等多个领域进行综合研究，以复兴道德哲学的传统。

伯纳德·亚瑟·欧文·威廉斯生于英国东南沿海的一个海滨度假胜地。他是一位政府官员的儿子，在牛津大学读古典文学，以非常优异的成绩毕业。1955 年，他与第一任妻子雪莉·布里顿·卡特琳（后改名为雪莉·威廉姆斯，国会议员）结婚，雪莉是英国政治哲学家乔治·卡特林和小说家薇拉·布里坦的女儿。婚后他们迁居伦敦，在那里雪莉就可以继续从政。威廉斯在伦敦大学学院任教。他们的婚姻最终走向破裂。后来，威廉斯被任命为剑桥大学哲学教授，在此度过了近 20 年的时光。1988 年，

他移居美国，到了加利福尼亚大学伯克利分校。最后还是回到了英国牛津大学。

威廉斯以才智过人而闻名，并在同行中广受尊敬。他是英美分析学派中少数真正欣赏欧洲大陆哲学的哲学家之一，也是能够在同一作品中做到把情感深度和逻辑严谨融合起来的少数哲学家之一。

他还以同情女权主义的奋斗而闻名。他是剑桥国王学院的教务长。1972 年该学院成为首批招收女性的全男性本科学院之一。

基本哲学思想

威廉斯以其关于伦理和道德哲学的著作而闻名。他发现传统的道德研究方法空洞乏味，并认为道德哲学不光引起人们的切身关注，而且应与心理学、历史和文化等其他领域联系起来。在尝试建立自己的道德哲学时，他区分了"薄"和"厚"的伦理概念。他认为，最宽泛的术语都是单薄的，如"好"或"错"，因为它们可以普遍应用，并不能说明具体事实。而其他道德判断（例如声称"说谎是有罪的"或"奴役是不人道的"）的含义取决于上下文，它们与世界的真实特征有关，因此应客观地去理解。

他认为，诸如"勇气"或"残酷"之类的"厚重"道德观念已成为传统社会的基本特征，达到可以被视为知识的程度。但是现代理论通过深沉的自省使我们已经失去了与这种知识的基础联系。这就是他对比现代基督教道德和古希腊伦理的原因之一。他觉得古希腊伦理在某些方面更为健全。

这种微妙的区分是威廉斯思想的特征。他能够在他的思想中接受道德现实主义和道德相对主义的元素，并分析这两种立场的含义。但是，他对当代学术界两种主流伦理学理论的态度并不那么包容。

威廉斯眼中的功利主义与康德伦理学

功利主义企图用行动产生的幸福感或效用来衡量道德，威廉斯对此观点的反对尤其激烈。他集中讨论了该理论的几个范例。在一个最著名的例子中，吉姆面临着这样一种情况。一支部队与包括吉姆在内的 20 名被俘叛乱分子对峙。部队中有人告诉他，如果他杀死一个人，其他人就会被释放；但如果他不这样做，他们都将被杀死。由于功利主义注重结果，所以这表明吉姆应该杀死一个叛乱分子以挽救其他叛乱分子。但是对于威廉斯来说，这是一个令人不安的结论，因为它将个人人性从等式中移除，并忽视了吉姆作为道德主体的地位。

另一个反例比较简单，但仍有很多麻烦问题。例如，对一些乱停车的人进行枪击，以惩罚他们。功利主义认为这是可以接受的。从长期结果来看，这样做似乎增加了很多人的效用。单从后果来判断，似乎可以证明那些乱停车的人被枪杀是合理的。规则功利主义要求我们分析带有严厉惩罚措施的普通规则的后果，而不是个人行为。威廉斯反驳说，通过分析来确定这种行为是否道德本身就是荒谬的。

威廉姆斯对伊曼纽尔·康德伦理学的反对是从另一个角度出发的，这涉及他众所周知的"内部"和"外部"原因之间的区别。康德式的"绝对命令"基本上是对基督教信仰中耶稣的"黄金法则"的更新。

遗产、真理、影响

◎ 威廉斯的内因和外因的概念在伦理哲学中引起了大量讨论，但他表示人们大都误解了他的概念。

◎ 人们通常批评他最擅长否定过去旧的理论，而不是提出新的理论。他本人回应，如此多的传统伦理哲学都是愚昧的，构建伦理体系的道德理论必须受到抨击才能取得进步。

◎ 他和尼采一样，一直反对体系构建。作为哲学家，他拒绝简单的解决方案，接受复杂有挑战性的解决办法。

约 1970 年，一次妇女权利抗议活动。威廉斯因同情女权主义而闻名。

该法则表明，如果你"仅按照某项准则行事，同时你希望这项准则成为一项普遍法律"，这种行为将被视为是道德的。威廉斯认为，道德不会希望个人以不公正的方式行事。他不仅表示这是一种无情的伦理学研究方法，而且如果我们的价值观和欲望（"内在原因"）从伦理领域中消失，我们就失去了基本的人性。

内部和外部原因

对于威廉姆斯而言，道德必须与现实生活息息相关，并且必须考虑到自身利益。道德哲学家传统上区分行为的动机原因和规范（基于规则的）原因。前者是我们被迫从内部角度执行某些行动的原因。从社会的角度来看，后者是我们"应该"以某种方式行动的原因。

他最有争议的主张之一是，行为的原因是"内部的"而不是"外部的"，也就是说，它们来自行为人的主观意愿；确实，不存在行为的外部原因。他分析了一系列行为，以表明乍一看似乎是外部原因，实际上是内部原因，也许是因为我们对他人感到同情（正如大卫·休谟所说的那样），我们希望能够避免惩罚或想要融入社会或是其他。这表明道

多数时候，大多数道德哲学都是空洞无趣的，并且该学科的好书的数量……五个手指足以数清。

——《道德：伦理学导论》（1972）

德存在一定程度的相对主义，尽管威廉斯将此与历史偶然性联系起来，认为道德在一定程度上是我们所生活的社会的一种功能。在他的职业生涯后期，他开始欣赏弗里德里希·尼采的著作，而且他们的方法有相似之处。双方都认为个人的意愿不可否认，只有人们密切了解道德概念是如何演变（"谱系学"）的，才能理解道德。

威廉斯有时会被误解为一个道德和形而上学的相对主义者，但在他的最后一本书《真理与真诚》（2002）中，他不厌其烦地驳斥了真理没有价值的观点。对于威廉斯来说没有简单的答案，但事实和真实性仍然是值得追求的目标。

雅克·德里达

（1930—2004）

雅克·德里达是在阿尔及利亚出生的法国哲学家，被誉为解构主义哲学的奠基人。尽管德里达有时会为"解构主义"一词的命运感到遗憾，但它的流行度表明他的思想有广泛影响力，包括哲学、文学批评和理论、艺术与建筑理论以及政治和文化研究等。他的大量著作对文学理论和欧洲大陆哲学产生了深远的影响。

1930 年，雅克·德里达出生于阿尔及利亚埃尔比亚斯的一个源自西班牙的犹太人家庭，当时阿尔及利亚仍由法国统治。年轻时，他受到法国当局的反犹太歧视，被迫辍学。1952 年，他被巴黎高等师范学院录取。当时该学院是法国哲学思想创新的温床。他师从米歇尔·福柯和路易·阿尔都塞（1918—1990），完成了一篇关于埃德蒙德·胡塞尔的论文。1956 年毕业后，他获得奖学金到美国哈佛大学学习。1957 年，他在波士顿与玛格丽特·奥库图里耶结婚。

阿尔及利亚独立战争结束两年后的 1960 年，德里达到巴黎索邦大学任教，一直到 1964 年。之后他转到巴黎高等师范学院任教，长达 20 年，后来成为巴黎高级科学社会学院的研究主任，直到去世。

德里达的第一本书是胡塞尔《几何学的起源》的译著，其中包括 150 页的引言。1963 年，他对福柯 1961 年出版的《癫狂与文明》进行了批判，发表了《我思与疯狂史》。这导致了两位哲学家之间的思想裂痕，永远无法完全愈合。

1967 年是他收获最多的一年。正值 37 岁的他，同时出版了《书写与差异》《言语与现象》《论文字学》三部书，而"解构主义"一词正是在这些作品中首次出现的。这个词立刻流行起来，界定了德里达的思想。

从 20 世纪 70 年代起，德里达每年都要多次访问美国的大学。他在美国比在法国更受欢迎。他与约翰·霍普金斯大学和耶鲁大学，以及加利福尼亚州大学尔湾分校有着密切的联系。1992 年，剑桥大学授予他荣誉博士学位，招致了强烈的反对。反对者称德里达的作品风格优于实质。

德里达后来的作品更关注伦理和政治问题。2002 年，他参与拍摄了传记纪录片《德里达》。同年，他被诊断出患有胰腺癌，因此减少工作量。两年后他去世了。

基本哲学思想

德里达认为，西方哲学的特征是"在场形而上学"（即"存在"强于"表象"）和"逻各斯中心主义"（意义独立于语言而存在的观点）。西方思想错误地把言语凌驾于写作之上，把写作仅仅当作一种"补充"。他所说的"延异"（综合了"差异"和"延迟"的意思）是所有写作的要求，而且"不能脱离文本"。他的意思是一个句子的意义只能在其他句子中表达出来。

解构主义

他创造了"解构"一词来描述一种揭示和颠覆任何文本背后的假设和思维规则的阅读方式。根据德里达的说法，文本具有固定和确定意义的观点是基于永远无法得到证实的形而上学的假设，如果还有"意义"这种说法的话。

意义在语言中永远不可能完全"在场"，但总是通过延异而无休止地延迟。就像人们在字典中查找一个单词，却总是得到其他单词，如此无休止地重复。虽然言语给人一种来源固定的假象，因为说话人的在场，可以确保话语的含义。而文本显然难以证实，对未经许可的各种解释是开放性的。

德里达在发展解构主义策略的过程中，最主要的关注点是对自古希腊时代以来西方哲学中固有的基本概念区别或"对立"进行批判性研究。这些对立的特征是"二元的"和"层次的"，包括一对术语，其中一个假定为主要的或基本的，另一个为次要的或派生的。例子包括自然与文化、言语与文本、心灵与身体、字面与隐喻、形式与意义等。

解构对立，就是要探究等级秩序之间的张力和矛盾，尤其是那些间接的或隐含的张力和矛盾。这种解构表明，对立不是自然的，也不是必然的，而

遗产、真理、影响

◎德里达的思想标志着从结构主义、后结构主义到后现代主义的发展，成为欧洲大陆和美国最主要的哲学话语和批判话语。

◎"解构主义"一词已经进入了大众的意识，即使它的含义经常被淡化或与德里达最初的造词想法相背离。

◎对于耶鲁学派来说，德里达是一位极具鼓动性的人物。耶鲁学派是由耶鲁大学一群持怀疑态度和相对论的文学评论家组成的，在20世纪70年代和80年代因其解构主义理论而闻名。其中最杰出的成员有保罗·德曼（1919—1983）和J.希利斯·米勒（1928—2021）。

1985年，德里达（右）与阿根廷作家豪尔赫·路易斯·博尔赫斯会面。德里达的一些批评者指责他的作品迷乱地重述了博尔赫斯的思想。

是文本本身的产物或"建构"。用哲学的术语来说，解构主义是弗里德里希·尼采传统中相对主义怀疑论的一种形式。

解构主义的反对者认为它是相对主义和虚无主义利用的颠覆工具，支持者认为它是通过细读来揭示文本中隐藏的盲点和矛盾的工具，从而可以超越传统的阅读方法。

文本分析的解构风格通常通过双关语、文字游戏和象征性表达来强调语言和含义的不稳定性。德里达的文字越来越有趣，再加上风格的不透明性，导致反对者指责他采用"模糊主义"来掩盖哲学上的浅薄。

◎在许多其他人中，诺姆·乔姆斯基表达了这样一种观点：德里达用"自命不凡的修辞"来掩盖其思想的简单性。福柯认为，德里达运用了"模糊主义和恐怖行为"的方法。

大事记

1930 年	生于阿尔及利亚的埃尔比亚斯。
1952 年	进入法国巴黎高等师范学院；师从福柯和阿尔都塞。
1956 年	获得奖学金到美国哈佛大学学习。
1957 年	在波士顿与玛格丽特·奥库图里耶结婚。
1960—1964 年	在巴黎索邦大学任教。
1962 年	出版胡塞尔的《几何学的起源》译本。
1964—1984 年	在巴黎高等师范学院任教。
1967 年	出版《书写与差异》《言语与现象》《论文字学》。
20 世纪 70 年代	对美国耶鲁大学和约翰·霍普金斯大学进行年度访问。
1972 年	出版《哲学的边缘》《播撒》《立场》及论文、访谈录和讲座集。
1980 年	出版《明信片》。
1983 年	协助建立国际哲学学院并成为第一任院长。
1984 年	被任命为巴黎高等社会科学学院的研究主任。
1986—2003 年	在他的朋友 J. 希利斯·米勒从耶鲁大学搬到加利福尼亚大学尔湾分校后，便每年进行一次访问。
1987 年	举办关于马丁·海德格尔的讲座；接着出版《论精神：海德格尔与问题》，该书叙述了海德格尔的纳粹主义。
1992 年	接受英国剑桥大学授予的荣誉博士学位，备受争议。
2002 年	参演纪录片电影《德里达》；被诊断出患有胰腺癌。
2004 年	在巴黎逝世。

文本之外什么都没有。

——《论文字学》（1967）

理查德·罗蒂

（1931—2007）

理查德·罗蒂是一位美国哲学家，他质疑构成哲学方法的基础。罗蒂批评了基础主义的假设，即所有知识都是建立在不容置疑的原则之上，这是传统认识论（知识研究）的核心。相反，他提出了一个相当后现代的观点，认为真理不过是启发性话语或"对话"的主题。

理查德·罗蒂 1931 年出生于纽约。14 岁那年就读于芝加哥大学，鲁道夫·卡尔纳普是他的老师之一。罗蒂在他的自传《筑就我们的国家》中描述了当时情景：在他的朋友圈子里，"美国爱国主义、再分配主义经济学、反共产主义和杜威实用主义轻松自然地混在一起"。他在耶鲁大学攻读博士学位，然后在弗吉尼亚州普林斯顿大学和斯坦福大学任职。他在其突破性著作《哲学与自然之镜》（1979）中

提出，区分客观现实和主观现实是没有意义的。他在哲学界是一位有争议的人物。除此之外，他还断言，整个哲学研究并没有看起来那么重要，哲学家们花了几百年的时间试图划出一个学术空间，在这个空间里，他们可以宣称自己拥有独特的基础主义知识。他的观点不出意料地招致了许多批评，但他的作品仍然很有趣味，兼具挑战性，体现了一种"反哲学"的哲学模式。

基本哲学思想

罗蒂的早期作品以英美传统中占主导地位的分析哲学为基础。在研究了杜威的著作后，他开始改变自己的立场，让他重新思考真理是如何运作的。对于杜威和实用主义者来说，如果一个命题能帮助我们理解一个问题或选择正确的方案，那它就是正确的。罗蒂有时会称自己为实用主义者，尽管这个标签受到评论家的强烈质疑，尤其是苏珊·哈克（生于 1945 年）的质疑。实际上，罗蒂的真理立场采用了实用主义的元素，也借鉴了路德维希·维特根斯坦的语言哲学思想，将意义视为社交的产物。

在 1979 年出版的《哲学与自然之镜》一书中他反对这种观点：真理可以通过"外面"的客观世界和我们头脑中的主观世界之间的某种相似性来衡量。他认为，句子或命题与世界事实之间没有对应关系，而且思维不是外部世界的心理镜像。

反对基础主义

罗蒂借鉴了两个同时代人的观点，建构了反对基础主义的论点。根据奎因的论点，他接受了对分析命题（因其意义而正确）与综合命题（因世界事实而正确）划分的批评意见。根据威尔弗里德·塞拉斯（1912—1989）的论点，他否定了这样一种观点：感知的内容是一种简单的、给定的、可分离出来的真理，如现象学家所说采用悬置的方法（参见埃德蒙德·胡塞尔的观点）。

在罗蒂看来，这两个论点的结合消除了任何基础真理的可能性。我们寻找"真相"的唯一办法就是采取务实、科学的方法。他提到了托马斯·库恩（1922—1996）的科学哲学，其中有这样的观点：当我们的信仰遭受危机并且寻求一种新的范式或解决方案时，正常科学时期（我们继续接受理论）与异常科学时期会交替发生。

罗蒂写道："我们把知识看作一种对话和社会实践问题，而不是一种对自然的反映。"这种"对话式"的知识理论遭到同时代人的嘲笑，但他辩称他的理论说明了维特根斯坦关于意义的流动性和意义的社会基础的观点。

两种传统

在整个 20 世纪，哲学界分为英美分析传统和欧洲大陆传统。后者包括现象学、后现代主义以及其他受到英美学者普遍质疑的理论。罗蒂在职业生涯后期努力将两种传统结合在一起。他写了大量关于思想家的文章，如米歇尔·福柯和雅克·德里达，以及哲学界以外的人物，如马塞尔·普鲁斯特和弗拉基米尔·纳博科夫。

他认为"反讽主义"的思想与柏拉图主义对永恒事实的信仰是对立的。就反讽主义而言，他指的是那些试图解释意义运作方式的哲学家，他们挣扎着与语言和意义不定而多变的性质作斗争。对于罗蒂

遗产、真理、影响

◎罗蒂的"反哲学家"身份不可避免地招致了一些批评。有时，他的否定分析似乎比他的解决方案更有说服力，甚至一些反对简单化真理观的作家也对罗蒂的"真理即对话"的理论望而却步。

◎他是一个自由主义思想家，为约翰·罗尔斯的方法辩护，并为承认人权提出了强有力的哲学论据。尽管如此，一些自由主义作家还是抨击了他的政治作品。

◎他的著作涉及大陆哲学和英美哲学的主要人物，被抨击为精英主义立场（指他的"反讽主义"的观点），也被抨击为对英雄人物的滥用。然而，罗蒂在《哲学史学：四种流派》（1984）中为自己辩护。他指出，他是在重新诠释这些思想家，就像批评家可能会重新解读一本小说一样。这与罗蒂的尼采式哲学观相吻合，即哲学可以帮助我们重建自我。

尼古拉·普桑于 1640 年出版的《时间保护真理远离妒忌和争执》。罗蒂提出了一种后现代真理观，认为真理不过是一个启发性对话的主题。

大事记

1931 年	出生于美国纽约。
1945—1952 年	在芝加哥大学学习。
1952—1956 年	在耶鲁大学攻读博士学位。
1961 年	成为普林斯顿大学哲学教授，继续任职 20 年。
1979 年	出版《哲学与自然之镜》。
1981 年	获得麦克阿瑟基金会的五年奖学金。
1982 年	成为弗吉尼亚大学人文学的科南教授，标志着他作为哲学家的公众地位日益提高，其影响力超出了学科范围。
1982 年	出版《实用主义的后果》。
1989 年	出版《偶然，反讽与团结》。
1991 年	发表《论海德格尔及其他哲学家：哲学论文》。
1998 年	在斯坦福大学比较文学系任职。
1998 年	出版《筑就我们的国家》。
2007 年	在加利福尼亚州的家中因胰腺癌去世。

哲学的进步不是靠变得更严谨，而是靠变得更有想象力。

——《真理与进步：哲学论文集》（1998）

来说，没有一个语言的词汇量是完整的，每个哲学家只是找出问题并尝试下一步可能采取的措施。讽刺家明白他们使用的是不完整的词汇量，而且永远不会是完整的，因此他们的论证不能消除所有的疑问。

哲学的作用

回顾哲学史，罗蒂认为，自从笛卡尔以来，哲学家们一直在以各种方式应对经验主义和科学的主导地位。笛卡尔的怀疑论和怀疑主义指出，虽然科学似乎是获取知识的一种成功方法，但对其基本假设也可能产生怀疑。同时经验主义者把自己标榜为所有科学和数学的基础。在这两种情况下，哲学家一直想在以科学为主导学科世界中发挥作用。

在罗蒂眼中，像伯特兰·罗素和埃德蒙德·胡塞尔这样的作家都是基础主义者，尝试通过哲学来创造一个可靠的系统。他们的失败不能成为谴责他们思想的理由。他们按照自己的看法对这些问题作出反应，这是他们不断阐述新思考和生活方式的一部分。

罗蒂的思路使其哲学观带有鲜明的文学性。他坚持反讽、怀疑和对话的作用，使哲学思想民主化，并创造一种元哲学。在元哲学中，他分析哲学家的动机和潜力，而不是简单地判断他们对"寻求真理"的贡献。因为他从他所仰慕的哲学家身上提炼出主题和意义，所以有时他的作品更接近于文学评论而不是传统哲学。

约翰·塞尔

（1932— ）

约翰·塞尔为语言哲学、心灵哲学以及最近兴起的社会哲学做出了重大贡献。他最著名的推理方法是"中文屋论证"，这是他提出来用来反驳人工智能的一个思想实验，迫使我们重新考虑更加根本的问题：什么是智慧和什么是思维。

约翰·罗杰斯·塞尔1932年出生在科罗拉多州的丹佛市。1952年，他以罗德学者的身份来到牛津，在那里待了7年。他的哲学思想逐渐成型。之后他成为基督教堂的一名教员，与言语行动理论的创建者奥斯汀（1911—1960）、著名英国分析哲学家保罗·格莱斯（1913—1988）和美国政治哲学家约翰·罗尔斯密切合作。他第一篇关于语言使用的哲学论文于1958年在《心灵》上发表，他的第一本书《言语行为》于1969年出版，书中论证了语言交流的不同方式。从那以后，他出版了十几部书，发表了两百多篇文章。

20世纪70年代，塞尔在公共场合露面，阐明自己的观点：我们的言语和写作具有固定和客观的意义，反对雅克·德里达的观点。雅克·德里达声称意义是不确定的。1984年，在著名的"瑞斯讲座"中，塞尔反复强调了一个论点：计算机工作原理的知识不能用于解答人类思维本质的根本问题。这一论调使他名声大振。大约在这个时候，他卷入了一场诉讼。他反对加利福尼亚州最高法院推翻他们的租金控制政策，此案现在被称为"塞尔裁决"。

塞尔除了研究意识理论外，在过去的二十年还开始建立社会现实理论。他在1995年的著作《社会实在的建构》中首次详细阐述该理论。他还完成了知觉和意向性方面的重要研究工作。

塞尔的作品以其清晰易懂而闻名，通常将常识作为哲学思想的基石。他是加利福尼亚大学伯克利分校的斯拉瑟哲学教授。

基本哲学思想

中文房间论证

计算机是否可以思考？科幻小说家、科学家和哲学家反复思考该问题。塞尔受到艾伦·图灵的影响。艾伦·图灵提出了一项试验：科学家开发一种计算机来尝试并通过测试，该测试被称为图灵测试。如果计算机输出的答案与人类的回答没有区别，则可视为通过了图灵测试。但是，图灵自己都有些怀疑计算机是否可以思考。

塞尔的中文房间论证是对计算机具有智能的可能性的反驳。从相关意义上讲，计算机不仅仅包括我们每天使用的家用电脑、笔记本电脑和迷你计算器，还包括任何以严格管理的程序处理符号的设备。塞尔让我们想象一个懂英语的人坐在房间里，写满中文符号纸条通过一个孔槽投进房间里。房间里只有他一个人，还有一本如何使用中文符号的书。他用这本书查找投进来的中文符号，并根据书上的指示一步步用中文符号写作。然后，他将写好的东西传出房间外。这个人实际上就是一台计算机，根据输入的符号以及按照固定的规则计算要输出的中文符号。房间中的人在得到输入中文符号的基础上进行符号操作，决定要输出的正确中文符号。塞尔认为这不足以证明这个人理解中文，这一点是明确的。

房间里人的行为就像电脑一样：按照固定的规则操纵符号。所以，如果房间里的人无法理解中文，那么即使电脑在输入中文的情况下能够正确地输出中文，从严格意义上来说它也不能理解中文。因此，正确的算法对于理解语言和其他智能行为来说是不够的。塞尔的中文屋论证强调：如果给计算机输入特定的信息，计算机在输出特定的信息符号时，只关注符号的语法（形式或形状），而无法获取符号的语义（或含义），因此它们不明白自己在做什么。相比之下，人类的大脑能够识别并理解语义，不会在操纵符号时不考虑符号的意义。塞尔提出的论点表明，人类大脑计算符号的能力并不能完全用于解

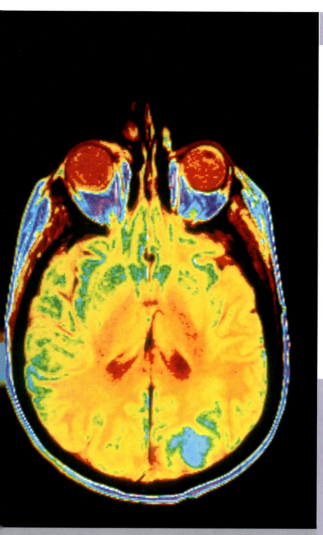

可以用计算机模拟人脑吗？机器可以思考吗？人工智能哲学试图回答这些问题，这也是塞尔研究的重要领域。

遗产、真理、影响

◎ 塞尔对言语行为的早期研究成果一直是语言哲学领域语言使用的研究主题，其后续研究由科学语言学家进一步发展起来。

◎ 塞尔的中文房间论证与18世纪戈特弗里德·莱布尼茨的论点相关。莱布尼茨让我们想象一个物理系统，比如一个磨坊，它的运作方式不禁让我们假设它可以思考并且经验丰富，但当我们观察它的内部时，却没有发现这样的东西。

◎ 塞尔的中文房间论证是对人工智能支持者最直接和最有力的挑战。在过去的25年里，在认知科学领域里没有一个哲学论证能引起如此激烈的讨论。这对于正盛行的心智哲学正统的功能主义派也构成了一个挑战，功能主义把思维视为基于规则的信息处理系统。

论据的重点是：如果房间里的人在执行适当程序时努力去理解中文，但最终他还是无法理解中文，那么任何数字计算机在执行程序的基础上也做不到，因为没有计算机，或者类似计算机的东西，拥有人所没有的东西。

——《麻省理工学院认知科学百科全书》中的《中文房间》（1999）

大事记

1932年	生于美国科罗拉多州的丹佛市。
1969年	《言语行为》是关于语言运用的一部书。塞尔在英国牛津大学与奥斯汀和保罗·格赖斯合作十多年完成。
1980年	在《行为与脑科学》杂志上发表了《心灵、大脑与程序》，阐述了他的中文房间论证。与此同时发表的还有27位认知科学家的相关文章，以及塞尔对他们回应的文章。
1984年	举办著名的瑞斯讲座。
1995年	在《社会实在的建构》中阐述了他的社会现实理论。

释什么是智能，但他仍然相信研究计算机可能有助于理解大脑的活动。

社会现实

根据塞尔的社会现实理论，社会制度是根据参与其中所有人的集体心态制定的。塞尔提供一个很好的例子，那就是关于社会货币制度的维持方式。我们都把本身没有什么价值的金属和纸张视为有价值的东西。塞尔认为，其价值是由心态决定的，那些参与其中并准备进行交易的人视其为珍贵之物。这种解释也适用于社会制度。他特别指出，当民众认为政治制度具有治理地位时，民众集体就会支持政治制度。

罗伯特·诺齐克

（1938—2002）

罗伯特·诺齐克是 1971 年约翰·罗尔斯的《正义论》出版后第一位杰出的美国政治哲学家。诺齐克的《无政府、国家和乌托邦》（1974）矛头直指约翰·罗尔斯所构建的"作为公平的正义"的理论，并且提出了在社会中享有权利履行义务的另一种自由主义方式。除了政治哲学外，诺齐克还以认识论和决策理论方面的研究而闻名。

罗伯特·诺齐克 1938 年出生于纽约布鲁克林，父亲是一位来自俄罗斯的犹太商人。他在 15 岁时阅读了柏拉图的《理想国》后就迷上了哲学，后考入普林斯顿大学。在卡尔·亨佩尔（1905—1997）的指导下，他获得了博士学位，并发表了一篇关于决策论的论文。1969 年，他成为哈佛大学历史上最年轻的教授之一。他以才思敏捷而广受赞誉，又因其引人入胜的"有声思维"教学法而闻名。

最初他对 20 世纪 70 年代的左派运动感兴趣，后来又受到一些保守经济学家和资本主义捍卫者的影响，例如弗里德里希·哈耶克（1899—1992）、米尔顿·弗里德曼（1912—2006）、路德维希·冯·米塞斯（1881—1973）和安·兰德（1905—1982）等。他走上了研究政治理论的道路，出版了他的第一部也是最著名的书《无政府、国家和乌托邦》（1974）。不久后，他被右翼思想家视为捍卫自由意志主义的典范。他有力地反对约翰·罗尔斯维护的社会民主自由主义。

诺奇克是一位有趣的哲学家，他提出了一系列令人印象深刻的思想实验，包括用"效用怪物"和"体验引擎"以支持自己的论点。他也是一位不同寻常的哲学家，因为他将心理学、经济学等其他学科的思想融入自己的研究中。

基本哲学思想

分配、自由民主的观点截然相反。罗尔斯提倡财富再分配以支持福利国家和帮助弱势群体，而诺齐克主张个人权利至上和最小国家理论。在诺齐克看来，衡量正义的标准应该是看如何实施社会政策，而不是看其结果。如果国家采取直接行动，其过程几乎得不到保障。罗尔斯并不认为财产权是基本权利的一部分，这是他在"无知之幕"的假设条件下论证的，而诺齐克从约翰·洛克的著作中发展出一种复杂的权利理论来支撑他的观点。

诺齐克并不主张完全废除国家。他描绘了这样一个过程：当人们为保护机构的服务付费时，最小国家将会出现，而规模经济意味着一个占主导地位的保护机构将会出现。换句话说，就是一个向公民提供基本治安和军事保护的国家。他的结论是，从"极小国家"开始，"看不见的手"将产生一种更稳定的最小状态。"看不见的手"这一说法与亚当·斯密的说法相呼应，但诺齐克使用的方式也可与达尔文的"自然选择"相媲美。

自然状态

诺齐克允许别人不接受他论点中的假设，他也承认观点中可能存在的弱点。在《无政府、国家和乌托邦》中，他认为洛克式的"自然状态"（即没有统治国家，但个人拥有权利）的出发点是站不住脚的。但是，他以自己的"权利理论"捍卫了自己最初的立场，该理论是继约翰·洛克、伊曼纽尔·康德和弗里德里希·哈耶克之后又一次把人类本身当作目的，并断定人一直拥有财产权，除非他同意重新分配财产。

所有这些自由主义论据的一个弱点是，他们在回到"自然状态"时，没有意识到财产和金钱的概念以及商品和服务的交换是社会构造，因此我们不能剥离社会并假设这些概念仍然存在。诺齐克正是从这些假设出发，有力地论证了财产不进行再分配是合乎道德的。

社会契约与功利主义

与洛克不同的是，诺齐克拒绝接受"社会契约"的整个概念（即个人与国家之间存在不言而喻的契约，这证明了国家的存在是正确的）。在诺齐克看来，社会契约是一个多余的想法。个人出于自身利益的原因会自然而然地聚在一起，并且在无形的手的引导下，无论如何都会出现最小国家。这是古典自由主义称之为"守夜人"状态的国家。

罗尔斯反对了功利主义，诺齐克反对的态度更

◎诺齐克论述了认识论和形而上学的问题，但正是他早期的政治理论著作受到了最大的关注，所以成为他最重要和最持久的贡献。

◎作为新左派运动的前成员，诺齐克对"国家政治运动的理论家"和"右派理论家"的帽子感到不适。在 1978 年发表在《纽约时报》上的一篇文章中，他说："右派人士喜欢支持自由市场的论点，但不喜欢为了同性恋权利这样的个人自由而辩护，尽管我认为它们是一个相互联系的整体……"

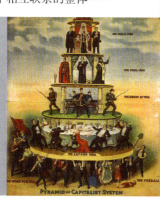

资本主义社会的金字塔，这是 1911 年的海报。诺齐克提倡私有财产，但与无政府主义资本家不同，他仍然相信存在最小国家。

1938 年	生于美国纽约布鲁克林。
1959 年	获得哥伦比亚大学的学位。
1963 年	获得普林斯顿大学博士学位。
1969 年	成为哈佛大学教授，并一直在此工作。
1974 年	出版《无政府、国家和乌托邦》。
1981 年	出版《哲学解释》。
1982 年	担任联合国教科文组织世界文化政策会议美国代表团的文化顾问。
1987/1988 年	与诗人莎更堡结婚。
1993 年	出版《理性的本质》。
1997 年	英国牛津大学圣凯瑟琳学院客座研究员。
2001 年	出版《恒在：客观世界的结构》。
2002 年	在马萨诸塞州坎布里奇市因癌症去世。

我知道自己坐在办公室前，尽管我不知道我不是缸中之脑。

——《哲学解释》（1981）

坚决。他对此提出了两个思想实验。"效用怪物"是指通过剥夺他人的效用而获得大量效用的个体。诺齐克指出，功利主义认为这个个体利用了其他人的效用，可以最好地服务于社会。其次，为了反对体验是唯一重要的观点，他提出了"体验引擎"，一种可以让我们体验但是没有互动的设备。他指出，我们可能不会自愿一直都参与体验引擎的体验。

知识问题

在认识论领域，20 世纪的分析哲学一直与古老的柏拉图理论（即知识可以被定义为合理的真实信念）相抗衡。埃德蒙德·盖蒂尔（1927—2021）对这个定义提出了一些有问题的反例。例如，农夫布朗认为他看到他的母牛黛西在田野里。黛西确实是在田野里，但它在谷仓后面，不在我们的视线范围内。农夫布朗实际看到的是另一头母牛或黛西的纸质图像。至此，布朗对黛西的信念是真实的，也得到了证实，因为他所看到的就像是黛西。但这不是一个知识案例，因为布朗的信念是基于他所看到，但黛西的在场完全是巧合。这些盖蒂尔的例子似乎表明，怀有真实的信念对获取知识是不够的。

诺齐克在 1981 年的著作《哲学解释》中提出，我们应该在定义中增加"真相追踪"，而不是进行辩解。因此，如果一个信念是真实的，那么要想符合知识条件，必须满足的进一步条件是："如果信念是真实的，我们就会相信它；如果信念不是真实的，我们就不会相信它。"这是一个外部条件，它没有让主体对其知识完全信任，但它确实定义了一种信念，把追踪到的真相视为知识。而且它非常有效地避开了盖蒂尔的反例。无论黛西是否在谷仓后面，农夫布朗都会相信同样的事情，因此他的信念是没有进行"追踪真相"。诺齐克用这个理论对怀疑主义进行了有限的否定。

笛卡尔思想启发下的现代怀疑论者提出了一个情景：我可能只是一个"缸中之脑"，科学家赋予我所有的经验。为了反驳这种情景，诺齐克争辩道：我可以知道许多我通常认为自己会知道的事情，我不会知道我不是缸中的大脑。言下之意，如果我能在最可能的情景中追踪一个真相，要么是真的，要么是假的，那么我就可以知道这个命题。但这并不需要我排除极不可能的假说。因此，我可以知道我现在坐在这里，而不会知道自己不是一个缸中的大脑。诺齐克对怀疑论的巧妙反应仍然是备受关注的话题。

彼得·辛格

（1946—　）

彼得·辛格是当代哲学家，杰里米·边沁和约翰·斯图尔特·穆勒之后功利主义的追随者，因应用伦理学著作而闻名。他在畅销书《动物解放》里写道，大多数对待动物的方式在道德上是不可容忍的。他将道德哲学的思想和理论应用于评估安乐死、体外受精、世界资源分配等话题的道德性。

彼得·辛格的父母是维也纳犹太人，他们于1938年逃离了德国吞并的奥地利，来到澳大利亚。但他的三个祖父母却不幸地在纳粹集中营中丧生。

辛格1946年出生于澳大利亚墨尔本，父亲成为当地成功的茶叶和咖啡进口商。辛格成长于一个富裕幸福的家庭。高中毕业后，他来到墨尔本大学学习法律、历史和哲学，1967年毕业。

1969年，他以一篇名为《我为什么要有道德？》的论文获得了硕士学位。接着，他在一份奖学金资助下赴英国牛津大学攻读学位。在功利主义哲学家黑尔（1919—2002）指导下，1973年发表了关于非暴力反抗的论文《民主与反抗》。

在牛津大学学院担任拉德克利夫讲师两年后，他在1973—1974年成为纽约大学的客座教授。在此他继续从事研究，撰写了第二本书《动物解放》（1975）。

1975年，他返回澳大利亚，在乐卓博大学担任高级哲学讲师。1977—1999年，在莫纳什大学担任哲学教授。在此期间，他创立了莫纳什大学人类生命伦理学中心，并在许多政府委员会任职。

1979年，他的应用伦理学领域书籍《实用伦理学》出版。从那时起，他发表了大量关于伦理、动物权利、试管授精、安乐死、残疾、环境和生物伦理学的文章。辛格大胆利用功利主义逻辑来解决难题，这也使他多年来备受争议。他认为，某些动物比某些人类生命形式（如胎儿或严重残疾的儿童）更有知觉，因此更有生存的权利，这一观点引起了特别激烈的批评。

1999年，辛格成为美国普林斯顿大学人类价值中心的艾拉德坎普计划生物伦理学教授。与此同时，从2005年起，他在墨尔本大学应用哲学和公共伦理中心兼职担任荣誉教授。

基本哲学思想

辛格作品的特色在于强烈的"功利主义偏好"。他希望用功利主义取代所谓的"犹太－基督教传统的"道德观。从许多意义上讲，辛格继承了杰里米·边沁和约翰·斯图尔特·穆勒的观点，他们根据快乐最多或痛苦最少的标准来认定行为的"效用"。辛格的"功利主义"根据相关人员的偏好来衡量行为的合意性。举个例子，A想要杀死B，这在道德上是错误的，因为这违背了B想要活下去的意愿。辛格功利主义的核心原则是，在做出决策时应平等考虑每个人的利益：

> 如果从伦理的角度来看，我只是我生存的社会中众多人中的一个。从整体上看，我的利益并不比社会中其他人的相似利益更重要。而且从更大的角度来看，我生存的社会只是其他社会中的一个，我们社会成员的利益并不比其他社会成员的相似利益更重要……考虑到伦理推理

中所要求的公正，合乎逻辑的结论是我们首先应对所有人都给予同等的关切。

——《扩大的圈子：伦理学与社会生物学》（1981）

辛格把感性（体验快乐或痛苦的能力）作为"生命体"或"人"在道德上的一个关键的特征之一。注意：在这个道德尺度上，有感性并不意味其一定是人类，因为许多动物比某些人更具感性或个性。辛格强调的另一个关键特征是"生命体"有设想过去和未来的能力。

《动物解放》

《动物解放》出版于1975年，对动物解放运动产生了重大影响。辛格表示，功利主义原则引发了我们对"动物权利"的关注，尤其是其强调将动物的痛苦最小化。辛格反对所谓的物种歧视，他认为人类属于特定的物种。他认为所有会经受苦难的生物体，其偏好都值得平等考虑。

遗产、真理、影响

◎《动物解放》不仅对个人产生了巨大影响，使许多人成为素食主义者，而且对社会也产生了巨大影响。它把动物解放的观念转变成一项可敬的道德事业。

◎彼得·辛格可能是在世的最具争议的哲学家；他也无疑是最有影响力的哲学家之一。（迈克尔·斯佩克特 1999 年 9 月 6 日在《纽约客》撰文对《危险的哲学家》的评价）

◎辛格在普林斯顿大学的任职，使其有了更大的能力来增强公众对道德问题的意识。他曾评论说："一方面，这使我在美国拥有一个平台……比如说，如果你（在美国）有一席之地，那么你被《纽约时报》邀请撰写文章的概率就更大。这些文章会被数百万读者看到。也许这本身不是一件好事，但是既然存在这个平台，我觉得我就有责任利用好它，尝试获得我认为对于美国人来说需要听取的重要观点。"（取自 2007 年 5 月 28 日美国广播公司节目《喋喋人生》中对彼得·辛格的访谈）

> 如果我们能在不牺牲任何同等重要的东西的情况下防止一些不好的事情发生，那么我们就应该去做；绝对贫困是不好的；有些贫困不需要我们牺牲任何具有同等道德意义的东西也可以避免；因此，我们应该防止绝对的贫困。
>
> ——《实用伦理学》（1979）

《实用伦理学》

　　《实用伦理学》（1979）是辛格的一部综合性著作，具体分析了为什么要衡量生命体的利益以及如何衡量生命体的利益。他的"平等考虑利益原则"并不要求对各方平等对待。利益方要求不同，对待各方的方式也不尽相同。他的原则不只如此。当边际效用递减时，允许对有相同利益要求的采用不同的对待方式。比如，一个特别饥饿的人对食物的利益要求超过了一个稍微有点饿的人。

　　辛格认为，一个生物体的偏好（欲望）应该根据其具体属性来衡量。辛格更喜欢用"旅途"来比

大事记

1946 年	出生于澳大利亚墨尔本。
1967 年	毕业于墨尔本大学。
1971 年	在黑尔的指导下，获得了英国牛津大学的哲学学士学位。
1973 年	发表他的哲学学士论文《民主与反抗》。
1973—1974 年	任纽约大学哲学系客座教授。
1975 年	出版《动物解放》。
1977—1999 年	任澳大利亚维多利亚州莫纳什大学哲学教授；在莫纳什大学成立人类生命伦理学中心。
1979 年	出版《实用伦理学》。
1982 年	当选为澳大利亚人文科学院院士。
1989 年	当选为澳大利亚社会科学院院士。
1999 年	成为美国普林斯顿大学艾拉德坎普计划生物伦理学教授。
2005 年	被任命为墨尔本大学应用哲学和公共伦理中心的荣誉教授。

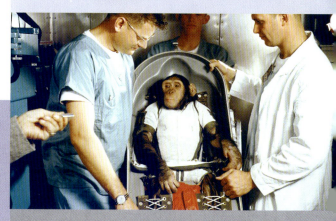

1961 年 5 月，美国国家航空航天局（NASA）将宇航员艾伦·谢泼德送上太空之前，曾用它来测试水星太空舱。在《动物解放》一书中，辛格谴责动物实验，除非实验的益处大于对动物造成的伤害。

喻生活模式。在"旅途"上，一些欲望得不到满足是可以忍耐的，已经踏上旅程的人是不能回到原处的。一个继续保持生活兴趣的人，才能继续"旅行"。这个模型也解释了为什么辛格优先用"偏好"，而不用"小欲望"和"快乐"。

　　《实用伦理学》一书阐述了需要重新分配财富以改善绝对贫困，需要在工业化国家大规模安置难民。该书还从功利主义的角度阐述了辛格的环保主义：生态退化给生命带来了巨大威胁。

关键术语

先验 / 后验 A PRIORI/A POSTERIORI
"先验"和"后验"主要指认识命题的基础或方法。如果一个命题可以独立于经验之外为人们所知道，那么它是先验可知的；如果一个命题是基于经验而为人所知，那么它是后验可知的。先验和后验的区别在于认识论，不应与形而上学的必然性与偶然性相混淆，也不应与分析性和综合性之间的语义或逻辑区别相混淆。

绝对唯心主义 ABSOLUTE IDEALISM
绝对唯心主义是 19 世纪早期的学说，认为"存在"是超越思想或理性的表达。

绝对知识 ABSOLUTE KNOWLEDGE
绝对知识是一个广泛使用的术语，主要是指有关上帝和神学的知识或无可争议的具有绝对真理的知识。

绝对真理 ABSOLUTE TRUTH
绝对真理是指在某一特定领域内，所有命题不是绝对正确就是绝对错误的观点。

专制主义 ABSOLUTISM
专制主义是一种统治制度。基于这种制度，执政党或执政个人拥有绝对的、完全的权力，通常没有合法组织的反对。

美学 AESTHETICS
美学是与艺术、审美价值和审美经验有关的哲学分支。

分析哲学 / 传统 ANALYTIC PHILOSOPHY/TRADITION
分析哲学 / 传统起源于 20 世纪，初见于伯特兰·罗素、乔治·爱德华·摩尔和路德维希·维特根斯坦的早期思想，后来受到大部分英语国家的哲学实践的影响。它将分析（特别是概念分析）置于哲学方法论的核心，通常伴随精确而严谨的论证。这一运动通常被定义为是与大陆哲学相对立的。另见英美哲学。

分析真理 / 命题 ANALYTIC TRUTH/PROPOSITIONS
分析真理 / 命题是根据命题中词语的定义而独立于任何事实的真实命题或陈述。例如，"正方形有四条边"。

古典哲学 ANCIENT PHILOSOPHY
古典哲学是指研究古希腊和古罗马哲学家及其哲学思想的哲学分支。

英美哲学 ANGLO-AMERICAN PHILOSOPHY
英美哲学尤指从 20 世纪至今在英国和美国践行的哲学。另见分析哲学。

格言 APHORISM
格言是表达真理或者道理的一种简短而又深刻的警句。

否定神学 APOPHATIC THEOLOGY
否定神学，这一观念认为上帝的本质是无法言说的，人类任何描述上帝本质的尝试都是将人类的术语应用到上帝身上，降低了神的性质。因此，只有通过描述上帝不是什么，才能接近对上帝的理解。只有关于上帝的否定言论才是真实的。

目的论论证（宇宙设计论论证）ARGUMENT FROM DESIGN
目的论论证（宇宙设计论论证）是一个关于上帝存在的论点，认为宇宙是如此复杂，宇宙一定是由一个全能的、无所不知的神所创造的。

亚里士多德哲学 ARISTOTELIAN
亚里士多德哲学是受亚里士多德哲学思想的影响而产生的哲学流派或理论。

亚里士多德逻辑（学）ARISTOTELIAN LOGIC
亚里士多德逻辑（学）是亚里士多德提出的三段论逻辑，主要体现在他的著作《前分析篇》和《解释篇》中，后来由包伊夏斯在中世纪进一步发展。

人工智能 ARTIFICIAL INTELLIGENCE
人工智能是机器模仿人类行为的能力，是一个包括计算机科学、神经科学、哲学、心理学、机械工程和语言学的多学科交叉融合的学科，目的是在机器中再现人类行为和人类思维，通常使用缩写 AI。

原子论 ATOMISM/ATOMIST
原子论是一种宽泛的理论，认为特定的现象是由不可分割的更小的组成部分或"原子"构成。

原子唯物论 ATOMISTIC MATERIALISM
原子唯物论是一种哲学观点，这种观点说明宇宙中唯一现实元素是物质和虚空。

集权主义 AUTHORITARIANISM
集权主义是政权或是社会管理的一种形式。统治者掌握绝对权力，通过压迫实施控制。

公理 AXIOM
公理是指在一种系统或是理论中假设为真的命题，并用来推导其他命题，也就是我们所说的定理。

公理学 AXIOMATIC
公理学是指运用公理的一种哲学体系或方法论。

行为主义 BEHAVIORISM
心理学术语，主张人的行为只分为环境刺激和环境反应模式。这一术语与认知主义相对。

婆罗门 BOURGEOISIE
在马克思主义或是共产主义理论中，资产阶级是指生产过程中拥有生产工具和生产资料的社会阶级。也通常是指资本家或是拥有资产的中产阶级，他们的消费水平大于他们产生的价值。

婆罗门教 BRAHMANISM
早期印度哲学思想，起源于圣书《吠陀经》。婆罗门教是印度教的前身。

婆罗门 BRAHMIN
根据吠陀社会等级分类，婆罗门属于印度教的神父或是祭官，是印度教等级体系中的最高等级。

佛教 BUDDHISM
佛教是一种宗教，有时也称为哲学。佛教由印度乔达摩·悉达多所创立。他普度众生，引导人们修行得大智慧，走向涅槃。

资本主义 CAPITALISM
资本主义是一种是以追逐利润、雇佣劳动力、生产资料私有制为基础的经济制度。通常与社会主义相对。

笛卡尔质疑法 CARTESIAN DOUBT/METHOD
一种最常与笛卡尔联系在一起的哲学方法。笛卡尔将怀疑主义作为一种探究方法，运用这一方法对一心想欺骗他的人进行实验，用此方法来确定他真正确定地知道什么。

二元法 CARTESIAN DUALISM
这一理论由笛卡尔主张，认为心灵和身体是两个不同的、完全独立的事物。

笛卡尔唯理论 CARTESIAN RATIONALISM
由笛卡尔提出的这一理性哲学。

绝对命令 CATEGORICAL IMPERATIVE
由伊曼努尔·康德主张的道德原则，即行为的道德价值不是由其后果决定的，而是由指导我们行为的首要原则决定的。同时这一原则也被称为"道德法则"。

因果关系 CAUSATION/CAUSALITY
因果关系是指两个事件之间的关系，其中后一事件被认为成前一事件的结果。例如，如果事件 A 造成了事件 B，那么 A 与 B 之间就存在因果关系。

认知科学 COGNITIVE SCIENCE
认知科学是一门研究人类思维与智力的具有跨学科性质的学科。

认知主义 COGNITIVISM
这一观点认为，对人类行为的解释需要理解行为背后的人类思维的特殊机能。这个观点往往与行为主义相对立的。

共产主义 COMMUNISM
一种与卡尔·马克思密切相关的经济政治制度。在这一制度中，财产不是私人所有的，而是属于一个共同体的人所共有。共产主义往往被视为资本主义的对立面。

可计算函数 COMPUTABLE FUNCTIONS
在计算机科学领域中，可计算函数是可计算理论的基本研究对象，其目的是发现哪些问题是可以用不同的计算模型来解决的。也被称为图灵可计算函数，以数学家艾伦·图灵命名。

相从变动性 CONCOMITANT VARIATION
相从变动性是归纳逻辑的一种方法。如果一种现象在某种状况变化后也发生了变化，那么这个状况可能是这种产生这种现象的原因。

条件限制性 CONDITIONALS/CONDITIONALITY
条件限制性指那些取决于条件的句子，例如那些形式为"如果 A，则 B"的句子，其中 A 的出现是 B 出现的条件。

儒学 / 儒家思想 CONFUCIANISM/CONFUCIAN
儒学 / 儒家思想指孔子所阐述的中国哲学，涉及创建一个道德型的社会。

结果主义 CONSEQUENTIALIST
结果主义认为所有的行为都可以通过分析其后果的价值来确定是对是错。

建构主义者 CONSTRUCTIVIST
建构主义者是建构主义的倡导者。他们否认柏拉图主义或现实主义的观点，即数学对象独立于人的思想而存在，而认为数学对象的存在取决于我们对它们的构建。

大陆哲学 / 大陆哲学传统
CONTINENTAL PHILOSOPHY/TRADITION
大陆哲学 / 大陆哲学传统指自第二次世界大战以来，一种通常被用来描述欧洲大陆哲学家的哲学实践，并将其与英美哲学家更抽象、更具技术性的实践区分开来的哲学分类。这一哲学传统的关键领域包括存在主义、结构主义和批判理论，以及它们的分支。常常被定义为与分析哲学 / 分析哲学传统相对立。

偶然真理 CONTINGENT TRUTH
偶然真理是一个真实的命题，但并不是"必然真实的"。因此，如果该命题所描述的事务状况不是这样的话，就可能是假的。

宇宙学 COSMOLOGY
宇宙学是对宇宙整体的研究，同时探讨人类在宇宙中的地位。

反例 COUNTEREXAMPLE
反例是一个旨在反驳一种论点或一般规则的例子。

虚拟句 COUNTERFACTUAL
前提为假的条件陈述句。

上帝造人论 CREATIONIST BELIEFS
一种相信宇宙万物都是神灵创造的信念或者信仰。

批评理论 CRITICAL THEORY
在人文社会科学知识的指导下，对文学与社会的考察与批判。

犬儒主义者 CYNICS
来自古代犬儒主义学派一些极具影响力的哲学家，他们认为，生命的意义在于顺应自然规律，保持良善的德行。

道教 DAOISM
是中国的神秘哲学，认为人应该顺应自然。

决策论 DECISION THEORY
基于数学和统计学，理解与某一特定决策有关的因素以及由此产生最佳决策过程的事业。

解构主义 DECONSTRUCTION
存在于哲学、文学批评和社会科学等领域中的一种探索方式，与雅克·德里达所传达的思想相近。根据文本的附带特征，对文本的意义进行不同的解释，这些特征被认为是颠覆了原作者的本意或信息。

解构主义者 DECONSTRUCTIONIST
后现代主义批判哲学，与雅克·德里达思想相近，通过解构旧文本，获得新的意义。

演绎法 DEDUCTION
在推理过程中，前提比结论更具有普遍性，并且前提引出结论。

自然神论 DEISM
建立在自然的基础上，相信神的存在。

民主 DEMOCRACY
一个以无阶级和平等为主导的国家，由公民或由通过公平选举的公民代表的政党进行治理。同时指这样进行治理的政治环境。

道义论 DEONTOLOGY
一种伦理学理论，侧重于行为本身的对错，而非这些行为后果产生的对与错。有人将其描述为与责任、义务和权利有关，因为道义论者认为道德规则是有约束力的。道义论与结果主义理论是相对立的。结果主义认为某项行为的正确性是由其结果来决定的。道义论者也是道德绝对主义者。他们认为，不管结果如何，某些行为都是错误的。

专制主义 DESPOTISM
专制的权威或行为，常由政治领导人施行。

决定论 DETERMINISM/DETERMINISTIC
事情都是由一定的原因而定，甚至认为人类没有自由意志。

佛法 DHARMA
在佛教中，通常指佛陀所教导的终极教义或道德准则。也指一种现象或现实中的事项。

辩证 / 辩证主义 DIALECTIC/DIALECTICAL
两种对立观点之间的争论。在黑格尔哲学中，辩证是指一种更高真理层次上解决矛盾的方法。

劳动分工 DIVISION OF LABOR
生产流程分解为专业化和重复化的小任务，这样每位工人只需在总生产线负责一小部分工作，从而提高生产效率。

二元论 / 二元性 DUALISM/DUALITY
（关于思想、物质等的二元论）这一术语涵盖范围广泛，通常是指事物的两个方面。另见笛卡尔二元论。

东方哲学 / 传统 EASTERN PHILOSOPHY/TRADITION
在东方世界产生的哲学思想，通常与西方哲学相对应。

利己主义 EGOISM
（伦理学）特定个体持有的伦理观点，认为道德生活是个体利益最大化的生活。

埃亚学派 ELEATIC SCHOOL
埃亚学派诞生于埃利亚，是前苏格拉底时代的哲学家群体，由巴门尼德创立，还包括埃利亚的芝诺。他们否定感官体验的认识有效性，反之把明确性和必要性当作真理的标准。

经验主义的 EMPIRICAL
一个可应用于修饰命题、陈述和知识等方面的通用术语，表明与经验的关联性。例如，如果一个人依据感官经验获取了某项知识，就可以说这项知识是经验主义的。另见"后验主义"。

经验主义 EMPIRICISM
一场重要的认识论思想运动，与英国哲学家约翰洛克、乔治伯克利和大卫·休谟联系紧密，后来又与维也纳学派紧密相关，认为从五种感官获取的经验式观念是人类知识的核心来源。通常与理性主义相对。

经验自由主义 EMPIRICIST LIBERALISM
该观点结合自由主义，认为形而上学与政治不能混为一谈。

启蒙运动 ENLIGHTENMENT
18 世纪欧洲的思想运动，运用理性和世俗理性主义来解释和改善世界。该运动受到了当时新兴的实证科学的强烈影响。

伊壁鸠鲁哲学 / 伊壁鸠鲁主义
EPICUREAN PHILOSOPHY/EPICUREANISM
伊壁鸠鲁哲学思想影响下的哲学流派或哲学理论，主张逃避痛苦，并否认神参与了人类的生活。

认识论 EPISTEMOLOGY
哲学的一个分支，又名"知识论"，研究人类知识的获取和本质等哲学问题。

伦理直觉主义 ETHICAL INTUITIONISM
认为人类可以凭借直觉把握客观道德事实。又称"道德直觉主义"。

伦理价值 ETHICAL VALUES
对伦理原则或道德原则的陈述。

伦理学 ETHICS
哲学的一个分支，研究行为的是非判断，以及美好生活的本质。

诠释 EXEGESIS
对文本的批评或解释，尤指对于宗教书籍，如《圣经》或《古兰经》。

存在主义 EXISTENTIALISM
让－保罗·萨特、西蒙娜·德·波伏娃等欧洲哲学家探索研究有关人类生存经验的哲学思想。

易谬主义 / 可谬论 FALLIBILISM/FALLIBILISTIC
知识的完全确定性是不可能发生的，这是易谬主义 / 可谬论的哲学信条。

女性主义 FEMINISM
倡导女性权利平等。

基础主义 FOUNDATIONALISM
知识建立于坚定信念的基础上。从这些信念中可以推断出命题，从而构造出一个知识的结构体系。

自由贸易 FREE TRADE
取消关税，取消旨在限制或阻止国与国之间贸易的相关法规。

自由意志 FREE WILL
人人都拥有自由选择的权利。

自由意志的问题 FREE WILL (PROBLEM OF)
涉及人类是否拥有自由选择的权利，以及人类拥有自由选择权利的程度等哲学问题。

功能主义 FUNCTIONALISM
属于心智哲学范畴，认为人的心智状态由其功能角色所构建的。

生成语法 GENERATIVE GRAMMAR
生成语法是明确描述一种语言中所有句子的语法，它的创建人是诺姆 . 乔姆斯基，这则语言学学说试图解释自然语言的结构。

风水占卜 GEOMANTIC
通过线条，图形，或地理特征来预言未来事件或揭示神秘现象的艺术。

格式塔 GESTALT
一种形式、形状、图案或结构；一个完整的图案或构形；一种经验上有组织的整体。

享乐主义 HEDONISM
一种行为道德价值学说。这一道德价值由参与这一行为所产生的快乐来定义。

黑格尔哲学 / 黑格尔主义
HEGELIAN PHILOSOPHY/HEGELIANISM
受黑格尔哲学观点影响的哲学流派和理论。

希腊哲学 HELLENISTIC PHILOSOPHY
亚里士多德之后形成于希腊文明的哲学思想。

印度教 HINDUISM
起源于印度次大陆的宗教传统。其经典经文包括《吠陀经》和《奥义书》。

历史决定论 HISTORICAL DETERMINISM
认为历史是预先确定的。

整体论 HOLISM
一种广泛的观点，认为要理解每个部分，必须要理解各个部分之间的联系，以及每个部分与整体之间的关系。

人文主义 HUMANIST/HUMANISM
一种伦理信条，强调人类生命的重要性以及人类在世界上的地位。通常与文艺复兴时期联系在一起。文艺复兴始于中世纪，当时上帝与宗教信仰不再是人们的主要关注的话题。

假设 HYPOTHESIS
对某一特定现象的假定性解释，也指应用于辩论的假定。

假设三段论 HYPOTHETICAL SYLLOGISM
古典逻辑中的一种论证方法，认为如果 A 暗含 B，B 暗含 C，那么 A 也暗含 C。

唯心主义 IDEALISM
认为基本现实不是物质，而是精神世界。也认为体验是头脑中感知和感觉的总和。

观念 IDEAS （Plato）
指柏拉图的"观念"或"形式"。柏拉图在中期的对话中，尤其在《斐多篇》《会饮篇》和《理想国》中提出了"理念"或"形式"。理念或形式不是头脑中的任何东西，而是事物的特性和本质，被视为非物质的抽象实体。它们是永恒的、不变的、真实的，并且独立于世界上的其他事物而存在。柏拉图觉得它们都是普遍的，认为它们是事物固有的，也是典范的（非物质的抽象实体，作为同类对象的典范，是典范的复制品）。柏拉图认为它们具有超越性，并且有其固有的特征。"蓝色"的观念本身具有蓝色的特征。亚里士多德相信"形式"，但不相信其超验性。

帝国主义 IMPERIALISM
一个国家将其统治体系强加给另一个国家的政策或者行动。

个人主义 INDIVIDUALISM
一种社会理论或者哲学，强调个人的重要性高于社会，倡导个人自由、个人权利和自我表达。

归纳 INDUCTION
科学研究中使用的推理方法，论证的前提条件为结论提供支持。与演绎推理不同，论证的前提条件不包含结论。

推断 INFERENCE
推断是指从一组前提中得出结论所使用的推理行为或者过程。

天生观念 INNATE IDEAS
人类天生拥有的概念和知识，而不是通过经验获得的概念和知识。

知性主义 INTELLECTUALISM
涉及知性发展和知识分子实践行为的一系列广泛的立场。

意向性 INTENTIONALITY
一个与弗朗茨·布伦塔诺相关的概念。它强调某种特定的心理现象与其内容之间的关系。内容是指心理现象所涉及的事物。

非现实论 / 非实在论 IRREALISM
纳尔逊·古德曼提出的一种立场。根据这种立场，相互冲突的学说被描述为可供选择的"世界版本"，不同版本在适当的情况下都可以使用。

伊斯兰教主义者 ISLAMIST
推动建立宗教决定政治的伊斯兰教国家的运动。有时广泛用于指穆斯林宗教的原教旨主义者。

耆那教 JAINISM
源自印度的一种宗教，与佛教有一些相似的地方。

圣战 JIHAD
指穆斯林对非穆斯林信徒发动的"神圣"战争。字面意思是"斗争"。

自由经济 LAISSEZ-FAIRE ECONOMICS
资本主义的核心原则，该学说声称经济体系应该不受政府干预或调节，只应由市场力量驱动。

法家思想 LEGALISM
中国古代的一种政治哲学，主张通过严格的法治来治理国家。

莱布尼茨主义 LEIBNIZIAN
受戈特弗里德·莱布尼茨哲学思想影响的一种哲学流派或理论。

《利维坦》 LEVIATHAN
《利维坦》是霍布斯的政治学著作。利维坦一词源自《圣经约伯记》。利维坦是一种海怪，"是所有自负之子的王"。霍布斯以此为题恰如其分，因为个人的自负解释了为什么在人治的国家"利维坦们"必须拥有绝对的权利。

自由主义 LIBERALISM
支持进步、改革和个人自由的政治政策、政治实践和政治观点。

自由意志主义 LIBERTARIANISM
该主义认为合法政府应该是小政府，且应该尽可能少地干预经济、社会和文化生活。

逻辑学 LOGIC
对推理的形式结构和有效推断原则进行研究的学问。

逻辑分析 LOGICAL ANALYSIS
揭示命题内在形式或结构的分析过程。

逻辑原子主义 LOGICAL ATOMISM
一种起源于 20 世纪早期的分析哲学，与伯特兰·罗素的一些著述紧密相关。罗素认为世界是由逻辑事实或逻辑原子所构成的，可以通过分析加以揭示。

逻辑必然性 LOGICAL NECESSITY
根据逻辑基本规律可以推导出逻辑必然性。例如，"要么下雨要么不下雨"这句话表达了一个逻辑上的必然真理，因为它排除了中间可能性。换言之，它可以从命题的形式中推演出来，因为既下雨又不下雨在逻辑上是不成立的。

逻辑实证主义 LOGICAL POSITIVISM/LOGICAL POSITIVISTS
形成于 20 世纪初欧洲，特别是奥地利和德国，许多具有科学思想的经验主义哲学家发起的逻辑实证主义思想运动。他们支持实证原则，拒绝思辨的形而上学。该主义的许多学说为 20 世纪下半叶分析哲学奠定了基础，尤其是在美国。

逻辑主义 LOGICISM
一种强调逻辑的哲学体系，为其提供思想基础。

曼陀罗 MANDALA
在印度教和佛教中，象征着天地或神仙的一种图像。

制造共识 MANUFACTURING CONSENT
诺姆·乔姆斯基认为，由大企业主导的美国媒体的主要功能是宣传。媒体的新闻报道，乃至媒体机构的设置，都是由企业利润和与政府的合作状况等因素决定的。

马克思主义 / 马克思主义者 MARXISM/MARXISTS
与卡尔·马克思和弗里德里希·恩格斯的著作相关联的哲学、经济和政治学派。

唯物主义 MATERIALISM
广义上来讲，认为一切事物都是由物质构成的。

中世纪哲学 MEDIEVAL PHILOSOPHY
中世纪在欧洲和中东地区提出的哲学学说。

形而上学 METAPHYSICS
哲学的一个分支，研究现实、存在和世界的本质，其研究范围超出了物理学定律。"形而上学"一词起源于公元前1世纪，罗德岛的安德鲁尼克斯用该词称呼部分亚里士多德的著作，专指那些图书馆目录中物理学著作之后那些著作。

求同法 METHOD OF AGREEMENT
一种归纳逻辑的方法，用于发现因果关系。如果某一特定情况的发生，每次都会出现某一现象，那么就可以推断出这一特定情况是该现象出现的原因。

身心问题 MIND-BODY PROBLEM
精神哲学中有关精神和大脑之间关系的问题。

模态逻辑 MODAL LOGIC
关于可能性和必然性的逻辑。

一元论 MONISM
认为只有一种物质存在的学说。该学说是多元论的对立面。

一神论 MONOTHEISM
认为只有一个神的学说。

道德绝对主义 MORAL ABSOLUTISM
认为无论行为的背景如何，某些行为是对还是错，有绝对的标准来评判道德问题。道德绝对主义的定义通常和道德相对主义是相对立的。

道德现实主义 MORAL REALISM
认为道德信念和判断可以是真或假，真正的道德主体必须服从客观的道德属性。

道德相对主义 MORAL RELATIVISM
该理论认为不存在客观的道德属性或真理，道德只能由文化、社会、历史或个人环境来定义。

道德感理论 MORAL SENSE THEORY
一种基于道德情操或情感的元伦理理论。又称"感伤主义"。

道德价值 MORAL VALUES
判断事物是正确或错误，可取或不可取。

神秘主义 MYSTICISM
范围广泛，包括精神信仰，或者更高的现实体验。

命名 NAMING,
命名是一个哲学问题。试图理解名称的功能和意义，特别是专有名称和特定描述语。

自然哲学 NATURAL PHILOSOPHY
亦即自然的哲学。在现代科学出现之前，该术语通常用于描述科学实践，特别是物理学实践。

自然主义 NATURALISM
自然主义含义广泛，认为一切都是自然的，或认为一切都属于自然世界。自然主义可以通过适合于研究自然世界的经验方法进行研究。

必要条件 NECESSARY CONDITION
必要条件是两种事态之间的依存关系。例如，如果 B 在没有 A 的情况下不能发生，则 A 是 B 的必要条件。

必然真理 NECESSARY TRUTH
必然真理指不可能是假的命题或真理。根据一些哲学家，如戈特弗里德·莱布尼茨所说："它在所有可能的世界中都是真的"。这样的命题与偶然真理相反。必然性：见"逻辑必然性"。

否定神学 NEGATIVE THEOLOGY
基督教神学主张，对上帝存在不作直接论证的研究方法。

新康德主义 NEO-KANTIANISM/NEO-KANTIAN
伊曼努尔·康德思想的复兴，始于19世纪60年代。强调认识论，并对康德思想做出科学解释。

新柏拉图主义 NEO-PLATONISM/NEO-PLATONIC
普罗提诺在公元三世纪创立的宗教或神秘哲学学派，以柏拉图的思想为基础。

虚无主义 NIHILISM
虚无主义拒绝一切价值观、道德和权威机构。或是对这些概念的抨击。

唯名论 NOMINALISM
唯名论认为共相没有与之相对应的客观现实，而只有名称概念。概念主义是与唯名论相关的学说，认为共相是概念，只存在于意识中。

唯名论者 NOMINALIST
唯名主义的倡导者，他们否认共相或精神实体的客观实在性。

本体界 NOUMENAL REALM
是指事物本身的领域而不是他们表现出来的领域。根据伊曼努尔·康德的观点，这个领域的知识是通过纯粹的理性获得的。

客观真理 / 客观知识 / 客观现实
OBJECTIVE TRUTH/KNOWLEDGE/REALITY
真理、知识和现实属性中的一种独立于意识而存在的属性。

奥卡姆剃刀定律 OCKHAM'S RAZOR
由英格兰逻辑学家奥卡姆的威廉提出的原理。这一原理主张在对某一特定现象做出任一解释时，最好的办法就是用最少的假设对该现象做出最简单的解释。

本体论论证 ONTOLOGICAL ARGUMENT
一种先验论证，即神的观念就含有神的现实存在。换言之，因为我们可以构想神的观念，所以神是存在的。

本体 / 本体论 ONTOLOGY/ONTOLOGICAL
对构成世界的客观事物存在的本质的研究。

他心知 OTHER MINDS
关于我们如何知道其他个体拥有心智的认识论问题。

泛神论 PANTHEISM
把神和整个宇宙或自然视为一体的学说，认为神无处不在。

悖论 PARADOX
是一种看似自相矛盾或内在矛盾，却又不能明显证伪的命题。

感知 PERCEPTION
对于通过五种感官获得外部世界的信息过程的哲学研究。

现象界 PHENOMENAL REALM
伊曼努尔·康德认为是人类通过感官体验所感知的领域，只能体验到其表象，不能体验到其内在。

现象学 PHENOMENOLOGY/PHENOMENALISM
研究现象或事物在意识中的表现方式的学科。

哲人 PHILOSOPHES
强调并推广启蒙时期思想的 18 世纪欧洲思想家。

语言哲学 PHILOSOPHY OF LANGUAGE
研究人类语言与世界关系的哲学分支。

数学哲学 PHILOSOPHY OF MATHEMATICS
研究数学有关的认识论和形而上学问题的哲学分支，特别是关于数学真理的地位问题、我们对数学命题的认识以及数学对象的本体论性质的问题。

精神哲学 PHILOSOPHY OF MIND
试图理解人类精神、身心问题、精神因果关系、意向性的哲学分支。

物理主义 PHYSICALIST/ISM
认为一切存在的事物都是物质的，否认非物质实体或物体的存在。

柏拉图主义 / 新柏拉图主义 PLATONISM/PLATONIC/NEO-PLATONISM
支持柏拉图学说的哲学立场或思想流派。在数学哲学中，支持柏拉图关于"形式"或"观念"的说法，认为数学对象独立于人的思想而存在。

多元主义 PLURALISM
多元主义是一种认为有不止一种物质存在的学说。这一学说与一元论对立。

政治哲学 POLITICAL PHILOSOPHY
有关政治自由、正义和权利的哲学分支。

多神论 POLYTHEISM
崇拜或信仰多个神。

实证主义 POSITIVISM
该理论认为神学和形而上学是早期不完善的知识模型，确切的知识来自被经验科学验证的自然现象及其属性，以及自然现象之间的关系。

后现代主义 POSTMODERNISM
后现代主义是一个广泛使用的术语，常用来指对现代主义做出回应的一系列学科。现代主义是在 19 世纪末和 20 世纪活跃于西方社会一系列进步运动。后现代主义大致特征是模糊性、戏仿性、多样性和相互关联性。

后结构主义 POST-STRUCTURALISM
后结构主义是 20 世纪 70 年代末出现的学派思想。反对结构主义的客观性的观点，强调意义的双重性。

实用主义 PRAGMATISM
实用主义是一种广泛的哲学方法论，强调实际应用的重要性。

谓词 PREDICATE
谓词是一阶逻辑中的一个基本概念，是演绎逻辑的一个形式系统。

偏好功利主义 PREFERENCE UTILITARIANISM
偏好功利主义是功利主义的一个分支。根据这一主义，"善"被理解为"偏好性满足"，参见功利主义。

前苏格拉底时期 PRE-SOCRATIC
前苏格拉底时期是指苏格拉底时代之前的古希腊哲学家，他们反对神话解释，支持理性解释。

无产阶级 PROLETARIAT
无产阶级是一个马克思主义或者共产主义的定义。无产阶级是城市工人阶级；他们一无所有，不占有生产资料，他们的消费资料远远低于实际生产资料。无产阶级要靠向占有生产资料的资产阶级出卖劳动力而谋生。

属性二元论 PROPERTY DUALISM
该理论认为存在两种截然不同的属性，即物质属性和精神属性，这两者都附着在实体物质上。

命题（哲学命题）PROPOSITION (PHILOSOPHICAL)
命题是需要做出判断的内容或意义。命题是真理的裁体：命题要么是真，要么是假。哲学命题是对哲学提出判断的命题。

精神分析学 PSYCHOANALYSIS
精神分析学是研究精神和治疗精神障碍的方法，与弗洛伊德的工作和理论密切相关，其中涉及揭示无意识的心理。

心理利己主义 PSYCHOLOGICAL EGOISM
人类行为总是由其个人利益所驱动。

心理学 PSYCHOLOGY
研究心理过程和行为，并将其知识应用于日常生活问题的学科。

毕达哥拉斯的神秘主义 PYTHAGOREAN MYSTICISM
相信存在一个永恒不变的思想世界。

量子力学 QUANTUM MECHANICS
研究微观粒子结构及其运动的物理学分支。

理性怀疑论 RATIONAL SCEPTICISM
是一种针对缺乏真实性和缺乏经验支撑的问题的一种科学哲学方法，也被称为"科学怀疑论"。

理性主义 RATIONALISM
认为知识是通过推理获得的。从历史上看，理性主义的哲学概念与柏拉图、勒内笛卡尔、戈特弗里德莱布尼茨和巴鲁赫斯宾诺莎的学说最为接近。

现实主义 REALISM
在形而上学中，柏拉图之后的现实主义者认为共性是精神以外的实体。在知识理论中，现实主义是经验主义的一个版本（经验主义认为知识是通过对世界的感知获得的），或称为直接现实主义，认为个体的特征导致了个体对于共性的不同认识。

指称 REFERENCE
指称是一个哲学问题，研究指称对象与其所代表的实体之间的关系。

相对主义 RELATIVISM
一个被广泛应用于一系列学科的术语，但通常被认为是指在任何特定领域的真理都是相对的，不是绝对的。

相对怀疑论 RELATIVIST SCEPTICISM
把道德问题和道德议题当作人的品位问题。

修辞学 RHETORIC
修辞是一种浮夸的、有一定说服力的、经常在公共场合使用的语言形式。

浪漫主义 ROMANTICISM
诞生于 18 世纪末的文学运动，该文学运动强调激情、情感和自然之美。浪漫主义在 19 世纪的英国文学和诗歌领域占据主导地位。浪漫主义强烈谴责启蒙运动早期的理性和科学思想。

规则功利主义 RULE UTILITARIANISM
功利主义的一个分支，该主义认为正确的道德行为是遵守那些能够为社会群体中的多数人带来最大化利益的规则。

怀疑论者 SCEPTIC
这个专有名词有多种意义，如对某一特定的哲学学说持怀疑态度的人被称作怀疑论者，或者使用笛卡尔怀疑论的人也可以被称作怀疑论者。查阅笛卡尔怀疑论 / 笛卡尔方法论。

怀疑主义 SCEPTICISM
一种哲学体系，试图理解人类的知识成果，挑战人类获取可靠知识的能力，证实人类知识的局限性。

经院哲学 / 经院学派 SCHOLASTICISM/SCHOLASTICS
西方中世纪大学里面的哲学传统，经常与托马斯·阿奎那的学说、约翰·邓斯·司各脱的学说和奥卡姆的威廉的学说相关联。

科学主义 SCIENTISM
一种认为科学比其他解释方法更具权威的哲学观点。

斯克塔斯哲学 SCOTISM
一种哲学和神学学派，该学派受约翰·邓斯·司各脱哲学思想的影响。

感觉经验 / 感知 SENSE EXPERIENCE/PERCEPTION
通过五官感觉获得的经验或信息。

感觉信息 SENSE-DATA
在感知哲学中，它指通过五官感觉获得的信息。

集合论 SET THEORY
数学的一个基础学科分支，数学概念用集合表示（集合指不同对象的集合）。

境遇主义者 SITUATIONISTS
20 世纪 60 年代活跃于欧洲的一个马克思主义政治团体，试图进行重大的社会政治改革。

社会契约论 SOCIAL CONTRACT
一个广泛使用的术语，也是一种支撑文明社会或国家形成、维持社会秩序的哲学理论。

社会达尔文主义 SOCIAL DARWINISM
将达尔文主义的进化论概念应用于人类社会中的人类发展，认为人类与动植物一样，优胜劣汰，适者生存。

社会哲学 SOCIAL PHILOSOPHY
对社会及其团体进行的哲学研究。

社会主义 SOCIALISM
生产资料归全民所有的经济理论体系。通常与资本主义相对。

唯我主义 SOLIPSISM
一种极端的怀疑主义。认为除了个人的心智以外，别无他物。

智者学派 SOPHISTS
古希腊教授哲学和修辞学的职业教师。柏拉图在其《对话录》

中批评该群体使用语言的狡诈且模棱两可。现指为欺骗而满口胡言的"专家"，也指靠卖弄这种智慧而谋生的人。

斯多葛学派 STOICISM/STOICS
由基提翁的芝诺开创的希腊传统学派，把伦理学置于理解世界的背景之下。

结构主义 STRUCTURALISM
20 世纪 50 年代和 60 年代法国思想家的一种心理观，强调研究意识的基本结构。

主观现实 SUBJECTIVE REALITY
认识论中，尤其从勒内·笛卡尔以来，从第一人称角度界定的经验领域。

主观真实 SUBJECTIVE TRUTH
一种广泛使用的概念，通常指未被证实的个人感情或意见。与知识或被证实的信念相反。

物质二元论 SUBSTANCE DUALISM
一种二元论，最著名的捍卫者是勒内·笛卡尔，他认为世间只有两种物质：精神的和物质的。

苏菲派 SUFI
苏菲主义的实践者。

苏菲主义 SUFISM
伊斯兰教中神秘的精神派别。得名于大多数教徒穿的粗羊毛长袍（苏菲）。苏菲派有几个分支，有一个分支认为禁欲是与上帝建立直接关系的一种方式，另外还有强调跳舞、诵经或冥想的分支。苦修派也是苏菲派的一个分支。

逊尼派穆斯林 SUNNI MUSLIM
伊斯兰教最大的或"正统的"教派。

经 SUTRA
梵文意思是"线"。在印度教中，是指短小流畅、便于记忆的经典句子或文本。在佛教中，最初的意思是指佛陀或他的弟子所论述的经文。

三段论 SYLLOGISM
由两个前提和一个结论组成的演绎推理。

象征主义 SYMBOLISM
系统地、反复地使用符号或图像来传达附加的意义。

合成真理 / 合成命题 SYNTHETIC TRUTH/PROPOSITIONS
不是分析性的命题（参见分析性真理），而是依据事实为真实的命题。

托马斯主义 THOMISM
解释托马斯·阿奎那思想的哲学流派。

超验 TRANSCENDENTAL
一种基于直觉的知识方法论，通常是神秘或是超自然的，往往超出了人类感知的领域和范围。

超验性 TRANSCENDENTALITY
超验的性质或状态。

共性 UNIVERSAL
一般词汇的假定指称，例如："二"和"红色"。可以理解为，共性是与具体实物是不同的类别。有时，"共性"被当成是抽象的，甚至是柏拉图式的物体，存在于空间和时间之外的非精神领域。

普遍语法 UNIVERSAL GRAMMAR
作为习得语言基础的先天性语法原则。

功利主义 UTILITARIANISM
功利主义是关于道德的哲学方法，约翰·斯图尔特·穆勒和杰里米·边沁提出了功利主义。认为所有的行为都要根据其效用来判断，要为最多数人创造最好的效果，以此最大限度去提升幸福和福利的总体水平。

价值多元主义 VALUE PLURALISM
在思想道德上，可能有许多潜在不兼容的价值体系，但是这些价值体系都是同样正确且重要。又叫作道德多元主义。

吠檀多派 EDANTA
由跋陀罗衍那建立的哲学流派，其中包含《奥义书》中的学说。本哲学流派发源于吠陀经的口授传统和经文。人们将其解读为《吠陀经》的"结论"。

《吠陀经》 VEDAS
诗类经书，可以追溯到公元前约 1200 年，其内容构成了古印度教的基础。该书提供了如何呼唤吠陀神的知识。吠陀神被认为是源自于宇宙的精华。从大约公元前 800 年开始，就有了有关《吠陀经》的注释（《奥义书》）。也有了关于史诗《摩诃婆罗多》的注释，其中包括《薄伽梵歌》等重要经书。

吠陀 VEDIC
古印度教的哲学和科学，提倡整体方法。

证实主义 VERIFICATION PRINCIPLE
由维也纳学派成员提出的一个原则，主张只有经过检验的陈述并且陈述是可证实的，该陈述才有意义。

维也纳学派 VIENNA CIRCLE
20 世纪初，维也纳的一批逻辑实证主义哲学家或逻辑经验主义哲学家，他们强调哲学方法论的科学观念。他们深受路德维希·维特根斯坦早期著作的影响。其中，著名的哲学家有鲁道夫·卡尔纳普、普里茨·施利克。

美德伦理学 VIRTUE ETHICS
美德伦理论学强调品格，而不是规则或结果。品格是伦理思维的关键要素。古代和中世纪时期伦理思维的主流方法是美德伦理学，但在现代早期，人们摒弃这种方法。20 世纪，它成为西方价值理论的三种主流方法之一（另外两个是义务伦理学和结果伦理学）。

战国时期 WARRING STATES PERIOD
中国周朝最后 500 年出现文化分裂以及内乱的一个时期。

魏玛古典主义 WEIMAR CLASSICISM
18 世纪末、19 世纪初，欧洲发生了一场以约翰·沃尔夫冈·冯·歌德和弗里德里希·席勒为思想指导的跨学科文化和文学运动。

西方哲学 / 西方哲学传统 WESTERN PHILOSOPHY/TRADITION
西方世界践行的传统哲学。通常与东西哲学对立。

阴 / 阳 YIN/YANG
阴 / 阳是中国传统的对立力量，两者通过不断地相互平衡来创造宇宙的动态平衡。

青年黑格尔派 YOUNG HEGELIANS
19 世纪，一些年轻的德国哲学家因受到黑格尔辩证唯心主义的影响，批判教会和国家，成为激进的共和无神论者。

禅宗佛教 ZEN BUDDHISM
禅宗是佛教宗派之一，强调能通过冥想来实现开悟。

参考文献

Listed here is a selection of sources that the reader may wish to consult, in addition to the sources noted in the individual entries on philosophers.

Ackrill, J. L., *Aristotle the Philosopher* (Oxford University Press, 1981)

Adams, Marilyn McCord, *William Ockham* (Notre Dame, Ind., 1987)

Aldridge, A. O., *Man Of Reason: The Life Of Thomas Paine* (London: The Cresset Press, 1960)

Altham, J. E. J. & Harrison, Ross, *World, Mind, and Ethics: Essays on the Ethical Philosophy of Bernard Williams* (Cambridge University Press, 1995)

Ames, Roger T., Hall, David L. (trans.), *Laozi, Dao De Jing* (Ballentine, 2003)

Appignanesi, Lisa, *Simone de Beauvoir* (Haus Publishing, 2005)

Arthur Fairbanks (ed. & trans.), *The First Philosophers of Greece* (London: K. Paul, Trench, Trubner, 1898)

Audard, Catherine, *John Rawls* (McGill- Queen's University Press, 2007)

Ayer, A. J., *Voltaire* (Random House, 1986)

Bacon, Michael, *Richard Rorty: Pragmatism and Political Liberalism* (Lexington, 2007)

Baggini, Julian & Stangroom, Jeremy (eds.), *Great Thinkers A–Z* (Continuum, 2004)

Becker, E., *The Structure of Evil* (New York,1968)

Beiser, Frederick C. (ed.), *The Cambridge Companion to Hegel* (Cambridge University Press, 1993)

Blackburn, Simon, *The Oxford Dictionary of Philosophy* (Oxford University Press, 1996)

Boulton, James T. (ed.), *Edmund Burke: A Philosophical Enquiry into the Origin of our Ideas of the Sublime and Beautiful* (Routledge, 1958)

Bresnan, Patrick S., *Awakening: An Introduction to the History of Eastern Thought* (Pearson Prentice Hall, 3rd edn, 2007)

Briggs, A., *The Age of Improvement* (Longman, 3rd edn, 1983)

Broad, C. D. & Lewy, C., *Leibniz: An Introduction* (Cambridge University Press, 1975)

Bruner, J. S., *Actual Minds, Possible Worlds* (Harvard University Press, 1986)

Buchan, James, *The Authentic Adam Smith: His Life and Ideas* (Norton/Atlas, 2006)

Carman, Taylor & Hansen, Mark B. N., *The Cambridge Companion to Merleau-Ponty*, (Cambridge University Press, 2004)

Cassirer, E., *The Myth of the State* (Yale University Press, 1946)

Cassirer, Ernst; Korner, Stephan; & Haden, James, Kant's *Life and Thought* (Yale University Press, 1986)

Chisolm, R., "The Problem of Empiricism", *The Journal of Philosophy*, 45 (1948)

Collinson, Diané, *Fifty Major Philosophers* (Routledge, 1987)

Cooper, David, *Existentialism* (Oxford, 1990)

Copenhaver, B. P., and Schmitt, C. B., *Renaissance Philosophy* (Oxford University Press, 1992)

Copleston, F., *A History of Philosophy* (Burnes & Oates, 1960)

Cottingham, J., *Descartes* (Oxford University Press, 1986)

Cranston, Maurice, *The Noble Savage: Jean- Jacques Rousseau, 1754–62* (University of Chicago Press, 1991)

Curley, Edwin (ed.), *The Collected Works of Spinoza* (Princeton University Press, 1985)

Danto, Arthur, *Nietzsche as Philosopher* (New York, 1965)

Davidson, A. (ed.), *Foucault and His Interlocutors* (Chicago University Press, 1997)

Dawson, Jr, J. W., Logical Dilemmas: *The Life and Work of Kurt Gödel* (A. K. Peters Ltd, Wellesley, MA, 1997)

Dent, N. J. H., *Rousseau* (Blackwell, 1988)

Dinwiddy, J., *Bentham* (Oxford University Press, 1989)

Dunn, John, *John Locke* (Oxford University Press, 1984)

Fennesey, R. R., *Burke, Paine, and the "Rights of Man"* (The Hague: Martinus Nijhoff, 1963)

Fruchtman, J., *Thomas Paine: Apostle Of Freedom* (New York: Four Walls Eight Windows, 1994)

Galipeau, Claude J., *Isaiah Berlin's Liberalism* (Clarendon Press, 1994)

Gardiner, Patrick L. *Kierkegaard* (Oxford University Press, 1988)

Gardiner, Patrick, *Schopenhauer* (Harmondsworth, 1963)

Gardner, Sebastian, *Routledge Philosophy Guidebook to Kant and the Critique of Pure Reason* (Routledge, 1999)

Garrett, Don (ed.), *The Cambridge Companion to Spinoza*

(Cambridge University Press, 1995)

Glover, J., *Causing Death and Saving Lives* (Harmondsworth, 1977)

Graham, A. C., *Chuang-Tzu: The Inner Chapters* (Mandala, 1986)

Grazia, S. de, *Machiavelli in Hell*, (Princeton University Press, 1989)

Grube, G. M. A., *Plato's Thought* (London, 2nd edn, 1980)

Gutting, G. (ed.), *The Cambridge Companion to Foucault* (Cambridge University Press, 1994)

Guyer, Paul (ed.),*The Cambridge Companion to Kant* (Cambridge University Press, 1992)

Haakonssen, Knud (ed.), *The Cambridge History of Eighteenth Century Philosophy,* (Cambridge University Press, 2006)

Hands, Gill, Marx: *A Beginner's Guide* (Hodder & Stoughton, 2000)

Hannay, Alastair & Marino, Gordon Daniel, *The Cambridge Companion to Kierkegaard* (Cambridge University Press, 1997)

Harrison, R., *Bentham* (Routledge & Kegan Paul, 1983)

Hartnack, Justus, *An Introduction to Hegel's Logic* (Hackett, 1998)

Hass, Lawrence, *Merleau-Ponty's Philosophy* (Indiana University Press, 2008)

Hayes, J.R. (ed.), *The Genius of Arab Civilization* (Eurabia, 2nd edn, 1983)

Henry, P., Voltaire and Camus: *The Limits of Reason and the Awareness of Absurdity* (Voltaire Foundation, 1975)

Heywood, Andrew, *Political Ideologies* (Macmillan, 1992)

Honderich, Ted (ed.), *The Oxford Companion to Philosophy* (Oxford University Press, 1995)

Hookway, *Christopher, Peirce* (Routledge, 1992)

Howells, C. (ed.), *The Cambridge Companion to Sartre* (Cambridge, 1992)

Hoy, D. (ed.), *Foucault: A Critical Reader* (London: Fontana, 1986)

Hutchinson, Brian, *G. E. Moore's Ethical Theory: Resistance and Reconciliation* (Cambridge University Press, 2001)

Ignatieff, Michael, *Isaiah Berlin: A Life* (Metropolitan, 1998)

Janaway, Christopher, *The Cambridge Companion to Schopenhauer* (Cambridge University Press, 1999)

Kearney, R., *Modern Movements in European Philosophy* (Manchester, 1986)

Kenny, A. J. P., *Wittgenstein* (London: Allen Lane, 1973)

Kenny, Anthony, *Aquinas* (Oxford University Press, 1980)

Kirk, G. S. , Raven, J. E. & Schofield, M., *The Pre-Socratic Philosophers* (Cambridge University Press, 2nd edn, 1983)

Klemke, E. D., *A Defense of Realism: Reflections on the Metaphysics of G. E. Moore* (Humanity, 1999)

Knowles, D., *The Evolution of Medieval Thought* (London: Longman, 2nd edn, 1988)

Kuklick, Bruce, *The Rise of American Philosophy* (New Haven, Conn., 1977)

Lilla, Mark; Dworkin, Ronald; & Silvers, Robert B. (eds.), *The Legacy of Isaiah Berlin* (New York Review Books, 2001)

Lock, Frederick, *Edmund Burke* (Oxford University Press, 1998)

Long, Herbert S., (ed.), *Diogenes Laertius: Lives of Eminent Philosophers*, Loeb Classical Library (Harvard University Press, 1972)

Magee, B., *Philosophy and the Real World: An Introduction to Karl Popper* (Open Court, 1985)

Magee, Bryan, *The Great Philosophers (Oxford University Press, 1987) Magee, Bryan, The Philosophy of Schopenhauer* (Clarendon Press, 1997)

Malachowsky, Alan R., *Richard Rorty* (Princeton University Press, 2002)

McCarney, Joseph, *The Routledge Philosophy Guidebook to Hegel on History* (Routledge, 2000)

McGinnis, John & Reisman, David C.,*Classical Arabic Philosophy, An Anthology of Sources* (Hackett, 2007)

McLean, Iain & McMillan, Alistair, *The Concise Oxford Dictionary of Politics* (Oxford, 2003)

Monk, Ray, *Ludwig Wittgenstein: The Duty of Genius* (Penguin, 1991)

Mossner, E. C., *Bishop Butler and the Age of Reason* (Macmillan, 1936)

Mossner, E. C., *The Life of David Hume* (Oxford, 1954)

Needham, Joseph, *Science and Civilisation in China* (Cambridge University Press, 1954)

Norris, C., *Derrida* (London: Fontana Press, 1987)

Offord, D., *Portraits of Early Russian Liberals* (Cambridge University Press, 1985)

Otteson, James, *Adam Smith's Marketplace of Life* (Cambridge University Press, 2002)

Passmore, John, *Recent Philosophers* (London, 1985)

Penelhum, Terence, *Butler* (Routledge & Kegan Paul, 1985)

Perry, Ralph Barton & Haddock Seigfried, Charlene, *The Thought and Character of William James* (Vanderbilt, 1996)

Pickering, M., *Auguste Comte: An Intellectual Biography* (Cambridge, 1993)

Powell, J., *Derrida: A Biography* (Continuum, 2006)

Powell, Jim, *Eastern Philosophy for Beginners* (Writers and Readers Publishing, 2000)

Putnam, Ruth Anna (ed.),*The Cambridge Companion to William James* (Cambridge University Press, 1997)

Rachels, J., *The End of Life: The Morality of Euthanasia* (Oxford University Press,1986)

Ralph C. S. Walker, *Kant* (Routledge, 1999)

Rescher, N., Leibniz: An Introduction to His Philosophy (Basil Blackwell, 1979)

Ritzer, G. (ed.), The Blackwell Companion to Major Social Theorists (Blackwell, 2000)

Royle, N., Deconstruction: A User's Guide (Palgrave Macmillan, 2000)

Russell, Bertrand, A History of Western Philosophy (George Allen & Unwin, 1946)

Russell, Kirk, *Edmund Burke, A Genius Reconsidered* (Intercollegiate Studies Institute, rev. edn 1997)

Sallis, John (ed.), *Deconstruction and Philosophy* (University of Chicago Press, 1987)

Schaefer, David Lewis, *Illiberal Justice: John Rawls Vs. the American Political Tradition* (University of Missouri Press, 2007)

Scharff, R. C., *Comte After Positivism* (Cambridge University Press, 2002)

Schmidtz, David (ed.), *Robert Nozick* (Cambridge University Press, 2002)

Schrift, A., *Twentieth Century French Philosophy: Key Themes and Thinkers* (Blackwell Publishing, 2006)

Scott, J. & Marshall, G., *A Dictionary ofSociology* (Oxford University Press, 2005)

Scruton, Roger, *Kant* (Oxford University Press, 1983)

Sheridan, A., *Foucault: The Will to Truth* (London: Tavistock, 1980)

Singer, Peter, *Marx,* (Oxford University Press, 1980)

Skinner, Q., *The Foundations of Modern Political Thought, Vol. I, The Renaissance* (Cambridge University Press, 1978)

Skinner, Q., *Visions of Politics, Vol. II: Renaissance Virtues* (Cambridge University Press, 2002)

Smith, Barry & Smith, David Woodruff(eds.), *The Cambridge Companion to Husserl* (Cambridge University Press, 1995)

Smith, Vanessa, "The Myth of the Noble Savage", *Journal of World History, Vol. 15, Iss. 1* (Honolulu: Mar 2004)

Smullyan, R., *Forever Undecided: A Puzzle Guide to Gödel* (Oxford University Press, 1988)

Southern, R. W., *Saint Anselm: A Portrait in a Landscape* (Cambridge University Press,1990)

Specter, M., "The Dangerous Philosopher",*New Yorker* (Sept 6, 1999)

Stokes, Philip, *Philosophy: The Great Thinkers* (London: Arcturus, 2007)

Sykes, N., "Bishop Butler and the Primacy" (Theology, 1936)

Taylor, Charles, *Hegel and Modern Society* (Cambridge University Press, 1979)

Taylor, Charles, *Varieties of Religion Today: William James Revisited* (Harvard University Press, 2002)

Thomas, Alan, *Bernard Williams* (Cambridge University Press, 2007)

Thompson, K. (ed.), *Auguste Comte: The Foundation of Sociology* (London: Nelson, 1976)

Thompson, Mel, *Teach Yourself Philosophy* (Hodder & Stoughton Educational, 2003)

Venturi, F., *Roots of Revolution: A History of the Populist and Socialist Movements in Nineteenth Century Russia* (Weidenfeld & Nicolson, 1960)

Viroli, M., *Machiavelli* (Oxford University Press, 1998)

Wang, H., *A Logical Lourney: From Gödel to hilosophy* (MIT Press, 1996)

Wedberg, Anders, *History of Philosophy*(Oxford, 1984)

Wiener, Philip P., *Charles S. Peirce: Selected Writings* (Dover, 1980)

Wilson, C., *Leibniz's Metaphysics: A Comparative and Historical Study* (Manchester University Press, 1989)

Wolff, Jonathan, *Robert Nozick: Property, Justice, and the Minimal State* (Stanford University Press, 1991)

Wood, David (ed.), *Derrida: A Critical Reader* (Blackwell, 1994)

Woolhouse, R. S. (ed.), *Leibniz: Metaphysics and Philosophy of Science* (Oxford University Press, 1981)

Woolhouse, R. S. (ed.), *The Empiricists (Oxford University Press,* 1981)

Zahavi, Dan, *Husserl's Phenomenology* (University of Stanford Press, 2003)

Zwemer, Samuel M., *A Muslim Seeker After God* (Fleming H. Revell Co., 1920)

图书在版编目（ＣＩＰ）数据

改变世界的哲学家们 /（英）妮古拉·查尔顿
（Nicola Chalton）编；唐渠译 . -- 重庆：重庆大学出
版社， 2023.12
（微百科系列）
书名原文：They Changed the World：Philosophers
ISBN 978-7-5689-4256-0

Ⅰ . ①改… Ⅱ . ①妮… ②唐… Ⅲ . ①哲学家—生平
事迹—世界 Ⅳ . ① K815.1

中国国家版本馆 CIP 数据核字（2023）第 240401 号

改变世界的哲学家们
GAIBIAN SHIJIE DE ZHEXUEJIAMEN

[英] 妮古拉·查尔顿（Nicola Chalton） 编
唐 渠 译
策划编辑：王 斌
责任编辑：赵艳君　　版式设计：原豆文化
责任校对：关德强　　责任印制：赵 晟
＊
重庆大学出版社出版发行
出版人：陈晓阳
社址：重庆市沙坪坝区大学城西路21号
邮编：401331
电话：（023）88617190　88617185（中小学）
传真：（023）88617186　88617166
网址：http://www.cqup.com.cn
邮箱：fxk@cqup.com.cn（营销中心）
全国新华书店经销
印刷：天津图文方嘉印刷有限公司
＊
开本：787mm×1092mm　1/16　印张：13　字数：386千
2024年2月第1版　　2024年2月第1次印刷
ISBN 978-7-5689-4256-0　定价：88.00元

版贸核渝字（2019）年第 108 号